Florian Parisse

Tarot de Marseille

Guide d'interprétation des 462 binômes

Éditions TrajectoirE

L'éditeur remercie la société France Cartes pour la reproduction, dans cet ouvrage, des lames du Tarot de Marseille de Grimaud.

Une marque du groupe éditorial PIKTOS
355, rue de la Montagne Noire – 31750 Escalquens

www.editions-trajectoire.fr

Imprimé en France

ISBN : 978-2-84197-547-1

« À mon défunt père qui m'a guidé au cours de ce beau voyage dans l'univers magique du tarot. »

AVANT-PROPOS

I) GÉNÉRALITÉS

Chaque arcane (ou lame) du tarot de Marseille renferme des significations majeures et mineures. De la même manière, il n'existe pas de bonne ou de mauvaise carte, toutes ont des polarités positives et négatives, y compris la numéro XIII, l'Arcane sans Nom, souvent mal connue des utilisateurs.
Dans un souci de clarté, l'ajout d'une seconde carte à proximité de la première permet d'affiner votre analyse et d'éviter ainsi toute erreur d'interprétation. En effet, dans certains cas, la présence d'un arcane supplémentaire modifie sensiblement le sens premier. Fort de ce constat, il devient donc essentiel de se familiariser avec les binômes qui vous sont décrits dans cet ouvrage.
À titre d'information, je précise que les scénarios répertoriés dans ce guide ont été classés selon les situations de la vie courante les plus fréquemment rencontrées jusqu'aux plus inédites.
Si une bonne connaissance de l'outil est nécessaire afin d'offrir une prestation de qualité au consultant, la méthode de tirage sélectionnée n'en demeure pas moins fondamentale.

II) LES MÉTHODES DE TIRAGE

a) Le tirage simplifié

Cette méthode, que je vous recommande pour des questions-réponses simples et spontanées, demeure la plus facile d'accès pour celles et ceux qui souhaitent des réponses rapides à leurs interrogations. Il convient alors de procéder comme suit :

1. Battez les 22 arcanes majeurs.
2. Posez votre question.
3. Étalez le jeu devant vous tel un éventail.
4. Extrayez deux arcanes.
5. Retournez-les côte à côte pour former un binôme.

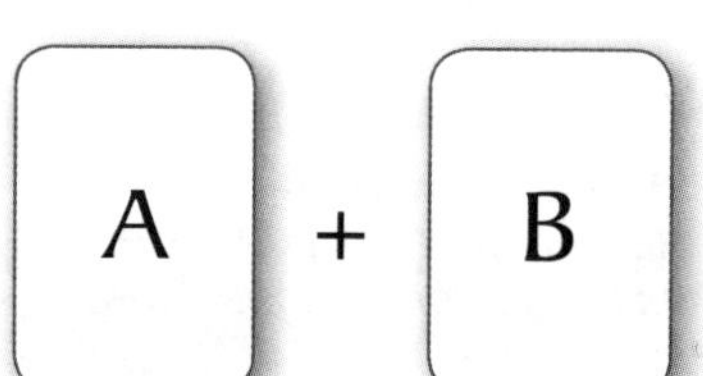

6. Interprétez le tirage.
7. Lisez le binôme A+B ainsi que son homologue B+A afin d'obtenir davantage d'information.

b) Le tirage en croix

C'est le tirage le plus classique et le plus utilisé des voyants-tarologues. Cette méthode à cinq cartes a la particularité de vous fournir davantage de renseignements tant sur le plan factuel que sur le plan temporel. Elle se décompose de la manière suivante :

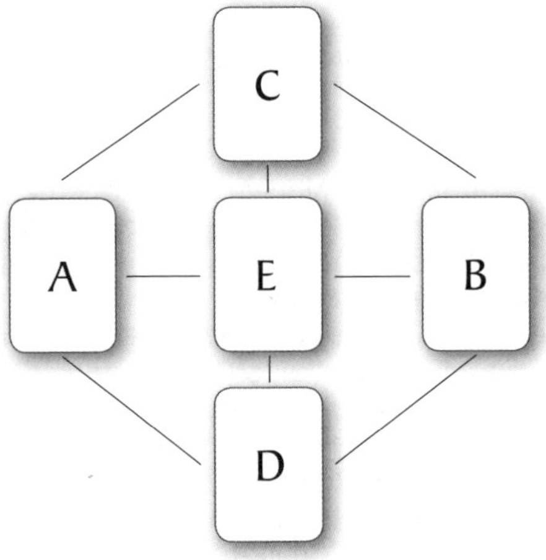

Les cinq cartes ainsi disposées sont désignées comme telles :

A = Le consultant (vous), les points forts, vos avantages.
B = Les imprévus, les obstacles.
C = Le dénouement, la thématique à court et moyen terme.
D = La problématique actuelle.
E = La synthèse, la carte dont le sens influe sur les quatre autres.

Les cinq arcanes interagissent entre eux, formant ainsi plusieurs binômes qu'il conviendra de lire en diagonale, à l'horizontale et à la verticale. Ainsi, vous analyserez le binôme A + E au même titre que le binôme A + D, etc.
L'espace-temps, quant à lui, est délimité par quatre triangles, à savoir :

- Le triangle A + E + D représentant les événements passés.
- Le triangle E + D + B représentant les événements présents.
- Le triangle E + B + C représentant les événements du futur à court et moyen terme (6 mois).
- Le triangle A + E + C représentant les événements du futur à plus long terme (1 année).

Remarque : Dans certains cas, les événements du futur peuvent se situer dans un avenir encore plus lointain (environ 2 ans) ou a contrario, dans un laps de temps très court. C'est l'expérience seule qui vous permettra de savoir instinctivement dans quel espace-temps les événements futurs sont à considérer.

c) Le tirage en croix recouvert

Voici désormais la méthode que je pratique à mon cabinet. Je la conseille à celles et ceux qui souhaitent enrichir leurs prédictions. Comme son nom l'indique, il vous faut recouvrir votre tirage en croix de cinq nouvelles lames. Il convient de les placer dans l'ordre suivant :

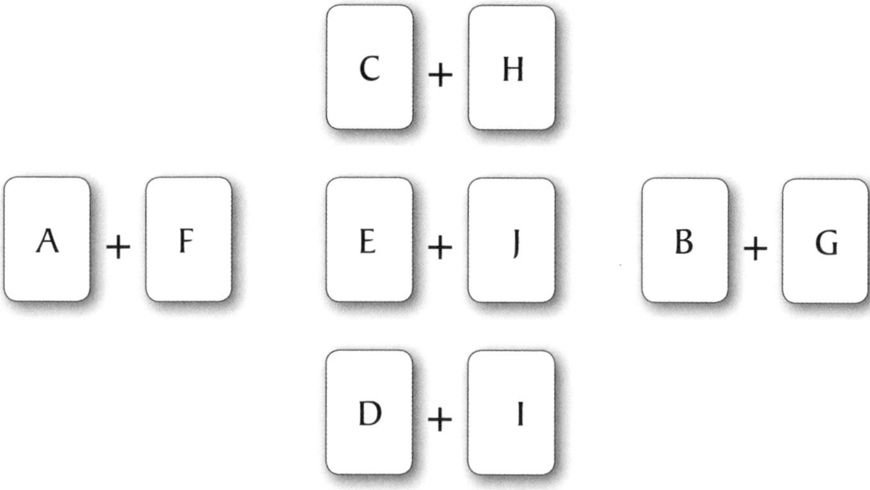

Une fois les cinq cartes disposées selon le schéma ci-dessus, il vous appartient de décrypter les nouveaux binômes ainsi formés soit A + F, B + G, etc. Imaginez-vous en train de lire une bande dessinée, la trame de l'histoire s'étoffe naturellement au gré de votre lecture ; il en est de même pour le tarot. Si vous souhaitez approfondir cette méthode, je vous suggère de vous procurer mon « guide de l'utilisateur » qui traite de cas pratiques.
Indépendamment du mode opératoire que vous aurez choisi, la relation client contribue elle aussi à la réussite de votre voyance.

III) La relation client

Une consultation de voyance doit être un moment privilégié entre le praticien et son client, c'est avant tout une relation d'aide au service du consultant. Il est donc préférable au voyant-tarologue qui se sentirait épuisé psychiquement de reporter, voire d'annuler la consultation.
Selon mon expérience, c'est l'alchimie des deux protagonistes qui permet ou non à la magie de s'opérer, ainsi une attitude courtoise et ouverte vis-à-vis du praticien contribuera au bon déroulement de la séance. Le professionnel des arts divinatoires, quant à lui, est tenu de vous mettre à l'aise en adoptant une attitude bienveillante.
Outre les prédictions en elles-mêmes, le secret d'une bonne consultation repose donc en partie sur le climat de confiance qui s'instaure entre le consulté et son client.
À toutes fins utiles, le voyant, quel que soit son mode de fonctionnement, ne doit en aucun cas se substituer à un psychologue : certes il se doit d'être pédagogue et d'apprécier l'état psychologique de son interlocuteur, mais il n'est pas tenu de vous poser mille et une questions d'entrée de jeu ! Son rôle premier consiste à lire votre avenir, à vous guider, à voir en un clin d'œil les événements marquants de votre vie (passés, présents et futurs) vous permettant ainsi de préparer votre avenir en toute sérénité.
Tout en restant factuel, un bon voyant ne doit pas se laisser attendrir ou influencer par ce que son client a pu lui confier au préalable. Il doit faire preuve d'empathie, mais rester suffisamment objectif pour faire des prédictions de qualité.
Rappelons enfin qu'il est inutile de consulter un voyant si vous n'êtes pas disposé(e) à recevoir des informations contraires à vos attentes.
Fort de ces recommandations d'usage, je vous souhaite non seulement de faire l'expérience de la voyance, mais aussi de prendre plaisir à lire vos propres tirages de tarot.

INTRODUCTION

Ce guide d'interprétation devra être utilisé comme une grande caisse à outils, que ce soit pour celles et ceux qui s'initient au Tarot de Marseille ou pour les voyants-tarologues aguerris.

Issu du vécu de mes consultations, sans porter atteinte au secret professionnel, ce manuel a pour but d'aider à comprendre les interactions des arcanes majeurs entre eux, selon le contexte. Ainsi, fort de mon expérience, j'ai isolé et décrypté les 462 binômes existants de manière à en faciliter leur assimilation.

Ce n'est pas une méthode de tirage car les ouvrages de ce type sont déjà nombreux dans les rayons des librairies ésotériques. En effet, que vous optiez pour un tirage en croix recouvert (celui que je pratique à mon cabinet) ou pour un tirage « à la coupe » (les deux cartes résultant de la coupe), seul le message véhiculé par la juxtaposition des cartes permettra de répondre à vos interrogations.

Écrit dans un langage accessible à tous, ce guide pratique, très simple d'utilisation, couvre tous les domaines qui nous intéressent au quotidien.

Au-delà de ce manuel décodant les 462 binômes, faites confiance à votre intuition en laissant le graphisme, les couleurs, les personnages et la symbolique des cartes parler à votre imaginaire et à votre sensibilité.

Grâce à ce guide d'interprétation, le futur lecteur que vous êtes deviendra autonome et sera parfaitement capable d'analyser ses propres tirages de tarot. Laissez donc se révéler en vous l'alchimie des deux cartes en présence !

LE BATELEUR

Moi le Bateleur, je t'invite à entreprendre de nouveaux projets, à tenter l'aventure. Avec moi, il faut oser aller de l'avant.

Au premier coup d'œil, le Bateleur incarne :

1. L'enfance, la jeunesse
2. Un jeune homme, un fils
3. Une start-up, un nouveau projet
4. Un stage, un apprenti
5. Un artisan, un créateur
6. Un commercial, un vendeur
7. L'audace, l'initiative
8. Un joueur, un fêtard
9. Un artiste
10. L'immaturité, la naïveté

Le bateleur, en se mariant aux 21 autres arcanes, nous évoque la **naissance**, un **départ**, un **recommencement**.

BINÔME I + II

+

Selon le contexte, ce binôme évoque les scénarios suivants :

PROFESSIONNELLEMENT

- Début d'une formation ou d'un cursus universitaire.
- Reprise d'études favorables à votre parcours professionnel.
- Apprentissage sous tutorat.
- Un stagiaire suit une formation en alternance (école et entreprise).
- Un artiste passe une audition.
- Écriture d'un manuscrit.
- Examen d'un nouveau projet gardé sous cape.
- Apport de nouvelles connaissances qui permet de mûrir vos projets.
- Vous passez des tests psychotechniques.

Clin d'œil aux métiers suivants *: écrivain, architecte, graphiste, dessinateur, colporteur de presse, bouquiniste, imprimeur, libraire, documentaliste, bibliothécaire, institutrice, puéricultrice, psychologue scolaire, aide-maternelle, garde d'enfants...*

SENTIMENTALEMENT

- Jeune homme manipulé par une femme envahissante.
- Relation épistolaire, échanges de correspondances.
- Un jeune homme fait la rencontre d'une femme plus âgée.
- Une femme d'expérience a des vues sur un homme plus jeune.
- Dans certains cas, vous passez ou répondez à une petite annonce.

MÉDICALEMENT

- Problème de santé souvent héréditaire.
- Campagne de vaccination des personnes âgées, vaccin contre la grippe.
- Expériences scientifiques, nouveau traitement à l'étude.
- Prise de sang, piqûres, vaccin en laboratoire d'analyses médicales.
- Résultats d'analyses médicales, diagnostic.

DIVERS

- Jeune homme phagocyté par une mère castratrice.
- Jeune homme plus manuel qu'intellectuel.
- Jeune homme élevé par sa grand-mère.
- Kiosque à journaux, point presse.
- Travaux sous inspection.

BINÔME I + III

+

Selon le contexte, ce binôme évoque les scénarios suivants :

PROFESSIONNELLEMENT

- Vous devez écrire un courrier, remplir un formulaire ou expliquer un nouveau projet.
- Activité qui nécessite beaucoup de paperasserie et de démarches administratives en tous genres.
- Des idées novatrices vont faire évoluer un projet encore en chantier.
- Climat professionnel dynamique favorisant l'émergence de nouvelles perspectives.
- Points de vue divergents entre deux collaborateurs.
- Rencontre d'une jeune femme (rôle décisionnaire) qui va vous aider dans vos entreprises.
- Examen composé d'une épreuve pratique et d'une épreuve théorique.
- Entretien d'embauche.

***Clin d'œil aux métiers suivants** : commercial en bureautique, les métiers de la publicité (concepteur de logo), activité de secrétariat, sténodactylo, emploi de bureau...*

SENTIMENTALEMENT

- Rencontre d'une jeune mère de famille.
- Jeune manuel qui fait la rencontre d'une intellectuelle/d'une femme guindée.
- Jeune couple qui ne partage pas les mêmes points de vue.
- Rencontre sentimentale souvent plus éphémère que sérieuse.
- Anachronisme entre un jeune homme tourné vers son passé et une femme tournée vers l'avenir.
- Jeunes gens tellement absorbés par leurs activités respectives qu'ils ne trouvent plus le temps de se parler.

MÉDICALEMENT

- Hyperactivité cérébrale.
- Soucis médicaux à caractère psychosomatique.
- Dans certains cas, état migraineux.

DIVERS

- Une mère et son enfant.
- Colocation difficile entre deux individus, entre un homme et une femme.
- Un frère et une sœur qui s'ignorent.
- Rédaction d'une lettre, d'un document, voire d'une thèse.
- Mère de famille qui n'est pas très maternelle.

BINÔME I + IIII

+

Selon le contexte, ce binôme évoque les scénarios suivants :

PROFESSIONNELLEMENT

- Appui d'un supérieur hiérarchique.
- Apprenti en formation professionnelle, stagiaire sous tutorat.
- Un homme de pouvoir observe vos progrès avec bienveillance.
- Jeune homme qui travaille pour le compte de son père.
- Vos projets en chantier arrivent à maturité.
- Contrôle des compétences.

Clin d'œil aux métiers suivants *: surveillant, chasseur de têtes, de jeunes talents, instituteur, directeur d'école, contremaître, agent de maîtrise, entrepreneur, chef de chantier, chef d'entreprise, chef de service, directeur de projet...*

SENTIMENTALEMENT

- Relation amoureuse avec un individu jouissant d'une solide assise professionnelle.
- Rencontre d'un homme protecteur.
- Rencontre d'un partenaire qui est déjà père d'un enfant.
- Homosexuel qui se prend d'affection pour un partenaire plus jeune.

MÉDICALEMENT

- Consultation d'ophtalmologie (notamment 1 + 4 + 6).
- Fréquents maux de gorge (angines à répétition).
- Acné juvénile traitée médicalement.
- Test de paternité.
- Enfant gardé en observation.
- Rendez-vous chez le pédiatre.

DIVERS

- Jeune homme sous la coupe de son père.
- Père qui prend son fils sous son aile.
- Homme qui a la garde d'un enfant.
- Adolescent placé sous surveillance.
- Artiste en vue.

BINÔME I + V

+

Selon le contexte, ce binôme évoque les scénarios suivants :

PROFESSIONNELLEMENT

- Initiative bénéficiant des conseils avisés d'un homme d'expérience/d'un spécialiste.
- Vos tractations s'orientent vers l'acceptation d'un compromis.
- Les projets entrepris sont sous de bons auspices.
- Stage de réorientation ou de spécialisation selon le cas.
- Individu doué pour la vente directe.
- Talents d'orateur vous permettant d'exceller dans l'art de la rhétorique.

Clin d'œil aux métiers suivants *: conseiller d'orientation, coach, commercial, VRP, vendeur sur stand, petit artisan, rhéteur, maître de conférences, séminariste, professeur, instituteur, spécialiste établi en cabinet (médecin, pédiatre...).*

SENTIMENTALEMENT

- Jeune père assagi par son nouveau rôle.
- Union qui reçoit les faveurs de la providence.
- Rencontre amoureuse qui aboutit à une relation stable.

MÉDICALEMENT

- Examen médical.
- Opération microchirurgicale.
- Enfant en psychothérapie.
- Pédiatre qui établit un diagnostic.
- Enfant que l'on vaccine.

DIVERS

- Enseignement religieux, catéchisme.
- Homme mûr qui prêche la bonne parole.
- Vous bénéficiez de conseils éclairés d'un homme de savoir, d'un spécialiste.
- Enfant de chœur, chorale religieuse.
- Adolescent qui prend des cours de solfège.
- Baptême en préparation.
- Jeune homme qui reste indifférent aux conseils de son père.
- Étudiant.

BINÔME I + VI

+

Selon le contexte, ce binôme évoque les scénarios suivants :

PROFESSIONNELLEMENT

- Vous êtes arrivé à un carrefour dans votre carrière.
- Dilemme entre deux propositions de travail.
- On vous présente un nouvel intervenant dans le cadre de vos activités.
- Vous lancez un projet avec des amis.
- Jeune entreprise qui définit les rôles de tout un chacun.
- Individu prenant des cours de comédie ou de théâtre.
- Études préparant aux métiers de styliste ou de designer.

Clin d'œil aux métiers suivants *: comédien, artiste, intermittent du spectacle, créateur ou vendeur d'une gamme de vêtements, costumier, tailleur, styliste, designer, activité de couture...*

SENTIMENTALEMENT

- Vous jouez sur deux tableaux à la fois.
- Rencontre amoureuse encore à l'état embryonnaire.
- Jeune homme frivole qui joue avec les sentiments de ses partenaires.
- Période de légèreté, vous prenez plaisir au jeu de la séduction.
- Des amis jouent les entremetteurs et vous présentent un nouveau partenaire.
- Nouvelle idylle rencontrée dans le cadre de vos activités professionnelles.

MÉDICALEMENT

- Examen ophtalmologique.
- Problème d'orientation dans l'espace.
- Prise de sang, examen ou bilan sanguin.
- Soins esthétiques.

DIVERS

- Jeu de rôle.
- Atelier d'artistes.
- Individu indécis.
- Angoisse face à un choix important.
- Adolescent anxieux.
- Passion pour le tricot ou la couture.

BINÔME I + VII

+

Selon le contexte, ce binôme évoque les scénarios suivants :

PROFESSIONNELLEMENT

- Stage technico-commercial.
- Activité qui démarre sur les chapeaux de roues.
- Période d'essai qui débouche sur un contrat à durée indéterminé (notamment 1 + 7 + 8).
- Jeune homme qui exerce une activité commerciale itinérante.
- Conjoncture idéale pour entreprendre un nouveau travail ou monter une affaire.

***Clin d'œil aux métiers suivants** : représentant, vendeur itinérant, concessionnaire automobile (cf. 5 + 7), moniteur d'auto-école, jeune pilote, jockey, ambulancier, apprenti garagiste, mécanicien, forain.*

SENTIMENTALEMENT

- Nouvelle conquête amoureuse rencontrée par le biais du travail.
- Jeune Don Juan qui collectionne les aventures.
- Rencontre ou aventure lors d'un voyage ou au cours d'un déplacement professionnel.
- Jeune homme qui fait rarement cavalier seul très longtemps.

MÉDICALEMENT

- Problème de hanche ou de bassin.
- Tics nerveux.
- Rééducation fonctionnelle.
- Dans certains cas, jeune handicapé moteur (notamment 1 + 7 + 16).

DIVERS

- Marché itinérant.
- Jeune homme qui prend des leçons de conduite.
- Le salon de l'automobile.
- Contrôle technique, réparation sur un véhicule.
- Société de taxis ou de transport.

BINÔME I + VIII

+

Selon le contexte, ce binôme évoque les scénarios suivants :

PROFESSIONNELLEMENT

- Formation diplômante.
- Renouvellement ou signature d'un nouveau contrat.
- Période d'essai aboutissant à un contrat.
- Affaire naissante qui vous contraint à effectuer diverses démarches juridico-administratives (enregistrement URSAFF, chambre de commerce).
- Vous rédigez un courrier juridique.
- Jeune entreprise (start-up) qui parvient à trouver l'équilibre financier.
- En négatif, des instances administratives vous demanderont des comptes.
- Comptabilité d'une affaire passée au peigne fin.

Clin d'œil aux métiers suivants *: comptable, jeune coursier, agent de Bourse, fiscaliste, apprenti ou jeune banquier, jeune professeur de mathématiques, greffier, juriste...*

SENTIMENTALEMENT

- Jeune homme qui se détourne d'une compagne trop exigeante, voire intransigeante.
- Couple qui se dispute la garde d'un enfant (notamment 1 + 8 + 13).
- Vous pesez le pour et le contre avant de vous engager plus sérieusement dans une nouvelle relation.
- Rencontre d'un jeune marié.
- Dans certains cas, signature d'un pacs (notamment 1 + 8 + 19).

MÉDICALEMENT

- Calculs rénaux possibles (notamment 1 + 8 + 14).
- Analyse du taux de cholestérol.
- Individu tenu de surveiller scrupuleusement son alimentation ou son poids.
- Tendance à l'embonpoint chez un enfant.

DIVERS

- Inventaire d'un commerce, d'une société.
- Statuts/autorisations juridiques attenants à une affaire (notamment 8 + 1).
- Adolescent qui doit rendre des comptes à la justice.
- Enfant placé sous tutelle.
- Début d'un procès.
- Vente/achat de produits financiers.
- Négociation d'un prêt bancaire.

BINÔME I + VIIII

Selon le contexte, ce binôme évoque les scénarios suivants :

PROFESSIONNELLEMENT

- Malgré votre savoir-faire, vos projets traînent en longueur.
- Affaire en déclin, en perte de vitesse.
- Travail de longue haleine qui demande de la persévérance.
- Activité sédentaire qui vous contraint à vivre comme un reclus (recherche, écriture).
- En positif, activité pérenne, le temps joue en votre faveur.
- Entreprise qui bénéficie de la sagesse de ses aïeux.

Clin d'œil aux métiers suivants *: travail au sein d'une unité de gérontologie, bénévole auprès d'une association venant en aide à des personnes démunies, généalogiste, archiviste, kinésithérapeute, scientifique, chercheur, agent secret, espion, enquêteur, psychologue scolaire, géomètre...*

SENTIMENTALEMENT

- Jeune homme célibataire ou solitaire qu'il vous est difficile de cerner.
- Rencontre d'un individu mélancolique, attaché à son passé.
- Pour un couple, vision routinière des rapports affectifs.
- Ex-conjoint auquel vous êtes encore attaché.

MÉDICALEMENT

- Maladie du vieillissement prématuré.
- Arthrose, arthrite héréditaire.
- Perte d'audition à une oreille, examen ORL possible.
- Autisme.
- Séances de kinésithérapie.

DIVERS

- Travaux/recherches portant sur la généalogie ou sur l'hérédité.
- Un grand-père découvre l'existence de son petit-fils.
- Enfant prostré, recroquevillé sur lui-même.
- Manœuvres sournoises tenues secrètes.
- Escroc démasqué, voleur pris la main dans le sac.
- Début d'une longue période de solitude, de méditation.
- Recherche sur l'origine des choses.
- Individu rattrapé par son passé.

BINÔME I + X

+

Selon le contexte, ce binôme évoque les scénarios suivants :

PROFESSIONNELLEMENT

- Vos affaires prennent un nouvel essor.
- Start-up en pleine explosion.
- Stage ou formation qui vous propulse à un échelon supérieur de la hiérarchie.
- Activité lucrative qui tourne à plein régime.
- Évolution de vos conditions de vie, augmentation de salaire.
- Apprentissage d'un métier technique ou manuel exigeant une grande dextérité.
- Commercial qui fait sa tournée.
- Dans certains cas, déménagement de vos bureaux (notamment 1 + 10 + 18).

Clin d'œil aux métiers suivants : *mécanicien, inventeur, trader, boursicoteur, courtier, croupier, acrobate, artiste de cirque, forain, cascadeur, vendeur de vélo, horloger...*

SENTIMENTALEMENT

- Couple bousculé par l'arrivée d'un heureux événement.
- Jeune homme qui entre dans la vie d'une consultante.
- Quotidien ponctué de nouvelles rencontres affectives sans lendemain.

MÉDICALEMENT

- Naissance, accouchement (notamment 1 + 10 + 21).
- Regain d'énergie.
- Examen du globe oculaire (notamment 1 + 10 + 6).
- Intervention au niveau d'une rotule ou d'un disque.
- Polyarthrite, rhumatismes (notamment 1 + 10 + 13).
- Installation possible d'un corps étranger (pacemaker, appareil auditif).

DIVERS

- Jeune homme pris dans l'engrenage du jeu.
- Problèmes mécaniques liés à une roue, à une courroie.
- Salon des inventions.
- Formation d'un cyclone.

BINÔME I + XI

+

Selon le contexte, ce binôme évoque les scénarios suivants :

PROFESSIONNELLEMENT

- Activité qui exige de la force physique.
- Jeune homme dynamique qui se donne les moyens de ses ambitions.
- Vous prenez vos affaires à bras le corps sachant vous imposer auprès de vos collaborateurs.
- PME qui a les reins solides, avec laquelle il va falloir compter.
- Aide d'un collègue ou d'un responsable de service.
- Véritable tour de force professionnel.

Clin d'œil aux métiers suivants : *déménageur, dresseur d'animaux, toiletteur, sportif (judo, combat, autodéfense), garde du corps, vigile, agent de sécurité, maître-chien, conducteur de travaux...*

SENTIMENTALEMENT

- Rencontre positive entre deux amants.
- Consultant qui rencontre une maîtresse femme.
- Consultante qui, en cherchant à dompter son partenaire, provoque des rapports de force.

MÉDICALEMENT

- Excellente condition physique.
- Claquage musculaire.
- Examen gynécologique.
- Liposuccion (notamment 1 + 11 + 13).

DIVERS

- Jeune homme dans la force de l'âge, en pleine forme.
- Bras de fer entre une mère et son fils.
- Un démarcheur vous force la main.
- Vaccination de votre animal de compagnie, visite chez le vétérinaire.
- Jeune homme qui fréquente les salles de musculation.
- Service militaire, stage commando.
- Enfant ou adolescent qui doit apprendre à se contrôler.

BINÔME I + XII

+

Selon le contexte, ce binôme évoque les scénarios suivants :

PROFESSIONNELLEMENT

- Initiatives bloquées à la base, activités au point mort.
- Victime d'un coup du sort, vos projets subissent un revers de fortune.
- Un collaborateur ou un vendeur est susceptible de vous tendre un piège, restez prudent.
- Vous êtes contraint de suspendre vos démarches.
- En positif, vocation cheville au corps pour les professions médicales.

Clin d'œil aux métiers suivants : *laborantin, pharmacien, podologue, biologiste, professeur de sciences naturelles, aide-médicale, délégué médical, infirmier, anesthésiste, acupuncteur, yogiste, acrobate, contorsionniste, cosmonaute...*

SENTIMENTALEMENT

- Pris au piège dans une relation aliénante, vous vous retrouvez en très mauvaise posture.
- Attachement maladif à un jeune homme profondément immature.
- Rencontre d'un jeune homme qui n'est pas libre, relation adultérine possible.
- Un enfant en bas âge est à l'origine du malaise qui règne au sein de votre foyer conjugal.

MÉDICALEMENT

- Enfant malade ou alité, état végétatif.
- Risque de fausse-couche (fœtus fragilisé).
- Vertiges.
- Manque de tonus.
- Risque d'entorse, déchirure de ligaments.
- Examen ou intervention sur un pied (cheville).
- Intoxication alimentaire/empoisonnement.

DIVERS

- Adolescent retrouvé pendu ou asphyxié.
- Enfant enlevé.
- Prisonnier.
- Jeune homme aux tendances suicidaires.
- Apprentissage du yoga.
- Incident domestique (blessure en bricolant).
- Expérience sur l'état d'apesanteur (entraînement des cosmonautes).

BINÔME I + XIII

+

Selon le contexte, ce binôme évoque les scénarios suivants :

PROFESSIONNELLEMENT

- Cessation d'activité entraînant des licenciements dans son sillage.
- Entreprise caduque, vouée à l'échec.
- Service amené à disparaître.
- Société ravagée par un incendie.
- Vous tournez la page, démission soudaine.
- Mission qui touche à sa fin.
- Période d'essai non prolongée.

Clin d'œil aux métiers suivants *: agriculteur, démineur, archéologue, étudiant en criminologie, employé des pompes funèbres, équarrisseur, apprenti boucher, armurier, affûteur, forgeron, technicien de surface, agent de nettoyage, informaticien...*

SENTIMENTALEMENT

- Vous procédez à un grand nettoyage dans votre vie sentimentale.
- Individu forcé de mettre un terme à une relation devenue nocive.
- Vous entamez une traversée du désert salutaire.
- Aventure amoureuse avec un jeune homme veuf ou séparé.
- En positif, rencontre d'exception qui balaye vos vieux schémas amoureux.

MÉDICALEMENT

- Avortement, enfant mort-né, mort subite du nourrisson (notamment 1 + 13 + 12).
- Acte chirurgical (bloc opératoire).
- Vitalité en baisse, anémie, rachitisme.
- Infiltrations, bas du dos douloureux (sciatique, lombalgie).
- Dans certains cas, soins dentaires à l'ordre du jour.

DIVERS

- Orphelin, homme endeuillé.
- Jeune homme assassiné, mort tragique d'un jeune garçon.
- Exhumation d'un corps pour autopsie.
- Jeune condamné à mort.
- Risques de coupures en manipulant des objets contondants.
- Jeune homme agressif, aux pulsions meurtrières.
- Individu dépressif.
- Adepte du fleuret, de l'escrime.
- Travaux de sol, rénovation de votre parquet.
- Dans certains cas, vous faites appel à une société de dératisation.

BINÔME I + XIIII

+

Selon le contexte, ce binôme évoque les scénarios suivants :

PROFESSIONNELLEMENT

- As de la diplomatie, le courant passe à merveille entre vous et vos collègues de travail.
- Votre profession ou vos affaires vous conduisent à effectuer des voyages éclair à l'étranger.
- Activité que vous pratiquez à temps partiel.
- Nouveau projet pour lequel vous prenez beaucoup de plaisir.
- Job d'appoint dans la restauration.

Clin d'œil aux métiers suivants : *hôtesse de l'air, agent de voyages, animateur de club de vacances, animateur radio, réceptionniste, serveur, barmaid, opérateur téléphonique, masseur, kinésithérapeute, jongleur, électricien, oiseleur, cuisinier, restaurateur, activité d'import-export...*

SENTIMENTALEMENT

- Jeune homme rencontré lors d'un voyage d'agrément.
- Rencontre avec une personne d'origine étrangère ou de double nationalité.
- Retour d'une femme dans la vie d'un consultant ou vice-versa.
- Jeune homme qui ne résiste pas aux marques d'affection que lui prodigue sa compagne.
- Couple qui entretient une liaison épanouissante.

MÉDICALEMENT

- Séances de massage chez le kinésithérapeute.
- Individu sujet aux laryngites, trachéites, toux, extinctions de voix.
- Opération des cordes vocales.
- Ablation des amygdales.
- Intervention microchirurgicale laser (nerf optique, varices).
- Pathologies prostatiques.
- Jeune garçon présentant des troubles urinaires (notamment 1 + 14 + 18).
- Soins par les médecines douces (acupuncture, etc.).

DIVERS

- Table de massage.
- Travail en rapport avec les énergies.
- Centre d'appels, société de téléphone.
- Travaux d'électricité ou de soudure.
- Réparation d'une fuite ou d'une canalisation.
- Individu enclin à boire plus que de raison.

BINÔME I + XV

+

Selon le contexte, ce binôme évoque les scénarios suivants :

PROFESSIONNELLEMENT

- Attention à ne pas tomber sous l'emprise d'un jeune businessman véreux.
- Vous déployez une énergie considérable pour hisser votre entreprise au rang des meilleures.
- Activité lucrative, vous brassez beaucoup d'argent dans le cadre de votre travail.
- Polémique qui crée une ambiance de travail malsaine.
- Désaccord avec un jeune homme récalcitrant.

Clin d'œil aux métiers suivants : *jeune cadre dynamique, businessman, fiscaliste, trader, négociateur bancaire, commercial en produits érotiques, vendeur en sex-shop, acteur porno, magnétiseur...*

SENTIMENTALEMENT

- Rencontre d'un jeune homme auprès duquel vous vous enflammez.
- Jeune homme pervers et manipulateur qui considère ses partenaires comme de simples objets sexuels.
- Relation sentimentale qui instaure un rapport de dominé/dominant.
- Expériences sexuelles parfois aliénantes (jeux sadomasochistes).
- Prostitution masculine.

MÉDICALEMENT

- Soucis intestinaux (polypes, diverticules, coliques).
- Infection génitale.
- Prostate à surveiller (notamment 1 + 15 + 14).
- Léger strabisme.
- Opération possible au niveau des parties génitales (changement de sexe).
- Coloscopie.

DIVERS

- Jeune homme aux fréquentations douteuses.
- Individu colérique, voire bagarreur.
- Enfant maltraité, esclavagisme.
- Magie noire, action occulte, envoûtement.
- Acte de vandalisme.
- Massages érotiques.
- Faussaire, escroc.
- Travaux présentant des vices de forme.
- Jeune homme sportif.

BINÔME I + XVI

+

Selon le contexte, ce binôme évoque les scénarios suivants :

PROFESSIONNELLEMENT

- Activité commerciale liée à la vente et à la location de biens immobiliers.
- Affaire commerciale qui s'effondre.
- Une série de problèmes anéantit vos projets professionnels.
- Entreprise ou local qui subit un dégât : feu, éboulis, explosion.
- Service restructuré de fond en comble.
- Précipitation ou folie des grandeurs ? Dans les deux cas, vous courez à votre perte.
- Travaux de rénovation au sein d'une société.

Clin d'œil aux métiers suivants *: agent immobilier, ascensoriste, maçon, ouvrier du bâtiment, artificier, apprenti pompier, architecte d'intérieur...*

SENTIMENTALEMENT

- Rencontre explosive avec un jeune homme qui a l'art de vous faire sortir de vos gonds.
- Un enfant se trouve à l'origine des conflits dans votre couple.
- Un partenaire est mis dehors avec pertes et fracas.
- Votre foyer menace de sombrer si vous ne réagissez pas.

MÉDICALEMENT

- Entorses, foulures (notamment chez un enfant).
- Éjaculation précoce.
- Intervention chirurgicale sur une dent.
- Greffe de peau.
- Coma, choc à la tête, syncope.
- Petits soucis dermatologiques (acné juvénile).
- Calvitie, perte de cheveux inquiétante.

DIVERS

- Rénovation d'une vieille maison ou du domicile.
- Travaux de copropriété (ravalement de façade, toiture).
- Attentat terroriste.
- Jeune homme en danger. Enfant accidenté.
- Individu qui fait une chute.
- Vous sollicitez les services d'une entreprise de travaux publics.
- Immeuble démoli dans le cadre d'un projet d'urbanisme.

BINÔME I + XVII

+

Selon le contexte, ce binôme évoque les scénarios suivants :

PROFESSIONNELLEMENT

- Inspiré et créatif, vous travaillez en parfaite osmose avec votre univers professionnel.
- Projet artistique bénéficiant d'un heureux concours de circonstances.
- Comme par magie, vos initiatives sont accueillies avec plaisir.
- Individu épanoui travaillant au contact de la nature.
- Activité liée à l'esthétisme, qui vous procure beaucoup de bonheur.

Clin d'œil aux métiers suivants : *artiste peintre, décorateur, vendeur en cosmétique, coiffeur, esthéticien, jeune plasticien, naturopathe, botaniste, astrophysicien, danseur étoile, magicien, illusionniste, jeune étoile montante, paysagiste, plombier...*

SENTIMENTALEMENT

- Relation amoureuse au travers de laquelle vos espoirs sont comblés.
- Jeune épouse qui manifeste son envie d'avoir un enfant.
- Attirance pour un jeune homme qui n'est pas payée de réciprocité.
- Rencontre imminente avec une jolie jeune femme.
- Couple qui vit une relation sans histoires.

MÉDICALEMENT

- Rendez-vous chez le dermatologue (herpès labial, extraction d'un grain de beauté, aphtes).
- Acte de chirurgie esthétique.
- Soins du corps en institut.
- Examen gynécologique.
- Pertes des eaux chez une femme enceinte.

DIVERS

- Individu né sous une bonne étoile.
- Soucis de canalisation, de conduite d'eau.
- Vous entreprenez des travaux d'embellissement (peinture) à votre domicile.
- Adolescent bien dans sa peau.
- Étude de la faune et de la flore.
- Analyse des cours d'eau, mesures des nappes phréatiques.

BINÔME I +XVIII

+

Selon le contexte, ce binôme évoque les scénarios suivants :

PROFESSIONNELLEMENT

- Des zones d'ombres viennent obscurcir vos projets.
- Attention, il y a anguille sous roche, un beau parleur pourrait vous manipuler.
- Vous naviguez en eaux troubles sur votre lieu de travail : rumeurs et rancœurs remontent à la surface.
- Individu qui pratique une activité à domicile.
- Activité commerciale au contact de la clientèle.
- Travail de nuit.

Clin d'œil aux métiers suivants : *gérant d'un débit de boissons, barman, marchand de vins, restaurateur, magasinier, employé en grande surface, poissonnier, commerçant, hôtelier, agent immobilier, vendeur de mobilier, petit artisan, éleveur canin, employé en animalerie, employé dans une ferme, employé SPA, vétérinaire, écrivain, employé communal...*

SENTIMENTALEMENT

- Individu qui s'est fourré dans un véritable guêpier.
- Aventure éphémère avec un beau parleur qui tire des plans sur la comète.
- En positif, rencontre d'un jeune homme qui cherche à bâtir un foyer.
- Relation amoureuse vécue dans le secret (notamment 1 + 18 + 6).
- La consultante trompe son mari ou son partenaire avec un jeune amant.

MÉDICALEMENT

- Tension artérielle (pression).
- Problème de vessie, de rétention d'eau.
- Tendance schizophrénique chez un adolescent.
- Paranoïa.
- Coma éthylique, état comateux.
- Maux de ventre.
- Vision floue (cataracte).

DIVERS

- Réparation sur un chauffe-eau, une baignoire, un jacuzzi.
- Installation d'une piscine.
- Début de la période hivernale.
- Homme passionné par la pêche, la plongée sous-marine.
- Individu lunatique ou nostalgique, enfant rêveur.
- Aménagement de votre foyer (travaux d'intérieur).
- Activité clandestine.

BINÔME I + XVIIII

+

Selon le contexte, ce binôme évoque les scénarios suivants :

PROFESSIONNELLEMENT

- Vous avez de l'or dans les mains, vos affaires sont au beau fixe.
- Vos projets professionnels vous portent à vous associer ou à travailler en binôme.
- Jeune homme qui trouve un job d'été.
- Artiste sous les feux de la rampe.
- Création ou association dans une affaire familiale.
- Carrière au travers de laquelle vous vous épanouissez.
- Écriture de contes, de livres pour enfants.

Clin d'œil aux métiers suivants *: photographe, illustrateur, plagiste, saisonnier, bijoutier, joaillier, décorateur, éducateur sportif, activité au contact des enfants...*

SENTIMENTALEMENT

- Amour de vacances ou rencontre affective en période estivale.
- Nouvelle relation qui vous réchauffe le cœur.
- Amour sincère où les deux partenaires sont au diapason.
- Rencontre d'un jeune homme déjà en couple.

MÉDICALEMENT

- Risque d'insolation, de brûlures.
- Problèmes liés à la déshydratation, sécheresse (chez un nourrisson).
- Souffle au cœur possible chez un jeune individu.
- Analyse d'un mélanome.
- Test de grossesse.

DIVERS

- Un jeune père et ses deux enfants.
- Boutique de plage, vente de maillots de bain, d'accessoires pour les vacances.
- Famille composée de trois enfants dont des jumeaux.
- Institut de bronzage.
- Début de la période estivale.
- Une cour de récréation.
- Individu originaire d'un pays ensoleillé.
- Radar (flash).

BINÔME I + XX

+

Selon le contexte, ce binôme évoque les scénarios suivants :

PROFESSIONNELLEMENT

- Des réunions annonciatrices de changements soudains se tiennent sur votre lieu de travail.
- Une commission ou un jury examine votre projet professionnel.
- Entretien préalable à un changement de poste au cours duquel on débat de votre parcours professionnel.
- Vous entendez parler fortuitement d'une nouvelle proposition de travail inattendue.
- Virtuose de la parole, vous n'hésitez pas à plaider votre cause et à vous faire entendre.
- Création d'un site Internet dans le cadre de vos activités.
- Rédaction d'un courrier juridique.

Clin d'œil aux métiers suivants : *musicien, disque-jockey, ingénieur du son, chef d'orchestre, animateur de soirées, activité dans le multimédia, audiovisuel, téléphonie mobile, marketing...*

SENTIMENTALEMENT

- Rencontre imprévue avec un jeune homme dans un lieu fort animé (discothèque, concert, etc.).
- Couple qui se prépare à accueillir un nouvel enfant.
- Litige concernant la garde d'un enfant.

MÉDICALEMENT

- Problème d'oreille : acouphènes, légère surdité.
- Examen ORL possible.
- Manque de souffle.
- Enfant asthmatique.
- Problèmes liés au tabagisme.
- Nouveau traitement de pointe, vaccin à l'étude.

DIVERS

- Votre fils vous annonce qu'il va être papa.
- Jeune homme en attente d'un jugement.
- Jugement rendu en rapport avec un enfant.
- Concours de chant, karaoké.
- Baptême.
- Enfant que l'on n'espérait plus.

BINÔME I + XXI

+

Selon le contexte, ce binôme évoque les scénarios suivants :

PROFESSIONNELLEMENT

- Artisan ou commerce victime de son succès.
- Auto-entrepreneur dont la clientèle est florissante.
- Votre savoir-faire est reconnu de tous, vous êtes plébiscité pour vos compétences.
- Vos affaires vous amènent à exporter vos talents à l'étranger et à vous mettre sur le devant de la scène internationale.
- Vous lancez un commerce ou une nouvelle activité à l'étranger.
- Vos projets sont couronnés de succès.

Clin d'œil aux métiers suivants *: commerce international (import-export), vendeur à l'international, artisan du monde, propriétaire d'un stand (foire, marché), employé dans une chaîne de restauration rapide...*

SENTIMENTALEMENT

- Rencontre d'une étrangère qui prélude à une vie de couple épanouissante.
- Rencontre dans un cercle d'initiés ou au cours d'un voyage d'affaires.
- Relation de couple constructive et ouverte sur l'extérieur.

MÉDICALEMENT

- Jeune homme en excellente santé.
- Naissance d'un enfant (notamment 1 + 21 + 10).
- Vaccin contre les maladies tropicales.
- Dans de très rares cas, trisomie 21.

DIVERS

- Lauréat d'un concours international.
- Investissement offshore.
- Showroom, vitrine du monde, journée portes ouvertes.
- Produits prisés dans le monde entier.
- Artiste réputé (magicien, chef d'orchestre de renommée internationale).
- Icône idolâtrée.
- Individu adepte du twirling.

BINÔME I + XXII

+

Selon le contexte, ce binôme évoque les scénarios suivants :

PROFESSIONNELLEMENT

- Délocalisation d'un département, d'un service.
- Vous êtes mis à pied pour faute professionnelle.
- Individu qui donne sa démission ou qui se retire d'un projet (notamment 1 + 22 + 13).
- Tendance à laisser vos projets inachevés ou à tout envoyer promener sur un coup de tête.
- Initiatives originales qui sortent des sentiers battus.

Clin d'œil aux métiers suivants *: activité itinérante (marchand ambulant, coursier, facteur...), free-lance, intérimaire, bénévole au sein d'une association, pigiste...*

SENTIMENTALEMENT

- Histoire d'amour qui connaît des débuts chaotiques.
- Amoureux éconduit qui se sent incompris.
- Individu qui ne parvient pas à se poser dans une relation stable.
- Rencontre d'un jeune homme qui aime son indépendance.

MÉDICALEMENT

- Rendez-vous en unité de neurologie.
- Migraines, céphalées.
- Fièvre, sueurs.
- Handicapé mental.
- Prise de drogue, de méthadone.

DIVERS

- Fugue d'enfant, adolescent disparu.
- Vous pliez bagage, vous disparaissez dans la nature.
- Enfant désaxé, asocial.
- Course d'étapes, parcours fléché, randonnée.

LA PAPESSE

Moi la Papesse, je t'invite à approfondir tes connaissances et à mûrir tes projets. Avec moi, prends le temps d'étudier sans jamais te départir de ton intuition.

Au premier coup d'œil, la Papesse incarne :

1. **Une femme d'âge mûr**
2. **La mère, la grand-mère**
3. **L'analyse, l'expérience**
4. **L'enseignement, les études**
5. **La presse écrite, l'édition**
6. **La gestation, l'attente**
7. **La religion, les sectes**
8. **Le sixième sens féminin**
9. **Les mystères, les secrets**
10. **Une rivale, une traîtresse**

La papesse, en se mariant aux 21 autres arcanes, nous évoque la **connaissance**, la **psychologie**, les **secrets**.

BINÔME II + I

+

Selon le contexte, ce binôme évoque les scénarios suivants :

PROFESSIONNELLEMENT

- Vous suivez un stage d'apprentissage ou un enseignement technique (CAP, brevet).
- Examen méticuleux d'un projet, étude de faisabilité.
- Vous passez de la théorie à la pratique en appliquant ce que vous avez appris en formation.
- Vous vous inspirez volontiers de l'expérience de vos aïeux dans le cadre d'une création d'entreprise.
- Écriture d'un livre.

Clin d'œil aux métiers suivants : *enseignante, institutrice, employé(e) dans le marketing, rédactrice, tutrice, formatrice, directrice de stage, psychologue (notamment 2 + 1 + 18), scénariste, écrivain, employé dans l'imprimerie, l'industrie du livre, infirmière (notamment 2 + 1 + 12).*

SENTIMENTALEMENT

- Jeune homme dont l'image maternelle détermine ses choix amoureux.
- Homme fasciné par une femme d'âge mûr.
- Rencontre affective à l'occasion d'un stage ou d'une formation professionnelle.
- Vous passez une petite annonce.

MÉDICALEMENT

- Traitement, prescription médicale.
- Analyses médicales.
- Examen d'un kyste avant extraction.
- Intervention chirurgicale sur une femme d'âge avancé (notamment 2 + 1 + 13).

DIVERS

- Manuel d'utilisation.
- Devis ou diagnostic avant travaux.
- Étude de marché, enquête.
- Recette de grand-mère observée à la lettre.
- Un enfant apprend à lire.
- Un livre en cours d'impression.
- Jeune homme encore dans les jupes de sa mère.

BINÔME II + III

Selon le contexte, ce binôme évoque les scénarios suivants :

PROFESSIONNELLEMENT

- Vous poursuivez des études, une formation universitaire ou un enseignement ciblé.
- Présentation d'une thèse ou d'un mémoire.
- Deux collègues de travail sont en froid.
- Lieu de travail dominé par la gent féminine.
- Une de vos collègues féminines a la science infuse et affiche sa supériorité intellectuelle.
- Appui d'une directrice ou d'une femme aux connaissances encyclopédiques.
- Un écrit (courrier, note de service) est à l'origine d'une polémique.
- Vous vous réorientez vers la formation professionnelle ou l'enseignement.
- Entretien professionnel avec deux femmes.

Clin d'œil aux métiers suivants *: rédactrice, secrétaire, enseignante, directrice d'école, académicienne, écrivain, conceptrice publicitaire, linguiste, sociologue, psychologue, graphologue, libraire, journaliste, documentaliste.*

SENTIMENTALEMENT

- Femme très intuitive qui soupçonne l'existence d'une rivale.
- Si vous êtes une femme, des problèmes liés à votre mère altèrent vos rapports amoureux.
- Rencontre d'une femme instruite et fine psychologue.
- Dans certains cas, rencontre amoureuse par le biais d'une petite annonce.
- Individu partagé entre deux femmes d'âges différents.

MÉDICALEMENT

- Consultation d'une doctoresse, d'une femme médecin.
- Maux de ventre ou troubles digestifs souvent d'origine psychosomatique.
- Hyperactivité cérébrale.
- Nécessité de porter des lunettes de lecture.

DIVERS

- Femme qui prépare une thèse ou un doctorat.
- Grand fond d'érudition chez une consultante.
- Femme qui a conquis son poste grâce à son savoir.
- Mauvaise communication mère-fille.
- Des secrets dévoilés sont à l'origine d'un différend.
- Mère supérieure dans une communauté religieuse.

BINÔME II + IIII

+

Selon le contexte, ce binôme évoque les scénarios suivants :

PROFESSIONNELLEMENT

- Concours ou formation interne susceptible de vous hisser à un poste de leader.
- Entretien ou évaluation professionnelle en présence de votre encadrement.
- Femme qui siège au comité d'entreprise.
- Personne de pouvoir au sein d'une société.
- Vous participez à un projet d'entreprise.
- Votre cursus intéresse un employeur potentiel.
- Vous êtes appuyée dans vos démarches par une personne qui a le bras long.
- Responsable dont le poste est convoité par un subalterne.

Clin d'œil aux métiers suivants : *recruteur, chasseur de têtes, patronne, agent de maîtrise, chef d'entreprise, chef de service, directeur de projet, responsable du personnel, rédactrice en chef, formatrice.*

SENTIMENTALEMENT

- Femme austère qui relègue son partenaire à une place d'éternel second.
- Rencontre amoureuse avec un homme de pouvoir à l'occasion d'un stage ou d'un séminaire.
- Femme de pouvoir qui a tapé dans l'œil d'un homme charismatique.
- Homme mûr encore dans les jupes de sa mère.
- Mère envahissante qui régente votre vie amoureuse.
- Dans certains cas, vous êtes séduite par un Maghrébin.

MÉDICALEMENT

- Problème de bassin, de ceinture scapulaire.
- Examen ophtalmologique (lunettes de lecture fortement conseillées).
- Fragilité possible au niveau des omoplates.

DIVERS

- Une mère tourne le dos à son fils.
- Mère castratrice.
- Femme masculine.
- Homme dans la quarantaine qui vit avec sa mère.
- Tête pensante ou cerveau d'une secte.
- Héritier du trône.

BINÔME II + V

+

Selon le contexte, ce binôme évoque les scénarios suivants :

PROFESSIONNELLEMENT

- Vous participez à des colloques, des séminaires ou des conférences dans le cadre de vos activités.
- Vos projets sont examinés au plus haut niveau hiérarchique.
- Période propice à formuler vos vœux et vos desiderata, vous serez entendu en hauts lieux.
- Certains vouent un véritable sacerdoce à l'enseignement.
- Vous entreprenez des études de troisième cycle, vous soutenez une thèse.
- Examen ou concours composé d'un écrit et d'un oral.
- Notable qui relaye le fruit de vos recherches et de votre travail auprès d'un plus grand auditoire.

Clin d'œil aux métiers suivants *: haut représentant de l'Église ou du corps enseignant, académicien, maître de conférences, séminariste, traducteur, interprète, psychologue (notamment 2 + 5 + 18), médecin, radiologue, formatrice, conteur, philosophe.*

SENTIMENTALEMENT

- Relation amoureuse entre deux personnes de même niveau socioculturel.
- Couple d'intellectuels.
- Publication de bans pour un mariage (notamment 2 + 5 + 19).
- Couple de retraités qui se boudent.
- Votre appartenance religieuse pose problème à votre belle famille.

MÉDICALEMENT

- Vous passez une radiographie.
- Vous consultez un ou plusieurs spécialistes.
- Recherche de diagnostic.
- Individu poursuivant une psychothérapie.

DIVERS

- La messe du dimanche, catéchisme.
- Lieu de recueillement, quête spirituelle, initiation auprès d'un maître spirituel.
- Promotion d'un livre, d'un ouvrage.
- Apprentissage de la langue des signes.
- Méthode d'enseignement visant à débloquer l'oral.
- Couple de retraités, de grands-parents.
- Discussion autour d'un diagnostic, d'un rapport d'expert.
- Polémique autour d'un livre, d'un manuscrit.
- Les sectes religieuses.

BINÔME II + VI

+

Selon le contexte, ce binôme évoque les scénarios suivants :

PROFESSIONNELLEMENT

- Apprentissage ou stage à l'issue duquel plusieurs pistes se présentent à vous.
- Vous étudiez la possibilité de travailler avec des amis.
- Bien que vous connaissiez vos options de carrière, vous peinez à faire un choix.
- Vous suivez votre intuition dans le choix d'une collaboration.
- Vous recueillez l'avis de vos proches, amis ou collègues de travail, afin de définir votre futur projet professionnel.
- Acteurs ou comédiens récitant une pièce de théâtre.

Clin d'œil aux métiers suivants *: directrice d'une troupe de théâtre, rédactrice de mode, directrice d'une agence matrimoniale, spécialiste du relooking, comédienne, scénariste, professeur d'art dramatique, scénographe.*

SENTIMENTALEMENT

- Vous dévoilez vos sentiments à l'élu(e) de votre cœur, déclarations amoureuses (lettres).
- Découverte d'une relation adultérine.
- Consultante qui choisit un prétendant via une agence matrimoniale.
- Vous mettez une annonce dans un magazine de rencontres.
- Femme d'âge mûr à l'orée d'une nouvelle rencontre affective.
- Rencontre sentimentale par le biais d'une femme d'expérience.

MÉDICALEMENT

- Analyses sanguines.
- Examen ophtalmologique (fond d'œil).
- Lunettes de lecture à envisager.

DIVERS

- Magazine de mode.
- Consultante dont les connaissances séduisent son entourage proche.
- Suivez votre intuition, vous ferez le bon choix.
- Rumeurs ou secrets qui délient les langues.

BINÔME II + VII

+

Selon le contexte, ce binôme évoque les scénarios suivants :

PROFESSIONNELLEMENT

- Des déplacements ou des projets de voyage viendront agrémenter votre parcours professionnel.
- Formation professionnelle animée par une intervenante.
- Proposition de travail à l'étude.
- Entretien d'embauche conduit par une femme.
- Acquisition de nouvelles connaissances vous permettant de relancer votre carrière.

Clin d'œil aux métiers suivants *: formatrice en free-lance, consultante, infirmière libérale, journaliste reporter, ambulancière, conducteur d'engins, chauffeur de taxi, développeur, psychologue en entreprise.*

SENTIMENTALEMENT

- Rencontre amoureuse dans le cadre d'un déplacement professionnel.
- Femme célibataire qui fait la connaissance d'un jeune cadre dynamique.
- Jeune homme qui rend visite à sa maîtresse (notamment 2 + 7 + 6).
- Idylle amoureuse avec un(e) musulman(e).

MÉDICALEMENT

- Problèmes de motricité ou de bassin chez une femme.
- Dame âgée en chaise roulante.

DIVERS

- Examen de la cote d'un véhicule à l'Argus, analyse des papiers du véhicule.
- Examen du code de la route, permis de conduire.
- Formation de transporteur, de pilotage.
- Une femme part en voyage (train, voiture).
- Titre de transport, billet de train.
- Femme d'expérience qui prêche la bonne parole ici et là.
- Enseignement, études pilotes.
- Grand-mère qui reçoit la visite de son fils ou petit-fils.

BINÔME II + VIII

+

Selon le contexte, ce binôme évoque les scénarios suivants :

PROFESSIONNELLEMENT

- Vous recevrez une convocation à comparaître au tribunal ou vous saisissez une avocate dans le cadre d'une procédure prud'homale.
- Constitution d'un dossier vous contraignant à présenter de nombreux documents administratifs ou juridiques auprès des instances concernées.
- Lisez bien vos contrats avant de les signer, assurez-vous que le sceau de la justice soit apposé sur vos documents officiels si vous avez le projet de monter une affaire.
- Vous préparez un concours administratif.
- Individu qui poursuit des études de droit par vocation.
- Délivrance ou publication de statuts juridiques.

Clin d'œil aux métiers suivants *: avocate, juge, notaire, huissier (notamment 8 + 13), garde des Sceaux, expert-comptable, directrice de banque, professeur de mathématiques, analyste crédit.*

SENTIMENTALEMENT

- Vous saisissez la justice dans le cadre d'une procédure de divorce.
- Femme sèche et psychorigide avec qui les rapports amoureux sont tendus.
- Relation avec une femme mariée.

MÉDICALEMENT

- Nervosité et problèmes de sommeil associés.
- Élaboration d'un régime équilibré ou drastique.
- Surveillez votre taux de cholestérol ou votre diabète.
- Problèmes rénaux ou de vésicule chez une femme.
- Pathologie de la hanche (col du fémur).

DIVERS

- Lettre de justice, convocation au tribunal.
- Dossier juridique en cours d'instruction.
- Une femme par qui les ennuis arrivent.
- Documents comptables.
- Bulletins de paie.
- Documents cachés, portés à la connaissance de la justice, du fisc.
- Femme âgée qui rédige son testament.

BINÔME II + VIIII

+

Selon le contexte, ce binôme évoque les scénarios suivants :

PROFESSIONNELLEMENT

- Vous poursuivez des études de longue haleine (DESS, doctorat).
- Vous partez en quête de connaissances susceptibles d'éclairer vos projets et d'en assurer la pérennité.
- Individu dont la vocation le porte à sonder les mystères de l'humanité.
- Élaboration d'un projet qui demande du temps et de la persévérance.
- Vos affaires marchent au ralenti.
- Vous constituez votre dossier de retraite (notamment 2 + 9 + 13).

Clin d'œil aux métiers suivants *: psychothérapeute, chercheur, savant, généalogiste, théologienne, sage-femme, obstétricien, gérontologue, infirmière, aide-médicale en gériatrie, écrivain, graphologue.*

SENTIMENTALEMENT

- Rencontre d'une personne distante et peu communicative.
- Femme qui mène une vie quasi monacale, tel un ermite.
- Des confidences ou des secrets dévoilés vous éclairent sur la nature d'une liaison amoureuse.

MÉDICALEMENT

- Problèmes inhérents à la vieillesse (arthrose, décalcification, ostéoporose).
- Personne âgée qui boite (col du fémur, problème de hanche).
- Myopie, presbytie, parfois cécité.
- Femme enceinte, suivi obstétrique.

DIVERS

- Un couple du troisième âge.
- Grands-parents (cf. 2 + 5).
- Une malvoyante qui lit en braille.
- Religieuse en pèlerinage.
- Quête spirituelle très avancée, esprit éclairé.
- Période de restriction, vous devez économiser.
- Froid polaire, mieux vaut rester emmitouflé.
- Assurez-vous que l'on ne vous cache rien.

BINÔME II + X

+

Selon le contexte, ce binôme évoque les scénarios suivants :

PROFESSIONNELLEMENT

- Vos projets prennent de l'essor à la faveur des circonstances.
- Formation susceptible d'accélérer votre évolution de carrière.
- Étude de documents (dossier, courrier) importants pour votre orientation professionnelle.
- Vous recyclez vos connaissances afin de rester à la page dans votre domaine d'activité.
- Individu dont les connaissances et compétences techniques sont indispensables à son cursus.
- Vous entamez un nouveau cycle d'études (formation technique possible).

Clin d'œil aux métiers suivants : *responsable qualité, consultante, oculiste, analyste boursier, neurologue (cf. 2 + 22), directrice ou employée d'une société de jeux de hasard, horloger, ergothérapeute (notamment 2 + 10 + 22).*

SENTIMENTALEMENT

- Évolution positive d'une relation amoureuse après une mise au point salutaire.
- Une invitation ou une lettre vous parvient.
- Passé amoureux qui remonte à la surface.
- Femme d'âge mûr enfermée dans la monotonie du quotidien.

MÉDICALEMENT

- Examen ophtalmologique (cf. 2 + 6), changement de lunettes de lecture envisagé.
- Radiographie d'une rotule, d'un disque.
- Selon le contexte, une I.R.M. ou un scanner peut être ordonné (notamment 2 + 10 + 22).
- Troubles neurologiques chez une consultante maniacodépressive.
- Femme âgée qui porte un appareil auditif.
- Problèmes articulatoires handicapants (notamment 2 + 10 + 13).
- Arthrose cervicale.

DIVERS

- Brevet d'invention.
- Études sur l'ergonomie.
- Élaboration d'un système révolutionnaire, d'un concept innovant.
- Parution prochaine d'un livre.
- Des informations capitales débloquent une situation.
- Révision d'un appareil électrique.

BINÔME II + XI

+

Selon le contexte, ce binôme évoque les scénarios suivants :

PROFESSIONNELLEMENT

- Formation aux pratiques du management vous donnant accès à un poste de responsable.
- Vous connaissez parfaitement vos points forts.
- Pour une femme, il s'agit d'un bras de fer avec une collaboratrice ou avec une supérieure hiérarchique qui refuse de courber l'échine.
- Vous gardez la main haute sur vos affaires et tel un leader, vous sortez facilement de votre réserve afin d'affirmer vos positions.
- Recherche de la meilleure stratégie.
- Femme de pouvoir qui travaille souvent en indépendante, femme à poigne.

Clin d'œil aux métiers suivants *: responsable, cadre, directrice, rédactrice en chef, femme politique, infirmière en chef.*

SENTIMENTALEMENT

- Deux rivales se livrent un véritable combat pour un même homme, affrontement.
- Rencontre d'une femme qui joue la carte de la sincérité et vous dévoile ses sentiments.
- Rencontre d'une femme qui a tendance à négliger son apparence physique.

MÉDICALEMENT

- Tendance à l'embonpoint.
- Femme âgée qui reprend des forces après une période de convalescence.
- Examen du poignet.

DIVERS

- Mère et fille se tournent le dos.
- Une psychologue cherche à vous tirer les vers du nez.
- Examen réussi, sujet maîtrisé.
- Études sportives, éducation physique.
- Une femme sort de sa réserve et prend le taureau par les cornes, mère courage.
- Apprentissage de la maîtrise de soi.
- Études sur le comportement animal.
- Évaluation de vos points forts.
- Connaissance de secrets, de documents qui vous mettent en position de force.
- Examen d'un animal par un vétérinaire.
- Thérapie qui vous invite à vous ouvrir davantage aux autres.
- Femme musclée, bodybuildée.

BINÔME II + XII

+

Selon le contexte, ce binôme évoque les scénarios suivants :

PROFESSIONNELLEMENT

- Victime d'une conjoncture peu favorable, vous devez vous résigner à suspendre vos affaires, voire à abandonner certains projets auxquels vous êtes attaché.
- Impuissant, vous attendez patiemment que votre situation professionnelle se débloque.
- Gardez les pieds sur terre, une femme sournoise cherche à vous tendre un piège.
- Certains parmi vous sont voués aux métiers médicaux et paramédicaux.

Clin d'œil aux métiers suivants *: infirmière, laborantine, préparatrice en pharmacie, psychologue en univers carcéral, femme médecin, agent sanitaire, employée aux services de l'hygiène, sœur missionnaire, professeur de yoga, aide-soignante (notamment 3 + 12), assistante sociale (notamment 2 + 22).*

SENTIMENTALEMENT

- Relation adultérine entre une femme et son jeune amant.
- Femme frigide qui n'arrive pas à s'abandonner à son partenaire.
- Vous analysez le blocage psychologique dont vous êtes victime.
- Liaison amoureuse passée dont vous restez prisonnière.
- Révélations qui vous mettent en mauvaise posture.

MÉDICALEMENT

- Femme malade, parfois hospitalisée, sous traitement médical.
- État semi-végétatif (sclérose en plaques, hémiplégie), vitalité moindre.
- Déséquilibre psychique chez une consultante.
- Échographie d'un fœtus (risque de fausse-couche).
- Stérilité féminine.

DIVERS

- Études sur le corps humain.
- Le Vidal de la santé, carte vitale, etc.
- Études karmiques, grande spiritualité.
- Correspondance avec un prisonnier. Femme emprisonnée.
- Rapports malsains mère-fils.
- Une mère qui ne parvient pas à couper le cordon ombilical avec son fils.
- Vos connaissances ne vous seront d'aucun secours dans une telle situation.
- Impuissance d'une femme devant une situation résolument bloquée.
- Blocages vécus de manière épidermique.
- Dévouement qui frise le sacrifice de soi.
- Femme qui vous tend un piège, trahison féminine.

BINÔME II + XIII

+

Selon le contexte, ce binôme évoque les scénarios suivants :

PROFESSIONNELLEMENT

- La période s'annonce franchement hostile, voire funeste au niveau professionnel.
- Vos projets à l'étude sont au point mort et ont très peu de chance d'aboutir.
- Votre contrat prend fin, on vous remercie sans états d'âme (lettre de licenciement).
- Ambiance de travail néfaste, vous devez batailler ferme face aux critiques de vos détracteurs.
- Quinquagénaire mise en retraite anticipée.
- En positif, apprentissage d'un travail manuel ou stage informatique.
- Supérieure hiérarchique ou collègue de travail qui disparaît brutalement.
- Études que vous interrompez en cours de route.

***Clin d'œil aux métiers suivants** : historienne, reporter de guerre, criminologue, médecin légiste, programmatrice, informaticienne, agricultrice, médium spirite, cancérologue, ostéopathe.*

SENTIMENTALEMENT

- Sécheresse émotionnelle qui vous voue à la solitude.
- Rencontre amoureuse avec une veuve.
- Rencontre d'une femme aux propos tranchants constamment sur la défensive.
- Après mûre réflexion, vous décidez de rompre.

MÉDICALEMENT

- Femme âgée gravement malade (cancer généralisé).
- Problème d'ostéoporose, de décalcification osseuse chez une consultante.
- I.R.M., radiographie.
- Analyse des selles.
- Femme voûtée, problème de colonne vertébrale.
- Risque de rupture d'anévrisme (notamment 2 + 13 + 22).
- Dans certains cas, femme à l'article de la mort.

DIVERS

- Nécrologie, avis de décès, faire-part de décès, certificat de décès.
- Veuve de guerre, femme endeuillée.
- Thèse, recherche sur la guerre.
- Recherche d'un meurtrier.
- Décès de votre mère ou de votre grand-mère.
- Livres de guerre, d'histoire, romans policiers.
- La consultante décide de tourner la page sur son passé.
- Communication avec les défunts.
- Femme qui vous incrimine, preuves à l'appui.
- Méthodes, procédures obsolètes.

BINÔME II + XIIII

+

Selon le contexte, ce binôme évoque les scénarios suivants :

PROFESSIONNELLEMENT

- Connaissance d'un dossier ou d'un manuscrit nécessitant des voyages éclair (à l'étranger).
- Échanges ou entretiens téléphoniques avec une femme très influente.
- Personne qui se documente sur les formations aux métiers du bien-être (apprentissage des massages, sophrologie, etc.).
- Stage en langues étrangères (notamment 2 + 14 + 21).
- Des nouvelles vous parviennent par téléphone (notamment 2 + 14 + 20).
- Compétences vous destinant aux métiers de la communication (médias, cinéma).
- Projet radiophonique ou journalistique selon le cas.

Clin d'œil aux métiers suivants : *traductrice, interprète, publiciste, animatrice radio, présentatrice, cinéaste, agent de cinéma, chef de cabine, rédactrice, publicitaire, sophrologue.*

SENTIMENTALEMENT

- Correspondance amoureuse avec une femme mature.
- Vous entretenez une liaison amoureuse à distance (échanges de SMS).
- Relation sentimentale qui vous contraint à faire le grand écart entre deux endroits, entre deux cultures différentes.

MÉDICALEMENT

- Examen au laser possible.
- Souci au niveau du nerf optique.
- Analyse d'urine.
- Insuffisance rénale ou rétention d'eau chez une femme âgée (notamment 2 + 14 + 8).

DIVERS

- Préparation d'un voyage.
- Études d'acupuncture, travaux sur les énergies.
- Femme douée pour transmettre ses connaissances.
- Stage ou formation au niveau des médias.
- Courrier électronique, SMS.
- Une femme attend des nouvelles de l'étranger.
- Secrets communiqués.

BINÔME II + XV

+

Selon le contexte, ce binôme évoque les scénarios suivants :

PROFESSIONNELLEMENT

- Rencontre avec une femme d'affaires particulièrement rusée et peu scrupuleuse.
- Risque d'arnaque dans vos contrats d'affaires (écrits falsifiés).
- Révélations de malversations financières (fraudes fiscales, financement occulte) au sein de votre société.
- Vous tombez sous le joug d'une collègue sournoise et manipulatrice ou d'une patronne envahissante.
- Proposition ou projet qui vous permet d'engranger beaucoup d'argent.
- Après examen de votre dossier professionnel, on vous concède une légère augmentation de salaire.
- Entretien qui déchaîne les passions.

Clin d'œil aux métiers suivants *: femme d'affaires, directrice de banque ou d'un organisme de crédit, inspectrice des impôts, sexologue, analyste crédit, financière.*

SENTIMENTALEMENT

- Femme discrète qui vit une relation adultérine.
- Frustration sexuelle chez une consultante qui passe plus de temps à analyser sa sexualité qu'à la vivre.
- On vous fait des aveux ou des confessions sur certaines pratiques sexuelles dites « déviantes ».
- Couple qui consulte une sexologue.

MÉDICALEMENT

- Femme en proie à des problèmes hormonaux (ménopause).
- Infection gynécologique (fibrome).
- Problèmes intestinaux (polypes, diverticules...).
- Analyse d'une anomalie, d'une grosseur.
- Problèmes d'incontinence (notamment 2 + 15 + 14).

DIVERS

- Magazine à caractère pornographique. Presse pour adulte.
- Méchante femme, perverse.
- Femme qui pratique la magie noire, les envoûtements.
- Rituels de sorcellerie, travaux occultes.
- Enchaînement aliénant à un contrat ou à des engagements.
- Transaction financière frauduleuse.
- Best-seller qui rapporte beaucoup d'argent.
- Donation ou legs d'une femme d'âge avancé.

BINÔME II + XVI

+

Selon le contexte, ce binôme évoque les scénarios suivants :

PROFESSIONNELLEMENT

- Votre dossier professionnel présente des lacunes qui vous sont reprochées.
- Un courrier vous signifie votre licenciement, votre mise à pied.
- Vos projets sont anéantis par une série de problèmes.
- On vous annonce que votre société est en faillite.
- Échec à un examen, formation non concluante.
- Une supérieure hiérarchique cherche à vous faire trébucher.
- Au travail, vous devez composer avec une ambiance détestable.
- Restructurations importantes au niveau de vos locaux.
- Formation d'architecte.

Clin d'œil aux métiers suivant : *architecte, urbaniste, gestionnaire de biens immobiliers, assureur, conservatrice (patrimoine, hypothèque), médecin, infirmière affectée aux urgences, gardienne d'immeuble.*

SENTIMENTALEMENT

- Situation de couple orageuse qui aboutit à une rupture.
- Femme d'âge mûr qui sort de son silence et fait le ménage dans sa vie conjugale.
- Confessions ou découverte d'éléments qui sèment la zizanie dans votre foyer.
- Rapports orageux avec votre mère ou votre belle-mère au sujet de votre couple.

MÉDICALEMENT

- Traumatisme crânien.
- Attaque cérébrale foudroyante (AVC).
- Une personne âgée fait une mauvaise chute.
- Cancer déclaré chez une consultante.
- Détérioration rapide de l'état de santé de votre mère ou grand-mère.

DIVERS

- Vieille bâtisse, estimation d'un bien immobilier.
- Devis avant travaux de réfection : réparation d'une toiture, ravalement de façade, etc.
- Magazine, presse spécialisée dans l'immobilier, annonces immobilières.
- Décret de démolition d'une H.L.M.
- Une femme vous met au pied du mur, conflit avec votre mère.
- Agression sur une femme âgée.
- Risque d'effraction ou de cambriolage au domicile de votre grand-mère.
- Documents secrets explosifs.
- Préparation secrète d'un acte terroriste.
- Cabinet d'administration de biens immobiliers.

BINÔME II + XVII

+

Selon le contexte, ce binôme évoque les scénarios suivants :

PROFESSIONNELLEMENT

- Appui d'une femme influente dans le cadre d'une création artistique.
- Projets guidés par votre sixième sens, par cette connaissance intuitive que vous avez des gens et des situations.
- Vous participez à la préparation d'un spectacle.
- Études ou formation qui se déroulent dans la joie et la bonne humeur.
- Stage ou formation dans l'esthétisme, sur le bien-être.
- Analyse de clichés, de photographies, travaux de montage visuel.
- Projet écologique qui nécessite une bonne connaissance de l'environnement.

Clin d'œil aux métiers suivants *: astronome, astrophysicien, cartomancienne, astrologue, directrice de casting, agent artistique, organisatrice de spectacle, professeur aux beaux-arts, illustrateur, gynécologue, naturopathe.*

SENTIMENTALEMENT

- Femme qui se met à nu devant vous, laissant tomber les apparences au profit de l'authenticité.
- Relation affective qui vous fait découvrir la tendresse et le bonheur.
- Rencontre amoureuse avec une artiste.

MÉDICALEMENT

- Mammographie ou échographie selon le cas.
- Grossesse, transformation du métabolisme chez une femme enceinte.
- Soin ou traitement naturel par les plantes.
- Régime alimentaire.

DIVERS

- Conférence sur la cosmétologie.
- Livres ou manuscrits relatifs aux soins du corps.
- Stage de peinture sur soie, de teinture organique.
- Création artistique quelconque (œuvre littéraire).
- Études des étoiles, des astres, des mystères de l'univers.
- Femme qui expose des toiles, des tableaux.
- Étude d'un projet artistique.
- Haut degré de spiritualité chez une femme.
- Recherches sur les nouvelles sources d'énergies naturelles.

BINÔME II + XVIII

+

Selon le contexte, ce binôme évoque les scénarios suivants :

PROFESSIONNELLEMENT

- Individu chargé de la tenue et de la gestion d'un établissement, d'un commerce, d'une boutique, etc.
- Un contrat mal libellé, des informations dissimulées ou des écrits peu clairs risquent de vous porter préjudice si vous n'y prenez garde.
- Personne malhonnête qui cherche à vous manipuler.
- Retraite indispensable à l'écriture d'œuvres littéraires.
- Imagination débordante qui floue parfois votre vision de la réalité.
- Carrière de psychologue

Clin d'œil aux métiers suivants : *sélénologue (étude de la lune), infirmière, écrivain public, éditrice, employé aux renseignements généraux, gérante d'un hôtel, directrice d'une agence immobilière, gestionnaire d'un parc immobilier, rentière, psychologue, employé(e) d'une maison de retraite.*

SENTIMENTALEMENT

- Solitude affective, tendance à rester muré chez soi.
- Femme déprimée qui ressasse encore son passé amoureux.
- Tromperie conjugale, une rivale vous fait de l'ombre (notamment 2 + 18 + 6).

MÉDICALEMENT

- Problèmes gynécologiques ou du bas-ventre chez une femme.
- Grossesse possible.
- Problèmes hormonaux, ménopause (notamment 2 + 18 + 15).
- Consultation d'une psychologue.
- Tension artérielle à surveiller chez une consultante.
- Voile oculaire, mauvaise vue.

DIVERS

- Mère au foyer.
- Femme menteuse et hypocrite qui fabrique des histoires de toutes pièces.
- Rédaction d'un bail, d'un état des lieux.
- Analyse de documents attenants à une habitation.
- Femme dépressive en proie à l'alcoolisme.
- Individu lunatique, au caractère à géométrie variable.
- Personne qui a vocation à sonder les mystères.
- Thérapie qui passe par l'interprétation des rêves.
- Vous avancez sous couvert d'anonymat.
- Éminence grise.

BINÔME II + XVIIII

Selon le contexte, ce binôme évoque les scénarios suivants :

PROFESSIONNELLEMENT

- Formation liée à la décoration, l'esthétisme.
- Après une période d'attente, la chance vous sourit de nouveau ; ainsi vos projets les plus chers voient le jour et occupent parfois même le devant de la scène.
- Épanouissement professionnel au contact d'enfants ou dans la création artistique.
- Certains parmi vous examinent un partenariat, une OPA, etc.
- Travail dans l'aide humanitaire (au profit des enfants du tiers-monde).
- Œuvre caritative.

Clin d'œil aux métiers suivants *: puéricultrice (notamment 2 + 19 + 12), pédopsychiatre, psychologue familiale, infirmière scolaire, garde d'enfant agréé, bijoutière, professeur de danse, conteuse pour enfant, photographe reporter, décorateur, enseignante.*

SENTIMENTALEMENT

- Quinquagénaire ou retraitée à l'unisson avec son conjoint.
- Femme d'âge mûr qui file le parfait amour avec un partenaire plus jeune.
- Consultante qui décide de se fiancer ou qui envisage une vie commune avec son petit ami.
- Individu qui fait la rencontre d'une mère de deux enfants.
- Une amie de longue date vous confie des secrets sur sa vie de couple.
- Rencontre d'une Maghrébine.

MÉDICALEMENT

- Problèmes cardio-vasculaires ou artériels chez une femme mûre.
- Brûlures d'estomac, remontées acides.
- Radiothérapie.
- Vue à surveiller.

DIVERS

- Un livre ou des écrits brillants.
- Des documents vous éclairent, font la lumière sur une affaire.
- Université d'été, devoirs de vacances.
- Des secrets sont mis au grand jour.
- Faire-part de mariage ou de fiançailles (notamment 2 + 19 + 8).
- Une mère/grand-mère et ses enfants.
- Vous consultez un catalogue de vacances au soleil.
- Femme qui habite dans un pays chaud ou dans le Sud.

BINÔME II + XX

+

Selon le contexte, ce binôme évoque les scénarios suivants :

PROFESSIONNELLEMENT

- Consultation d'offres d'emploi sur Internet (cf. 20 + 9).
- Une femme haut placée vous reçoit pour un entretien professionnel.
- Que ce soit par voie de communiqué officiel ou au travers de simples bruits de couloir, des révélations tout à fait inédites parviennent à vos oreilles.
- L'heure de vérité a sonné : on statue sur votre parcours professionnel, une femme de pouvoir vous annonce une promotion ou une réorganisation gratifiante concernant votre poste de travail actuel.
- Si vous avez un projet à cœur, le moment est venu de le soumettre : il sera entendu et fera l'objet d'un examen en comité restreint avant de retenir l'attention de tous.
- L'accès à des informations confidentielles vous permet d'ouvrir des négociations avec votre hiérarchie.
- Femme d'influence travaillant dans l'audiovisuel.

Clin d'œil aux métiers suivants : *professeur de chant, de musique, présentatrice TV, agent de publipostage, reporter, journaliste, médecin ORL, orthophoniste, présidente d'audience, juge d'instruction, magistrat, avocate.*

SENTIMENTALEMENT

- Rencontres sentimentales par le biais d'Internet.
- Consultante d'âge mûr qui aura plusieurs opportunités de rencontres au travers d'invitations inattendues (souvent dans des lieux publics fort animés).
- Votre épouse vous annonce qu'elle est enceinte.

MÉDICALEMENT

- Femme âgée qui souffre de surdité ou d'une baisse d'audition (notamment 2 + 20 + 9).
- Radiographie des poumons (notamment 2 + 20 + 15).
- Rendez-vous avec un ORL.
- Ronflements chez une consultante.

DIVERS

- Partition musicale.
- Une femme brise la loi du silence en révélant des secrets.
- Projet ou livre fort médiatisé.
- Une femme passe en jugement.
- Un jury rend son verdict, projet débattu en assemblée.
- Fruits de recherche portés à la connaissance du public.
- Des nouvelles vous parviennent rapidement par téléphone ou par Internet.
- Invitation à un baptême.

BINÔME II + XXI

+

Selon le contexte, ce binôme évoque les scénarios suivants :

PROFESSIONNELLEMENT

- Entretien avec une DRH ou convocation dans un cabinet de recrutement.
- Vos affaires rencontrent un vif succès et vos projets à l'étude suscitent l'intérêt de votre entourage professionnel. Vous êtes très sollicité actuellement.
- Une femme de pouvoir, qui possède une grande connaissance des rapports humains, est susceptible de vous épauler dans vos démarches.
- Nombreux sont ceux parmi vous qui doivent se rendre à l'étranger dans le cadre de leurs obligations professionnelles.
- Vos capacités relationnelles ou rédactionnelles sont très appréciées de vos interlocuteurs.
- Perfectionnement en langue étrangère.
- Formation de commerce international.
- Examen réussi, entretien positif.

Clin d'œil aux métiers suivants *: femme politique ou écrivain célèbre, professeur en langues étrangères, directrice des ressources humaines, sociologue, chargée d'affaires à l'international, éditrice reconnue.*

SENTIMENTALEMENT

- Femme d'âge mûr rencontrée à l'étranger.
- Rencontres possibles au cours d'événements mondains (cocktails dînatoires, vernissages, soirées privées, etc.)
- Des nouvelles vous font très plaisir.

MÉDICALEMENT

- Vous devez vérifier si votre carnet de vaccination est à jour.
- Femme âgée en parfaite condition physique.
- Guérison après convalescence.
- Recherches épidémiologiques.

DIVERS

- Femme dont les connaissances encyclopédiques sont reconnues de tous.
- Femme de pouvoir très influente, amenée à voyager de par son activité.
- Aide d'une femme mondaine.
- Livre de référence qui reçoit un prix (Goncourt).
- Encyclopédie universelle.
- Stage, études à l'étranger.

BINÔME II + XXII

+

Selon le contexte, ce binôme évoque les scénarios suivants :

PROFESSIONNELLEMENT

- Un soudain ras-le-bol vous pousse à abandonner vos projets ou vos études, voire à disparaître pendant quelque temps.
- Vous exportez votre bagage intellectuel à l'étranger.
- Stage ou études à l'étranger (cf. 2 + 21).
- Projet de réinsertion sociale.
- Directrice qui reçoit un avis de mutation.
- Personne souvent impliquée dans une relation d'aide envers les plus démunis.

Clin d'œil aux métiers suivants *: psychanalyste (notamment 2 + 22 + 13), psychiatre, infirmière en unité psychiatrique, assistante sociale, éducatrice spécialisée, factrice, attachée de presse.*

SENTIMENTALEMENT

- Une femme mature éconduit son jeune amoureux.
- Découvertes ou révélations qui vous font prendre la fuite.
- Consultante qui vit une relation affective avec un marginal.
- Jeune homme indépendant qui fuit une femme trop envahissante, trop maternelle.

MÉDICALEMENT

- Maladie d'Alzheimer, sénilité chez une personne âgée (notamment 2 + 22 + 16).
- Scanner, I.R.M. (notamment 2 + 22 + 20).
- État dépressif.
- Femme âgée qui boite.

DIVERS

- Des nouvelles (courrier) partent pour l'étranger.
- Projet d'expatriation.
- Fuite de cerveaux à l'étranger (cf. 5 + 22).
- Femme âgée d'origine étrangère.
- Analyse d'un projet farfelu.
- Dame âgée qui vous chasse de son existence sans prendre de gants.
- Femme qui croise le chemin d'un imposteur.

L'IMPÉRATRICE

Moi l'Impératrice, je t'invite à utiliser tes talents relationnels afin d'exposer tes idées et de faire avancer tes projets. Avec moi, tu as toutes les armes en main pour séduire tes interlocuteurs.

Au premier coup d'œil, l'Impératrice incarne :

1. **Une consultante ***
2. **Une épouse, une sœur**
3. **Une employée de bureau**
4. **Une femme d'affaires**
5. **Les relations publiques**
6. **La finesse d'esprit, les idées**
7. **Les courriers, les écrits**
8. **Le raffinement, la classe**
9. **La pédanterie, le snobisme**
10. **La critique**

L'Impératrice, en se mariant aux 21 autres arcanes, nous évoque ce qui est de l'ordre du **relationnel**, de **l'intellect** et de **l'élégance** au féminin.

*** Personne de sexe féminin consultant un voyant-tarologue.**

BINÔME III + I

+

Selon le contexte, ce binôme évoque les scénarios suivants :

PROFESSIONNELLEMENT

- Entretiens au cours desquels vous devrez vendre vos compétences.
- Rédaction de courriers permettant de faire avancer vos projets (cf. 1 + 3).
- Virtuose de la parole, vous persuadez vos collaborateurs de lancer un nouveau service.
- Personne habituée à travailler en étroite collaboration avec ses responsables hiérarchiques.
- Vos qualités relationnelles et votre vivacité d'esprit séduisent vos interlocuteurs.
- Dans de nombreux cas, la consultante exerce une activité de secrétariat.
- Rencontre d'une femme d'affaires à la tête d'une petite PME.

Clin d'œil aux métiers suivants : *secrétaire, assistante technico-commerciale, sténo dactylo, vendeuse, directrice commerciale, responsable de service, dessinatrice industrielle, designer, démonstratrice, institutrice, professeur en lycée technique.*

SENTIMENTALEMENT

- Attirance payée de réciprocité, on se fait les yeux doux.
- La consultante tombe sous le charme d'un beau parleur.
- Une femme a des vues sur un jeune artisan/commerçant.
- Complicité entre deux collègues débouchant sur une histoire d'amour.
- Couple au sein duquel les deux partenaires sont complémentaires.
- Rencontre d'une femme qui a un enfant en bas âge.

MÉDICALEMENT

- États migraineux.
- Hypertension cérébrale.
- Soins du visage (notamment 3 + 1 + 19).
- Examens ophtalmologiques (notamment 3 + 1 + 6).

DIVERS

- Une femme et son enfant.
- Jeune femme qui séduit par la parole.
- Vous faites appel aux services d'un technicien (électricien, plombier).

BINÔME III + II

+

Selon le contexte, ce binôme évoque les scénarios suivants :

PROFESSIONNELLEMENT

- Collaboration fructueuse entre deux femmes de générations différentes.
- Rencontre d'une femme influente dans le secteur de la presse écrite, du journalisme ou de l'édition.
- Appui d'une supérieure hiérarchique dans le cadre d'un avancement de carrière.
- On vous invite à suivre une formation universitaire ou professionnelle.
- Des écrits portés à votre connaissance (dossier, note de service) font l'objet de discussions.
- Entretiens (professionnels/d'embauche) avec une femme haut placée.
- Lieu de travail dominé par la gent féminine.
- Projet pour lequel vous consultez l'avis de professionnels dont l'expérience n'est plus à démontrer.
- Personne dont les capacités rédactionnelles et relationnelles la destinent à l'enseignement.

Clin d'œil aux métiers suivants *: enseignante, académicienne, écrivaine, rédactrice, éditorialiste, libraire, journaliste, critique littéraire, éditrice, agent de publicité.*

SENTIMENTALEMENT

- La consultante se confie à sa mère, demande l'avis de sa mère ou de sa sœur en matière de vie privée.
- Rencontre d'une femme cultivée.
- Personne passant une petite annonce dans un magazine de rencontres.
- Couple de lesbiennes.

MÉDICALEMENT

- On vous commente des résultats d'analyses médicales.
- Vous consultez une psychologue (notamment 3 + 2 + 18).
- Port de lunettes de lecture conseillé.

DIVERS

- Révélation de secrets.
- Grand fond d'érudition chez une femme.
- Discussion autour d'un manuscrit, d'une thèse.
- Une fille demande conseil à sa mère.
- Personne qui tire profit de l'expérience de ses aïeux.
- Femme qui reste sous l'emprise du schéma maternel.

BINÔME III + IIII

+

Selon le contexte, ce binôme évoque les scénarios suivants :

PROFESSIONNELLEMENT

- Entretien d'embauche avec deux dirigeants d'entreprise (un homme et une femme).
- Executive woman qui, en matière de carrière, a les deux pieds bien sur terre.
- Occupation d'un poste à responsabilités au sein d'une hiérarchie quasi militaire.
- Initiative bénéficiant de l'appui d'un homme d'autorité.
- Individu siégeant au conseil d'administration de sa société.
- Pourparlers entre deux chefs d'entreprise.
- Personnage autocratique succombant à l'ivresse du pouvoir.
- Deux individus travaillant dans la même corporation de métiers adhérant à des valeurs communes.
- En général, vous jouissez d'une assise professionnelle qui vous met à l'abri du besoin.

Clin d'œil aux métiers suivants *: dirigeant d'entreprise, administrateur de société, femme d'affaires (cf. 3 + 15), assistante ou secrétaire de direction (cf. 3 + 11), adjointe au maire, fonctionnaire d'État dans un ministère.*

SENTIMENTALEMENT

- Une femme a des vues sur un collègue ou sur un chef de service.
- Couple dans la vie comme au travail.
- La consultante rencontre un homme à sa dimension.
- Femme attirée par les hommes de pouvoir.
- Belle harmonie entre un mari et une femme formatés sur le même mode.

MÉDICALEMENT

- Bonne santé en général.
- Nerf sciatique parfois douloureux (notamment 3 + 4 + 13).
- Problème de selles (constipation, etc.).
- Arthrose cervicale.
- Un œil vous pose problème.

DIVERS

- Le couple homme-femme par excellence, frère et sœur par extension.
- La femme du patron.
- Négociations politiques entre deux chefs d'État.
- Couple de politiciens à la tête d'un même parti.
- La consultante a le goût de l'apparat et du pouvoir.
- Personne dont la tenue représente un corps de métier (écusson, port de l'uniforme, etc.).
- Adhésion à des valeurs communes (mouvement politique, ordre).

BINÔME III + V

+

Selon le contexte, ce binôme évoque les scénarios suivants :

PROFESSIONNELLEMENT

- Vous sollicitez un entretien avec votre patron afin de discuter de vos perspectives d'avenir.
- Vous vous tournez vers les conseils d'un homme influent (outplaceur, directeur) qui se fait le porte-parole de vos desiderata.
- Individu qui assiste à des colloques, des séminaires dans l'optique d'élargir son domaine de compétence ou d'acquérir une spécialisation.
- Vous envisagez un bilan de compétences.
- Recherche d'emploi favorisée par votre réseau relationnel.
- Quels que soient vos objectifs, les circonstances vous invitent à faire connaître vos intentions.

Clin d'œil aux métiers suivants : *formatrice, institutrice, conseillère d'orientation, outplaceur, séminariste, directrice adjointe, assistante de direction (cf. 3 + 4), orthophoniste, psychothérapeute.*

SENTIMENTALEMENT

- La consultante est tombée sous le charme de son patron.
- Femme subjuguée par un homme beaucoup plus âgé.
- Attirance affichée pour un homme marié (notamment 3 + 5 + 8).

MÉDICALEMENT

- Consultation médicale.
- Rendez-vous chez un opticien (notamment 3 + 5 + 6).

DIVERS

- Une femme fait appel aux services d'un spécialiste (médecin, avocat).
- La consultante se tourne vers un maire, un notable.
- Femme qui s'adresse à un homme d'Église.
- Personne douée pour la parole.

BINÔME III + VI

+

Selon le contexte, ce binôme évoque les scénarios suivants :

PROFESSIONNELLEMENT

- Choix d'orientation pour lequel vous ne savez pas quelle décision prendre.
- En proie à de sérieux doutes, vous vous interrogez sur une possible réorientation.
- Vous rejoignez des ami(e)s dans le cadre d'un projet commun.
- Projet de théâtre, de spectacle ou de haute couture auquel vous participez activement.
- Ambassadrice de mode, certaines parmi vous évoluent dans un univers fait de strass et de paillettes (défilés).
- Personne dont la vie sentimentale influence son parcours professionnel.

Clin d'œil aux métiers suivants *: vendeuse de prêt-à-porter, créatrice de mode, styliste, modéliste, costumière, comédienne, directrice d'une troupe de théâtre, professeur d'art dramatique, animatrice TV (notamment 3 + 6 + 20), mannequin, danseuse, maquilleuse.*

SENTIMENTALEMENT

- Initiation amoureuse pleine de légèreté : speed dating.
- Séductrice qui joue sur deux tableaux en même temps.
- Vous avez un véritable coup de cœur, vous tombez amoureuse.
- Vous êtes subjuguée par le partenaire d'une de vos amies.
- Rencontre d'une femme aux mœurs légères.

MÉDICALEMENT

- Femme qui envisage une chirurgie esthétique (notamment 3 + 6 + 19).
- Problème au niveau d'un œil.

DIVERS

- La consultante rencontre ses frères et sœurs.
- Vous participez à un jeu de TV réalité.
- Femme coquette à la garde-robe bien remplie.

BINÔME III + VII

+

Selon le contexte, ce binôme évoque les scénarios suivants :

PROFESSIONNELLEMENT

- Collaboration avec un entrepreneur ou un jeune cadre dynamique.
- Un écrit, des courriers auront d'heureuses répercussions sur votre évolution de carrière.
- Votre carrière avance sur les chapeaux de roues.
- Activité de logistique ou de transport, bénéfique à votre développement personnel.
- Femme de tête dirigeant une entreprise en pleine expansion.
- Profession nécessitant de fréquents déplacements (notamment 3 + 7 + 21).

Clin d'œil aux métiers suivants *: VRP, technico-commercial, chauffeur de taxi, conductrice de train/métro, coordinatrice, secrétaire volante, agent de voyages, de fret, monitrice d'un centre d'équitation.*

SENTIMENTALEMENT

- Conquête amoureuse dans le cadre du travail.
- Rencontre amoureuse au cours d'un déplacement.
- La consultante fait la connaissance d'un homme qui voyage énormément.
- Relation sentimentale avec un séducteur d'environ trente-cinq ans.
- Évolution favorable d'une histoire d'amour (notamment 3 + 7 + 19).

MÉDICALEMENT

- En général, bonne vitalité.
- La consultante souffre parfois de problème de motricité.
- Dans certains cas, jeune femme en chaise roulante.

DIVERS

- Un ami vient vous rendre visite.
- Un courrier, des nouvelles vous parviennent rapidement.
- Invitation à un voyage.
- Une femme attend un taxi, un train.
- Fascination pour les courses hippiques, les chevaux.

BINÔME III + VIII

+

Selon le contexte, ce binôme évoque les scénarios suivants :

PROFESSIONNELLEMENT

- Signature de contrats, accords conclus.
- Des démarches administratives sont à l'ordre du jour (courriers, rendez-vous à la chambre de commerce, etc.).
- Conjoncture favorable à la révision d'un contrat de travail.
- Inscription à un concours administratif.
- Individu manifestant un vif intérêt pour les métiers de la fonction publique.
- Femme jouissant d'une grande sécurité matérielle par son statut professionnel.
- Courrier en provenance d'une instance juridico-administrative.
- Rendez-vous avec une juriste ou une avocate dans le cadre d'une procédure prud'homale.

***Clin d'œil aux métiers suivants** : secrétaire de mairie, cadre administratif, fonctionnaire d'État, jeune avocate, juriste, policière, greffière, clerc d'huissier/de notaire, délégué syndical, contrôleur de gestion, comptable, statisticienne, banquière, professeur de mathématiques.*

SENTIMENTALEMENT

- Liaison amoureuse avec une femme mariée.
- Rencontre d'une personne travaillant au sein d'une administration.
- La consultante attend des nouvelles de son avocate dans une procédure de divorce.
- A contrario, vous songez à officialiser votre union (notamment 3 + 8 + 19).

MÉDICALEMENT

- Somatisation ou difficultés d'endormissement.
- Psychorigidité quasi maladive.
- Personne qui doit surveiller son poids, qui suit un régime.
- Présence possible de diabète ou de cholestérol selon le cas.
- Femme obsédée par son poids.

DIVERS

- Femme mariée.
- Envoi ou réception d'un courrier officiel (faire-part, etc.).
- La consultante se tourne vers la justice.

BINÔME III + VIIII

+

Selon le contexte, ce binôme évoque les scénarios suivants :

PROFESSIONNELLEMENT

- Grossesse vous obligeant à mettre votre carrière entre parenthèses (notamment 3 + 9 + 12).
- Projet en gestation, vous avez besoin d'être éclairée sur la marche à suivre.
- La période actuelle vous invite à méditer sur votre parcours professionnel.
- Idées lumineuses que vous ne parvenez pas à concrétiser pour le moment.
- Gardez vos affaires secrètes et comptez davantage sur vos ressources personnelles que sur l'appui de votre entourage.
- La consultante est prédisposée aux métiers de la recherche qui exigent de l'endurance et de la méticulosité.

Clin d'œil aux métiers suivants *: chercheur, savant ou scientifique, généalogiste, généticienne, psychologue, historienne, professeur d'histoire, de philosophie, gérontologue, archéologue (cf. 3 + 13).*

SENTIMENTALEMENT

- Vide affectif, vous ne voyez pas le bout du tunnel.
- Personne introvertie hantée par son passé amoureux.
- Rencontre d'une femme célibataire.
- Ex-petite amie toujours présente dans votre esprit.

MÉDICALEMENT

- Suivi psychologique, psychanalyse possible.
- Rendez-vous dans le cadre d'un suivi obstétrique.
- Vue déficiente (glaucome, rétinite, presbytie, etc.).
- Femme souffrant d'arthrose cervicale.
- États migraineux (notamment 3 + 9 + 16).

DIVERS

- Écriture d'une biographie.
- La consultante reçoit la visite de son grand-père.
- Rencontre avec un maître spirituel, un moine tibétain, etc.
- Vous suivez une voie ou un enseignement spirituel.
- La consultante fait la lumière sur son passé.

BINÔME III + X

+

Selon le contexte, ce binôme évoque les scénarios suivants :

PROFESSIONNELLEMENT

- Période de forte mobilité professionnelle débouchant fréquemment sur une mutation (notamment 3 + 10 + 22).
- Accession à un échelon supérieur de rémunération, arrivée d'une prime exceptionnelle, etc.
- Des changements opportuns seront à l'origine d'une rapide évolution de carrière.
- La consultante envisage de se réorienter rapidement.
- Un entretien ou une proposition va relancer votre carrière.

Clin d'œil aux métiers suivants : *employé(e) dans un casino (croupière), agent de change, courtier, employé(e) dans une société organisatrice de jeux de hasard, agent de régulation du trafic routier/aérien, assistante technique, vendeuse en horlogerie, en électroménager.*

SENTIMENTALEMENT

- Femme dont les sentiments évoluent à votre égard.
- Retour en force d'une ex petite amie rencontrée dans le passé.
- La consultante entre dans une période riche en rencontres amoureuses.

MÉDICALEMENT

- Hyperactivité cérébrale.
- Problème à un œil (globe oculaire).
- Achat de nouvelles lunettes (notamment 3 + 10 + 8).
- Dysfonctionnements possibles des cycles menstruels.
- Vous allez passer un scanner (notamment 3 + 10 + 22).

DIVERS

- Femme dépendante aux jeux de hasard.
- Petits gains à la loterie.
- Des nouvelles vous arrivent vite.
- Retour d'une amie, retrouvailles.
- La consultante boursicote.
- Une idée tourne à l'obsession.

BINÔME III + XI

+

Selon le contexte, ce binôme évoque les scénarios suivants :

PROFESSIONNELLEMENT

- En pleine possession de vos moyens, vous orchestrez vos affaires de main de maître.
- Gestion quotidienne du planning et des rendez-vous de votre patron.
- Bras de fer permanent avec une chef de service ou une collègue.
- Une femme de pouvoir vous prête main-forte pour ouvrir certaines portes.
- Personne dont le tempérament la prédispose aux postes d'encadrement.
- Grâce à votre forte personnalité, vous sortirez vainqueur de négociations ardues.

Clin d'œil aux métiers suivants *: assistante ou secrétaire de direction (cf. 3 + 4), gérante, directrice, chef de chantier, de projet, de service..., policière, élue locale, maître-chien, dompteuse, manutentionnaire.*

SENTIMENTALEMENT

- Bras de fer avec une rivale qui vous mène la vie dure.
- Pour un homme, rencontre d'une maîtresse femme.
- Couple de lesbiennes dont l'une est plutôt ronde.

MÉDICALEMENT

- Bonne condition physique générale.
- Risque de claquage musculaire ou de tendinite.
- Tendance à l'embonpoint ou à des crises de boulimie.

DIVERS

- Bras de fer entre deux femmes.
- Femme belliqueuse.
- Personne prenant les choses à bras le corps.
- Pratique de l'haltérophilie, du catch, des arts martiaux.
- Des écrits vous donnent les pleins pouvoirs.

BINÔME III + XII

+

Selon le contexte, ce binôme évoque les scénarios suivants :

PROFESSIONNELLEMENT

- Vos affaires ne se déroulent pas comme vous l'avez imaginé.
- Signatures différées, contrats mal ficelés, reports d'avancement.
- Tendance à jouer les martyrs risquant de vous desservir auprès de vos collègues.
- Personne se sacrifiant corps et âme pour ceux que la vie malmène (chômeurs, malades).
- Individu travaillant dans le corps médical.
- Blocage causé par une collègue, un chef de service (trahison féminine).
- Dans certains cas, des soucis d'ordre médicaux vous contraignent à suspendre vos projets.
- Étudiante en médecine.

***Clin d'œil aux métiers suivants** : personnel soignant, secrétaire médicale, pharmacienne, professeur d'anatomie, de biologie, aide-soignante, assistante sociale (notamment 2 + 22).*

SENTIMENTALEMENT

- La consultante se sent prisonnière d'une relation sentimentale stérile.
- Une femme se retrouve enfermée dans une relation adultérine.
- Votre partenaire vous donne du fil à retordre.
- Attachement maladif non payé de réciprocité.

MÉDICALEMENT

- Personne immobilisée par la maladie, paralysie possible.
- La consultante reçoit une aide médicalisée.
- Risque élevé de fausse-couche chez une jeune femme.
- Frigidité.

DIVERS

- Prisonnière, vous êtes piégée.
- Trahison d'une amie proche.
- Personne adepte du yoga, de la méditation.

BINÔME III + XIII

+

Selon le contexte, ce binôme évoque les scénarios suivants :

PROFESSIONNELLEMENT

- À l'instar d'une impératrice déchue, vous perdez votre assise professionnelle.
- Descente aux enfers, vous subissez un sérieux revers de fortune.
- Une collègue de travail vous quitte tragiquement (décès).
- Soudaine prise de conscience ou traumatisme, transformant vos idées et vos croyances en profondeur.
- Par méchanceté ou jalousie, une rivale vous fait vivre un véritable calvaire.
- Vous êtes déterminé à tourner la page et à changer de cap (notamment 3 + 13 + 22).
- Départ volontaire, démission.
- Certains parmi vous ont vocation à travailler dans les activités agricoles.

Clin d'œil aux métiers suivants *: agricultrice, viticultrice, archéologue, criminologue, employé au Pôle Emploi, directeur de pompes funèbres.*

SENTIMENTALEMENT

- Rencontre d'une veuve.
- La consultante fait le nettoyage par le vide dans sa vie affective (rupture).
- Personne dont la vie conjugale s'apparente à un champ de bataille.

MÉDICALEMENT

- Maladie des os (ostéoporose, arthrose, arthrite).
- Lumbago, sciatique, voire hernie discale.
- Femme atteinte d'un cancer.
- Troubles intestinaux possibles (polypes).
- Perte de poids inquiétante (état anorexique, rachitisme).
- Velléités suicidaires, idées noires.
- La consultante doit subir un acte chirurgical (dentaire, etc.).

DIVERS

- Nouvelle funeste.
- Disparition tragique d'un proche (amie, parente).
- Une femme frôle la mort ou se donne la mort.
- Veuve de guerre.
- Vous faites le tri dans vos amitiés.
- Femme décharnée vivant sur les nerfs.
- La consultante a la rancune tenace.

BINÔME III + XIIII

+

Selon le contexte, ce binôme évoque les scénarios suivants :

PROFESSIONNELLEMENT

- Rencontre d'une personne travaillant dans le domaine de la culture et du cinéma.
- Profession exigeant de nombreux voyages éclair en plusieurs points du globe.
- Médiatrice née, le courant passe à merveille avec vos collègues de travail.
- Individu qui, dans le cadre de ses obligations, jongle entre deux ou plusieurs langues étrangères.
- Contacts téléphoniques entre deux collaboratrices participant à un projet commun.
- Votre grande aisance relationnelle favorisera tous vos échanges professionnels.

Clin d'œil aux métiers suivants : *diplomate, ambassadrice, chargée d'affaires, médiatrice, agent de liaison, correspondante à l'étranger, hôtesse de l'air, agent de voyages/de tourisme, secrétaire intérimaire, réceptionniste, standardiste, vendeuse par correspondance, animatrice radio, employée aux télécommunications, interprète, traductrice, masseuse, énergéticienne.*

SENTIMENTALEMENT

- Période de farniente propice aux échanges amoureux.
- La consultante reçoit de fréquents appels téléphoniques de son partenaire.
- Attirance payée de réciprocité entre deux femmes.
- Relation qui évolue dans la joie et la bonne humeur.

MÉDICALEMENT

- Fragilité au niveau des cordes vocales.
- Problèmes circulatoires possibles (varices).
- Sinusite, conjonctivite.
- Léger strabisme, voire problème de nerf optique.
- Souci d'ordre respiratoire (spasmophilie).
- Soins par les thérapies holistiques (massages ayurvédiques).

DIVERS

- Échanges téléphoniques entre deux femmes, deux amies.
- Conversation téléphonique ou correspondance par le biais d'Internet avec une personne éloignée (cf. 3 + 20).
- La consultante projette de partir en vacances.

BINÔME III + XV

+

Selon le contexte, ce binôme évoque les scénarios suivants :

PROFESSIONNELLEMENT

- Réussite socioprofessionnelle que vous exhibez avec fierté.
- Ambitions professionnelles motivées par l'appât du gain et le goût du pouvoir.
- Train de vie ostentatoire susceptible d'intéresser l'administration fiscale.
- Ambiance de travail malsaine, causée par des rivalités intestines.
- Rencontre d'une personne machiavélique qui essaie de vous tromper.
- Femme d'affaires retorse pour qui l'argent est une fin en soi.
- Collègue de travail avec laquelle vous êtes en conflit permanent.
- Plus rarement, la consultante tombe dans l'enfer de la prostitution.

Clin d'œil aux métiers suivants *: agent du fisc, femme d'affaires, femme politique, analyste financier/crédit, banquière (notamment 3 + 15 + 19), actrice de film porno, stripteaseuse, escort girl, prostituée.*

SENTIMENTALEMENT

- Femme jalouse et cruelle qui fait de votre vie amoureuse un enfer.
- La consultante connaît une passion dévorante.
- Rencontre torride avec une femme qui, derrière ses airs innocents, a le diable au corps.
- Vous fantasmez sur un homme aux charmes ensorcelants.
- Fréquentation des clubs échangistes ou sadomasochistes.

MÉDICALEMENT

- Dérèglement thyroïdien (notamment 3 + 15 + 10).
- Douleurs abdominales, problèmes intestinaux, ulcères à l'estomac.
- Frustration, pathologie sexuelle.
- Dans certains cas, nymphomanie.

DIVERS

- Négociations tendues avec l'Administration fiscale (notamment 3 + 15 + 13).
- Femme aux mœurs et aux fréquentations douteuses.
- La consultante tombe sous l'emprise d'un dealer, d'un escroc.
- Personne à l'esprit calculateur.
- Tendance à jeter son argent par les fenêtres.

BINÔME III + XVI

+

Selon le contexte, ce binôme évoque les scénarios suivants :

PROFESSIONNELLEMENT

- Fiasco professionnel qui ébranle vos convictions.
- Une restructuration imprévue vient troubler vos affaires.
- Grosse colère provoquée par des propos malvenus voire désobligeants.
- Risque accru de chutes ou d'accidents sur le lieu de travail.
- Supérieure dont l'autorité est vivement contestée.
- Bouffées de stress que vous ne parvenez pas à contenir.

Clin d'œil aux métiers suivants : *conseillère en immobilier, architecte, employée dans une compagnie d'assurances, dans un cabinet de gestion immobilière, gardienne d'immeuble.*

SENTIMENTALEMENT

- Consultante dont le foyer tombe en ruine.
- Vie de famille dominée par les cris, les invectives et la violence.
- Jeune femme dont la féminité est mise à rude épreuve.

MÉDICALEMENT

- Choc à la tête, syncope, coma.
- Mauvaise chute, entorse, fracture.
- Problème de dermites, de dartres, de dermatoses.
- Soucis médicaux causés par le stress.
- Dans certains cas, perte de cheveux traumatisante.
- Plus rarement, chimiothérapie.

DIVERS

- Femme ruinée, impuissante devant son infortune.
- Grande remise en cause qui s'avère salutaire.
- Désaccords entre propriétaires.
- Devis avant travaux (ascenseur, domicile).
- Des écrits entraînent une expulsion.

BINÔME III + XVII

Selon le contexte, ce binôme évoque les scénarios suivants :

PROFESSIONNELLEMENT

- Conjoncture professionnelle très favorable à votre développement personnel.
- Votre vivacité d'esprit vous permet d'appréhender l'avenir avec sérénité.
- Vos projets évoluent à la faveur des circonstances, sans l'ombre d'un nuage.
- Personne prédestinée à exercer un métier déclinant l'élégance au féminin.
- Carrière d'artiste qui force l'admiration de votre proche entourage.
- Jeune femme devenue une star, érigée en vedette par la presse féminine.

Clin d'œil aux métiers suivants : *esthéticienne, mannequin, cosmétologue, parfumeuse, coiffeur, peintre, décoratrice, agent artistique, créatrice de mode, vendeuse en lingerie féminine, fleuriste.*

SENTIMENTALEMENT

- Rencontre d'une femme féminine jusqu'au bout des ongles.
- Jeune épouse qui attend la venue d'un heureux événement.
- Contexte favorable à de belles rencontres amoureuses.
- La consultante recherche une relation sentimentale basée sur la tendresse.

MÉDICALEMENT

- Soins du visage.
- Cure thermale.
- Grossesse sous de bons auspices.

DIVERS

- Femme qui prend grand soin de son apparence physique.
- Attrait pour l'alimentation naturelle et biologique.
- Personne bien dans sa peau, en harmonie avec son environnement.
- Écrits destinés à un magazine de mode.

BINÔME III + XVIII

+

Selon le contexte, ce binôme évoque les scénarios suivants :

PROFESSIONNELLEMENT

- Personne gérant une boutique de mode ou un magasin de prêt-à-porter.
- Verve littéraire donnant lieu à des écrits particulièrement prolifiques.
- Consultante adepte du travail à domicile.
- Femme d'intérieur pour qui la vie professionnelle est indexée sur celle de son mari.

Clin d'œil aux métiers suivants : *gérante d'une boutique, patronne d'un commerce, d'un débit de boissons, vendeuse en magasin, hôtelière, négociatrice en vins, décoratrice d'intérieur, agent immobilier.*

SENTIMENTALEMENT

- La consultante cherche à fonder un foyer.
- Mère célibataire très dévouée à sa vie familiale.
- Pour un homme, votre amie vient vivre sous votre toit.
- Vague à l'âme, votre vie affective vous paraît bien terne.

MÉDICALEMENT

- Angoisses, déprime latente, morosité.
- Pression artérielle anormale.
- Votre vue a chuté, voile oculaire.
- Grossesse possible.
- Problème de bas-ventre (notamment 3 + 18 + 15).
- Plus rarement, symptômes liés à la ménopause.

DIVERS

- Femme au foyer, maîtresse de maison.
- Femme de l'ombre.
- Courriers anonymes, lettres de corbeau.
- Signatures d'un bail, d'un état des lieux (notamment 3 + 18 + 8).
- Vous avez rendez-vous avec une agence immobilière.
- La consultante réside parfois au bord de l'eau (étang, lac).

BINÔME III + XVIIII

+

Selon le contexte, ce binôme évoque les scénarios suivants :

PROFESSIONNELLEMENT

- Choix de profession en rapport avec le luxe et l'apparat (bijoux, vêtements chics).
- Vous devez votre réussite professionnelle à votre personnalité flamboyante.
- Association possible dans le cadre d'une affaire familiale.
- Des idées lumineuses vont vous permettre de faire prospérer vos affaires (fusion, partenariat).
- Gare à la poudre aux yeux, aux propositions réputées en « or ».
- Femme au foyer chargée d'élever ses deux enfants.
- Artiste sous les feux de la rampe.

***Clin d'œil aux métiers suivants** : bijoutière, banquière (notamment 3 + 19 + 15), photographe reporter, créatrice de mode, designer, photographe de mode, artiste peintre (notamment 3 + 19 + 17), illustratrice, graphiste, aide-maternelle, garde d'enfants, institutrice, puéricultrice (notamment 3 + 19 + 12), conteuse pour enfants.*

SENTIMENTALEMENT

- Grande complicité amoureuse dans votre couple, climat affectif au beau fixe.
- Rencontre d'une femme avec deux enfants.
- Rencontre sentimentale dans le cadre de vacances au soleil.
- Attirance aveugle pour un homme qui vous paraît bien sous tous rapports.
- Plus rarement, couple de lesbiennes.

MÉDICALEMENT

- En général, femme sportive et en bonne condition physique.
- Arythmie cardiaque, palpitations.
- Consultation de dermatologie.
- Risque d'insolation ou de coup de soleil.
- Acte de chirurgie esthétique envisagé.

DIVERS

- Une femme et ses deux enfants.
- Une jeune fille au pair.
- Discussion entre frères et sœurs.
- Votre épouse/partenaire adore les bijoux.
- La consultante habite dans le Sud ou au soleil.
- Une femme est en vacances à la plage avec ses deux enfants.
- Gamme de vêtements de luxe ou vêtements de plage.
- Littérature pour enfant.

BINÔME III + XX

+

Selon le contexte, ce binôme évoque les scénarios suivants :

PROFESSIONNELLEMENT

- Des nouvelles inattendues semblent tomber du ciel : vous seriez bientôt promu(e) à de nouvelles fonctions au sein de la société.
- Projet d'entreprise occasionnant de nombreux débats en interne.
- Entretien avec la responsable de la communication.
- Personne travaillant dans l'audiovisuel ou dans les télécommunications.
- Utilisation d'Internet dans le cadre de recherche d'emploi.
- Dans certains cas, la consultante poursuit une carrière dans la chanson (notamment 3 + 20 + 17).

Clin d'œil aux métiers suivants *: chanteuse, professeur de musique, chef d'orchestre, musicienne, animatrice radio, présentatrice TV, métiers du son (ingénieur), conférencière, oratrice, orthophoniste, médecin ORL, directrice de la communication, d'une chaîne télévisée, assistante de production, journaliste, chargée des relations publiques.*

SENTIMENTALEMENT

- Rencontre fortuite dans un lieu fort animé tel un café, une discothèque.
- Invitation à une soirée entre amies au cours de laquelle vous faites une nouvelle connaissance.
- La consultante utilise Internet dans sa recherche du grand amour.

MÉDICALEMENT

- Rendez-vous avec un médecin ORL ou avec un(e) orthophoniste.
- Laryngite, bronchite.
- Extinction de voix.

DIVERS

- Débat télévisé, projet radiophonique.
- Études au conservatoire de musique.
- Femme politique, candidate en campagne.
- La consultante attend un jugement, un verdict.
- Convocation possible à une audience, à un procès (jurée).
- Femme siégeant à une commission.
- Invitation à une fête ou à un baptême.
- Une amie ou une parente vous annonce une naissance.
- Des nouvelles impromptues délient les langues.

BINÔME III + XXI

+

Selon le contexte, ce binôme évoque les scénarios suivants :

PROFESSIONNELLEMENT

- Vous avez rendez-vous avec le succès.
- La consultante se voit décerner un diplôme ou un prix récompensant ses efforts.
- Rencontre avec une femme de pouvoir siégeant au sein d'une organisation internationale (ONU, UNICEF).
- Entretien professionnel avec une DRH.
- Votre profil international facilitera l'exportation de vos projets au-delà des frontières.
- Certains parmi vous travaillent au sein d'une structure internationale, telle une ONG.
- Initiative personnelle vous conduisant à résider provisoirement à l'étranger.
- Un vaste réseau relationnel vous permet d'évoluer dans des cercles privés et d'assister à de nombreux évènements mondains.
- Personne jouant les ambassadrices de mode à l'étranger, commercialisant des marques de prestige.

Clin d'œil aux métiers suivants *: traductrice, interprète, ambassadrice, enseignante en langues étrangères, employée ministérielle, vendeuse import-export (cf. 3 + 14), DRH, secrétaire trilingue, politicienne (notamment 3 + 21 + 15), employé dans les relations publiques, majorette.*

SENTIMENTALEMENT

- La consultante est comblée dans sa vie privée.
- Rencontre avec une femme étrangère/à l'étranger.
- Rencontre sentimentale dans un endroit fort peuplé.

MÉDICALEMENT

- Bonne vitalité, grande tonicité.

DIVERS

- Femme du monde.
- Femme de notoriété internationale.
- Étrangère ou expatriée.
- Personne très en vogue, adulée par la foule.
- Rencontre d'une célébrité dans un club privé réservé aux « happy few ».
- Femme passionnée de danse, de ballets (notamment 3 + 31 + 19).
- Personne fortunée, aisée.
- La consultante voyage à travers le monde.

BINÔME III + XXII

+

Selon le contexte, ce binôme évoque les scénarios suivants :

PROFESSIONNELLEMENT

- Vous faites « échec et mat » au niveau professionnel.
- Vous êtes sur le point de démissionner (notamment 3 + 22 + 13).
- Individu vaquant d'un job à un autre sans chercher à s'intégrer.
- Personne désordonnée qui a tendance à agir en dépit du bon sens.
- Travail déprimant que vous souhaitez quitter dès que possible.
- Fragilité psychologique qui rend votre quotidien professionnel insupportable.
- Projet immature, voire chimérique, qu'il vous faudra repenser.
- Dans certains cas, harcèlement moral sur votre lieu de travail (notamment 3 + 22 + 12).
- Plus rarement, un courrier vous notifie votre mise à pied ou votre renvoi.

***Clin d'œil aux métiers suivants** : factrice, secrétaire intérimaire, assistante sociale, pigiste, attachée de presse, employée en unité psychiatrique, neurologue.*

SENTIMENTALEMENT

- Vous regardez votre compagnon s'éloigner sans vraiment le retenir.
- Vous chassez un homme de votre vie sans prendre de gants.
- Un individu éconduit se sent blessé, voire humilié.
- Attirance d'une consultante pour un homme d'origine étrangère.
- Un jeune homme quitte tout pour rejoindre sa belle.
- La consultante éprouve des difficultés à se stabiliser.

MÉDICALEMENT

- Problème de céphalées (maux de tête, migraines).
- Grande fatigue psychique, déprime, parfois folie.
- Blessure possible à la jambe.
- Convalescence, besoin de béquilles pour se déplacer.
- Vous passez un scanner (notamment 3 + 22 + 10).
- Plus rarement, absences, trous de mémoire, maladie d'Alzheimer précoce.

DIVERS

- La consultante est adepte de la randonnée pédestre ou des voyages.
- Une jeune femme fugue.
- Courrier égaré.
- Des documents sont dérobés, subtilisés.
- Vous côtoyez les plus démunis (sans-abri, sans-papiers).
- Envie de s'expatrier, de tenter l'aventure hors de vos frontières.

L'EMPEREUR

*Moi l'Empereur, je t'invite à construire ton avenir sur des bases solides.
Avec moi, sache imposer tes convictions, n'hésite pas à exprimer ton autorité naturelle.*

Au premier coup d'œil, l'Empereur incarne :

1. Le consultant *
2. Le mari, un frère
3. Un homme de pouvoir
4. L'autorité, l'ordre
5. L'assise sociale, la stabilité
6. Un patron, un décideur
7. Le matériel, les biens
8. Un travailleur, le courage
9. Le rationnel, le concret
10. La tyrannie, un individu têtu

L'Empereur, en se mariant aux 21 autres arcanes, nous évoque le **pouvoir**, les **biens matériels** et notre **assise socioprofessionnelle**.

*** Personne de sexe masculin consultant un voyant-tarologue.**

BINÔME IIII + I

+

Selon le contexte, ce binôme évoque les scénarios suivants :

PROFESSIONNELLEMENT

- Entrepreneur dont les affaires prospèrent.
- Activité saine vous offrant un cadre de vie agréable.
- Patron ou gérant d'une PME décidé à ouvrir une succursale ou un nouveau service.
- Individu sous tutorat suivant un apprentissage ou un stage en entreprise.
- Un jeune homme reprend l'affaire de son père ou s'inspire du modèle paternel.
- Projet qui reçoit l'appui d'un homme de pouvoir.
- Personne courageuse dont la force de travail suscite l'admiration de son entourage.
- Individu mature dont le vécu lui permet d'encadrer les plus jeunes.

Clin d'œil aux métiers suivants : *maître d'œuvre, conducteur de travaux, chef de chantier, industriel, patron d'une PME, chef de service, directeur technico-commercial, formateur, artisan, maître d'apprentissage, menuisier, géomètre (cf. 9 + 1), oculiste.*

SENTIMENTALEMENT

- Relation amoureuse qui vous sécurise sur le plan matériel.
- Rencontre d'un homme avec un enfant (en bas âge).
- Affaire de cœur avec une personne rencontrée sur le lieu de travail.
- Jeune homosexuel fasciné par le charisme d'un homme mûr.

MÉDICALEMENT

- Problèmes de dos, de bassin.
- Cervicales à surveiller.
- Rendez-vous avec un ophtalmologiste (fond d'œil, etc.).
- Dans certains cas, nerf sciatique douloureux (notamment 4 + 1 + 13).

DIVERS

- Un père tourne le dos à son fils.
- Un enfant, un jeune homme cherche à attirer l'attention de son père.
- Un employé cherche à être reconnu de son chef.
- Le consultant est adepte de bricolage, est doué de ses mains.
- Menus travaux : restauration de meubles, de chaises, etc.

BINÔME IIII + II

+

Selon le contexte, ce binôme évoque les scénarios suivants :

PROFESSIONNELLEMENT

- Entretien professionnel avec un(e) décisionnaire.
- Ne tournez pas le dos aux conseils d'une femme susceptible de vous apporter son soutien.
- Individu qui agit sur les instructions d'une femme influente.
- Un complément d'information va vous permettre de faire évoluer vos projets.
- Animés d'une farouche volonté d'aller de l'avant, certains parmi vous entreprennent de poursuivre des études ou une formation afin d'améliorer leur niveau de vie.
- Individu occupant un poste de dirigeant ou siégeant au conseil d'administration de sa société.

Clin d'œil aux métiers suivants : *directeur(-trice) d'une agence de presse, rédacteur(-trice) en chef, maître de conférence, conseillère, directeur de thèse, professeur des écoles, enseignant(e), documentaliste, archiviste, libraire, éditeur(-trice) (notamment 4 + 2 + 18), journaliste (notamment 4 + 2 + 20), mairesse, employé(e) au cabinet d'un ministre.*

SENTIMENTALEMENT

- Vous tombez amoureuse d'un homme de pouvoir.
- Individu sous l'emprise d'une épouse ou d'une mère castratrice.
- Homme marié à une partenaire plus âgée.
- Personne qui, par pudeur, n'ose pas vous livrer ses sentiments.
- Rencontre possible d'un Maghrébin.

MÉDICALEMENT

- Arthrose cervicale chez un homme.
- Radiographie des cervicales ou de la nuque.
- Examen du dos.
- Problème lié au bassin ou à la hanche.

DIVERS

- Homme vampirisé par une mère envahissante.
- Vous recevez le soutien inconditionnel d'une femme (une amie, etc.).
- Le consultant possède un grand fond d'érudition.
- Organisation ou ordre secret.
- Individu évoluant dans la franc-maçonnerie.
- Vous boudez les conseils de votre mère.
- Homme éduqué par sa grand-mère.

BINÔME IIII + III

+

Selon le contexte, ce binôme évoque les scénarios suivants :

PROFESSIONNELLEMENT

- Vos actions sont freinées par des lourdeurs administratives.
- Concrétisation d'un projet au terme d'âpres négociations.
- Individu dont la nature autocratique ne fait pas l'unanimité à son travail.
- Décisionnaire imposant ses points de vue à son personnel.
- Différend entre un patron et sa secrétaire.
- Deux collègues ne parviennent pas à se mettre d'accord.
- Projet soumis à l'approbation d'une autorité préfectorale, de deux hauts responsables hiérarchiques.
- Certains parmi vous vont devoir passer un entretien devant deux dirigeants d'entreprise.
- Appui d'un individu siégeant au conseil d'administration.

Clin d'œil aux métiers suivants : *dirigeant d'entreprise, fonctionnaire d'État, employé(e) de bureau, à la mairie, responsable administratif, chef d'une administration militaire (état-major).*

SENTIMENTALEMENT

- Relation amoureuse avec une personne évoluant dans votre milieu socioprofessionnel.
- Couple marié par respect des conventions sociales et non par amour.
- Vous boudez votre partenaire.
- Rencontre d'un homme riche et puissant.

MÉDICALEMENT

- Bonne santé en général.
- Examens oculaires. Problèmes de myopie ou de presbytie.
- Jambes lourdes.

DIVERS

- Un frère et une sœur refusent le dialogue.
- Deux confrères se font la guerre.
- Deux membres du gouvernement ou d'un même parti en désaccord.
- Hiérarchie très rigide.
- Une femme ne partage pas vos idées et bloque vos initiatives.
- Entêtement chronique chez un homme.
- Le consultant est obsédé par les possessions matérielles.

BINÔME IIII + V

+

Selon le contexte, ce binôme évoque les scénarios suivants :

PROFESSIONNELLEMENT

- Vous obtenez un entretien avec un homme de pouvoir (un élu local, votre supérieur, etc.).
- Vous solliciterez les services d'un spécialiste à la parole influente.
- Vos affaires jouiront du soutien inconditionnel d'un homme occupant de hautes fonctions.
- Vous êtes aujourd'hui en position de pouvoir négocier de nouveaux accords.
- Individu dont le parcours professionnel le conduit à donner des conférences, à dispenser des formations ou à animer des stages.
- Le consultant se met son supérieur hiérarchique à dos.
- Vous possédez l'étoffe d'un chef : sous réserve d'écouter les conseils bienveillants de votre entourage et d'accepter de déléguer davantage, vous êtes capable d'atteindre des sommets.

Clin d'œil aux métiers suivants *: formateur, enseignant, maître de conférence, conseiller, outplaceur, directeur d'établissement, dirigeant de société, chef de service, haut fonctionnaire, élu local (maire, sénateur, député...), paroissien, prêtre, avocat (notamment 4 + 5 + 8), médecin (notamment 4 + 5 + 12).*

SENTIMENTALEMENT

- Rencontre amoureuse à l'occasion d'un congrès ou lors d'une formation professionnelle.
- Union stable et protégée auprès d'un homme de pouvoir.
- Rencontre d'un homme mûr.
- Individu qui fait sa vie tardivement (père à 40 ans par exemple).
- Votre partenaire ou votre soupirant vous livre ce qu'il a sur le cœur.

MÉDICALEMENT

- Hypertension artérielle.
- Niveau de cholestérol à surveiller.
- Excès de table.
- Vous consultez un médecin (notamment 4 + 5 + 12).

DIVERS

- Individu en froid avec son père.
- Homme de bons conseils que l'on vient consulter.
- Soutien effectif d'une autorité reconnue (maire, etc.).
- Individu jouissant d'une grande aisance relationnelle.
- Dans certains cas, despote hermétique aux avis extérieurs.

BINÔME IIII + VI

+

Selon le contexte, ce binôme évoque les scénarios suivants :

PROFESSIONNELLEMENT

- Choix de carrière ou d'orientation face auquel vous hésitez longuement.
- Le consultant participe à un défilé de mode ou à une représentation de théâtre.
- Individu dont la fibre artistique le destine aux métiers du spectacle et de la mode.
- En coulisse, votre travail est le théâtre de tractations liées à un changement d'équipe.
- Ne tournez pas le dos aux nouvelles possibilités de collaboration qui vous sont offertes.
- Vous avez un véritable coup de cœur pour un(e) collègue de travail.

Clin d'œil aux métiers suivants *: directeur de casting, d'une troupe de théâtre, chasseur de jeunes talents, acteur, comédien, artiste, clown, forain, organisateur de spectacles, d'évènements, styliste, modéliste, maître tailleur, couturier, costumier, maquilleur, coach en relooking, vendeur de prêt-à-porter, animateur.*

SENTIMENTALEMENT

- Séducteur qui court deux lièvres à la fois.
- Choix amoureux entre deux femmes d'âges différents.
- Rencontre d'un Don Juan très en vogue auprès de la gent féminine.
- Rencontre affective imminente.
- Une amie vous présente une de ses amies.

MÉDICALEMENT

- Rendez-vous avec un plasticien (notamment 4 + 6 + 17).
- Rhinoplastie à l'ordre du jour.
- Soins du visage.
- Traitement des rougeurs ou de l'acné.
- Examens ophtalmologiques (fond d'œil, etc.).

DIVERS

- Individu qui tourne le dos à un dilemme.
- Nouvelles amitiés naissantes, notamment féminines.
- Vous rencontrez vos frères et vos sœurs.

BINÔME IIII + VII

+

Selon le contexte, ce binôme évoque les scénarios suivants :

PROFESSIONNELLEMENT

- Vous savez ce que vous voulez et vous êtes bien déterminé(e) à l'obtenir.
- Actions positives vous permettant de faire avancer vos projets à grands pas.
- Individu constamment en déplacement dans le cadre de sa profession.
- Réussite matérielle que vous devez uniquement à votre détermination.
- Boulimique de travail, vous ne lésinez pas sur les heures supplémentaires lorsque les circonstances l'exigent.
- Vous atteindrez vos objectifs de carrière sans l'ombre d'un doute.
- Dans certains cas, vous pourrez bénéficier d'un coup de pouce d'un homme de pouvoir.

Clin d'œil aux métiers suivants : *pilote, transporteur, routier, chauffeur de taxi, de bus, moniteur d'auto-école, cadre technico-commercial, vendeur automobile, concessionnaire, conducteur d'engins (train), voyagiste, garagiste (notamment 4 + 7 + 10), jockey, moniteur équestre, maréchal-ferrant, patron de PMU, cadre Pôle Emploi (notamment 4 + 7 + 13).*

SENTIMENTALEMENT

- Construction affective en bonne voie.
- Homme à femmes qui a tendance à multiplier les conquêtes (notamment 4 + 7 + 6).
- La consultante vit une aventure extraconjugale dans le cadre de son travail.
- Femme divisée entre deux hommes.
- Rencontre amoureuse à l'occasion d'un déplacement.

MÉDICALEMENT

- Problème de hanche, de bassin.
- Col du fémur fragilisé, coccyx douloureux.
- Dans certains cas, individu se déplaçant en chaise roulante.

DIVERS

- Le consultant adore la vitesse, les courses de voiture, etc.
- Voyage par voie terrestre (ferroviaire).
- Individu passionné par l'équitation, les chevaux.

BINÔME IIII + VIII

+

Selon le contexte, ce binôme évoque les scénarios suivants :

PROFESSIONNELLEMENT

- Signature d'accords fondamentaux, transactions liées à vos affaires.
- Vous faites appel aux services d'un avocat dans le cadre de vos activités.
- Vos projets obtiennent l'appui d'un élu local.
- Carrière de militaire ou de policier.
- Rendez-vous avec un contrôleur du fisc ou avec votre comptable (notamment 4 + 8 + 15).
- Individu travaillant pour le ministère de la Justice ou pour l'état-major.
- Vous briguez un poste de cadre au sein d'une administration réputée stable.

***Clin d'œil aux métiers suivants** : mathématicien, statisticien, professeur de mathématiques, d'algèbre, chef ou expert-comptable, crédit manager, agent de recouvrement, cadre administratif, administrateur, directeur financier, inspecteur des impôts, avocat, juriste, jeune juge d'instruction, militaire, capitaine des armées, maire, préfet.*

SENTIMENTALEMENT

- Rencontre amoureuse avec un homme marié.
- Individu tournant le dos à une épouse devenue trop exigeante.
- Rendez-vous avec votre avocat dans le cadre d'un divorce (notamment 4 + 8 + 13).
- Plus rarement, vous envisagez d'officialiser votre union (notamment 4 + 8 + 19).

MÉDICALEMENT

- Surcharge pondérale, embonpoint.
- Dans certains cas, obligation de suivre un régime.
- Alimentation peu équilibrée (cholestérol à surveiller).
- Les reins sont parfois sensibles (notamment 4 + 8 + 14).

DIVERS

- Individu à qui la justice demande des comptes.
- Vous saisissez la justice.
- Personne déchue de ses droits.
- Homme pondéré, équilibré.

BINÔME IIII + VIIII

+

Selon le contexte, ce binôme évoque les scénarios suivants :

PROFESSIONNELLEMENT

- Intellectuel poursuivant des travaux de recherche de longue haleine.
- Stabilité matérielle vous sécurisant sur du long terme.
- Recul sur les évènements, nécessaire à la pérennité de vos diverses entreprises.
- Projet susceptible de bénéficier de la vision éclairée d'un homme d'expérience. Ne faites donc pas la sourde oreille aux conseils qui vous seront prodigués.
- Individu dont les talents d'analyste le conduisent fréquemment vers les métiers de l'informatique.
- Dans certains cas, affaire familiale supervisée par le patriarche.

Clin d'œil aux métiers suivants *: chercheur, savant, directeur de thèse, de recherche, informaticien, directeur informatique (cf. 5 + 9), généalogiste.*

SENTIMENTALEMENT

- Célibataire endurci, solitaire dans l'âme.
- Rencontre d'un « vieux garçon » ou d'un homme habitué à vivre seul.
- Individu secret qui aspire à vivre ses relations amoureuses dans la clandestinité.
- Partenaire introverti avec lequel vous peinez à établir le dialogue.
- Passé amoureux qu'il vous est difficile de laisser derrière vous.

MÉDICALEMENT

- Arthrose cervicale.
- Examen de la nuque.
- Individu sourd ou malentendant (notamment 4 + 9 + 20).
- Homme se déplaçant au moyen d'une canne (claudication).
- Problème de hanche.

DIVERS

- Homme silencieux, peu bavard.
- Individu sous surveillance.
- Le consultant est éclairé, inspiré.
- Individu observé de très près par son père.
- Vous êtes rattrapé par votre passé.
- Individu amené à vivre vieux.
- Isolement nécessaire pour faire le point.

BINÔME IIII + X

+

Selon le contexte, ce binôme évoque les scénarios suivants :

PROFESSIONNELLEMENT

- Votre carrière évolue favorablement, la roue tourne à votre avantage.
- Vous entrez dans une phase d'ascension professionnelle, la conjoncture vous sourit.
- L'appui d'un homme de pouvoir fortuné va permettre à vos projets de passer à la vitesse supérieure.
- Situation matérielle florissante : une rentrée d'argent est à l'ordre du jour (prime, cachet, avancement).
- Individu effectuant une tournée journalière (notamment 4 + 10 + 22).
- Rencontre d'un financier dans le cadre de vos affaires.

Clin d'œil aux métiers suivants : *employé(e) dans une société organisatrice de jeux de hasard, dans un casino (croupier), courtier, trader, directeur financier (5 + 10), technicien, réparateur, horloger, fabricant de montres, régulateur chargé de la circulation, ophtalmologiste.*

SENTIMENTALEMENT

- Rencontre sentimentale à l'origine de nombreux changements.
- La roue tourne dans le sens d'un renouveau affectif.
- Vie amoureuse constructive auprès d'un homme fortuné.
- Individu dont les sentiments évoluent à votre égard (notamment 4 + 10 + 6).

MÉDICALEMENT

- Examen approfondi d'un œil (du globe oculaire).
- Problèmes artériels chez un homme.
- Arthrose rhumatismale, articulations douloureuses (notamment 4 + 10 + 13).
- Disque abîmé.
- Consultant souffrant parfois de cyclothymie.
- Dans certains cas, individu véhiculé en chaise roulante (notamment 4 + 10 + 7).

DIVERS

- Adepte des deux roues, cycliste.
- Personne férue de mécanique.
- Individu coopté dans un cercle privé.

BINÔME IIII + XI

+

Selon le contexte, ce binôme évoque les scénarios suivants :

PROFESSIONNELLEMENT

- Vous vous engagez dans une partie de bras de fer avec un(e) supérieur(e) hiérarchique direct(e).
- Soutien effectif d'un individu connu pour avoir le bras long.
- Rencontre d'une personne dont les privilèges attenants à sa fonction lui donnent un ascendant sur son environnement professionnel.
- Vous êtes actuellement en position de force pour négocier un avancement.
- Assise sociale confortable que vous avez obtenue grâce à vos seuls mérites.
- Homme d'affaires aguerri, vous orchestrez vos affaires de main de maître.
- Travail en binôme, vous devez faire équipe avec une femme.

Clin d'œil aux métiers suivants *: manutentionnaire, déménageur, gardien de la paix, contremaître, assistante de direction (cf. 3 + 11), maître-chien, éducateur canin, dresseur, responsable, garde du corps, CRS, catcheur, chef des forces de police, de l'état-major, des forces armées (cf. 4 + 8).*

SENTIMENTALEMENT

- Deux amants se tournent le dos, mari et femme sont en conflit.
- Relation affective qui tourne à l'affrontement.
- Une femme de caractère va tenter de vous apprivoiser.
- Rencontre d'un individu protecteur avec lequel vous formerez un couple soudé.

MÉDICALEMENT

- Hypertension à surveiller.
- Risque de mauvais cholestérol chez un homme mûr.
- Problèmes de coronaires possibles chez le consultant.
- En général, individu sportif et résistant par nature.
- Embonpoint fort probable chez un homme.

DIVERS

- Bras de fer avec l'autorité.
- Individu dont les fonctions intimident.
- Lutte acharnée entre un homme et une femme.
- Homme fort, costaud.
- Grande confiance en ses capacités.

BINÔME IIII + XII

+

Selon le contexte, ce binôme évoque les scénarios suivants :

PROFESSIONNELLEMENT

- Individu dont les valeurs sont critiquées au sein même de sa hiérarchie.
- Patron fourvoyé dans un scandale financier ou dans une sombre affaire.
- Vous avez la sensation de vous être fait piéger ou d'avoir été mis(e) au placard.
- Pouvoir d'action bloqué par les circonstances, vos projets demeurent en suspens.
- Votre autoritarisme risque de vous mettre en porte-à-faux avec votre entourage professionnel.
- Dans de très rares cas, personne relevée de ses fonctions.
- Vocation chevillée au corps pour les métiers du médical.

***Clin d'œil aux métiers suivants** : médecin, infirmier, interne, geôlier, directeur d'un centre pénitentiaire.*

SENTIMENTALEMENT

- Individu emprisonné dans une relation stérile.
- Dépendance affective non payée de réciprocité.
- Adultère.
- Virilité en berne générant un malaise au sein du couple.

MÉDICALEMENT

- Homme malade, très affaibli.
- Individu sous traitement médicamenteux.
- Personne dépressive dépendante aux anxiolytiques (notamment 4 + 12 + 15).
- Problème de sciatique ou de lumbago chez un homme (notamment 4 + 12 + 13).
- Individu bloqué dans ses mouvements (hémiplégie, paralysie possible).
- Homme atteint d'une sclérose en plaques.
- Personne qui boite, qui titube.
- Impuissance chronique.
- Souffrance psychique.

DIVERS

- Un homme retrouvé pendu.
- Un martyr, personne en grande détresse.
- Individu à qui l'on a tendu un piège, un prisonnier.
- Manque de recul face aux événements.
- Le consultant pratique le yoga.

BINÔME IIII + XIII

+

Selon le contexte, ce binôme évoque les scénarios suivants :

PROFESSIONNELLEMENT

- Dépôt de bilan entraînant des licenciements massifs.
- Vous vous retrouvez au chômage du jour au lendemain (notamment 4 + 13 +22).
- Contexte défavorable vous contraignant à interrompre vos projets.
- Individu assis sur un siège éjectable.
- Départ soudain d'un chef de service (renvoi ou démission).
- Lieu de travail digne d'un champ de bataille, on se fait la guerre au quotidien.
- Activité manuelle ou agricole que vous avez choisie par passion.
- Perte de statut social liée à une mauvaise conjoncture.

Clin d'œil aux métiers suivants *: agriculteur, exploitant agricole, cultivateur, agent de nettoyage industriel, technicien de surface, jardinier, fossoyeur, directeur de travaux, de chantier, entrepreneur de pompes funèbres, criminologue, médecin légiste (cf. 5 + 13), chirurgien-dentiste (notamment 4 + 13 + 12), programmeur informatique (notamment 4 + 13 + 9), chef des armées, de la légion.*

SENTIMENTALEMENT

- Individu procédant au grand nettoyage dans sa vie affective.
- Rencontre d'un veuf ou d'un divorcé.
- Relation nocive à laquelle vous mettez un terme.
- Idylle amoureuse avec un homme de la terre.

MÉDICALEMENT

- Individu atteint d'un cancer ou d'une grave maladie.
- Le consultant va subir une intervention chirurgicale.
- Hémorroïdes, problèmes de selles chez un homme.
- Personne qui a perdu l'usage d'un membre.
- Rendez-vous possible avec votre dentiste (notamment 4 + 13 + 16).
- Individu nerveux qui vit en permanence dans l'agressivité.

DIVERS

- Écorché vif, vous partez en guerre contre la terre entière.
- Politique de la terre brûlée.
- Homme de la campagne, du « terroir ».
- Un chef d'État déclare la guerre ou est menacé de mort.
- Personnalité dont la vie est en danger.
- Meurtrier, assassin, tueur en série, etc.
- Vous coupez les ponts avec tout le monde.
- Individu qui met fin à ses jours, mort tragique (accident, suicide).
- Accidenté de guerre ou mort sur le front, au combat.

BINÔME IIII + XIIII

+

Selon le contexte, ce binôme évoque les scénarios suivants :

PROFESSIONNELLEMENT

- Cadre de travail agréable au sein duquel les rapports avec votre supérieur direct sont harmonieux.
- Échanges fructueux avec un homme susceptible de vous ouvrir de nouveaux horizons.
- Contacts avec l'étranger, nécessités par vos obligations (notamment 4 + 14 + 21).
- Fin gourmet qui se bâtit une renommée dans le secteur de la gastronomie.
- Dans certains cas, personne évoluant dans le domaine du bien-être et des médecines douces (notamment 4 + 14 + 17).

Clin d'œil aux métiers suivants *: restaurateur, cuisinier, sommelier, hôtelier, cinéaste, plombier, masseur-kinésithérapeute, aviateur (notamment 4 + 14 + 21).*

SENTIMENTALEMENT

- Vous passerez de bons moments en agréable compagnie.
- Individu avec lequel vous entretenez une relation épistolaire.
- Histoire d'amour avec un bon vivant.
- Échanges de qualité avec un homme que vous apprenez à découvrir.
- Relation amoureuse épanouissante auprès d'un homme qui vous sécurise émotionnellement.

MÉDICALEMENT

- Tensions oculaire, soucis liés à un nerf optique...
- Séances de massage chez le kiné.
- Névralgies dorsales (douleurs au niveau des omoplates, etc.).
- Dans certains cas, vous consultez un acupuncteur.
- Soucis liés à la prostate (notamment 4 + 14 + 15).

DIVERS

- Gastronome, épicurien.
- Échanges téléphoniques avec un ami, une personne lointaine, une connaissance...
- Rapports harmonieux avec votre père, un frère...

BINÔME IIII + XV

+

Selon le contexte, ce binôme évoque les scénarios suivants :

PROFESSIONNELLEMENT

- Chef de service tyrannique ou patron esclavagiste avec lequel vos rapports sont explosifs.
- Collègue masculin dont le tempérament volcanique devient insupportable.
- En règle générale, entrepreneur ou riche industriel dont les affaires prospèrent.
- Homme d'affaires dévoré d'ambition évoluant exclusivement dans le secteur de la finance.
- Individu puissant dont l'appui vous sera d'un grand secours.
- Rendez-vous au centre des impôts (notamment 4 + 15 + 10).
- Dans certains cas, fortune dont une partie provient d'opérations financières en marge de la légalité.
- Réussite matérielle qui suscite l'envie, voire la jalousie de votre entourage.

Clin d'œil aux métiers suivants *: homme d'affaires, politicien, trader, agent du fisc, banquier (notamment 4 + 15 + 19), endocrinologue (notamment 4 + 15 + 16), acteur porno.*

SENTIMENTALEMENT

- Aventure torride avec un homme fougueux.
- Relation sentimentale vécue sur le mode pulsionnel.
- Mari jaloux dont les scènes de ménage volcaniques vous irritent.
- Rencontre possible d'un individu pervers qui aime soumettre ses partenaires.
- Dans certains cas, personne qui fréquente le milieu de la prostitution.

MÉDICALEMENT

- Rendez-vous dans un service d'endocrinologie (notamment 4 + 15 + 16).
- Individu souffrant de troubles intestinaux.
- Infection urogénitale possible.
- Dans certains cas, prise de rendez-vous au cabinet d'un sexologue.

DIVERS

- Mauvaises fréquentations.
- Individu coléreux, voire violent.
- Jalousies, inimitiés, ennemis cachés.
- Consultation d'un pseudo gourou, d'une personne maléfique (notamment 4 + 15 + 13).
- Rapports explosifs avec votre frère, votre père.

BINÔME IIII + XVI

+

Selon le contexte, ce binôme évoque les scénarios suivants :

PROFESSIONNELLEMENT

- Vos projets s'effondrent sans que vous puissiez changer le cours des évènements.
- Malheureux concours de circonstances à l'origine d'importantes restructurations à tous les niveaux de l'entreprise.
- Votre stabilité professionnelle menace de s'écrouler.
- Patron dont la popularité est en chute libre. Individu détrôné de son rôle de leader ou relevé de ses fonctions.
- Votre carrière traverse une zone de turbulences sévères et votre train de vie s'en ressent largement.
- Situation de faillite personnelle traumatisante. Homme brisé par les circonstances.

Clin d'œil aux métiers suivants *: assureur (notamment 4 + 16 + 13), promoteur immobilier, architecte, gardien d'immeuble, d'une tour, d'un phare, serrurier, gardien de prison, chef de chantier, conducteur de travaux publics, maçon, ascensoriste, artificier.*

SENTIMENTALEMENT

- Chef de famille déchu de ses droits paternels ou dont l'autorité est vivement contestée.
- Individu déstabilisé jusque dans sa virilité.
- Prise de position inflexible contribuant à l'effondrement de votre foyer conjugal.
- Scènes de ménage à répétition à l'origine de la détérioration de votre couple.
- Mari violent, enfer au quotidien.

MÉDICALEMENT

- Risque d'entorse ou de fracture, notamment chez un homme.
- Colonne vertébrale douloureuse (scoliose).
- Problème de stabilité, vertiges.
- Sciatique handicapante.
- Individu foudroyé par un cancer, une attaque cérébrale, une épidémie.
- Impuissance, éjaculation précoce.

DIVERS

- Mégalomane qui a chuté par manque d'humilité.
- Autorité mise à mal (empereur déchu).
- Attitude bornée qui vous vaut des inimités.
- Un mur menace de s'effondrer, on abat une cloison.
- Vous envisagez l'acquisition d'un bien immobilier ou des travaux de réfection à votre domicile.
- Vous siégez au sein d'une copropriété.
- Rapports de voisinage explosifs.
- Cambriolage (notamment 4 + 16 + 13).

BINÔME IIII + XVII

\+

Selon le contexte, ce binôme évoque les scénarios suivants :

PROFESSIONNELLEMENT

- Vous évoluez dans une ambiance de travail agréable, propice à votre développement personnel.
- Conjoncture favorable profitant à vos divers projets.
- Actions positives guidées par votre bonne étoile.
- Ceux parmi vous qui rêvez d'une carrière artistique, vont pouvoir bénéficier de l'appui effectif d'un directeur de casting, du soutien d'un producteur ou d'une personnalité en vogue.
- Étoile montante dans l'univers du spectacle et du cinéma.
- Le poste que vous occupez aujourd'hui répond à vos profondes aspirations.
- Dans certains cas, activité en extérieur en harmonie avec la nature.

Clin d'œil aux métiers suivants *: directeur artistique, de casting, producteur, chasseur de talents, danseur étoile, artiste peintre, astrologue, astronome (notamment 4 + 17 + 10), gérant d'une galerie d'art, astronaute, cosmonaute, paysagiste, botaniste, employé ou directeur d'un centre de balnéothérapie, cosmétologue, plasticien.*

SENTIMENTALEMENT

- Rencontre d'un homme qui dégage des ondes positives.
- Couple qui nage dans le bonheur, félicité conjugale.
- Individu rencontré à la campagne ou dans un lieu de repos.
- Esthète courtisé par la gent féminine.

MÉDICALEMENT

- Rendez-vous avec un plasticien.
- Amélioration générale de votre état de santé.
- Soins par les médecines douces (homéopathie, naturopathie).
- Cure thermale ou thalassothérapie contre les douleurs articulaires.

DIVERS

- Individu au développement spirituel avancé.
- Personne pourvue d'un sixième sens.
- Séjour régénérant à la campagne.
- Poète, doux rêveur.

BINÔME IIII + XVIII

+

Selon le contexte, ce binôme évoque les scénarios suivants :

PROFESSIONNELLEMENT

- Individu habitué à travailler dans les lieux publics à forte concentration de clientèle.
- Patron ou chef d'entreprise à qui l'on prête toutes sortes de rumeurs.
- Climat de travail incertain, vous pourriez être victime d'un responsable hiérarchique malintentionné qui cache bien son jeu.
- Rencontre d'une personne fourbe, à la tête d'une société fantôme.
- Méfiez-vous des beaux parleurs qui échafaudent des projets chimériques.
- Auto-entrepreneur développant son activité à domicile.

Clin d'œil aux métiers suivants : *maître d'hôtel, hôtelier, aubergiste, patron d'un commerce, d'un magasin, d'une boutique, propriétaire d'un restaurant (notamment 4 + 18 + 14), d'une boîte de nuit, gérant d'un débit de boissons, buraliste, viticulteur, négociant viticole, directeur d'une agence immobilière, veilleur de nuit, gardien d'immeuble, d'un site industriel, d'une grande surface, directeur d'une clinique, d'un centre hospitalier.*

SENTIMENTALEMENT

- Rencontre d'un homme aux mille visages.
- Noctambule rencontré au cours d'une soirée bien arrosée.
- Homme de l'ombre, amant caché.
- Mari protecteur, soucieux d'offrir à sa famille un cadre de vie agréable.
- Le consultant veut fonder un foyer.

MÉDICALEMENT

- Affabulation, mythomanie.
- Individu sous anxiolytique ou antidépresseurs (notamment 4 + 18 + 15).
- Vue trouble, voile oculaire (glaucome).
- Risque de diabète (notamment 4 + 18 + 8).
- Problème de vessie ou de prostate (notamment 4 + 18 + 14).

DIVERS

- Chef de famille, maître des lieux.
- Homme au foyer.
- Une affaire demande des éclaircissements.
- Rentier, propriétaire d'un parc immobilier.
- Propriétaire d'un domaine, d'un château.
- Activité nocturne.

BINÔME IIII + XVIIII

+

Selon le contexte, ce binôme évoque les scénarios suivants :

PROFESSIONNELLEMENT

- Individu parvenu au sommet de son art.
- Association avec une personne digne de confiance (frère, mari, etc.).
- Vous faites preuve de sagacité dans la gestion de vos affaires.
- Appui d'un homme possédant un fort pouvoir de rayonnement sur son entourage.
- Personne travaillant dans le domaine du luxe ou des arts graphiques.
- Regroupement bénéfique entre deux sociétés.
- Travail en binôme vous procurant beaucoup de bonheur au quotidien.
- Carrière éclatante.
- Vous accédez à une position hiérarchique très en vue.

Clin d'œil aux métiers suivants : *bijoutier, joaillier, orfèvre, photographe, acteur, moniteur d'une colonie ou d'un club de vacances, instituteur, éducateur, jeune cardiologue, décorateur, banquier (notamment 4 + 19 + 15), dermatologue, plasticien (notamment 4 + 19 + 17), coach sportif.*

SENTIMENTALEMENT

- Rencontre d'un homme marié qui a deux enfants.
- Couple solide soudé par des sentiments nobles.
- Vous avez des vues sur un homme en couple.
- Individu rencontré en période estivale ou dans un pays ensoleillé.
- Vous rencontrez votre alter ego.
- Votre partenaire envisage de vous demander en mariage (notamment 4 + 19 + 8).

MÉDICALEMENT

- En règle générale, individu au zénith de sa forme physique.
- Attention aux insolations, aux coups de soleil.
- Problèmes cardio-vasculaires à surveiller (notamment 4 + 19 + 13).
- Rendez-vous chez un plasticien (notamment 4 + 19 + 17).
- Soins esthétiques, du visage, etc.
- Dans certains cas, nerf sciatique douloureux (notamment 4 + 19 + 16).

DIVERS

- Un père et ses deux enfants.
- Un homme du soleil, de type méditerranéen.
- Individu sportif.
- Homme fortuné.

BINÔME IIII + XX

+

Selon le contexte, ce binôme évoque les scénarios suivants :

PROFESSIONNELLEMENT

- Rendez-vous avec un homme de loi (avocat, conseiller juridique...).
- Entretien avec un décisionnaire (recruteur, etc.) dans le cadre de vos recherches d'emploi.
- Nomination au conseil d'administration de votre société, ou à un poste analogue.
- On vous annonce de bonnes nouvelles : votre projet est accepté par une commission souveraine, etc.
- Mélomane qui réussit à se faire un nom sur la scène musicale.
- En négatif, une décision de justice remet en cause vos privilèges ou sanctionne votre position sociale.
- Carrière juridique à laquelle vous étiez prédestiné(e).

Clin d'œil aux métiers suivants *: musicien, chanteur, présentateur/animateur TV, directeur de la communication ou d'une société de communication, directeur musical, chef d'orchestre, directeur de l'audiovisuel, journaliste, avocat à la cour, juge d'instruction, examinateur, recruteur.*

SENTIMENTALEMENT

- Individu préférant les sorties entre amis à sa vie conjugale.
- Homme rencontré au cours d'une fête qui n'était pas prévue.
- En négatif, divorce à l'ordre du jour.
- En positif, votre compagnon vous annonce son intention de se fiancer (notamment 4 + 20 + 19).
- Relation via le Web avec un homme mûr.

MÉDICALEMENT

- Problème lié au tabagisme (notamment 4 + 20 + 1).
- Soucis pulmonaires ou respiratoires (notamment 4 + 20 + 13).
- Visite ORL.
- Dans de rares cas, surdité précoce, malentendant.
- Acouphènes possibles.
- Bronchite.

DIVERS

- Membre d'un jury ou d'une commission.
- Homme fort médiatisé, homme politique.
- Discussion autour d'un candidat.
- Vous assistez à un concert.
- Homme mis en examen.
- Compte-rendu d'audience. Vous attendez un verdict.
- Consultant à qui un message ou des faits nouveaux vont être révélés.
- Succès retentissant par le biais du bouche à oreille.

BINÔME IIII + XXI

+

Selon le contexte, ce binôme évoque les scénarios suivants :

PROFESSIONNELLEMENT

- Appui effectif d'un VIP ou d'un homme de pouvoir qui vous fait profiter de son vaste réseau relationnel. C'est par exemple la rencontre d'un individu qui préside une organisation internationale.
- Rendez-vous avec le DRH d'une grande entreprise (notamment 4 + 21 + 2).
- Vos affaires ont le vent en poupe, tout vous réussit.
- Participation à des évènements mondains dans le cadre de vos activités (inauguration, cocktail).
- Travail au sein d'une grande structure internationale.
- Certains parmi vous partent à la conquête des marchés étrangers.
- Individu occupant une position stratégique dans les relations publiques.
- Expatrié ou personne convoitant un poste à l'étranger.

Clin d'œil aux métiers suivants : *ambassadeur, membre du corps diplomatique, DRH, directeur d'un groupe international, député européen, sénateur, président de la Commission européenne, du Parlement européen.*

SENTIMENTALEMENT

- Rencontre d'un étranger ou d'un individu possédant une double nationalité.
- Vous faites la connaissance d'un homme de bon standing.
- Richissime époux avec lequel vous vivez en parfaite osmose.
- Homme dont le charisme ou la forte personnalité plaît à la gent féminine.

MÉDICALEMENT

- Excellente santé.
- Guérison complète.
- Attention aux maladies tropicales.

DIVERS

- Vedette masculine adulée par la foule.
- Noble ou aristocrate d'une grande dynastie.
- Homme politique (notamment 4 + 21 + 15).
- Personne occupant un haut rang social, réputation mondiale.
- Dans certains cas, vision étriquée du monde extérieur.
- Besoin de se tourner vers les autres afin de réussir.

BINÔME IIII + XXII

+

Selon le contexte, ce binôme évoque les scénarios suivants :

PROFESSIONNELLEMENT

- Départ ou mutation d'un supérieur hiérarchique (notamment 4 + 22 + 10).
- Patron esclavagiste déserté par ses employés et ses collaborateurs.
- Perte de privilèges vous plongeant dans la marginalité.
- Poste à responsabilités que vous quittez au profit d'une vie plus fantaisiste.
- Individu occupant un poste de travail itinérant.
- Dans certains cas, projet d'expatriation (notamment 4 + 22 + 21).
- Par épuisement et saturation totale, vous plaquez tout sur un coup de tête (notamment 4 + 22 + 13).

Clin d'œil aux métiers suivants *: éducateur social, facteur, commercial, navigant, gardien dans un établissement psychiatrique (garde-fou), neurologue, tuteur.*

SENTIMENTALEMENT

- Vous traversez un passage à vide sur le plan affectif.
- La peur de l'engagement pousse le consultant à prendre la fuite.
- Aventurier qui ne parvient pas à s'établir dans une relation durable.
- Amoureux excédé qui ne supporte plus les reproches de sa compagne.
- Individu qui vous quitte du jour au lendemain sans aucune raison apparente.
- Rencontre d'un homme étranger ou d'origine étrangère.

MÉDICALEMENT

- Perte de mémoire, absence.
- Blessure au niveau d'une jambe (cuisse).
- Problème de sciatique (notamment 4 + 22 + 13).
- Dans certains cas, individu tombant dans la folie, dans la démence.

DIVERS

- Les richesses matérielles s'envolent.
- Gouverneur, monarque qui abdique.
- Une armée bat en retrait.
- Individu blessé dans son amour-propre, dans sa chair.
- Un homme en cavale.
- Un déserteur.

LE PAPE

Moi le Pape, je t'invite à avoir foi en l'avenir, à te faire confiance tout en écoutant les conseils avisés qui te sont prodigués. Avec moi, sache que tes projets sont sous de bons auspices.

Au premier coup d'œil, le Pape incarne :

1. **Le père, un homme mûr**
2. **Un enseignant, un conseiller**
3. **Un expert, un spécialiste**
4. **La vocation, le don**
5. **L'union, l'engagement**
6. **Un accord, une bénédiction**
7. **Une conférence, un débat**
8. **Un cérémonial, un sacre**
9. **La religion, le divin**
10. **Le fanatisme, l'endoctrinement**

Le Pape, en se mariant aux 21 autres arcanes, nous évoque **l'éducation**, notre **cursus** et nos **engagements solennels**.

BINÔME V + I

+

Selon le contexte, ce binôme évoque les scénarios suivants :

PROFESSIONNELLEMENT
- Conjoncture favorable au démarrage d'une nouvelle activité ou à une réorientation professionnelle.
- Un homme de bons conseils vous aide à monter votre société.
- Chef d'entreprise ou artisan dont les affaires sont sous de bons auspices : l'opportunité vous est même donnée d'ouvrir un nouveau service ou de recruter un apprenti.
- Formation de nouveaux embauchés, activité de coaching, de tutorat, etc.
- Individu débutant un stage ou une formation diplômante.
- Virtuoses de la parole, certains parmi vous se révèlent être d'excellents commerciaux.
- Dans certains cas, entretien d'embauche ou épreuve pratique.

Clin d'œil aux métiers suivants *: outplaceur, coach, conseiller d'orientation, maître de stage, formateur, animateur, VRP, directeur commercial, instituteur (notamment 5 + 1 + 19), professeur en lycée technique, tuteur, maître d'œuvre, directeur d'une école maternelle, examinateur, artisan, médecin spécialisé, artiste (notamment 5 + 1 + 6), maître-tailleur/couturier, chef de chorale.*

SENTIMENTALEMENT
- Relation avec un homme mûr ayant très probablement des enfants d'un premier mariage.
- Rencontre amoureuse au cours d'une formation, d'un stage d'apprentissage.
- Vie conjugale qui repart sur de nouvelles bases.
- Vous envisagez de faire baptiser votre enfant (notamment 5 + 1 + 20).
- Union de laquelle va naître le fruit de votre amour.
- Dans certains cas, vous rencontrez un individu exerçant une profession libérale.

MÉDICALEMENT
- Discussion avec un spécialiste au sujet d'une intervention chirurgicale (notamment 5 + 1 + 13).
- On vous oriente vers une microchirurgie laser (notamment 5 + 1 + 20).
- Rendez-vous avec un pédiatre (notamment 5 + 1 + 19).

DIVERS
- Enseignement religieux, catéchisme.
- Un prêtre bénit un enfant.
- Grand-père très entouré.
- Un homme d'expérience montre l'exemple.
- Praticien auprès duquel on prend conseil.
- As du bricolage.
- Stage d'initiation.
- Présentation d'un nouveau projet.

BINÔME V + II

+

Selon le contexte, ce binôme évoque les scénarios suivants :

PROFESSIONNELLEMENT

- Universitaire dans l'âme, vous faites de l'enseignement un véritable sacerdoce.
- Formation ou reprise d'études nécessitées par les circonstances.
- Personne très diplômée, dont les connaissances lui permettent de conseiller ses semblables au mieux de leurs intérêts.
- Entretiens au cours desquels vous êtes susceptibles de passer des tests psychologiques, graphologiques, etc. (jury d'examinateurs).
- Individu participant à des séminaires dans le cadre de ses obligations.
- Un responsable hiérarchique vous oriente vers un stage de spécialisation.
- Confrère ou consœur avec lequel ou laquelle vous allez travailler sur un projet commun.
- Certains parmi vous ont recours aux services de la presse écrite.

Clin d'œil aux métiers suivants : *psychologue, psychothérapeute (notamment 5 + 2 + 18), philosophe, académicien(ne), théoricien(ne), maître de conférences, séminariste, professeur agrégé, professeur ès lettres, critique littéraire, éditeur, libraire, documentaliste, archiviste, rédacteur en chef d'un journal, d'un magazine, graphologue, théologien, prêtre.*

SENTIMENTALEMENT

- Couple de retraités épanouis et très complices.
- Relation amoureuse avec un quinquagénaire/sexagénaire.
- Union des âmes. Relation sentimentale qui vous apporte beaucoup au niveau spirituel.
- Individu qui se résout à passer des petites annonces.
- Dans certains cas, vie affective quasi monacale qui manque de chaleur.

MÉDICALEMENT

- Examen d'un scanner, d'une I.R.M, d'une radiographie, etc.
- Rendez-vous médicaux à l'ordre du jour.
- Rééducation orthophoniste possible.
- Dans certains cas, vous suivez une psychothérapie.

DIVERS

- Les grands-parents.
- Club du 3e âge.
- Atelier littéraire, émission littéraire.
- Vente ou promotion d'un ouvrage, séances d'autographes.
- Discussion autour d'un rapport.
- Études religieuses, vœux de prêtrise. Vous endossez la soutane...
- Vous vous rendez à l'église (messe, confessionnal).
- Un(e) thésard(e), un(e) énarque.
- Le consultant recherche l'avis de personnes compétentes.

BINÔME V + III

+

Selon le contexte, ce binôme évoque les scénarios suivants :

PROFESSIONNELLEMENT

- Votre carrière évolue à la faveur des circonstances.
- Réunion au cours de laquelle vous débattez de nouveaux axes de progression.
- La consultante bénéficiera des faveurs de son responsable hiérarchique.
- Personne qui excelle dans le secteur des relations publiques.
- Pourparlers ou entretiens aboutissant à la mise en place d'un protocole d'accords (notamment 5 + 3 + 8).
- Sens relationnel hors pair vous permettant de véhiculer vos idées avec une facilité déconcertante.
- Dans certains cas, vous devrez passer un examen oral (notamment 5 + 3 + 20).
- Un conseiller va vous orienter dans vos choix.

Clin d'œil aux métiers suivants : *responsable bureautique, assistante de direction, employée de mairie, conseiller en marketing, en communication, directeur des relations publiques, publiciste, enseignant, séminariste, coach en relooking (notamment 5 + 3 + 6).*

SENTIMENTALEMENT

- Individu tombé sous le charme d'une femme plus jeune que lui.
- Rencontre d'un homme mûr et protecteur.
- Dans certains cas, votre patron vous fait des avances.
- Relation amoureuse qui se présente sous de bons auspices.
- Plus rarement, une femme ignore son mari ou fuit les avances d'un homme marié.

MÉDICALEMENT

- Rendez-vous avec un médecin ORL.
- Rééducation orthophoniste possible (5 + 3 + 20).
- Hypertension chez la consultante.

DIVERS

- Un père s'adresse à sa fille.
- La consultante fait fi des conseils de son père.
- Un homme vous met en relation avec une femme.

BINÔME V + IIII

+

Selon le contexte, ce binôme évoque les scénarios suivants :

PROFESSIONNELLEMENT
- Entretien professionnel avec votre cadre de rattachement ou avec votre chef de service.
- Poste à responsabilités au sein d'une structure fortement hiérarchisée.
- Une personne d'autorité vous prodigue de judicieux conseils vous permettant d'accéder à une position très en vue.
- Vous bénéficierez de l'appui effectif d'un homme influent (patron, préfet, etc.) qui vous investira des pleins pouvoirs dans le cadre d'un projet professionnel.
- Nomination à un poste d'encadrement.
- Initiative pour laquelle vous sollicitez le concours d'un homme politique (le maire).
- Individu construisant son avenir sur des bases solides.
- Assise sociale vous permettant de jouir d'un cadre de vie privilégié.
- Certains parmi vous sont rappelés à l'ordre par leur supérieur qui les met face à leurs engagements.

Clin d'œil aux métiers suivants *: P.-D.G d'entreprise, directeur, maire, préfet, chef d'État (cf. 5 + 8), ministre de l'Intérieur, coach, formateur, professeur (à Saint-Cyr par exemple), colonel, général, chef d'état-major (cf. 5 + 8).*

SENTIMENTALEMENT
- Vie maritale avec un individu occupant de hautes fonctions.
- Rencontre d'un homme protecteur sur lequel vous pourrez compter.
- Union amoureuse qui vous procure la sérénité affective et matérielle.
- Dans certains cas, couple homosexuel.

MÉDICALEMENT
- Examen ophtalmologique approfondi (notamment 5 + 4 + 6).
- Hypertension artérielle.
- Mauvais cholestérol chez un homme de 50 ans et plus.
- Problèmes cardio-vasculaires à surveiller.
- Plus rarement, test de paternité (notamment 5 + 4 + 1).

DIVERS
- Grande complicité entre un père et son fils.
- Discussion d'homme à homme.
- Pacte de confiance entre deux responsables, deux décisionnaires.
- Convocation auprès d'une autorité.
- Un père de famille est convoqué par un directeur d'établissement scolaire.
- Investiture. Un homme est sacré chevalier de la Légion d'honneur.
- Cérémonie protocolaire, décoration, anoblissement, etc. (notamment 5 + 4 + 20).
- Conseil de l'ordre.
- Comité souverain, conseil d'administration, etc.

BINÔME V + VI

+

Selon le contexte, ce binôme évoque les scénarios suivants :

PROFESSIONNELLEMENT
- Formation au terme de laquelle un choix d'orientation se présente à vous.
- Participation à des sélections dans le cadre d'un recrutement.
- L'arrivée de nouveaux collaborateurs entraîne un remaniement de vos équipes.
- Dilemme pour lequel vous recherchez l'avis d'un conseiller ou les paroles rassurantes d'un(e) ami(e).
- Projet qui vous ouvre les portes sur l'univers féerique des spectacles, de la comédie.
- Le/la consultant(e) prend des cours de théâtre.
- Individu dont les conseils en matière de mode sont très prisés.

Clin d'œil aux métiers suivants : *conseiller d'orientation, metteur en scène, directeur artistique (cf. 5 + 17), directeur d'une troupe de théâtre, professeur d'art dramatique, réalisateur, organisateur de spectacles, directeur d'une agence de rencontres, styliste, grand couturier, maître tailleur, coach en relooking, maquilleur.*

SENTIMENTALEMENT
- Une rencontre « coup de cœur » vous fait douter de vos engagements amoureux, de votre mariage, etc.
- Relation sentimentale avec un homme mûr.
- On joue les entremetteurs, on vous présente un(e) ami(e).
- Vous vous inscrivez dans une agence matrimoniale, à un club de rencontres, une séance de speed dating.
- Un homme d'âge mûr vous partage avec une autre femme.
- Dans certains cas, vous tombez amoureux(-se) sur votre lieu de travail.
- Plus rarement, un coach vous enseigne l'art de la séduction.

MÉDICALEMENT
- Analyse sanguine, prélèvements, don de sang.
- Dépistage, recherche épistémologique.
- Rendez-vous avec votre ophtalmologiste, votre opticien.
- Dans certains cas, vous rencontrez un chirurgien plasticien (notamment 5 + 6 + 17).

DIVERS
- Séance de relooking, d'essayage.
- Un VIP donne un gala, un bal costumé, une garden-party.
- Personnalité du showbiz.
- Présentation d'une gamme de vêtements. Défilé, salon privé.
- Un homme s'adresse à ses enfants.
- Le consultant rencontre les siens, ses frères et sœurs.
- Un prêtre entouré d'enfants de chœur.
- Conciliation qui ouvre sur une garde alternée.

BINÔME V + VII

Selon le contexte, ce binôme évoque les scénarios suivants :

PROFESSIONNELLEMENT

- Merveilleusement bien conseillé dans vos prises de décision, vous vous acheminez vers une belle réussite socioprofessionnelle.
- À l'instar d'un responsable technico-commercial, vos activités vous conduisent fréquemment à prendre la route.
- Accord ou compromis négocié dans le cadre de votre travail.
- Jeune cadre agissant sur les conseils avisés d'un consultant.
- Si vous êtes en réinsertion ou en inactivité, vous bénéficierez d'entretiens personnalisés avec votre conseiller Pôle Emploi ou avec un(e) outplaceur (notamment 5 + 7 + 13).
- Participation à des stages ou à des colloques contribuant à votre évolution de carrière.
- Dans certains cas, votre patron vous donne son accord pour une mutation géographique (notamment 5 + 7 + 22).

Clin d'œil aux métiers suivants *: concessionnaire automobile, garagiste, cadre, responsable technico-commercial, VRP, conseiller Pôle Emploi (cf. 5 + 13), outplaceur, coach, consultant, conseiller en entreprise, développeur, conférencier, ingénieur automobile, transporteur, chauffeur (cf. 4 + 7), moniteur d'auto-école, examinateur, éleveur de chevaux, maréchal-ferrant, orthopédiste, ergothérapeute (notamment 5 + 7 + 12), guide touristique.*

SENTIMENTALEMENT

- Rencontre d'un individu fréquemment par monts et par vaux.
- Vous croisez la route d'un jeune homme au cours d'un voyage ou d'un déplacement.
- Union qui évolue sous de bons auspices.
- Un homme mûr vous fait les éloges d'un jeune homme bien sous tous rapports.
- Dans certains cas, déménagement motivé par des raisons d'ordre sentimentales (notamment 5 + 7 + 18).

MÉDICALEMENT

- Problèmes de motricité. Handicap moteur.
- Rééducation fonctionnelle des membres inférieurs.
- Rendez-vous avec un médecin orthopédiste (notamment 5 + 7 + 13).
- Homme circulant en chaise roulante.

DIVERS

- Visite du pape à l'étranger (notamment 5 + 7 + 21).
- Recommandations d'usage avant de partir en voyage.
- Professeur organisant un voyage scolaire.
- Un grand-père et ses petits-enfants partent en voyage.
- Pèlerinage.
- Homme de pouvoir dans le domaine des transports.
- Écurie automobile de renom.
- Turfiste.

BINÔME V + VIII

+

Selon le contexte, ce binôme évoque les scénarios suivants :

PROFESSIONNELLEMENT

- Carrière juridique à l'origine de nombreuses satisfactions personnelles.
- Vous consultez un avocat dans le cadre de vos affaires.
- Entretien aboutissant à la signature d'un contrat de travail (notamment 5 + 8 + 7).
- Immatriculation d'une société au registre du commerce (notamment 5 + 8 + 1).
- Vous bénéficierez des conseils d'un juriste ou d'un représentant syndical afin de structurer vos projets.
- Vous signez une convention de stage ou un avenant à votre contrat actuel.
- Votre patron dresse le bilan de vos actions au sein de la société et discute de vos perspectives de carrière.
- Examens de droit ou concours administratifs à l'ordre du jour.

Clin d'œil aux métiers suivants *: notaire, juge, avocat, huissier, liquidateur judiciaire, mandataire légal, conseiller juridique, procureur, conseiller prud'homal, professeur de droit, professeur de mathématiques, expert-comptable (cf. 5 + 10), audit, statisticien, cadre administratif, recteur d'académie, commissaire de police, préfet, maire, haut fonctionnaire de l'État, représentant syndical, inspecteur des finances (notamment 5 + 8 + 10) directeur de banque, néphrologue.*

SENTIMENTALEMENT

- Vous officialisez votre union devant le maire (notamment 5 + 8 + 19).
- A contrario, vous saisissez un avocat dans le cadre d'une procédure de divorce (notamment 5 + 8 + 13).
- Cérémonie officielle légalisant vos liens de couple.
- Vous rencontrez un homme marié.
- Homme d'âge mûr attiré par une femme froide en apparence.
- Vous tombez amoureuse d'un homme de loi.

MÉDICALEMENT

- Régime alimentaire conseillé (notamment 5 + 8 + 11).
- Rendez-vous chez un nutritionniste.
- Fragilité rénale, calculs possibles.
- Risque de diabète ou de cholestérol selon le cas (notamment 5 + 8 + 18).

DIVERS

- Vous saisissez un avocat.
- Ultimes pourparlers avant un procès.
- Vous témoignez dans un procès.
- Arrangement, transactions légales.
- On s'interroge sur la garde des enfants dans une affaire de divorce.
- Homme de loi.
- Personne équilibrée ou pondérée.

BINÔME V + VIIII

+

Selon le contexte, ce binôme évoque les scénarios suivants :

PROFESSIONNELLEMENT

- Dotés d'un grand fond d'érudition, nombreux parmi vous se destinent aux études de longue haleine (thèse, doctorat) et aux métiers dédiés à la recherche.
- Personne instruite devenue une sommité dans son domaine de compétence.
- Période de réflexion, au cours de laquelle vous prenez le temps de mûrir vos projets.
- Les conseils avisés d'un homme d'expérience vont vous permettre d'y voir plus clair.
- Stage informatique ou intervention d'un informaticien sur votre lieu de travail.
- Initiative pour laquelle vous avez besoin de l'expérience de vos aïeux.
- Dans certains cas, individu travaillant au contact des personnes âgées (notamment 5 + 9 + 13).

Clin d'œil aux métiers suivants *: chercheur, savant, biologiste, historien, professeur d'histoire ou de philosophie, généalogiste, archiviste, gérontologue, maître d'études, détective, enquêteur, directeur informatique, programmateur, maître de conférences, professeur agrégé, obstétricien, rhumatologue (cf. 5 + 13), psychologue (notamment 5 + 9 + 18).*

SENTIMENTALEMENT

- Solitaire dans l'âme, vous vivez cloisonné, tel un ermite.
- Union amoureuse qui s'essouffle.
- Rencontre d'un homme très introverti (peu loquace).
- Révélations ou confessions intimes vous aidant à faire la lumière sur votre relation.

MÉDICALEMENT

- Rhumatisme, arthrite.
- Vue en déclin (problème possible de cataracte).
- Rendez-vous avec un éminent professeur.
- Suivi psychologique (notamment 5 + 9 + 18).
- Rendez-vous avec votre obstétricien.
- Longévité chez un homme.

DIVERS

- Retraite studieuse ou spirituelle.
- Sage, philosophe.
- Homme à la parole éclairée.
- Rencontre spirituelle déterminante.
- Besoin d'isolement.
- Vous servez de « bâton de vieillesse » à votre père.
- Conciliabule/manœuvres sournoises en préparation.

BINÔME V + X

+

Selon le contexte, ce binôme évoque les scénarios suivants :

PROFESSIONNELLEMENT

- Entretien fructueux à l'origine d'un avancement de carrière ou d'une augmentation de salaire.
- Mûrement réfléchis, vos projets évoluent à la faveur des circonstances.
- Affaire prospère qui vous laisse espérer de belles retombées financières à court terme.
- L'intervention effective d'un homme de pouvoir va débloquer votre situation.
- Pourparlers concernant vos actions ou vos parts dans la société.
- Vous prenez conseil en matière de placements et de spéculations boursières.
- Formation ciblée vous ouvrant de nouvelles perspectives enthousiasmantes.
- Participation possible à un cercle de recherche d'emploi ou à un bilan de compétences.
- Des conseils avisés vont vous permettre de vous réorienter efficacement.
- Individu possédant de solides connaissances dans le secteur des hautes technologies.

Clin d'œil aux métiers suivants : *courtier, conseiller financier, ingénieur en génie civil, technicien-conseil, consultant, inventeur, horloger, directeur d'un casino, président d'une société de jeux de hasard, ophtalmologiste, opticien (notamment 5 + 10 + 6), neurologue (cf. 5 + 22), contrôleur, régulateur de trafic.*

SENTIMENTALEMENT

- Rencontre d'un homme mûr à l'origine d'un renouveau affectif.
- L'opportunité vous est offerte de refaire votre vie (notamment 5 + 10 + 19).
- Discussion à cœur ouvert permettant à votre mariage de repartir sur de bonnes bases.
- Dans certains cas, retour inespéré d'un individu perdu de vue (notamment 5 + 10 + 9).

MÉDICALEMENT

- Problèmes articulatoires.
- Individu souffrant d'arthrose ou de polyarthrite (notamment 5 +10 + 13).
- Examen oculaire, vue altérée.
- Votre généraliste vous prescrit une IRM.
- Installation possible d'un stimulateur.
- Dans certains cas, votre cardiologue envisage un pontage.
- Entretien avec un neurologue (notamment 5 + 10 + 22).

DIVERS

- On vous informe sur le circuit que vous allez devoir suivre.
- Vous demandez conseil à un technicien.

BINÔME V + XI

+

Selon le contexte, ce binôme évoque les scénarios suivants :

PROFESSIONNELLEMENT

- Motivation chevillée au corps vous permettant d'atteindre tous vos objectifs de carrière.
- Vous serez épaulé(e) par un homme jouissant d'une grande notoriété.
- Dirigeant ou chef de service employant tous les moyens, y compris l'intimidation, pour imposer son style.
- Formation professionnelle, qui teste vos aptitudes à encadrer une équipe.
- Rencontre d'un individu leader dans son domaine de compétences, dont les conseils font force d'autorité.
- Il vous est conseillé de durcir le ton et de vous imposer davantage.
- Vous devez votre réussite socioprofessionnelle à votre seule volonté.

***Clin d'œil aux métiers suivants** : consultant, développeur, entraîneur sportif, instructeur GIGN, professeur d'arts martiaux, P.-D.G d'entreprise, haut fonctionnaire de l'État, préfet de police/commissaire (cf. 5 + 8), colonel, chef d'état-major, rebouteux.*

SENTIMENTALEMENT

- Union solide.
- Attirance quasi magnétique entre deux partenaires.
- Un homme mûr a des vues sur vous.

MÉDICALEMENT

- Hypertension liée au surmenage.
- Poids et cholestérol sont à surveiller de près.
- Attention aux risques de déchirures ou de claquages musculaires.
- Vous consultez un ostéopathe voire un rebouteux (notamment 5 + 11 + 13).
- Jeune retraité en grande forme physique.

DIVERS

- Individu qui apprend à se défendre.
- Un coach vous aide à reprendre confiance en vous.

BINÔME V + XII

+

Selon le contexte, ce binôme évoque les scénarios suivants :

PROFESSIONNELLEMENT

- Carrière médicale à l'origine de nombreuses satisfactions.
- Responsable au contact duquel vous ressentez un profond malaise.
- Entretien professionnel stérile, à l'issue duquel vous n'êtes pas plus avancé(e).
- L'un de vos supérieurs hiérarchiques retourne sa veste. Vous vous sentez trahi(e) et déçu(e).
- On risque d'abuser de votre confiance et de vous tendre un piège. Surveillez vos propos.
- Dans certains cas, rendez-vous à la médecine du travail ou chez votre généraliste.
- Vocation religieuse, certains font vœux de prêtrise.
- Quête spirituelle, fascination pour les études karmiques.

Clin d'œil aux métiers suivants *: médecin généraliste, podologue (notamment 5 + 12 + 1), pharmacien, (notamment 5 + 12 + 17), biologiste, théologien, professeur de yoga, psychologue en milieu carcéral, directeur d'un centre pénitentiaire.*

SENTIMENTALEMENT

- Liaison dangereuse avec une personne déséquilibrée.
- Attachement stérile à un individu mal dans sa peau.
- Malaise conjugal, union amoureuse qui bat de l'aile.
- Victime de l'adultère, vous vous sentez humilié(e).
- En positif, rencontre sentimentale avec un médecin.

MÉDICALEMENT

- Consultation médicale.
- Problème possible au niveau des tendons d'Achille.
- Ligaments endommagés.
- Tassement de vertèbres (notamment 5 + 12 + 13).
- Blessure au pied.
- Individu hospitalisé (notamment 5 + 12 + 16).

DIVERS

- Élaboration d'un piège.
- Sanction.
- Conseils malavisés.
- Étudiant(e) en médecine.

BINÔME V + XIII

+

Selon le contexte, ce binôme évoque les scénarios suivants :

PROFESSIONNELLEMENT

- Rendez-vous avec votre conseiller Pôle Emploi dans le cadre d'un suivi personnalisé.
- Entretien préalable à une mise à pied ou à un licenciement.
- Disputes amères avec votre hiérarchie.
- Individu volontaire, prêt à tout pour atteindre ses objectifs professionnels.
- Vous apprenez le départ soudain d'un collègue ou d'un patron (démission, décès).
- Formation technique, notamment dans le secteur agricole ou informatique.
- Dans certains cas, vous interrompez vos études ou vous vous faites renvoyer d'un stage.
- La direction vous parle de licenciements à venir ou de chômage technique.

Clin d'œil aux métiers suivants : *archéologue, médecin légiste, chirurgien, dentiste (notamment 5 + 13 + 12), ingénieur agricole, exploitant agricole, conseiller Pôle Emploi, traumatologue, orthopédiste, rhumatologue, oncologue, criminologue, directeur des pompes funèbres, employé(e) dans une société de nettoyage industriel, responsable d'une société d'outillage, démineur, spécialiste en revêtement de sol, médium spirite.*

SENTIMENTALEMENT

- Rencontre d'un homme veuf ou divorcé.
- Mariage en péril. Union amoureuse qui touche à sa fin.
- Vous subissez les foudres d'un mari jaloux voire tyrannique (notamment 5 + 13 + 15).
- Période de deuil et de chagrin, incompatible avec une rencontre sentimentale.

MÉDICALEMENT

- Ostéoporose, décalcification osseuse.
- Arthrite rhumatismale.
- Rendez-vous avec un médecin orthopédiste (cf. 5 + 7).
- Votre médecin vous annonce que vous allez devoir subir une intervention.
- Extraction d'une dent ou travaux dentaires (notamment 5 + 13 + 12).
- Dans certains cas, individu souffrant d'un cancer généralisé.

DIVERS

- Individu en deuil.
- Conseil de guerre.
- Personne dont les paroles acerbes dépassent souvent sa pensée.
- Votre père ou votre grand-père est à l'article de la mort.
- Homme d'État assassiné.
- Ancien combattant (cf. 9 + 13).
- Communication avec les défunts.
- Programme de déforestation, de défrichage.

BINÔME V + XIIII

+

Selon le contexte, ce binôme évoque les scénarios suivants :

PROFESSIONNELLEMENT

- Apprentissage des techniques de massage.
- Expert en médecine douce, qui a le don de soulager autrui grâce à des traitements peu conventionnels : médecine ayurvédique, homéopathie, reiki, etc. (notamment 5 + 14 + 17).
- Vous évoluez dans une ambiance de travail que vous avez voulue conviviale.
- Vous vous trouvez sur la même longueur d'onde que votre responsable hiérarchique.
- Individu dont les compétences le conduisent à animer des séminaires.
- Rencontre d'un homme influent au contact duquel vous allez enrichir vos connaissances.
- Dans certains cas, participation à un projet cinématographique ou à une émission radiophonique (notamment 5 + 14 + 20).
- Personne qui jouit d'une grande notoriété dans le milieu de la haute gastronomie.

Clin d'œil aux métiers suivants *: angiologue, phoniatre, allergologue, orthophoniste (cf. 5 + 20), réflexologue, acupuncteur, masseur kinésithérapeute, sophrologue, guérisseur, magnétiseur, cuisinier, restaurateur, animateur radio (notamment 5 + 14 + 6), interprète, traducteur.*

SENTIMENTALEMENT

- Correspondance amoureuse avec un homme mûr (échanges de SMS).
- Individu mature auprès duquel vous vous sentez en confiance.
- Amour payé de réciprocité.
- Rencontre d'un homme tendre à la parole apaisante.

MÉDICALEMENT

- Soins par les médecines douces.
- Séances de massage chez le kiné.
- Consultation d'un magnétiseur.
- Examen ORL.
- Petite infection des voies aériennes supérieures.
- Rendez-vous chez un orthophoniste.
- Fragilité des cordes vocales (notamment 5 + 14 + 3).
- Individu sujet aux allergies (asthme, etc.).
- Vous vous faites scléroser une varice.
- Dans certains cas, soucis liés à un nerf optique défectueux (notamment 5 + 14 + 6).

DIVERS

- Allocution à la radio.
- Période de bien-être, douceur de vivre.

BINÔME V + XV

+

Selon le contexte, ce binôme évoque les scénarios suivants :

PROFESSIONNELLEMENT

- Rendez-vous avec un conseiller financier, ou avec un haut fonctionnaire du Trésor public (notamment 5 + 15 + 10).
- Conflit vous opposant à un responsable despotique.
- Rencontre d'un individu machiavélique qui va chercher à vous corrompre ou à vous extorquer de l'argent.
- Transactions financières illicites comportant de sérieux risques.
- Homme politique ou VIP utilisant son statut à mauvais escient.
- Dans certains cas, argent issu de la prostitution.
- Affaires prospères, vous vivez dans l'opulence.
- Personne qui se retrouve sous l'emprise malsaine d'un gourou.

Clin d'œil aux métiers suivants : *directeur financier, employé(e) au Trésor public, crédit manager, homme d'affaires, politicien, sexologue, proctologue, endocrinologue, radiesthésiste, marabout (notamment 5 + 15 + 18).*

SENTIMENTALEMENT

- Vos sens s'enflamment auprès d'un homme de pouvoir.
- Union amoureuse vécue sur un mode pulsionnel.
- Individu dominateur qui aime humilier ses partenaires.
- Violences conjugales liées à la jalousie maladive de votre compagnon (notamment 5 + 15 + 16).
- Vous prenez conseil auprès d'un sexologue afin de relancer votre couple.
- Dans certains cas, rencontre d'un vieux pervers manipulateur et malsain.

MÉDICALEMENT

- Trouble de la sexualité.
- Dérèglement thyroïdien.
- Infection génitale ou problème de prostate.
- Présence possible de polypes intestinaux ou de diverticules.
- Plus rarement, découvertes d'une tumeur ou d'une grosseur (notamment 5 + 15 + 20).

DIVERS

- Dépendance à une secte, un gourou.
- Utilisation de la magie noire.
- Le cerveau d'une organisation clandestine.
- La tête d'un réseau de prostitution.
- Dépendance à un vice (violence, alcool, sexe, drogue, etc.).
- Affaire de recel ou de détournement de fonds.

BINÔME V + XVI

+

Selon le contexte, ce binôme évoque les scénarios suivants :

PROFESSIONNELLEMENT

- Décision soudaine de déménager vos bureaux ou vos locaux (notamment 5 + 16 + 18).
- Votre société annonce un plan social (notamment 5 + 16 + 13).
- Entretien orageux avec un responsable de service ou avec un patron.
- Bouleversement inattendu à la tête de l'entreprise : le P.-D.G vous tire sa révérence.
- Conseils qui auront des conséquences désastreuses sur votre carrière.
- Un supérieur vous mène la vie dure, cherchant à vous faire trébucher.

Clin d'œil aux métiers suivants : *médecin urgentiste, chirurgien, promoteur immobilier, conseiller en immobilier, architecte, ascensoriste, responsable bâtiment et travaux publics, dermatologue (notamment 5 + 16 + 19), éducateur pour jeunes délinquants, employé(e) dans un syndic de copropriété.*

SENTIMENTALEMENT

- Couple en crise, union qui tombe en ruine.
- Problèmes de virilité à l'origine de disputes conjugales.
- Scènes de ménage à répétition, vous tombez de très haut.
- Crise de la cinquantaine chez un homme.

MÉDICALEMENT

- Chirurgie dentaire (extraction, etc.).
- Acte de chirurgie, opération.
- Risque de chute (entorse, fracture).
- Santé détériorée notamment chez un homme.
- Rendez-vous de dermatologie (acné, herpès).
- Troubles de la virilité, problèmes d'érection.
- Dans certains cas, maladie foudroyante (notamment 5 + 16 + 13).

DIVERS

- Acte de vandalisme.
- Église ou cathédrale touchée par la foudre.
- Travaux de ravalement ou réfection d'une toiture.
- Religieux versé dans le fanatisme.
- Médiation au sein d'une copropriété en effervescence.

BINÔME V + XVII

Selon le contexte, ce binôme évoque les scénarios suivants :

PROFESSIONNELLEMENT

- Bonne entente entre collègues, vous évoluez dans une ambiance de travail fort agréable.
- Individu prédestiné à faire carrière dans le domaine de l'esthétique, des arts plastiques, etc. (notamment 5 + 17 + 6).
- Stage ou séminaire duquel vous espérez beaucoup.
- Période idéale pour conceptualiser de nouveaux projets.
- Collaboration fructueuse avec un directeur artistique.
- Pourparlers relatifs à un projet d'espaces verts (notamment 5 + 17 + 12).
- Les conseils avisés d'un homme d'expérience vont vous permettre de retrouver votre sérénité.

Clin d'œil aux métiers suivants : *médecin esthétique, plasticien, cosmétologue, directeur artistique, esthéticienne, coiffeur visagiste, metteur en scène (cf. 5 + 6), astronome, astrologue, infographiste, climatologue, paysagiste, fleuriste, écologiste, naturopathe, homéopathe, nutritionniste, gynécologue, professeur aux beaux-arts, conservateur d'un musée d'art, propriétaire d'une galerie d'art, futurologue (cf. 9 + 17), ingénieur hydraulique, diététicien.*

SENTIMENTALEMENT

- Félicité conjugale, mariage heureux.
- Cocon familial au sein duquel il fait bon vivre.
- Vie de couple agréable, vous envisagez sérieusement d'agrandir votre foyer.
- Rencontre d'un homme qui vous perçoit telle que vous êtes réellement.
- Un homme mûr va vous apporter beaucoup de bonheur.

MÉDICALEMENT

- Rendez-vous avec un diététicien ou un naturopathe.
- Prescription d'une cure thermale.
- Mieux-être, guérison rapide.
- Examens gynécologiques à l'ordre du jour.
- En général, santé satisfaisante.

DIVERS

- Individu vivant à la campagne ou au contact de la nature.
- Visions prémonitoires.
- Un « vieux beau ».

BINÔME V + XVIII

+

Selon le contexte, ce binôme évoque les scénarios suivants :

PROFESSIONNELLEMENT
- Participation active à un projet immobilier (création d'un complexe hôtelier, d'un bar de nuit, etc.).
- Dirigeant d'entreprise cherchant à agrandir ses locaux ou à en déménager (notamment 5 + 18 + 16).
- Patron dont les intentions sont voilées et dont il faut se méfier.
- Rencontre d'un personnage qui a tendance à bâtir des « châteaux en Espagne ».
- Prenez garde aux conseils fallacieux susceptibles de vous induire en erreur.
- Personne indépendante qui travaille à son domicile.
- Dans certains cas, individu poursuivant des études de psychologie (notamment 5 + 18 + 9).

Clin d'œil aux métiers suivants : *promoteur immobilier, conseiller en immobilier, maître d'hôtel, directeur d'hôtel, restaurateur, propriétaire d'un fonds de commerce, d'un bar, d'une boîte de nuit, directeur d'une clinique, d'un hôpital, proviseur d'un lycée, maçon (cf. 5 + 16), ingénieur hydraulique, négociant en vins, gynécologue (notamment 5 + 18 + 17), œnologue (notamment 5 + 18 + 14), responsable d'un syndic de copropriété, psychologue.*

SENTIMENTALEMENT
- Projet de déménagement à l'ordre du jour.
- Rencontre d'un individu mystérieux dont vous ne savez pas grand-chose.
- Rencontre d'un homme très attaché à son foyer, aux valeurs familiales traditionnelles.
- Dans certains cas, un beau parleur vous mène en bateau.

MÉDICALEMENT
- Tension artérielle à surveiller.
- Problème de reins ou de vessie (notamment 5 + 18 + 15).
- Rendez-vous avec un grand ponte de la médecine.
- Vision floue, début de cataracte chez un consultant.
- Alcoolisme notoire chez un patient âgé (notamment 5 + 18 + 15).
- Fragilité au niveau du foie ou de la vésicule biliaire (notamment 5 + 18 + 6).
- Dans certains cas, mythomanie.

DIVERS
- Père de famille.
- Homme au foyer.
- Grand propriétaire terrien.
- Projet immobilier.
- Personne lunatique.

BINÔME V + XVIIII

+

Selon le contexte, ce binôme évoque les scénarios suivants :

PROFESSIONNELLEMENT

- Entreprise familiale pilotée par le patriarche.
- Pourparlers à l'origine d'un projet de fusion (regroupement de deux sociétés).
- Association bénéfique entre deux partenaires (notamment 5 + 19 + 8).
- Épanouissement professionnel au contact des enfants.
- Vous avez vocation à exercer le métier d'enseignant.
- Personnage brillantissime qui excelle dans son domaine de compétence.
- Avenir doré, vous avez de beaux jours devant vous.

***Clin d'œil aux métiers suivants** : enseignant, éducateur, pédopsychiatre, coach sportif, pédiatre, cardiologue, instituteur, professeur de danse, bijoutier, banquier, négociant en or, photographe (cf. 1 + 19), réalisateur (cf. 5 + 6), infographiste.*

SENTIMENTALEMENT

- Vous décidez de vous unir pour la vie (notamment 5 + 19 + 8).
- Union bénie des dieux, couple heureux, félicité conjugale.
- Rencontre d'un homme mûr qui a deux enfants issus d'un précédent mariage.
- Vous rencontrez un homme de cœur auprès duquel vous vous sentez bien.
- Foi aveugle en votre partenaire.
- Vacances familiales qui permettent de vous retrouver.

MÉDICALEMENT

- Examens cardiaques, problèmes cardio-vasculaires.
- Traitement utilisant la radiothérapie ou les rayons.
- Risque sérieux d'insolation.
- Rendez-vous au service d'ophtalmologie.

DIVERS

- Un père et ses deux fils.
- Retrouvailles familiales qui vous enchantent.
- Personne originaire d'un pays ensoleillé.
- Le pape bénit un enfant.
- Chorale religieuse, enfants de chœur.

BINÔME V + XX

+

Selon le contexte, ce binôme évoque les scénarios suivants :

PROFESSIONNELLEMENT
- Allocution du P.-D.G par voie de communiqué de presse.
- Votre patron vous convoque et vous fait des révélations inattendues.
- On décide de vous accorder une promotion.
- Un employeur ou un cabinet de recrutement vous contacte.
- Votre lieu de travail est le théâtre de débats riches en rebondissements.
- Vous recevez des nouvelles d'un avocat ou d'une instance juridique dans le cadre de vos affaires.
- Entretien possible avec un conseiller prud'homal au sujet d'un malentendu.
- Individu évoluant dans l'univers musical (notamment 5 + 20 + 17).
- On vous aide à moderniser votre site web (notamment 5 + 20 + 1).

Clin d'œil aux métiers suivants *: webmaster, directeur de la communication, conférencier, séminariste, juge d'instruction, avocat (cf. 5 + 8), chef d'orchestre, professeur de musique, ingénieur du son, acousticien, parolier, organisateur de concerts, directeur d'une société de production (notamment 5 + 20 + 15), propriétaire d'un bar ou d'une boîte de nuit (notamment 5 + 20 + 18), médecin ORL, orthophoniste, pneumologue.*

SENTIMENTALEMENT
- Correspondance Internet avec un homme mûr.
- Individu rencontré dans un lieu fort animé, à l'occasion d'un concert, d'une fête, etc.
- Tentative de conciliation dans une procédure de divorce (notamment 5 + 20 + 13).
- En positif, vous annoncez vos fiançailles (notamment 5 + 20 + 19).
- Vous faites part d'un heureux événement au sein de votre couple.
- Les célibataires recevront des signes avant-coureurs d'un renouveau affectif.

MÉDICALEMENT
- Le consultant présente des troubles respiratoires : bronches, poumons (notamment 5 + 20 + 13).
- Discussion avec un éminent professeur en pneumologie.
- Déficience auditive, problème possible au niveau de l'oreille interne (notamment 5 + 20 + 9).
- Consultation d'orthophonie, rééducation vocale.
- Dans certains cas, découverte d'une tumeur que l'on espère bénigne (notamment 5 + 20 + 15).

DIVERS
- Vous participez à un karaoké ou à un concours de chant.
- Lieu de prière et de recueillement.
- Le pape s'adresse aux pèlerins.
- Allocution du chef de l'État.
- Baptême (notamment 5 + 20 + 1).
- Chœur, chorale.
- Communiqué de presse.
- Un président d'audience rend son jugement.
- Cérémonial religieux.

BINÔME V + XXI

+

Selon le contexte, ce binôme évoque les scénarios suivants :

PROFESSIONNELLEMENT
- Vous avez rendez-vous avec le DRH.
- On vous oriente vers une formation en langues étrangères (notamment 5 + 21 + 14).
- Projet qui consiste à vous implanter à l'étranger afin de conquérir une clientèle internationale.
- Rencontre capitale avec un VIP (notable, etc.) qui va vous faire profiter de son réseau d'influence.
- Individu devenu une sommité dans son secteur d'activité.
- Votre ascension professionnelle repose principalement sur votre cercle relationnel.
- Toutes vos entreprises seront couronnées de succès.
- Réussite spectaculaire qui retentit au-delà des frontières nationales.
- Participation à des œuvres caritatives au travers d'organisations internationales (Unicef, etc.).
- Personne dont les conférences font salle comble.

***Clin d'œil aux métiers suivants** : DRH, P.-D.G d'une holding, agent consulaire, ambassadeur, linguiste, sociologue, maître de conférences, professeur en langues étrangères, président à l'Assemblée nationale, député européen, sénateur, interprète, doyen d'université, cadre commercial, épistémologiste, médecin du monde.*

SENTIMENTALEMENT
- Rencontre d'un homme étranger.
- Extase amoureuse auprès d'un homme mature.
- Vous faites la connaissance d'un notable à l'occasion d'un cocktail dînatoire, d'un gala, etc.
- Couple soudé ouvert sur l'extérieur, votre vie conjugale est source de bonheur.
- Individu charismatique possédant une cour d'admiratrices.

MÉDICALEMENT
- Recommandations médicales d'usage préalables à un voyage.
- Consultation d'un médecin à l'étranger.
- Rendez-vous dans un centre de dépistage des maladies tropicales.
- En règle générale, votre santé ne pose aucun souci.

DIVERS
- Allocution papale.
- Visite du pape à l'étranger.
- Vous vous rendez au Vatican.
- Manifestation culturelle internationale.
- Président d'un club privé huppé.

BINÔME V + XXII

+

Selon le contexte, ce binôme évoque les scénarios suivants :

PROFESSIONNELLEMENT

- Décisionnaire (dirigeant d'entreprise, cadre) qui quitte son poste ou qui se fait muter.
- Vous négociez votre départ (notamment 5 + 22 + 13) ou votre changement d'affectation.
- On vous signifie votre mutation prochaine (notamment 5 + 22 + 10) ou votre renvoi (notamment 5 + 22 + 13).
- Entretien avec votre responsable à l'issue duquel vous sortez démotivé.
- Accord à l'origine de nombreux déplacements.
- Formation qui vous ouvrira les portes d'un tout autre univers professionnel.
- Dans certains cas, individu victime de harcèlement moral ou subissant les brimades de sa hiérarchie.
- Plus rarement, vous décidez d'exporter vos bagages intellectuels à l'étranger (notamment 5 + 22 + 21).

***Clin d'œil aux métiers suivants** : psychiatre, neurologue, neurochirurgien, psychanalyste, médecin en gériatrie, travailleur social, éducateur spécialisé.*

SENTIMENTALEMENT

- Conflit permanent entre votre désir d'une vie de couple et votre soif de liberté.
- La peur de l'engagement ou d'une relation stable vous fait prendre la fuite.
- Votre conjoint risque fort de vous quitter du jour au lendemain, sans crier gare.
- Homme vieillissant, victime de la crise de la cinquantaine ou de la soixantaine.
- Votre vie conjugale vous préoccupe, elle est à l'origine de votre déprime.

MÉDICALEMENT

- Patient souffrant de sénilité ou de troubles de la mémoire.
- Dans certains cas, dépression aiguë (notamment 5 + 22 + 13).
- Problème possible de bassin ou de hanche (notamment 5 + 22 + 7).
- Vous consultez un psychiatre.

DIVERS

- Un professeur organise une sortie, une excursion.
- Pèlerinage organisé par l'église.
- Individu quittant une salle de réunion, le moral au plus bas.
- Club de randonnée.
- Voyage du 3e âge.

L'AMOUREUX

Moi l'Amoureux, je t'invite à faire le choix de la séduction, à goûter aux joies des plaisirs entre amis. Avec moi, n'hésite pas à suivre la voix du coeur.

Au premier coup d'œil, l'Amoureux incarne :

1. L'amour, la séduction
2. Une rencontre, une aventure
3. Un groupe d'amis, de collègues
4. La mode, le look
5. L'amusement, la jeunesse
6. Le théâtre, les comédiens
7. Les pourparlers, les propositions
8. Les choix du destin
9. Les doutes, les hésitations
10. La frivolité, l'éphémère

L'Amoureux, en se mariant aux 21 autres arcanes, nous évoque les **dilemmes** et notre **libre arbitre** face **aux choix** que nous devons faire dans la vie.

BINÔME VI + I

+

Selon le contexte, ce binôme évoque les scénarios suivants :

PROFESSIONNELLEMENT

- Groupe d'amis qui élabore un nouveau projet ou qui cherche à créer une société.
- Des pourparlers ont lieu avant le lancement d'un nouveau service.
- Entretiens d'embauche ou recrutement pour un nouveau poste.
- Équipe de jeunes gens (commerciaux, vendeurs, etc.) qui se restructure.
- Vous hésitez à vous engager dans une nouvelle affaire.
- Discussions concernant la mise en place d'une nouvelle stratégie d'entreprise.
- Carrière de comédien(ne).

Clin d'œil aux métiers suivants *: vendeur en prêt-à-porter, commercial, artiste, acteur de théâtre, tailleur, retoucheur, confectionneur de vêtements, dessinateur, designer, modéliste, portraitiste, caricaturiste, maquilleur.*

SENTIMENTALEMENT

- Sortie entre amis au cours de laquelle vous faites une rencontre sentimentale.
- Jeune homme charmeur qui flirte ou qui joue avec les sentiments d'autrui.
- As de la drague qui a plus d'un tour dans son sac.
- Nouvelle rencontre amoureuse, amour naissant.
- Votre nouvel ami vous invite à dîner.
- Une jeune femme présente son nouvel ami à sa famille.

MÉDICALEMENT

- Prélèvement sanguin, analyse en laboratoire.
- Transfusion sanguine (leucémie).
- Test ophtalmologique avant une possible intervention.
- Hésitations ou craintes vis-à-vis d'une opération.
- Traitement de l'acné juvénile ou de la couperose.
- Vous envisagez un acte de chirurgie esthétique.

DIVERS

- Spectacle de magie, fête foraine.
- Achat de vêtements.
- Des amis préparent un dîner, organisent une fête.
- Rencontre avec un technicien, un bricoleur.

BINÔME VI + II

+

Selon le contexte, ce binôme évoque les scénarios suivants :

PROFESSIONNELLEMENT

- Choix d'orientation professionnelle qui vous impose de reprendre les études ou d'intégrer une formation.
- Préparation d'un examen ou d'un diplôme universitaire.
- Projet entre associés/amis qui nécessite le concours de la presse écrite.
- Pourparlers qui aboutissent difficilement à un contrat publicitaire.
- Penchant prononcé pour les carrières du spectacle ou de la mode.
- Des doutes concernant vos collaborateurs ou des révélations officieuses vous empêchent d'avancer.
- Audition pour un rôle d'acteur(-trice).

Clin d'œil aux métiers suivants : *journaliste de mode, directrice d'une troupe de théâtre, patronne d'une agence de rencontres, couturière, infographiste, professeur d'art dramatique, scénariste.*

SENTIMENTALEMENT

- Amour gardé secret, double vie, adultère.
- Discussion ou lettre d'amour vous révélant des secrets.
- Rencontre amoureuse au travers d'une petite annonce.
- Analyse d'une situation amoureuse embrouillée.
- Femme qui a le choix entre deux hommes.
- Rencontre amoureuse dans le cadre du travail.

MÉDICALEMENT

- Recherche épistémologique, virale, sérologique.
- Résultats d'analyses sanguines.
- Problème de vue, vous avez besoin de lunettes de lecture (myopie, hypermétropie, etc.).

DIVERS

- Répétition avant un spectacle, un tournage.
- Vêtements commandés par catalogue.
- Discussions attenantes à l'édition d'un livre.
- Choix de coloris, de peinture.

BINÔME VI + III

+

Selon le contexte, ce binôme évoque les scénarios suivants :

PROFESSIONNELLEMENT

- Présentation d'une nouvelle collaboratrice ou de votre future patronne.
- Vous participez à la préparation d'un défilé de haute couture.
- Travail d'équipe piloté par une femme de tête.
- Trois ami(e)s procèdent à la nomination d'un porte-parole pour présenter leur projet.
- Discussions et pourparlers finissent par aboutir à des signatures (notamment 6 + 3 + 8).
- Des hésitations de dernière minute vous font douter de vos choix.
- Vous tombez amoureux de votre collègue, de votre patronne.

Clin d'œil aux métiers suivants *: actrice, vendeuse en prêt-à-porter, gérante d'un magasin de mode féminine, de lingerie, créatrice d'une gamme de vêtements, animatrice d'une émission de télé-réalité, présentatrice d'un talk-show, spécialiste de la mode et du relooking, maquilleuse, avocate (notamment 6 + 3 + 8).*

SENTIMENTALEMENT

- Des amis vous présentent une jolie femme.
- Coup de foudre pour une femme BCBG.
- Rencontre amoureuse avec une femme pédante.
- Amour d'un soupirant non payé de réciprocité.
- Choix entre deux femmes.
- Discussions amoureuses : on dit ce que l'on a sur le cœur.
- Parfois une rivale vient semer la zizanie dans vos affaires de cœur.

MÉDICALEMENT

- Hyperémotivité à l'origine de troubles psychiques.
- Strabisme (notamment 6 + 3 + 15).
- Pose de lentilles de contact, achat d'une loupe, de nouveaux verres progressifs, etc.
- Traitement du visage (rougeurs), soins esthétiques.
- Acte de chirurgie plastique (rhinoplastie...).

DIVERS

- Élection à un concours de beauté.
- Invitation, sortie entre amies.
- Présentation d'une nouvelle connaissance.
- Renouvellement de votre garde-robe, dépenses dans l'apparat.

BINÔME VI + IIII

+

Selon le contexte, ce binôme évoque les scénarios suivants :

PROFESSIONNELLEMENT

- Équipe de jeunes gens dirigée par un cadre.
- Réunion qui détermine votre aptitude à pourvoir un poste de management.
- Discussions avec votre supérieur hiérarchique ou votre chef de service.
- Plusieurs collaborateurs se disputent un poste de responsable.
- Nouvelle orientation qui vous donne une meilleure assise professionnelle.
- Vous êtes séduit(e) par le monde du showbiz et du spectacle.
- Vous tombez sous le charme d'un collègue, d'un patron.
- Vous êtes choisi(e) pour occuper un poste d'encadrement.
- Projet entre amis qui bénéficie de l'appui d'un homme de pouvoir.

Clin d'œil aux métiers suivants *: acteur, directeur de casting, designer, costumier, tailleur, couturier, artiste, animateur de soirées, présentateur TV, ophtalmologiste, avocat (notamment 6 + 4 + 8).*

SENTIMENTALEMENT

- Relation affective qui se stabilise, qui s'inscrit dans la durée.
- Sentiments amoureux réciproques entre deux amants.
- Une amie vous présente un illustre inconnu.
- Rendez-vous galant.
- Réception, gala, soirée karaoké, etc., au cours duquel votre cœur s'embrase.
- Choix amoureux entre deux hommes.

MÉDICALEMENT

- Examen approfondi des yeux (cornée, verres à changer).
- Possibilité d'entreprendre un acte de chirurgie esthétique (rhinoplastie, etc.).

DIVERS

- Rendez-vous avec un avocat avant une audience (notamment 6 + 8).
- Personnage narcissique.
- Homme qui passe beaucoup de temps à soigner son look.
- Réunion de sympathisants politiques.
- Conciliation, audience à huis clos.

BINÔME VI + V

+

Selon le contexte, ce binôme évoque les scénarios suivants :

PROFESSIONNELLEMENT

- Nomination d'un directeur général à la tête de votre entreprise.
- Trois amis prennent conseil auprès d'un homme d'expérience avant de monter leur société.
- Des hésitations vis-à-vis d'un choix de carrière ou d'une formation vous amènent à consulter un conseiller d'orientation.
- Vos choix ne sont pas toujours approuvés par votre hiérarchie.
- Stage de formation où vous devez faire preuve d'un sens aigu du relationnel.
- Rencontre d'un illustre personnage dans le domaine du showbiz.

Clin d'œil aux métiers suivants *: conseiller matrimonial, conseiller d'orientation, grand couturier, créateur artistique de renom, organisateur de spectacle, coach en relooking, conseiller clientèle, coach en comportements scéniques (cf. 5 + 6).*

SENTIMENTALEMENT

- Coup de foudre pour un homme mûr.
- La consultante recherche son père au travers de ses conquêtes amoureuses.
- Rencontre affective assujettie à l'approbation paternelle.
- Présentation de l'élu(e) de votre cœur à votre père.
- Jeune homme qui demande la main de sa fiancée.
- Cérémonie : fiançailles, anniversaire de mariage, etc.

MÉDICALEMENT

- Dans certains cas, opération laser d'un œil (notamment 6 + 5 + 20).
- Bilan sanguin commenté par un professeur.
- Rendez-vous en hématologie voire en immunologie.
- La circulation cardio-vasculaire est à surveiller.
- Don de sang possible, recherche de compatibilité sanguine.

DIVERS

- Trois enfants discutent avec leur père.
- Avocats qui délibèrent.
- Parfois rendez-vous entre frères et sœurs chez le notaire.
- Tentative de médiation.

BINÔME VI + VII

+

Selon le contexte, ce binôme évoque les scénarios suivants :

PROFESSIONNELLEMENT

- Choix d'orientation professionnelle qui engendre des déplacements.
- Vous participez activement à la réalisation d'un événement (spectacle, pièce de théâtre).
- Équipe de vendeurs ou de VRP qui sont payés à la commission.
- Vos craintes s'estompent et vous reprenez goût au travail.
- Des amis ou associés vous choisissent pour effectuer une mission ponctuelle.
- Projet associatif qui démarre tant bien que mal.
- Votre profession vous conduit à convaincre, argumenter, interviewer.
- Troupe de théâtre en tournée, spectacle itinérant.

Clin d'œil aux métiers suivants : *VRP, vendeur de vêtements, artiste itinérant, reporter de mode, comédien, mannequin, journaliste pour un magazine people, représentant en lingerie, concessionnaire, forain.*

SENTIMENTALEMENT

- Une histoire d'amour se trame lors d'un voyage ou d'un déplacement professionnel.
- Votre cœur s'embrase pour un(e) collègue de travail.
- Voyage en amoureux.
- L'amour croise votre route pour votre plus grand plaisir.
- Rencontre d'un jeune trentenaire.
- Relation amoureuse avec une personne souvent partie en voyage.

MÉDICALEMENT

- Collecte de sang itinérante.
- Problème de circulation sanguine ou de stase veineuse au niveau des membres inférieurs (phlébite, etc.).
- Problème d'orientation : on ne connaît ni sa droite, ni sa gauche.

DIVERS

- Connaissances, rencontres amicales lors d'un voyage.
- Des amis partent en voyage.
- Discussion qui porte sur une voiture.
- Invitation à une soirée, sortie entre amis.
- Sortie équitation.
- Individu qui soigne son apparence.
- Problème de direction sur votre véhicule.

BINÔME VI + VIII

+

Selon le contexte, ce binôme évoque les scénarios suivants :

PROFESSIONNELLEMENT

- Pourparlers qui aboutissent à la signature de contrats, à la ratification d un accord, etc.
- Des discussions portent sur votre comptabilité ou sur la trésorerie de votre société.
- Des associés officialisent un partenariat.
- Actionnaires qui créent une société ou participent à un montage financier.
- Regroupement de salariés dans le cadre d'une procédure prud'homale ou d'une liquidation judiciaire.

Clin d'œil aux métiers suivants *: avocat, huissier, délégué syndical, agent artistique.*

SENTIMENTALEMENT

- Union qui tend à s'officialiser malgré de sérieux doutes.
- Mariage ou pacs motivé par des intérêts purement financiers.
- Engagement solennel pour lequel vous hésitez encore.
- Votre partenaire vous offre une alliance.
- Rencontre amoureuse équilibrante.
- En négatif, procédure de divorce en cours.

MÉDICALEMENT

- Bilan sanguin.
- Test portant sur l'équilibre.
- Risque de diabète (notamment 6 + 8 + 18).
- Dimorphisme oculaire.
- Fragilité rénale (notamment 6 + 8 + 14).

DIVERS

- Entretien avec votre banquier.
- Rendez-vous chez le notaire.
- Achats de vêtements.
- Invitation à des fiançailles.
- Recherche du juste milieu dans un procès.

BINÔME VI + VIIII

+

Selon le contexte, ce binôme évoque les scénarios suivants :

PROFESSIONNELLEMENT

- Des hésitations retardent la conclusion d'une affaire.
- Projet entre amis ou associés qui a pris beaucoup de retard.
- Une réorientation professionnelle vous oblige à prendre le temps de la réflexion.
- Nouveau collaborateur qui fait l'objet d'un examen méticuleux.
- Manœuvres souterraines échafaudées par plusieurs protagonistes.
- Discussions officieuses ou rumeurs dont vous découvrez la source.
- Plus rarement, discussions relatives à votre départ en retraite (notamment 6 + 9 + 13).

Clin d'œil aux métiers suivants : *aide à la personne, infirmier(-ère), ophtalmologiste, physionomiste.*

SENTIMENTALEMENT

- Rendez-vous amoureux tenu secret, relation affective que vous gardez discrète.
- Tête-à-tête amoureux qui vous éclaire sur les sentiments que l'on vous porte.
- Amour platonique ou relation affective à bout de souffle.
- Vous tombez amoureuse d'une personne plus âgée que vous.
- Nouvelle relation dans laquelle vous avancez à tâtons par prudence ou par timidité.
- Parfois bisexualité refoulée ou cachée.

MÉDICALEMENT

- Vue déficiente (port de lunettes quasi obligatoire), risque de cataracte.
- Sang analysé en laboratoire, recherche, dépistage.
- Possible déficit en globules rouges.
- Dans certains cas, problème de santé héréditaire (paternel).

DIVERS

- Contrefaçon, vente illicite de vêtements.
- Marché souterrain, réseau d'économie parallèle.
- Des amis se voient en cachette.
- Amitié durable.
- Discussions familiales relatives à votre père ou votre grand-père.

BINÔME VI + X

+

Selon le contexte, ce binôme évoque les scénarios suivants :

PROFESSIONNELLEMENT

- Association (accord tripartite) qui démarre sur les chapeaux de roues.
- Réunion entre actionnaires visant à placer votre société en Bourse.
- Négociations qui aboutissent à une augmentation de salaire, à une promotion ou à une prime exceptionnelle.
- Choix de carrière lié à un heureux concours de circonstances.
- Plusieurs entretiens déterminants vont faire avancer vos projets à grands pas.
- Participation à des sélections ou à un processus de recrutement.
- Discussion concernant l'installation prochaine d'une technologie révolutionnaire sur votre lieu de travail.
- Projet de théâtre ou de spectacle auquel vous apportez votre contribution.

Clin d'œil aux métiers suivants *: intermittent du spectacle, forain, troupe de théâtre ambulant, artiste itinérant, acrobate (cf. 6 + 12), vendeur ambulant (cf. 6 + 7), croupier, trader.*

SENTIMENTALEMENT

- Un(e) ex revient vers vous.
- Période de rencontres multiples.
- Nouvelle relation amoureuse qui révolutionne votre quotidien.
- Amitié amoureuse qui évolue favorablement.
- En négatif, rencontre d'un individu superficiel qui vous fait marcher.

MÉDICALEMENT

- Analyse ophtalmologique (fond d'œil).
- Problème possible de rétine (rétinite), de globe oculaire.
- Circulation sanguine à surveiller.

DIVERS

- Spectacle, artistes en tournée.
- Invitation à une fête foraine.
- Retour d'un(e) ami(e).
- Donation faite à trois personnes.

BINÔME VI + XI

\+

Selon le contexte, ce binôme évoque les scénarios suivants :

PROFESSIONNELLEMENT

- On vous propose un poste de responsable.
- Équipe de travail au sein de laquelle s'est installé un rapport de force.
- Choix professionnel que vous assumez pleinement.
- Projet d'association pour lequel vous avez un rôle prépondérant.
- Après concertation, vous décidez d'utiliser la manière forte.
- Dans certains cas, des délégués syndicaux vous épaulent pour trouver une solution amiable à un conflit.

Clin d'œil aux métiers suivants *: animateur ou entraîneur sportif, employé(e) dans le prêt-à-porter, police de proximité, dompteur, équipe cynophile.*

SENTIMENTALEMENT

- Rencontre amoureuse qui tourne à l'affrontement, amoureux éconduit brutalement.
- Sentiment de plénitude amoureuse qui décuple vos forces.
- Vous faites la connaissance d'une femme de tête qui aime dominer, voire dompter ses relations affectives.
- Risques de violences conjugales dans un couple.
- Amour fort et partagé.
- Des rapports de force ponctuent votre vie de couple.
- Deux rivales se disputent le même homme.

MÉDICALEMENT

- En général, excellente vitalité physique.
- Blessure ou déchirure musculaire possible.
- Parfois, petite hémorragie vaginale (cf. 6 + 12).
- Globules rouges en surnombre (problématique liée au sang).

DIVERS

- Une embrouille nécessite l'intervention de la police.
- Sortie entre amis qui vire à l'affrontement.
- Deux adversaires se défient, jaugent leurs forces respectives.
- Dispute entre frères et sœurs.
- Dressage canin.
- Dispute liée à un animal de compagnie.
- Abattage commercial qui vise à vous forcer la main.

BINÔME VI + XII

+

Selon le contexte, ce binôme évoque les scénarios suivants :

PROFESSIONNELLEMENT

- Risque accru de trahison, dans le cadre d'une collaboration ou d'un projet associatif.
- Attention ! Des discussions officieuses ont pour but de vous nuire.
- Situation bloquée par les circonstances, négociations professionnelles dans l'impasse.
- Des angoisses face à un choix de carrière vous paralysent momentanément.
- Dans certains cas, liaison amoureuse sur votre lieu de travail.

Clin d'œil aux métiers suivants : *acrobate, comédien, aide-médical, gardien de prison, employé sanitaire.*

SENTIMENTALEMENT

- Dépendance affective néfaste.
- Relation amoureuse vouée à l'échec.
- Vous êtes pris(e) au piège de vos sentiments.
- Adultère.
- Amant ou maîtresse qui se trouve dans une position délicate.

MÉDICALEMENT

- Grande fatigue, système immunitaire affaibli.
- Sensation de vertige.
- Consultation avant hospitalisation.
- Empoisonnement par le sang, contamination (notamment 6 + 12 + 13).
- Fragilité au niveau du foie (hépatite C possible).
- Dans certains cas, saignements intra-utérins.

DIVERS

- Faux amis qui vous tendent un piège, trahison.
- Vous êtes pris en otage, chantage.

BINÔME VI + XIII

+

Selon le contexte, ce binôme évoque les scénarios suivants :

PROFESSIONNELLEMENT

- Ambiance de travail fort dégradée.
- Pourparlers relatifs au licenciement d'un(e) de vos collègues.
- Projet d'association qui est abandonné.
- Équipe de travail qui est amenée à disparaître.
- Négociations relatives à une fermeture d'entreprise.
- Vous faites un choix radical, vous tranchez un dilemme.

Clin d'œil aux métiers suivants : *employé des pompes funèbres, carreleur, vendeur en outillage, armurier, employé(e) dans le nettoyage industriel, dans le textile.*

SENTIMENTALEMENT

- Rupture, fin d'une relation amoureuse.
- Disputes, querelles, mots qui blessent.
- Rencontre sentimentale stérile.
- Vous êtes agressé(e) par une personne jalouse.

MÉDICALEMENT

- Sang contaminé, VIH.
- Attaque bactérienne, microbienne, infection.
- Intervention (micro)chirurgicale au niveau du visage.
- Stress lié à la vie affective.
- Présence de sang dans les selles.
- Reflux gastriques, oesophagiens (notamment 6 + 13 + 14).

DIVERS

- Discussion attenante à un héritage, à un enterrement (mise en bière).
- Sortie entre ami(e)s ou invitation annulée.
- Des amis, des frères et sœurs, se disputent et coupent les ponts.
- Conversation portant sur des travaux de parquets, de sol.
- Équipe d'escrimeurs.

BINÔME VI + XIIII

+

Selon le contexte, ce binôme évoque les scénarios suivants :

PROFESSIONNELLEMENT

- Collaboration qui vous occasionne des voyages éclair en France ou à l'étranger.
- Ambiance décontractée sur votre lieu de travail. Vous entretenez des rapports amicaux avec vos collègues.
- Entretien pour un emploi à mi-temps ou temps alterné.
- Groupe d'amis ou d'associés qui travaille dans l'industrie des loisirs.
- Certains parmi vous participent à un projet d'animation radiophonique (spectacle, etc.).
- Individu chargé de diffuser une marque de vêtements (à l'étranger).

Clin d'œil aux métiers suivants *: animateur radio, présentateur TV, employé de téléphonie mobile, animateur de club de vacances, serveur, acteur de cinéma, vendeur-distributeur de vêtements.*

SENTIMENTALEMENT

- Rencontre amoureuse au cours d'un voyage lointain ou dans un lieu convivial.
- Sentiments amoureux payés de réciprocité.
- Coup de cœur pour un(e) étrangère.
- Rencontres amoureuses pleines de légèreté.
- Vous avez des nouvelles d'un(e) ex.
- En négatif, tension palpable dans une relation amoureuse.
- Choix amoureux cornélien : « entre les deux, mon cœur balance »...

MÉDICALEMENT

- Fragilité au niveau de la bile, du pancréas ou du foie.
- Reflux oesophagiens.
- Circulation sanguine à surveiller (phlébite).
- Problème de nerf optique.

DIVERS

- Vous partez vous détendre dans un club de vacances.
- Festival de cinéma.
- Garden-party, cocktail dînatoire.
- Troupe de théâtre amateur.

BINÔME VI + XV

+

Selon le contexte, ce binôme évoque les scénarios suivants :

PROFESSIONNELLEMENT

- Les rapports entre collègues sont souvent tendus ou teintés de jalousie.
- Des pourparlers attisent les passions et sèment la discorde entre plusieurs collaborateurs.
- Rencontre avec un homme d'affaires peu sûr, voire peu scrupuleux.
- Artiste (danseur) qui se produit dans les clubs privés, les boîtes de nuit.
- Certains, parmi vous, se laissent séduire par l'univers de la pornographie.

***Clin d'œil aux métiers suivants** : acteur de film porno, stripteaseur, gogo danseur, escort girl, vendeur en sex-shop, créateur de vêtements et de sous- vêtements.*

SENTIMENTALEMENT

- Relation affective établie sur le mode pulsionnel.
- Recherche des plaisirs charnels sous toutes leurs formes.
- Personne adepte de l'échangisme et des sorties en club privé.
- Sortie (gala, cocktail) au cours de laquelle vous tombez sous le charme d'un séducteur.
- Présentation d'un homme qui embrase vos sens.
- Bisexualité latente ou manifeste chez un individu.
- Vous tombez amoureux(-se) d'un(e) asiatique.

MÉDICALEMENT

- Chirurgie esthétique au niveau du visage (notamment 6 + 15 + 13).
- Strabisme.
- Risque accru de MST.
- Parfois, sang dans les intestins.

DIVERS

- Militants politiques en pourparlers.
- Soirée en discothèque.
- Spectacle dansant, chippendales.
- Tournage d'un film X, festival du film X.
- Jury d'une élection, d'un examen.
- Ligne de lingerie coquine.
- Embrouille de laquelle vous sortez non sans mal.
- Défilé type Gay Pride (notamment 6 + 15 + 20).

BINÔME VI + XVI

+

Selon le contexte, ce binôme évoque les scénarios suivants :

PROFESSIONNELLEMENT

- Discussions qui tournent au vinaigre entre plusieurs collaborateurs d'un même projet.
- Votre choix de carrière ou votre orientation professionnelle vous attire de sérieux ennuis.
- Collègue de travail ou intervenant extérieur avec lequel vous êtes en désaccord total.
- En positif, négociations d'affaires portant sur l'achat d'une succursale ou d'un nouveau local.
- Pourparlers relatifs à la restructuration complète de votre société.

Clin d'œil aux métiers suivants : *cascadeur, comédien, acrobate, pompier, artificier, agent d'assurance.*

SENTIMENTALEMENT

- Vos espoirs amoureux sont anéantis, vous tombez de haut.
- Coup de théâtre dans votre couple, rien ne va plus.
- Rupture affective avec pertes et fracas, vous sortez meurtri(e).
- Amoureux éconduit.
- Rencontre affective aussi imprévue que déroutante.
- Coup de foudre qui n'est qu'un feu de paille.
- Des révélations donnent lieu à une véritable foire d'empoigne.

MÉDICALEMENT

- Blessure consécutive à une chute, un accident.
- Choc hémorragique, syncope (coma).
- Traumatisme crânien possible.
- Saignements de nez.
- Risque de contamination par le sang.
- Éruption de boutons, acné, varicelle, rougeole.
- Parfois, vue déficiente.

DIVERS

- Groupe de jeunes gens malfamés qui complotent un cambriolage ou un attentat.
- Discussion entre amis qui tourne mal.
- Conflit ou réunion de copropriété.
- Échec d'une conciliation entre avocats.
- Amis peu recommandables, malfrats.
- Visite d'un logement.
- Colocation difficile, voire conflictuelle.

BINÔME VI + XVII

Selon le contexte, ce binôme évoque les scénarios suivants :

PROFESSIONNELLEMENT

- Projet artistique d'envergure auquel vous participez activement (pièce de théâtre, spectacle, défilé de mode).
- Individu qui crée et vend exclusivement des vêtements et de la lingerie féminine.
- Équipe de vendeurs ou de commerciaux qui travaille dans la bonne humeur.
- Certains parmi vous manifestent de réels talents artistiques, notamment pour la peinture.
- Votre travail vous prédestine à rencontrer l'élu(e) de votre cœur.

Clin d'œil aux métiers suivants : *comédien, acteur, artiste peintre, décorateur, graphiste, mannequin, vendeur en cosmétologie/vêtements féminins, maquilleuse, visagiste.*

SENTIMENTALEMENT

- Votre avenir sentimental s'annonce serein.
- Couple harmonieux, relation qui évolue positivement.
- Rencontre d'une personne lors d'un vernissage, d'un spectacle.
- Des amis vous présentent un individu avec lequel vous vous sentez en parfaite symbiose.
- Rencontre possible avec un jeune homme narcissique qui aime soigner son apparence.
- Relation amoureuse avec une très jolie femme.
- Choix affectif qui vous donne la paix intérieure.

MÉDICALEMENT

- Traitement homéopathique.
- Soins dermatologiques possibles.
- Soins du visage.
- Dans certains cas, petits soucis au niveau des glandes lacrymales.

DIVERS

- Invitation à un vernissage.
- Atelier de peinture (sur soie, sur fibres naturelles), (notamment 6 + 17 + 19).

BINÔME VI + XVIII

+

Selon le contexte, ce binôme évoque les scénarios suivants :

PROFESSIONNELLEMENT

- Projet entre amis visant à ouvrir un lieu de convivialité (boutique, hôtel-restaurant, bar de nuit).
- Choix de poste ou de carrière qui vous plonge momentanément dans l'incertitude et le stress.
- Équipe de vendeurs au contact du public.
- Plusieurs collaborateurs sont à la recherche d'un local professionnel (boutique, centre commercial).
- Des hésitations providentielles paralysent toute possibilité d'action.
- Des rumeurs circulent à votre sujet, on essaie d'entacher votre image.

Clin d'œil aux métiers suivants : *vendeur en prêt-à-porter/de grande surface, agent immobilier, agent matrimonial, artiste, styliste, décorateur d'intérieur (notamment 6 + 18 + 19), acteur de théâtre, personnel hôtelier.*

SENTIMENTALEMENT

- Relation cachée, adultère fort probable (notamment 6 + 18 + 2).
- Rencontre sentimentale en boîte de nuit ou dans un bar d'ambiance (notamment 6 + 18 + 15).
- Vous rencontrez un individu qui vous ment sur sa vie affective.
- Instabilité émotionnelle chez la consultante.
- En positif, couple d'amoureux qui envisage de faire l'acquisition d'un logement ou d'une maison.
- Attention ! Une tierce personne, votre meilleur ami(e), s'immisce dans votre foyer.

MÉDICALEMENT

- Vision floue, présence d'un voile ou d'une gêne oculaire.
- Possibilité de sang dans les urines.
- Mauvaise circulation sanguine.
- Veillez à boire beaucoup d'eau, risques de coliques néphrétiques.
- Déprime liée à la vie sentimentale.

DIVERS

- Sorties en boîte, vie nocturne.
- Des avocats plaident au palais de justice.
- Des amis vous cachent la vérité.
- Attention aux beaux parleurs dans votre entourage.
- Visite d'un complexe hôtelier, d'un logement.
- Réunion entre frères et sœurs au sujet d'un héritage, d'un patrimoine immobilier.

BINÔME VI + XVIIII

+

Selon le contexte, ce binôme évoque les scénarios suivants :

PROFESSIONNELLEMENT

- Pourparlers qui concernent un rapprochement, une association, une fusion, etc.
- Projet fédérateur réunissant deux actionnaires majoritaires.
- Ambiance de travail où il règne une grande complicité entre collègues.
- Organisation d'un événement regroupant plusieurs artistes (tournage de film, spectacle).
- Orientation professionnelle réussie, vous vous découvrez une véritable passion.
- Association entre amis des plus bénéfiques (caritative ou non).
- Coup de foudre sur votre lieu de travail.
- Vous êtes amené(e) à travailler en binôme.
- Designer qui met à l'honneur les parures africaines et orientales lors d'un défilé de mode.

***Clin d'œil aux métiers suivants** : danseur, acteur, créateur de vêtements et d'accessoires de luxe, vendeur en bijouterie, décorateur, designer, artiste peintre (cf. 6 + 17), mannequin, comédien.*

SENTIMENTALEMENT

- Sentiments amoureux partagés.
- Relation amicale qui se transforme peu à peu en histoire d'amour.
- Rencontre amoureuse qui débouche sur une vie de couple.
- Rencontre en pleine période estivale, à la plage.
- Votre partenaire vous témoigne des marques d'affection qui vous réchauffent le cœur.
- L'amour rend parfois aveugle : gare aux mirages et aux feux de paille (amour de vacances).

MÉDICALEMENT

- En général, excellent tonus vital.
- Problèmes cardio-vasculaires possibles.
- Soucis dermatologiques, rougeurs...
- Risque d'insolation.
- Rendez-vous au cabinet d'un plasticien.

DIVERS

- Amis ou famille vivant dans le Sud.
- Invitation à une fête familiale (fiançailles).
- Entente cordiale entre amis.
- Spectacle de danse.
- Le milieu de l'été.
- Cours de danse orientale (ventre), cubaine (salsa).

BINÔME VI + XX

+

Selon le contexte, ce binôme évoque les scénarios suivants :

PROFESSIONNELLEMENT

- Votre lieu de travail est actuellement le siège de nombreux pourparlers qui ont pour objectif de moderniser les structures existantes (nouveau logiciel, équipes redéfinies).
- Vous vous renseignez auprès d'un conseiller juridique ou d'un avocat dans le cadre d'un projet professionnel.
- Travail dans le milieu de la publicité, des médias ou du showbiz (dîners et sorties fréquentes).
- Campagne de pub sur le Net qui relance vos affaires.
- Négociations visant à trouver le juste milieu dans un différend (salaires).
- Vos doutes s'envolent grâce à l'arrivée de bonnes nouvelles.

Clin d'œil aux métiers suivants *: animateur d'une émission de télé-réalité, présentateur TV, animateur radio, annonceur publicitaire, vendeur par correspondance (télé-achat), employé d'un centre d'appels, journaliste pour la presse people, employé d'une société de production, animateur d'un site web ou d'un fournisseur d'accès Internet.*

SENTIMENTALEMENT

- Déclaration amoureuse imprévue.
- Rencontre par le biais du Net.
- Relation affective dans laquelle les deux protagonistes communiquent beaucoup.
- Couple pour lequel les amis et les sorties priment sur leur histoire d'amour.

MÉDICALEMENT

- Discussion autour d'un nouveau traitement de pointe.
- Recherche d'un donneur d'organe.
- Affection oculaire traitée au laser.
- Vous fondez vos espoirs dans un nouveau traitement.

DIVERS

- Résultats électoraux.
- Militants en campagne électorale.
- Vous participez à un défilé de haute couture.
- Invitation à une sortie karaoké entre amis.
- Comédie musicale.
- Achat de vêtements sur Internet.
- Bal costumé, gala, dîner dansant, cocktail dînatoire.
- Remise des oscars.
- Résultats d'examens.
- Conciliation entre avocats, témoins appelés à la barre dans un procès.
- Réconciliation ou retrouvailles entre amis autour d'une table.

BINÔME VI + XXI

+

Selon le contexte, ce binôme évoque les scénarios suivants :

PROFESSIONNELLEMENT

- Groupe de collaborateurs (parfois des amis) qui élabore un projet à l'étranger.
- Négociations d'affaires qui visent à implanter votre société en Europe ou à l'international.
- Discussion avec des artistes ou des gens du spectacle concernant le montage d'un festival.
- Individu évoluant dans le milieu de la mode.
- Choix qui s'avérera être le bon.

Clin d'œil aux métiers suivants : *artiste, forain, acrobate, organisateur de revues (Moulin Rouge, Crazy Horse), présentateur d'un show, comédien, vendeur de vêtements.*

SENTIMENTALEMENT

- Rencontre amoureuse à l'étranger.
- Sentiment de plénitude amoureuse.
- Relation sentimentale avec une personne d'origine étrangère.
- Amour bénéfique qui vous ouvre davantage sur les autres.
- Individu qui papillonne au gré de ses multiples sorties.

MÉDICALEMENT

- Rendez-vous dans un service d'hématologie.
- Collecte de sang.
- Infection virale.
- Vue corrigée, améliorée.

DIVERS

- Spectacle qui réunit beaucoup de monde (cirque, fête foraine).
- Diffuseur de vêtements à l'international, showroom.
- Défilé international.

BINÔME VI + XXII

+

Selon le contexte, ce binôme évoque les scénarios suivants :

PROFESSIONNELLEMENT

- Des doutes vous font vous désengager d'une collaboration.
- Projet peu structuré qui finit par tomber à l'eau.
- Équipe de travail que vous quittez sans aucun scrupule.
- Pourparlers qui se soldent par le renvoi, la mise à pied ou l'expulsion d'un collègue de travail.
- Créateur avant-gardiste qui essaie tant bien que mal d'exporter ses œuvres à l'étranger.
- Vous évoluez dans un contexte professionnel où les incertitudes dominent.

Clin d'œil aux métiers suivants : *intermittent du spectacle, artiste itinérant, vendeur ambulant, éducateur social, employé au tri postal.*

SENTIMENTALEMENT

- Errance affective, vie affective décousue.
- Rencontres affectives sans lendemain.
- Amoureux éconduit, blessé dans son amour-propre.
- Vous fuyez une affaire de cœur traumatisante.
- En positif, rencontre amoureuse avec un étranger.

MÉDICALEMENT

- Blessure en haut de la jambe (escarres, hématomes).
- Déprime liée à l'affectif.
- Tension nerveuse palpable.
- Problème de stase veineuse.
- Mauvaise irrigation du cerveau.
- Rendez-vous avec un psychiatre, un neurologue.

DIVERS

- Des amis vous excluent de leur groupe/projet.
- Ligne de vêtements excentriques, originaux.
- Groupe d'amis qui part en randonnée pédestre.
- Jeunes gens qui font du trafic de stupéfiants.

LE CHARIOT

Moi le Chariot, je t'invite à poursuivre tes objectifs et à persévérer dans la voie que tu as choisie. Avec moi, continue sur ta lancée, ne t'arrête pas en si bon chemin !

Au premier coup d'œil, le Chariot incarne :

1. Un trentenaire
2. La carrière, l'activité
3. Un jeune cadre dynamique
4. Les avancées professionnelles
5. Un projet bien engagé
6. L'esprit d'entreprise, les défis
7. Les véhicules, la mobilité
8. Les déplacements, un VRP
9. Un séducteur, un coureur
10. La fougue, l'impulsivité

Le Chariot, en se mariant aux 21 autres arcanes majeurs, nous évoque **l'ambition**, la **carrière** et nos **motivations**.

BINÔME VII + I

+

Selon le contexte, ce binôme évoque les scénarios suivants :

PROFESSIONNELLEMENT

- Activité technico-commerciale à l'origine de nombreux déplacements journaliers.
- Un projet aux perspectives enthousiasmantes va relancer votre carrière.
- Une mission ou un nouvel emploi va vous permettre de remettre le pied à l'étrier.
- Vous vous lancez dans la création de votre société.
- Auto-entrepreneur dont l'activité démarre sur les chapeaux de roues.
- Jeune cadre dévoré d'ambitions, partant à la conquête de nouveaux défis, de nouveaux marchés.
- Apprentissage ou formation en entreprise.
- As du volant ou de la mécanique, certains parmi vous évoluent dans le secteur automobile.

Clin d'œil aux métiers suivants *: vendeur ambulant, VRP, agent technico-commercial, artisan, vendeur de voitures, concessionnaire automobile (notamment 7 + 1 + 10), garagiste, mécanicien, cheminot, agent SNCF, écuyer, turfiste, livreur (pizzaïolo), jockey.*

SENTIMENTALEMENT

- Individu que vous rencontrez dans le cadre de vos activités.
- Vous faites la connaissance d'un jeune père de famille.
- Jeune homme cavaleur qui s'avère être un merveilleux amant.
- Personne dont la boulimie de travail nuit à sa vie de couple.

MÉDICALEMENT

- Problème de hanche.
- Fragilité au niveau du bassin.
- Intervention possible sur un pied (fixation d'un étrier, etc.).
- Port de semelles orthopédiques.
- Séances de rééducation fonctionnelle.
- Dans certains cas, jeune handicapé moteur.

DIVERS

- Vous prenez des leçons de conduite.
- Vous faites réviser votre véhicule.
- Réparations automobiles (problème possible de démarreur).
- Individu qui évolue dans le monde de l'équitation.
- Vous vous rendez chez un artisan.
- Marché itinérant (cf. 1 + 7).

BINÔME VII + II

+

Selon le contexte, ce binôme évoque les scénarios suivants :

PROFESSIONNELLEMENT

- Votre parcours est évalué par une personne haut placée dans la hiérarchie.
- Vous avez rendez-vous avec une femme de pouvoir au sein de votre entreprise.
- Rencontre d'une femme à l'origine d'une proposition de travail.
- Stage ou enseignement complémentaire vous permettant de faire progresser votre carrière.
- Projet vous amenant à contacter une spécialiste de la presse écrite (éditrice, journaliste).
- Certains parmi vous devront se soumettre à une batterie d'entretiens professionnels (notamment 7 + 2 + 5).

Clin d'œil aux métiers suivants *: responsable projet marketing, employé dans une maison d'édition, démarcheur ou commercial (porte-à-porte), développeur, agent publicitaire, responsable de recrutement, directrice des ressources humaines (notamment 7 + 2 + 21), ambulancier (cf. 7 + 12), ergothérapeute.*

SENTIMENTALEMENT

- Trentenaire vivant avec une compagne beaucoup plus âgée que lui.
- Vous tombez, messieurs, dans les griffes d'une femme mûre.
- Jeune homme victime d'une mère ou d'une belle-mère envahissante.
- Conquête amoureuse gardée secrète.
- Dans certains cas, individu réservé vis-à-vis duquel vous vous interrogez.

MÉDICALEMENT

- Examen de la hanche, du col du fémur, du bassin, etc.
- Radiographies possibles des membres inférieurs (notamment 7 + 2 + 5).
- Personne âgée transportée en ambulance.
- Dans certains cas, septuagénaire ou octogénaire assisté d'un déambulateur.

DIVERS

- Vous vous rendez chez votre mère, grand-mère.
- Voyage d'études.
- Rencontre avec une éditrice, une femme de lettres.
- Déplacement d'un groupe de séniors (sortie du 3e âge).
- Une dame attend son train, un taxi.
- Diagnostic et inspection de l'état de votre véhicule.

BINÔME VII + III

+

Selon le contexte, ce binôme évoque les scénarios suivants :

PROFESSIONNELLEMENT

- Projet pour lequel vous devez constituer un dossier ou rédiger des courriers.
- Rendez-vous d'affaires avec une femme BCBG.
- Grâce à votre excellent sens relationnel, vous allez pouvoir faire avancer vos projets.
- Déplacements nécessités par vos obligations.
- Dans certains cas, des soucis administratifs entravent la bonne marche de vos activités (notamment 7 + 3 + 12).

Clin d'œil aux métiers suivants : *chauffeur, VRP, attaché(e) de presse, secrétaire volante, employé(e) en bureautique, assistante commerciale, agent Pôle Emploi (notamment 7 + 3 + 13).*

SENTIMENTALEMENT

- Vous prenez la route pour rejoindre l'élue de votre cœur.
- Vous faites une rencontre amoureuse dans le cadre professionnel.
- Couple au sein duquel les partenaires n'ont plus les mêmes centres d'intérêt.

MÉDICALEMENT

- Problèmes liés à la motricité (pieds, bassin).
- Dans de rares cas, femme en chaise roulante.

DIVERS

- Vous vous rendez chez votre sœur ou chez une amie.
- Vous recevez des nouvelles (lettre, invitation).

BINÔME VII + IIII

+

Selon le contexte, ce binôme évoque les scénarios suivants :

PROFESSIONNELLEMENT

- Vous accédez à un poste clé à la direction de votre société.
- Projet bénéficiant de l'appui d'un homme bien placé.
- Vous partez à l'assaut de marchés qui se révéleront être porteurs.
- Individu battant dont l'esprit d'entreprise lui permet d'avancer vers la réussite.
- Poste de travail exigeant de nombreux déplacements au quotidien.
- Stagiaire ou apprenti observé de près par son formateur.
- Assise professionnelle vous assurant une bonne sécurité matérielle.
- Dans certains cas, vous vous heurtez à l'autorité de votre chef de service.

Clin d'œil aux métiers suivants : *VRP multicarte, cadre technico-commercial, développeur, directeur de PME, conducteur, pilote, moniteur d'auto-école, routier, transporteur, maréchal-ferrant, moniteur équestre.*

SENTIMENTALEMENT

- Relation sentimentale sérieuse qui s'inscrit dans la durée.
- Voyage au cours duquel vous faites une rencontre de qualité.
- Vous tombez amoureuse d'un homme viril, limite macho.
- Aventure amoureuse avec votre chef de service ou avec un collègue de travail.
- Homosexuel courtisé par un homme mûr.

MÉDICALEMENT

- Névralgies coccygiennes.
- Problème de bassin.
- Individu sujet aux sciatiques (notamment 7 + 4 + 13).
- Dans certains cas, homme en chaise roulante.

DIVERS

- Vous vous rendez chez votre père ou chez un ami.
- Voyage au cours duquel vous rencontrez un homme influent.
- Trentenaire qui gagne en maturité, en assurance.

BINÔME VII + V

+

Selon le contexte, ce binôme évoque les scénarios suivants :

PROFESSIONNELLEMENT

- Vous vous rendez à un congrès, à un séminaire (notamment 7 + 5 + 21).
- Vous avez rendez-vous avec votre patron.
- Projet qui requiert une formation professionnelle ou un enseignement supplémentaire.
- Parcours professionnel sous de très bons auspices.
- Rencontre fructueuse avec un conseiller qui vous aidera à orienter vos démarches.
- Individu dont la profession conduit à encadrer ou à coacher.
- Entretiens prometteurs, négociations réussies, accords concluants.
- Personne amenée à rencontrer des chefs d'entreprise dans le cadre de ses obligations.
- Arrivée d'un nouveau P.-D.G à la tête de l'entreprise.

Clin d'œil aux métiers suivants *: outplaceur, consultant, coach, formateur, développeur, VRP, professeur à domicile, chauffeur, conducteur d'engins, voiturier, concessionnaire ou ingénieur automobile.*

SENTIMENTALEMENT

- Trajet au cours duquel vous faites la connaissance d'un homme mûr.
- Votre partenaire souhaite s'investir davantage dans votre relation amoureuse.
- Histoire d'amour sérieuse qui s'inscrit dans la durée.
- Jeune homme qui part demander la main de sa fiancée à son beau-père.
- Dans certains cas, projet de mariage.

MÉDICALEMENT

- Rendez-vous avec un spécialiste.
- Vous consultez un orthopédiste (notamment 7 + 5 + 13).

DIVERS

- Déplacement vers un lieu de culte.
- Pèlerinage ou voyage initiatique.
- Rendez-vous avec un homme de foi.
- Vous allez consulter un spécialiste (avocat, notaire, savant, etc.).
- Rendez-vous avec un homme influent, respecté pour ses connaissances encyclopédiques.
- Vous allez rendre visite à votre père, votre grand-père.

BINÔME VII + VI

+

Selon le contexte, ce binôme évoque les scénarios suivants :

PROFESSIONNELLEMENT

- Votre carrière est arrivée à un carrefour : il vous faut faire un choix d'orientation.
- Votre univers professionnel vous porte à fréquenter les gens du spectacle.
- Individu qui aime la scène pour son côté « strass et paillettes ».
- Équipe de travail réorganisée, on vous présente une ou un nouvel intervenant.
- Association réunissant trois ami(e)s dans le cadre d'un projet.
- Profession pour laquelle le sens du contact est un atout majeur.

Clin d'œil aux métiers suivants *: comédien, artiste, vendeur de prêt-à-porter, commercial, forain.*

SENTIMENTALEMENT

- Rendez-vous galant.
- Voyage avec l'élu(e) de votre cœur.
- Rencontre d'un don Juan qui collectionne les conquêtes amoureuses.
- Une tierce personne vient semer le doute dans vos sentiments.
- Vous partez à la rencontre d'une personne qui vous est présentée.
- Rencontre d'un individu travaillant dans le secteur de la mode.
- Vous tombez sur un as de la séduction qui aime s'amuser et sortir entre amis.

MÉDICALEMENT

- Problème d'orientation ou de déplacements dans l'espace.
- Vue à surveiller.
- Problèmes circulatoires au niveau des membres inférieurs.
- Personne ambidextre.

DIVERS

- Voyage en groupe.
- Invitation à une garden-party, à un cocktail dînatoire, à un spectacle, etc.
- Troupe de théâtre itinérante.
- Sortie entre ami(e)s.

BINÔME VII + VIII

+

Selon le contexte, ce binôme évoque les scénarios suivants :

PROFESSIONNELLEMENT

- Vous signez un contrat de travail.
- Rendez-vous avec votre comptable.
- Vous vous rendez à la chambre de commerce ou à l'URSSAF pour des autorisations administratives, des statuts d'entreprise, etc.
- Activité qui dégage des bénéfices satisfaisants.
- Vous vous préparez à passer un concours administratif.
- Déplacement professionnel motivé par des raisons officielles.

Clin d'œil aux métiers suivants : *administrateur, comptable, agent de gestion, agent administratif, salarié(e) de la fonction publique, examinateur ou moniteur d'auto-école, motard (policier).*

SENTIMENTALEMENT

- Relation amoureuse équilibrante.
- Histoire de cœur qui évolue vers le mariage (notamment 7 + 8 + 19).
- Incartades amoureuses avec un homme marié.
- Vous faites la connaissance d'une femme psychorigide.

MÉDICALEMENT

- En règle générale, santé satisfaisante.
- Problème de mobilité lié au surpoids.
- Perte d'équilibre momentanée, tangage.
- Problème de hanche.
- Individu qui a une jambe plus grande que l'autre.

DIVERS

- Vous passez votre permis de conduire.
- On vous dresse un procès-verbal.
- Vous achetez un véhicule.
- Vous vous rendez au palais de justice (notamment 7 + 8 + 18).
- Vous achetez un billet de train.
- Déplacement ou voyage officiel.

BINÔME VII + VIIII

+

Selon le contexte, ce binôme évoque les scénarios suivants :

PROFESSIONNELLEMENT

- Routine quotidienne dont vous êtes aujourd'hui blasé(e).
- Individu effectuant de nombreux déplacements dans le cadre d'investigations, scientifiques ou littéraires.
- Projet de longue haleine qui requiert de la persévérance.
- Vos activités marchent au ralenti, les résultats se font attendre.
- Départ en retraite (notamment 7 + 9 + 13).
- Dans certains cas, possibilité de réintégrer votre ancien poste.
- Recherche d'emploi à l'ordre du jour.

***Clin d'œil aux métiers suivants** : détective privé, agent secret, auxiliaire médical, auxiliaire de vie, gérontologue, visiteur médical, informaticien (cf. 5 + 9).*

SENTIMENTALEMENT

- Relation affective qui montre des signes d'essoufflement.
- Jeune homme que vous voyez de moins en moins.
- Individu qui a besoin de recul pour faire le point.
- Personne encore attaché(e) à son passé amoureux.
- Relation platonique qui ne semble pas évoluer.
- Dans certains cas, individu que vous fréquentez en toute discrétion.

MÉDICALEMENT

- Mobilité réduite.
- Fracture du bassin (notamment 7 + 9 + 16).
- Arthrose rhumatismale.
- Port de semelles orthopédiques, de prothèses de hanches.

DIVERS

- Vous rendez visite à votre grand-père ou père.
- Déplacement lié à une quête spirituelle.
- Voyage différé.
- Vieille voiture.
- Véhicule qui subit une inspection, un examen.
- Problème de freinage sur votre automobile.
- Voyage en solitaire.
- Voyage du 3e âge.

BINÔME VII + X

+

Selon le contexte, ce binôme évoque les scénarios suivants :

PROFESSIONNELLEMENT

- Que vous utilisiez une voiture de fonction, les transports en commun, le train, etc., vous serez sans cesse par monts et par vaux.
- Opportunité d'évolution qui va relancer votre carrière.
- Vos projets progressent à grands pas, vous ne vous ménagez pas.
- Certains parmi vous s'épanouissent dans le secteur de la mécanique et des automobiles (cf. 7 + 1).
- Changement géographique ou mutation sont à l'ordre du jour (notamment 7 + 10 + 22).
- Dans certains cas, vous entreprenez des démarches relatives à votre budget (notamment 7 + 10 + 8).

Clin d'œil aux métiers suivants : *transporteur, chauffeur de taxi, pilote automobile, convoyeur de fonds, coursier, VRP, voyagiste, livreur, garagiste, trader, courtier, agent de change.*

SENTIMENTALEMENT

- Rencontre amoureuse à l'occasion d'un déplacement, d'un voyage.
- Homme jeune (la trentaine) avec qui tout s'accélère.
- Couple qui évolue à la faveur des circonstances.
- Période propice à de nouvelles rencontres.
- Retour soudain d'un ex-petit ami.

MÉDICALEMENT

- Pose d'un étrier à la cheville.
- Problème rotulien.
- Disque déplacé ou usé.
- Tics nerveux, syndrome Gilles de la Tourette.

DIVERS

- Courses automobiles, circuit de formule 1.
- Risque d'accident dû à un excès de vitesse.
- Problème de courroie ou de roue sur un véhicule.

BINÔME VII + XI

+

Selon le contexte, ce binôme évoque les scénarios suivants :

PROFESSIONNELLEMENT

- Individu dont le métier requiert une bonne condition physique.
- Bras de fer provoqué par l'autoritarisme d'un(e) collègue ou d'un(e) responsable.
- Vous êtes bien déterminé(e) à vous faire respecter de votre entourage professionnel.
- Vous accéderez facilement à un poste d'encadrement au sein de votre division.
- Personne courageuse qui abat une charge de travail monumentale, ne rechignant pas à la tâche.

Clin d'œil aux métiers suivants *: déménageur, livreur, manutentionnaire, magasinier, commercial, agent de sécurité, dresseur, jeune policier (notamment 7 + 11 + 8).*

SENTIMENTALEMENT

- En général, bonne entente au sein d'un couple.
- Relation amoureuse qui tourne à l'affrontement.
- Vous avez maille à partir avec une compagne trop autoritaire.
- Rencontre d'une femme bien en chair.

MÉDICALEMENT

- Grande vitalité, tonus de sportif.
- Muscles endoloris, courbatures possibles.
- Problèmes tendineux (notamment 7 + 11 + 12).
- Dans certains cas, hypertension à surveiller.

DIVERS

- Déménagement (notamment 7 + 11 + 18).
- Individu pratiquant la musculation.

BINÔME VII + XII

+

Selon le contexte, ce binôme évoque les scénarios suivants :

PROFESSIONNELLEMENT

- Votre carrière est au point mort, vous avez l'impression d'avoir été mis(e) au placard.
- Un(e) collègue mal intentionné(e) vous met des bâtons dans les roues.
- Des obstacles se dressent sur votre chemin à votre insu.
- Climat malsain bloquant votre évolution professionnelle (report d'avancement, etc.).
- Arrêt maladie ou maladie professionnelle.
- En positif, personne dont le métier consiste à soigner ses semblables.

Clin d'œil aux métiers suivants : *les employés de la santé, brancardier, ambulancier, délégué médical, infirmier(-ère) libérale, employé(e) au SAMU social, agent des services sanitaires, jeune médecin urgentiste, employé(e) à la Sécurité sociale, dans une caisse d'assurance maladie.*

SENTIMENTALEMENT

- Vous vous sentez trahi(e) ou piégé(e).
- Position d'attente inconfortable. Dépendance affective nocive.
- Aventure amoureuse frustrante ou bien peu épanouissante.

MÉDICALEMENT

- Problème psychomoteur.
- Sclérose en plaques, paralysie possible.
- Dans certains cas, jeune homme en chaise roulante.
- Entorse, foulure (notamment 7 + 12 + 13).
- Problèmes de pieds, de ligaments.

DIVERS

- Véhicule sur lequel on pose un sabot.
- Voiture en panne.
- Rapatriement sanitaire.

BINÔME VII + XIII

+

Selon le contexte, ce binôme évoque les scénarios suivants :

PROFESSIONNELLEMENT

- Cessation d'activité, société qui ferme ses portes.
- Licenciement ou démission, le chômage pointe à l'horizon.
- La voie que vous poursuivez est semée d'embûches.
- Individu dont le lieu de travail se transforme en champ de bataille.
- Arrêt de travail ou accident de travail à l'ordre du jour.
- Travail consacré aux personnes en fin de vie (accompagnement de mourants, etc.).

Clin d'œil aux métiers suivants *: agriculteur, cultivateur, croque-mort, démineur, agent de nettoyage industriel, technicien(ne) de surface, employé(e) aux Ponts et Chaussées, agent de fourrière, employé(e) en gériatrie, préposé aux soins palliatifs, criminologue.*

SENTIMENTALEMENT

- Vous rompez une relation amoureuse.
- Histoire d'amour avec un jeune homme veuf ou divorcé (notamment 7 + 13 + 8).
- Individu traumatisé par une rupture récente.

MÉDICALEMENT

- Risque accru de fracture (tibia, cheville).
- Névralgies dorsales (lumbago).
- Accidenté de la route.

DIVERS

- Corbillard.
- Vous partez en guerre contre la terre entière.
- Mort au volant.
- Véhicule détruit ou envoyé à la fourrière.
- Votre voiture est abîmée ou est bonne pour la casse (tôle froissée, brûlée).
- Voyage ou déplacement annulé.
- Risque de crevaison.
- Char blindé, véhicule militaire.

BINÔME VII + XIIII

+

Selon le contexte, ce binôme évoque les scénarios suivants :

PROFESSIONNELLEMENT

- Métier dépaysant à l'origine de voyages éclair intercontinentaux (notamment 7 + 14 + 21).
- Activité de tourisme où votre connaissance des cultures et des langues étrangères est mise à contribution.
- Régime de travail à temps partiel ou à mi-temps (intérimaire, emploi saisonnier).
- Ambiance de travail décontractée propice à votre épanouissement personnel.
- Individu travaillant sur un projet d'émission radiophonique (notamment 7 + 14 + 20).

Clin d'œil aux métiers suivants *: hôtesse de l'air, steward, agent de tourisme, agent de voyages, guide, transporteur, livreur, masseur à domicile, jeune cinéaste, électricien, plombier.*

SENTIMENTALEMENT

- Liaison amoureuse avec une ou un globe-trotter (notamment 7 + 14 + 21).
- Couple dont l'un des deux partenaires est étranger ou basé à l'étranger.
- Amour qui évolue dans la joie et la bonne humeur.
- Trentenaire avec lequel vous entretenez une relation épistolaire.

MÉDICALEMENT

- Hygiène de vie à surveiller.
- Rate ou pancréas sensibles.
- Possibilité d'une hernie hiatale.
- Problèmes gastriques.
- Nervosité passagère.

DIVERS

- Vous partez en vacances ou en week-end.
- Voyage d'agrément ou de détente.
- Fuite d'huile ou problème électrique sur votre véhicule.

BINÔME VII + XV

+

Selon le contexte, ce binôme évoque les scénarios suivants :

PROFESSIONNELLEMENT

- Jeune cadre dévoré d'ambitions qui exhibe sa réussite avec ostentation.
- Rendez-vous auprès d'une banque ou d'un autre organisme financier (notamment 7 + 15 + 19).
- Individu travaillant dans l'univers impitoyable de la finance (notamment 7 + 15 + 10).
- Réussite éclatante qui ne fait pas l'unanimité dans votre entourage.
- Les règlements de compte vont bon train sur votre lieu de travail (notamment 7 + 15 + 13).
- Collègue dont l'ego surdéveloppé cache une soif de pouvoir et de reconnaissance.
- Richesse amassée par des moyens illicites.

Clin d'œil aux métiers suivants *: trader, courtier, banquier (notamment 7 + 15 + 19), assureur, VRP en produits financiers, homme d'affaires, jeune politicien, vendeur de produits érotiques, souteneur, acteur porno.*

SENTIMENTALEMENT

- Don Juan qui se targue de collectionner les conquêtes amoureuses.
- Rencontre d'un homme possédant un fort appétit sexuel.
- Histoire d'amour conflictuelle vous détruisant psychiquement.
- Aventure torride au cours d'un voyage.
- Dans certains cas, individu pervers fréquentant des lieux de débauche (bars sado-masochistes, clubs échangistes).
- Jeune homme considérant ses partenaires comme de simples objets sexuels.

MÉDICALEMENT

- Bonne condition physique.
- Douleurs de hanche ou de genoux.
- Oppression.

DIVERS

- Ami peu fréquentable.
- Véhicule vandalisé.
- Noctambule.
- Gang organisé.
- Gay Pride.
- Vous participez à une campagne électorale, à une compétition sportive.
- Coup de filet, arrestation par les forces de l'ordre (notamment 7 + 15 + 11).
- Jeune homme coléreux, voire violent.

BINÔME VII + XVI

+

Selon le contexte, ce binôme évoque les scénarios suivants :

PROFESSIONNELLEMENT

- Individu victime d'une soudaine restructuration (dépôt de bilan, contrat rompu, etc.).
- Bureaux ou locaux déménagés (notamment 7 + 16 + 18).
- Grand chaos vous menant à une situation de stress.
- Des erreurs de parcours viennent anéantir vos prévisions. Échec cuisant.
- Vos chances de promotion partent en fumée.
- Des travaux sont entrepris sur votre lieu de travail (services réaménagés).

Clin d'œil aux métiers suivants : *promoteur immobilier, assureur, employé du bâtiment, vendeur d'alarmes, pompier, ambulancier, urgentiste, garagiste, agent de fourrière.*

SENTIMENTALEMENT

- Explication qui tourne mal.
- Relation affective qui s'arrête brutalement.
- Individu que vous mettez à la porte au terme d'une violente dispute.
- Personne qui vous déçoit amèrement, qui redescend de son piédestal.
- En positif, votre compagnon vient vivre sous votre toit.

MÉDICALEMENT

- Douleurs dorsales aiguës (colonne vertébrale).
- Entorse ou fracture causée par une chute ou un accident.
- Transport d'urgence à l'hôpital.
- Grand stress.
- Abcès dentaire ou carie douloureuse.
- Dans certains cas, état comateux.

DIVERS

- Fort risque d'accident de la circulation (carambolage, feu moteur, explosion).
- Panne de voiture.
- Agression au volant.
- Voyage perturbé.
- Chute de cheval.
- Visite d'une vieille ferme, d'un appartement délabré.
- Travaux d'aménagement.
- Incendie qui vous contraint à quitter votre domicile.

BINÔME VII + XVII

+

Selon le contexte, ce binôme évoque les scénarios suivants :

PROFESSIONNELLEMENT

- Guidance divine qui facilite votre ascension professionnelle.
- Ayez confiance en l'avenir : votre bonne étoile vous mènera à bon port.
- Carrière artistique au travers de laquelle vous vous réalisez pleinement (notamment 7 + 17 + 19).
- Voyage lié à une quête spirituelle.
- Personne qui se destine à la pratique des arts divinatoires (notamment 7 + 17 + 9).
- Participation active à un spectacle, à un festival voire à un vernissage.

Clin d'œil aux métiers suivants : *agent artistique, patineur artistique, artiste peintre, VRP en cosmétique, esthéticien(ne), paysagiste, employé(e) aux espaces verts.*

SENTIMENTALEMENT

- Votre histoire d'amour est sous de bons auspices.
- Personne rencontrée lors d'un déplacement, notamment dans un contexte où l'art est omniprésent.
- Relation sentimentale épanouissante.
- Aventure amoureuse avec un joli garçon.
- Couple qui projette d'avoir un enfant.

MÉDICALEMENT

- Bien-être général.
- Amélioration ou guérison.
- Traitement par les médecines alternatives.
- Problèmes veineux (varices).
- Petits soucis circulatoires.

DIVERS

- Vous partez vous ressourcer à la campagne.
- Vous vous offrez un soin du corps, un hammam.
- Invitation à un vernissage, à une exposition.
- Vous faites repeindre votre véhicule.
- Vidange conseillée.

BINÔME VII + XVIII

+

Selon le contexte, ce binôme évoque les scénarios suivants :

PROFESSIONNELLEMENT

- Votre entreprise déménage ses locaux ou ses bureaux (notamment 7 + 18 + 11).
- Individu projeté dans un milieu professionnel inconnu.
- Vous angoissez car votre avenir vous semble très incertain.
- Visite d'un local.
- Travailleur indépendant exerçant en cabinet ou à son domicile.

Clin d'œil aux métiers suivants : *commerçant, restaurateur, hôtelier, agent immobilier, déménageur, livreur, agent de voyages, transporteur.*

SENTIMENTALEMENT

- Votre couple emménage dans une maison ou un appartement plus spacieux.
- Vous décidez de partir en croisière.
- Rencontre d'un homme mystérieux, secret.
- Individu désireux de fonder un foyer malgré ses angoisses.
- Relation amoureuse atypique qui vous plonge dans l'inconnu.

MÉDICALEMENT

- Rendez-vous à l'hôpital ou en clinique privée.
- Mauvaise circulation au niveau des jambes.
- Problème de vessie, incontinence.
- Dans certains cas, traitement à base de corticoïdes.
- Anxiété qui frise parfois la paranoïa.

DIVERS

- Déménagement imminent.
- Visite d'un logement.
- Voyage en bateau.
- Voyage près de l'eau, en bord de mer (ville côtière).
- Voyage de nuit.

BINÔME VII + XVIIII

+

Selon le contexte, ce binôme évoque les scénarios suivants :

PROFESSIONNELLEMENT

- Votre société fusionne avec une autre entité (notamment 7 + 19 + 8).
- Vous vous associez à une personne de confiance (un ami de longue date, etc.).
- Entreprise familiale qui marche à merveille.
- Tandem de choc, travail en binôme des plus harmonieux.
- Vous êtes au sommet de votre art, vos talents sont reconnus de tous.
- Projet de travail lié à la décoration d'intérieur (notamment 7 + 19 + 6).
- Individu qui adore se trouver sous les feux des projecteurs.
- Certains parmi vous se destinent à une carrière sportive (notamment 7 + 19 + 10).

Clin d'œil aux métiers suivants *: coach sportif, professeur d'éducation physique, éducateur, photographe reporter, acteur, projectionniste, orpailleur, employé(e) en bijouterie, décorateur, créateur, banquier (notamment 7 + 19 + 15), chauffeur de car scolaire.*

SENTIMENTALEMENT

- Extase amoureuse auprès d'un jeune homme originaire du sud ou d'un pays ensoleillé.
- Relation amoureuse payée de réciprocité.
- Vous envisagez de vous fiancer, de vous pacser (notamment 7 + 19 + 8).
- Jeune homme rencontré en période estivale.
- Dans certains cas, rencontre d'un jeune père de famille (deux enfants).

MÉDICALEMENT

- Bonne vitalité, cœur de sportif.
- Gare aux claquages musculaires.
- Sciatique douloureuse (notamment 7 + 19 + 13).

DIVERS

- Voyage au soleil.
- Excursion en amoureux, balade à deux.
- Invitation à des fiançailles, à un mariage.
- Ramassage scolaire.
- Achat d'une voiture neuve ou de luxe.
- Vous rendez visite à un frère ou une sœur.

BINÔME VII + XX

+

Selon le contexte, ce binôme évoque les scénarios suivants :

PROFESSIONNELLEMENT

- Projet examiné par une commission.
- Convocation à un entretien professionnel.
- Création d'un site web permettant de booster votre activité.
- Changements heureux vous propulsant à un poste inespéré.
- Nomination officielle venant récompenser vos efforts.
- Rendez-vous avec un juriste dans le cadre de vos affaires.
- Personne dans le milieu de la communication ou de l'audiovisuel public (notamment 7 + 20 + 21).

Clin d'œil aux métiers suivants *: musicien, jeune ingénieur du son, VRP, agent des télécoms, employé(e) à la radio, dans l'audiovisuel, webmaster, gérant d'un centre Internet, d'un cybercafé.*

SENTIMENTALEMENT

- Individu pour qui les sorties entre amis priment sur sa vie sentimentale.
- Homme rencontré dans un lieu fort animé (café, fête).
- Personne avec laquelle vous entretenez une correspondance Internet.

MÉDICALEMENT

- Rendez-vous chez l'orthophoniste ou avec un médecin ORL.
- Dans certains cas, problème d'oreille interne (étrier).

DIVERS

- Vous vous rendez à un concert.
- Campagne promotionnelle pour un CD, un disque.
- Rendez-vous juridique, compte-rendu d'audience.
- Révélations faites au cours d'un voyage.
- Propagande, politicien qui part en campagne.

BINÔME VII + XXI

+

Selon le contexte, ce binôme évoque les scénarios suivants :

PROFESSIONNELLEMENT

- Vous avez le vent en poupe, toutes vos entreprises sont couronnées de succès.
- Activité vous occasionnant des voyages aux quatre coins du monde (notamment 7 + 21 + 22).
- Votre réseau relationnel contribue largement à la réussite de vos projets.
- Individu qui part à la conquête de marchés étrangers.
- Commerce dont la clientèle se développe de manière exponentielle.
- Parcours professionnel qui se termine en apothéose.
- Certains parmi vous travaillent dans le transport de voyageurs.

Clin d'œil aux métiers suivants : *VRP multicarte, chauffeur de taxi, de bus, transporteur, routier, agent aéroportuaire, vendeur à l'import-export (notamment 7 + 21 + 14), tour-opérateur, ambassadeur, employé(e) à la SNCF.*

SENTIMENTALEMENT

- Extase amoureuse qui vous ouvre davantage sur l'extérieur.
- Rencontre amoureuse à l'étranger ou au cours d'un voyage.
- Vous faites la rencontre d'un homme d'origine étrangère.
- Des sorties mondaines vous donneront mille et une occasions de faire de nouvelles conquêtes.

MÉDICALEMENT

- Bonne santé.

DIVERS

- Voyage à l'étranger.
- Voyage linguistique.
- Projet de vie à l'étranger.
- Course automobile, circuit automobile.
- Artiste en tournée à l'étranger.

BINÔME VII + XXII

+

Selon le contexte, ce binôme évoque les scénarios suivants :

PROFESSIONNELLEMENT

- Mutation ou mobilité sont à l'ordre du jour (notamment 7 + 22 + 10).
- Service ou unité qui se délocalise.
- Activité itinérante, vous passez vos journées sur la route.
- Victime de harcèlement moral, vous cherchez à quitter votre poste (notamment 7 + 22 + 12).
- Surmenage qui finit par peser sur votre santé psychique. Vous avez l'impression de perdre pied.
- Individu qui se lance dans un projet sortant des sentiers battus.

Clin d'œil aux métiers suivants *: commercial, employé(e) au SAMU social, assistant(e) sociale, ambulancier, facteur, éducateur spécialisé, livreur, coursier.*

SENTIMENTALEMENT

- Individu qui sort meurtri d'une histoire d'amour.
- La peur de l'engagement fait que vous préférez renoncer en cours de route.
- Relation amoureuse qui vous insatisfait.
- Votre soupirant prend la poudre d'escampette.

MÉDICALEMENT

- Handicap physique ou mental.
- Problème de motricité (jambe, bassin).
- Troubles psychologiques voire psychiatriques.
- Blessure à une jambe.
- Dans certains cas, individu en chaise roulante.

DIVERS

- Délit de fuite.
- Vous renversez un piéton ou vous vous faites renverser (cf. 7 + 16).
- Véhicule endommagé.
- Vous faites appel aux services sociaux.

LA JUSTICE

Moi la Justice, je t'invite à respecter les us et les coutumes en vigueur,
à peser le pour et le contre dans chacune de tes actions.
Avec moi, il vaut mieux ne pas transgresser la loi !

Au premier coup d'œil, la Justice incarne :

1. Le droit, les lois
2. Les actes, les signatures
3. Les procès, les sanctions
4. Les contrats, les avenants
5. L'Administration, les papiers
6. La gestion, la comptabilité
7. Les fonctionnaires, l'État
8. Le rationnel, les mathématiques
9. L'équilibre
10. La rigidité, les limites

La Justice, en se mariant aux 21 autres arcanes, nous évoque l'**équité**, les **règles** et la **punition**.

BINÔME VIII + I

+

Selon le contexte, ce binôme évoque les scénarios suivants :

PROFESSIONNELLEMENT

- Après avoir fait la part des choses, vous décidez de créer votre société (PME-PMI).
- Démarches administratives attenantes à l'ouverture de votre entreprise (statuts, etc.).
- Rédaction d'un acte ou d'un contrat.
- Inauguration d'un nouveau service.
- Emploi juridico-administratif consistant en la rédaction de textes de loi.
- Signature d'un contrat de travail saisonnier ou d'un nouveau contrat (CDI).
- Examen ou concours administratif débouchant sur un poste de travail.
- Inspection du travail.

Clin d'œil aux métiers suivants : *greffier, juriste, agent de gestion, comptable, guichetier, professeur de mathématiques, d'algèbre, employé à la scolarité, secrétaire d'école, délégué syndical.*

SENTIMENTALEMENT

- Démarches en vue d'adopter un enfant (notamment 8 + 1 + 19).
- Femme mariée courtisée par un jeune homme.
- Rencontre d'une mère qui élève seule son enfant.
- Décision de justice concernant un enfant.

MÉDICALEMENT

- Régime au cours duquel vous devez peser vos aliments.
- Calculs rénaux possibles (notamment 8 + 1 + 14).
- Santé plutôt équilibrée.
- Dans certains cas, taux de cholestérol ou de sucre à surveiller.

DIVERS

- Dossier d'adoption ou de parrainage.
- Devis avant travaux.
- Inscription à l'école, scolarité.
- Une femme et un enfant.
- Inspection d'un poste de travail.
- Dossier de protection juridique (cf. 8 + 5).
- Certificat de naissance.
- Lancement d'une procédure juridique.

BINÔME VIII + II

Selon le contexte, ce binôme évoque les scénarios suivants :

PROFESSIONNELLEMENT

- Préparation à un concours juridique (magistrature, barreau).
- Vous recevrez une convention de stage.
- Titularisation ou contrat examiné par une supérieure hiérarchique ou par une avocate.
- Inscription à l'université, à des cours.
- Négociations salariales avec une responsable.
- Société dont la comptabilité est passée au peigne fin.
- Vocation juridique chez une femme.
- Action prud'homale possible.

Clin d'œil aux métiers suivants *: avocate, juge, greffière, magistrat, cadre administratif, fonctionnaire d'État, huissier (cf. 8 + 13), trésorière, professeur de mathématiques, employée d'une caisse de retraite.*

SENTIMENTALEMENT

- Rencontre d'une femme qui occupe de hautes fonctions.
- Femme désarmante, froide.
- Rencontre d'une femme mariée.
- Dans certains cas, divorce en cours (notamment 8 + 2 + 13).

MÉDICALEMENT

- Diabète/cholestérol à surveiller chez une femme.
- Examens ou analyses à l'ordre du jour.
- Régime alimentaire à l'étude.

DIVERS

- Contrat avec une maison d'édition (notamment 8 + 2 + 18).
- Dossier de retraite.
- Courrier administratif.
- Méchanceté d'une femme procédurière.
- Code civil ou pénal.
- Droits d'auteur.
- Instituts bancaires ou organismes financiers qui évaluent une demande de crédit.
- Documents et preuves portés à la connaissance de la justice.
- Droits de succession.

BINÔME VIII + III

+

Selon le contexte, ce binôme évoque les scénarios suivants :

PROFESSIONNELLEMENT

- Démêlé juridico-administratif qui vous cause de sérieux tracas.
- Courrier administratif (note de service, lettre de la direction) qui vient contrarier vos projets.
- Accession possible à un poste de direction pour une consultante.
- Administration dominée par la gent féminine.
- Femme de loi ou de pouvoir qui intervient en votre faveur dans le cadre de démarches administratives.
- Signature de contrats à l'ordre du jour.
- Nomination d'une femme à la tête de votre société.

***Clin d'œil aux métiers suivants** : secrétaire de mairie, employée à la préfecture, gestionnaire, comptable, auditeur, greffière, jeune avocate, policière, contractuelle, directrice financière, gérante de société (cf. 3 + 1), jeune commissaire de police, procureur.*

SENTIMENTALEMENT

- Rencontre d'une femme malheureuse en mariage.
- Vous faites le bilan de votre vie conjugale.
- Engagement officiel qui ne fait pas toujours plaisir à la consultante.
- Rencontre d'une personne plus cérébrale que physique.
- Réflexion qui finit par tuer la relation.

MÉDICALEMENT

- Maux d'origine psychosomatiques chez une consultante.
- Surmenage mental, difficulté d'endormissement.
- Équilibre nerveux fragilisé, psychorigidité.
- Une femme obsédée par son poids.

DIVERS

- Main courante ou dépôt de plainte à votre encontre.
- Convocation écrite pour répondre à des allégations.
- Assignation en justice, lettre de mise en demeure.
- Étudiante en droit.
- Entretien avec votre banquière.
- Dépenses dans l'apparat.
- Les droits de la femme.

BINÔME VIII + IIII

+

Selon le contexte, ce binôme évoque les scénarios suivants :

PROFESSIONNELLEMENT

- En général, réussite socioprofessionnelle qui vous met à l'abri du besoin.
- Travail dans une entreprise fortement hiérarchisée.
- Bataille juridico-administrative visant à récupérer des arriérés ou un dû.
- Transactions salariales au terme desquelles vous négociez un nouveau poste de travail.
- Homme de pouvoir qui joue un rôle capital dans votre évolution professionnelle.
- Contrat qui vous assoit en position de leader.
- Homme de loi que vous consultez pour la rédaction de contrats.
- Nomination d'un patron à la tête de votre société.
- Individu qui siège au conseil d'administration de sa société.

***Clin d'œil aux métiers suivants** : militaire, commissaire, policier, maire ou adjoint, préfet, cadre administratif, directeur financier, magistrat, avocat à la cour, fonctionnaire d'État, crédit manager, commissaire aux comptes, néphrologue.*

SENTIMENTALEMENT

- En règle générale, vie maritale sécurisante.
- Relation sentimentale avec un homme droit comme la justice.
- Couple composé de deux fortes personnalités.
- Rencontre d'un homme marié.
- Plus rarement, vous consultez un avocat par rapport à votre divorce.

MÉDICALEMENT

- Bon équilibre général.
- Attention au cholestérol, à une nourriture grasse, surtout chez un homme.
- Embonpoint fréquent chez un homme.
- Arthrose cervicale possible.
- Lombalgie, douleur au niveau du bas du dos.

DIVERS

- Problèmes bancaires.
- Situation conflictuelle avec une administration, un organisme de crédit, de justice.
- Décision ferme de justice.
- Garde à vue possible (notamment 8 + 12 ou 8 + 16).
- Achats relatifs à du mobilier.
- Les droits de l'homme.
- Appui d'un adjoint au maire.

BINÔME VIII + V

+

Selon le contexte, ce binôme évoque les scénarios suivants :

PROFESSIONNELLEMENT

- Accords protégés ou contrats fructueux qui vous ouvrent de belles perspectives.
- Avocat que vous sollicitez pour régler vos contrats d'affaires.
- Homme très haut placé (P.-D.G, politicien) qui appuie votre candidature ou un dossier à l'étude.
- Concours ou formation administrative pour décrocher un poste dans l'encadrement.
- Vous signez un contrat de travail en qualité de formateur.
- Nombreux parmi vous se destinent à une carrière juridique.
- Examen de droit (magistrature, barreau).

Clin d'œil aux métiers suivants : *magistrat, avocat, juge, huissier, maire, préfet, sénateur, P.-D.G, procureur général, commissaire, responsable administratif, agrégé de mathématiques, expert-comptable.*

SENTIMENTALEMENT

- Divorce houleux (notamment 8 + 5 + 13).
- Mariage ou remariage (notamment 8 + 5 + 19).
- Équilibre affectif avec un homme marié ou d'âge mûr.

MÉDICALEMENT

- Reins à surveiller.
- Dysfonctionnement possible des glandes surrénales.
- Entretien avec un professeur de médecine, bilan de santé.
- Obésité possible chez un quinquagénaire/sexagénaire.
- Consultation au cabinet d'un diabétologue.

DIVERS

- Intervention de la mairie en votre faveur.
- Enfant placé par un juge des tutelles.
- Vous gagnez un procès de longue haleine.
- Rendez-vous chez le notaire (succession, donation).
- Problème de garde d'enfants.
- Ordre des bâtonniers, des médecins.
- Plusieurs chefs d'inculpation à l'encontre d'un haut fonctionnaire.
- Conseil pontifical.
- Médiation dans un conflit.

BINÔME VIII + VI

+

Selon le contexte, ce binôme évoque les scénarios suivants :

PROFESSIONNELLEMENT

- Signature d'un contrat d'affaires entre trois protagonistes, accord tripartite.
- Vous consultez le service juridique de votre entreprise.
- Contrat de travail à mi-temps ou en temps alterné.
- Situation bloquée qui divise les salariés.
- Dilemme concernant votre niveau de rémunération (parfois procédure prud'homale collective).
- Accord passé dans le cadre d'un projet.

Clin d'œil aux métiers suivants : *avocat à la cour, juriste, délégué syndical ou prud'homal, médiateur.*

SENTIMENTALEMENT

- Mariage arrangé par la famille.
- Union motivée par des enjeux financiers, mariage de raison.
- Engagement sans réelle valeur officielle (mariage à Las Vegas).
- Désagrément dans votre mariage, voire divorce en plusieurs temps.
- Fiançailles officieuses entre amis pour mettre fin à des rumeurs.
- Difficulté à vous stabiliser dans une quelconque relation affective.
- Choix entre deux soupirants dont l'un est marié.
- De sérieux doutes vous assaillent quant à la nature de votre union.

MÉDICALEMENT

- Bilan sanguin.
- Recherche d'un groupe sanguin compatible dans le cadre d'un don d'organe.
- Vertiges liés à des problèmes oculaires.
- Les reins sont à surveiller.

DIVERS

- Avocats qui plaident à la cour.
- Conciliation entre avocats.
- Recherche du juste milieu dans un conflit.
- Procès en huis clos.
- Garde partagée d'enfants dans le cadre d'un divorce.
- Donation, indivision entre frères et sœurs.
- Achat de vêtements.
- Invitation à un gala, à un bal masqué, à des fiançailles.

BINÔME VIII + VII

+

Selon le contexte, ce binôme évoque les scénarios suivants :

PROFESSIONNELLEMENT

- Signature d'un contrat de travail (CDD ou CDI).
- Renouveau professionnel pour votre plus grande satisfaction.
- Analyse de votre parcours professionnel, bilan de compétences.
- Si vous êtes à la recherche d'un emploi, convocation du Pôle Emploi pour une proposition de travail.
- Administration qui déménage ses bureaux, ses locaux (notamment 8 + 7 + 16).
- Contrat de travail qui exige le permis de conduire.
- Rendez-vous à la chambre de commerce ou à l'URSSAF.
- Examen ou démarches administratives couronnés de succès.

Clin d'œil aux métiers suivants *: assureur, concessionnaire, inspecteur d'auto-école, agent de la circulation, contractuel, entrepreneur, développeur, jeune cadre dynamique, agent Pôle Emploi, employé URSSAF.*

SENTIMENTALEMENT

- Relation amoureuse équilibrante qui évolue favorablement.
- La passion finit par l'emporter sur la raison.
- Après réflexion, vous foncez tête baissée dans une nouvelle idylle amoureuse.
- Rencontre d'un jeune marié.

MÉDICALEMENT

- Santé satisfaisante dans l'ensemble.
- Léger déséquilibre dû à un problème de jambe (hanche, bassin).
- Dans certains cas, achat d'un fauteuil roulant.

DIVERS

- Achat/vente d'un véhicule.
- Dépenses liées à un contrat d'entretien (voiture, chaudière).
- Délivrance d'un permis de conduire ou retrait de points (procès-verbal).
- Billets de train ou d'avion.
- Procès gagné.

BINÔME VIII + VIIII

+

Selon le contexte, ce binôme évoque les scénarios suivants :

PROFESSIONNELLEMENT

- Éclaircissement apporté à un dossier administratif.
- Signatures retardées.
- Travail administratif que vous trouvez monotone et ennuyeux.
- Contrat de travail qui fait l'objet d'un examen minutieux.
- Dossier administratif dont la lenteur vous exaspère.
- Administration qui s'occupe des personnes âgées et de leurs intérêts.
- Parfois constitution d'un dossier de retraite (cf. 8 + 2).

Clin d'œil aux métiers suivants : *douanier, employé à la caisse de retraite, agent secret.*

SENTIMENTALEMENT

- Procédure de divorce qui traîne en longueur.
- Rigidité excessive qui vous rend hermétique à l'amour ou qui vous voue à la solitude.
- Vous analysez méticuleusement une histoire d'amour dans laquelle vous avancez à tâtons.
- Période de repli salutaire où vous n'êtes pas disponible pour les autres.

MÉDICALEMENT

- Insuffisance rénale.
- Équilibre précaire, régime pauvre en sucre ou en magnésium.
- Problème possible de bassin.
- Baisse de l'audition (cf. 9 + 20).

DIVERS

- Procédure juridique de longue haleine.
- Caisse de retraite.
- Mise sous tutelle, curatelle d'une personne âgée.
- Nouvelles preuves mises en lumière dans un procès.
- Dessous-de-table possible.
- Échéancier de paiement.
- Commission d'enquête.

BINÔME VIII + X

+

Selon le contexte, ce binôme évoque les scénarios suivants :

PROFESSIONNELLEMENT

- Contrat d'affaires qui fixe la part de chacun des actionnaires dans un projet d'entreprise.
- Votre droiture et votre éthique vous valent une promotion ou un avancement de carrière.
- Accès à un niveau de rémunération supérieur (prime ou augmentation de salaire).
- Si vous êtes gérant d'entreprise, votre comptabilité est saine et vos recettes sont à la hausse.
- Déblocage d'un dossier administratif ou d'une affaire juridique.

Clin d'œil aux métiers suivants : *comptable, gestionnaire, assureur, trésorier, avocat fiscaliste, analyste financier, boursier, agent de change.*

SENTIMENTALEMENT

- Mariage qui profite à votre train de vie.
- Divorce gagné, au terme duquel vous recevez des dommages et intérêts.
- En règle générale, votre vie maritale prend une bonne tournure.

MÉDICALEMENT

- Rigidité au niveau des articulations (rotule, phalanges, etc.).
- Arthrose cervicale (notamment 8 + 10 + 9) ou articulaire.
- Possibilité de calculs rénaux (cf. 8 + 14).

DIVERS

- Gains modérés aux jeux de hasard.
- Placements financiers en Bourse.
- Remboursement de dettes à votre avantage.
- Démarches que vous finalisez auprès de votre banque.
- Acte notarié par lequel vous recevrez un legs, une donation.
- Affaire juridique dans laquelle vous obtenez gain de cause.
- Caisse de dépôt et consignation.
- Achat d'un appareil électroménager ou d'un deux-roues.

BINÔME VIII + XI

+

Selon le contexte, ce binôme évoque les scénarios suivants :

PROFESSIONNELLEMENT

- Conflit avec une responsable hiérarchique ou avec une autorité quelconque au sein de votre société.
- Individu qui a tendance à confondre autorité et despotisme.
- Cadre ou chef de service qui entend user de son pouvoir pour remettre de l'ordre dans une unité de travail.
- Concours pour un poste de responsable au sein d'une administration.
- Vous êtes évalué(e) sur vos aptitudes à diriger une équipe.
- Deux femmes se livrent une lutte sans merci sur votre lieu de travail.
- Contrat qui vous place en position de force.

Clin d'œil aux métiers suivants *: CRS, policier, militaire de carrière, agent de sécurité, garde des Sceaux, procureur, commissaire, cadre administratif, chef de division, crédit manager, agent de recouvrement, directrice (banque), employé du service contentieux, salarié d'une fédération sportive.*

SENTIMENTALEMENT

- Amour exclusif qui provoque des conflits au sein d'un couple (violences conjugales possibles).
- Possessivité qui vire à l'affrontement.
- Femme maîtresse qui aime avoir l'ascendant sur son partenaire.
- Plus rarement, vous engagez une procédure de divorce.

MÉDICALEMENT

- En général, vitalité de sportif.
- Prise de poids importante.
- Problème d'embonpoint ou d'obésité chez une femme.
- Régime amaigrissant qui associe la pratique d'un sport.
- Risque de diabète.

DIVERS

- Arrêté préfectoral qui légitime le recours à la force, aux CRS.
- Intervention musclée des forces de police, arrestations possibles.
- Bras de fer avec l'appareil juridique ou avec des services contentieux.
- Directrice de banque avec laquelle vous avez maille à découdre.
- Argent dû que l'on entend récupérer par tous les moyens.
- Femme de pouvoir qui applique la loi stricto sensu.
- Dépôt de plainte pour coups et blessures (notamment 8 + 11 + 16).
- Décision de mise à l'épreuve, d'effectuer des travaux d'intérêt général.
- Placement dans un centre de redressement ou maison de correction.

BINÔME VIII + XII

Selon le contexte, ce binôme évoque les scénarios suivants :

PROFESSIONNELLEMENT

- Actes de carrière et avancements sont bloqués pour l'instant.
- Négociations salariales restées au point mort ou différées.
- Un climat hostile entoure la signature de contrat : attention, on pourrait vous tendre un piège.
- Scandale financier préjudiciable aux salariés de l'entreprise.
- Vous êtes forcé(e) de vous arrêter pour une hospitalisation ou une maladie professionnelle.
- Parfois, un arrêté vous suspend de vos fonctions.
- Dossier administratif en attente.

***Clin d'œil aux métiers suivants** : employé en milieu carcéral, geôlier, salarié d'une mutuelle de santé ou à la Sécurité sociale, secrétaire médicale (cf. 3 + 12).*

SENTIMENTALEMENT

- Relation affective bien peu épanouissante.
- Mal-être qui vous empêche de vivre pleinement vos histoires d'amour.
- Bilan d'une liaison qui ne vous convient plus.
- Divorce pour faute (adultère).
- Mariage duquel vous vous sentez prisonnier.

MÉDICALEMENT

- Déséquilibre énergétique et psychologique.
- Examens médicaux : bilan de santé à l'ordre du jour.
- Les reins sont à surveiller de près.
- Individu placé sous dialyse (notamment 8 + 12 + 18 ou 8 + 12 + 16).
- Infection microbienne qui vous rend vulnérable.
- Coliques néphrétiques possibles (notamment 8 + 12 + 14).
- Troubles du sommeil.

DIVERS

- Dettes que vous ne parvenez plus à rembourser.
- Remboursement de prêt que vous faites suspendre.
- Détention provisoire, garde à vue, arrestation.
- Administration pénitentiaire.
- Devis pour des soins médicaux.
- Caisse d'assurance maladie.
- Ordonnance, dossier médical.
- Pension d'invalidité.
- La justice rend un non-lieu ou vous déboute.

BINÔME VIII + XIII

+

Selon le contexte, ce binôme évoque les scénarios suivants :

PROFESSIONNELLEMENT

- Rupture de contrat, notification de licenciement ou de mise à pied.
- Contrat résilié ou non reconduit.
- Attestation de cessation d'activité, de dépôt de bilan ou de radiation.
- Ambiance de travail équivalente à celle d'un champ de bataille.
- Procédure prud'homale qui n'épargne personne.
- Versement d'une indemnité de licenciement ou de chômage.

Clin d'œil aux métiers suivants : *huissier de justice, notaire, policier dans la criminelle, criminologue, avocat pénaliste, salarié aux pompes funèbres, liquidateur judiciaire, employé(e) Pôle Emploi/APEC.*

SENTIMENTALEMENT

- Procédure de divorce pénible et coûteuse.
- Sécheresse émotionnelle, vous êtes sans cesse sur la défensive.
- Prise de conscience douloureuse mais salutaire.
- Rencontre d'une personne veuve ou divorcée.
- Bilan qui vous conduit à mettre un terme à votre liaison amoureuse.

MÉDICALEMENT

- Régime fort carencé, dangereux pour la santé, anorexie.
- Perte de poids importante.
- Personne en proie aux crises de nerfs.
- Dépression sévère.
- Risques réels de coupures ou de fractures.
- Évaluation des dangers avant un acte chirurgical.
- Possible opération des reins.
- Rarement, décès d'un proche.

DIVERS

- Dettes contractées, surendettement.
- Procès annulé ou perdu.
- Krach boursier.
- Situation économique et sociale catastrophique.
- Vous sortez les personnes indésirables de votre vie.
- Affaire criminelle.
- Certificat de décès.
- Pension de guerre ou de veuvage.
- Procédure d'expulsion par voie d'huissier.

BINÔME VIII + XIIII

+

Selon le contexte, ce binôme évoque les scénarios suivants :

PROFESSIONNELLEMENT

- Vous signez un contrat d'intérim.
- Contrat de travail en temps alterné (cf. 8 + 6) ou cumul de deux mi-temps.
- Signature d'un accord bilatéral avec l'étranger (par exemple import-export).
- Rapports parfois électriques avec l'Administration ou la justice : mettez de l'eau dans votre vin !
- Faites preuve de souplesse et de discernement dans vos prises de décision.
- Démarches possibles auprès d'une ambassade ou d'un consulat au sujet d'un poste de travail.

Clin d'œil aux métiers suivants : *médiateur, agent de change, agent de liaison, directrice d'une agence d' intérim, employé(e) dans un syndicat d'initiative, diplomate, contrôleur aérien.*

SENTIMENTALEMENT

- Vous vous efforcez de maintenir l'harmonie dans votre couple.
- Divorce pour lequel on cherche un consensus, une résolution amiable.
- Rencontre d'une femme « blasée » que vous tentez de divertir tant bien que mal.
- Personne dont les propos tranchants dépassent parfois sa pensée.
- Correspondance avec une femme mariée.

MÉDICALEMENT

- Calculs rénaux.
- Colique néphrétique.
- Problème d'œsophage (hernie hiatale) ou d'estomac chez une femme.
- Diabète possible.
- Rétention d'eau ou d'urine.
- Régime diététique draconien qui vous oblige à peser tous vos aliments.
- Équilibre nerveux fragile, difficulté à se détendre.

DIVERS

- Justice à deux vitesses.
- Résolution d'un différend administratif par téléphone.
- Facture d'électricité ou de téléphone.
- Équilibre budgétaire qui vous oblige à jongler entre deux comptes.
- Comité d'entreprise.
- Achat d'un billet d'avion.
- Tendance à passer d'un extrême à un autre dans vos prises de décision.

BINÔME VIII + XV

Selon le contexte, ce binôme évoque les scénarios suivants :

PROFESSIONNELLEMENT

- Signature de gros contrats d'affaires.
- Démarches auprès d'administrations fiscales dans le cadre de vos activités professionnelles.
- Individu qui aime l'argent pour le pouvoir qu'il lui procure.
- Inclination naturelle à travailler dans l'univers de la finance.
- À vouloir profiter du système, gare aux redressements fiscaux.
- Dans certains cas, argent issu de la prostitution.

***Clin d'œil aux métiers suivants** : avocat d'affaires, banquier, agent du fisc ou des impôts, expert-comptable, agent de la répression des fraudes, politicien, militaire de carrière, employé gouvernemental, affactureur.*

SENTIMENTALEMENT

- Rapports affectifs à la limite du sadisme.
- Équilibre conjugal basé uniquement sur le sexe.
- Jalousie quasi maladive qui nuit à votre couple.

MÉDICALEMENT

- Déséquilibre hormonal.
- Lourd traitement médicamenteux.
- Troubles du sommeil (cf. 8 + 12).
- Problèmes de viscères.

DIVERS

- Verdict ou sentence que vous trouvez injuste.
- Duel avec les impôts (notamment 8 + 15 + 13).
- Règlement relatif aux délinquants sexuels.
- Organisme de censure (brigade des mœurs).
- Affaire juridique d'attentat à la pudeur ou liée à la prostitution.
- Ne vous faites pas l'avocat du diable.
- Vous risquez de payer vos débordements en tous genres.

BINÔME VIII + XVI

+

Selon le contexte, ce binôme évoque les scénarios suivants :

PROFESSIONNELLEMENT

- Contrat qui s'arrête brutalement.
- Société en liquidation judiciaire, décision de fermer une entreprise.
- Charges et cotisations trop élevées qui vous mettent dans de sérieuses difficultés financières.
- Situation comptable catastrophique, vous êtes au bord du gouffre.
- Décision de justice irrévocable qui vous met le dos au mur.
- Bureaux délocalisés sans aucun préavis, à la surprise générale.
- Ambiance de travail dégradée, conflits à répétition.
- Procédure prud'homale dans le cadre d'un différend salarial.
- En positif, achat d'un local professionnel.

Clin d'œil aux métiers suivants : *assureur, huissier de justice (cf. 8 + 13), liquidateur judiciaire, salarié de l'OPAC, employé d'un syndic de copropriété, agent de recouvrement.*

SENTIMENTALEMENT

- Foyer qui vacille, au bord de l'éclatement.
- Divorce pénible.
- Après en avoir pesé le pour et le contre, vous virez votre partenaire avec perte et fracas.
- En positif, vous achetez un bien commun.

MÉDICALEMENT

- Importante perte de poids.
- Sommeil fortement perturbé.
- Perte d'équilibre, chute provoquant des fractures.
- Reins en mauvais état.
- Plus rarement, syncope ou coma.

DIVERS

- Conflit de copropriété.
- Problèmes financiers inhérents à l'achat d'un appartement. Crédit refusé.
- Expulsion ou décret de démolition.
- Verdict négatif, vous subissez les foudres de la justice.
- Bouleversements inattendus dans un litige, procès à rebondissements.
- Dettes, dépenses imprévues.
- Héritage ou succession contesté.
- Administration du droit au logement.
- Évaluation des dégâts causés par le feu.
- Permis de construire.

BINÔME VIII + XVII

+

Selon le contexte, ce binôme évoque les scénarios suivants :

PROFESSIONNELLEMENT

- Avenant à un contrat pour cause de congé de maternité.
- Signature d'un contrat lié à la création artistique.
- Projet professionnel en rapport avec une société de production (notamment 8 + 17 + 15).
- Comptabilité saine, vous pouvez dormir sur vos deux oreilles.
- Notation ou évaluation qui se passe à merveille.
- Entente cordiale au sein de votre entreprise ou avec vos collègues.

Clin d'œil aux métiers suivants : *diététicienne, nutritionniste, marchand d'art, commissaire priseur, agent artistique.*

SENTIMENTALEMENT

- Équilibre affectif, sensation de plénitude.
- Après avoir bien réfléchi, vous décidez d'avoir un bébé.
- Amour qui coule de source.

MÉDICALEMENT

- Régime alimentaire à base de produits naturels, riche en fibres.
- Individu qui doit surveiller son poids.
- Prise de poids dû à une grossesse.
- Petits tracas possibles de rétention d'eau ou de vésicule biliaire.
- Hygiène de vie équilibrée.
- Sommeil de bonne qualité.

DIVERS

- La justice fait pencher la balance en votre faveur.
- Harmonie retrouvée à la campagne.
- Personne bien dans sa peau.
- Facture d'eau.
- Achat d'une œuvre d'art.

BINÔME VIII + XVIII

+

Selon le contexte, ce binôme évoque les scénarios suivants :

PROFESSIONNELLEMENT

- Contrat de travail qui comporte plusieurs zones d'ombres.
- Société au sein de laquelle les apparences sont trompeuses et où l'on tient un double langage.
- En affaires, évitez de signer des contrats sans avoir vu votre avocat.
- Vous êtes jugé plus sur des qu'en-dira-t-on et des bruits de couloir que sur vos compétences réelles.
- Papiers liés à l'ouverture d'une boutique, d'un salon, d'une succursale.
- Individu travaillant dans un cabinet d'avocat, une étude notariale, etc.

Clin d'œil aux métiers suivants : *notaire, avocat à la cour, agent immobilier, gérante d'un hôtel, d'une boutique, salarié(e) dans un cabinet de gestion immobilière.*

SENTIMENTALEMENT

- Foyer au sein duquel des rancœurs ont pris place.
- Inquiétudes légitimes sur le devenir de votre couple/foyer.
- Présence d'une rivale qui agit dans l'ombre (amie jalouse).
- Mensonges, vous ne savez plus distinguer le vrai du faux.
- Mariage blanc ou mariage gardé secret.
- En positif, l'achat d'un logement accapare tout votre temps.

MÉDICALEMENT

- Personne diabétique.
- Calculs rénaux ou cystite (notamment 8 + 18 + 14).
- Déséquilibre hormonal (préménopause).
- Traitement à base de corticoïdes.
- Tension artérielle à surveiller.

DIVERS

- Faux témoignages ou mensonges qui vous sont préjudiciables.
- Testament ou héritage à l'ordre du jour.
- Manque de transparence dans une affaire légale/juridique.
- Achat ou vente d'une maison, d'une résidence secondaire.
- Bataille juridique liée à un bien immobilier.
- Signature d'un bail ou d'une location d'appartement.
- Assurance inondation, dégâts des eaux.
- Palais de justice.
- Agence immobilière, cabinet de gestion, syndic de copropriété.
- Femme sournoise qui colporte toutes sortes de rumeurs.

BINÔME VIII + XVIIII

+

Selon le contexte, ce binôme évoque les scénarios suivants :

PROFESSIONNELLEMENT

- Regroupement légal de deux entités : OPA, fusion.
- Accord de partenariat, signé entre deux associés.
- Comptabilité au beau fixe, votre société dégage des bénéfices.
- Argent gagné issu de la gestion d'un patrimoine immobilier.
- Évaluation ou diplôme qui couronne vos talents professionnels.
- Réussite socioprofessionnelle éclatante, perspectives d'avenir tout aussi lumineuses.
- Possibilité de signature d'un contrat de travail à mi-temps (cf. 8 + 6).
- Examen de droit que vous réussissez.
- Signatures d'accords bilatéraux avec un pays africain.

Clin d'œil aux métiers suivants *: juge pour enfants, aux affaires familiales, employé(e) au planning familial, d'une crèche, à la scolarité, banquière, avocate.*

SENTIMENTALEMENT

- Mariage ou fiançailles, vous officialisez votre union.
- Bonne entente et complicité de chaque instant au sein du couple.
- Rencontre d'une femme mariée qui a deux enfants.

MÉDICALEMENT

- En général, santé éclatante.
- Arythmie cardiaque possible.
- Vous passez un électrocardiogramme.

DIVERS

- Vous gagnez un procès, la justice rétablit vos droits.
- Dossier d'adoption qui aboutit.
- En cas de divorce, soit vous gagnez la garde de vos enfants, soit vous optez d'un commun accord pour une garde alternée.
- Dépenses consacrées exclusivement à vos enfants.
- Demande de crèche ou d'établissement scolaire accordé.
- Accord d'un prêt bancaire ou d'un crédit.
- Droit des enfants.

BINÔME VIII + XX

+

Selon le contexte, ce binôme évoque les scénarios suivants :

PROFESSIONNELLEMENT

- Verdict imminent dans une affaire de conflits d'intérêts.
- Pourparlers et signatures autour d'un contrat d'affaires.
- Vous faites appel à un syndicat pour défendre vos intérêts.
- Action prud'homale qui touche à sa fin.
- Accord collectif redéfinit, négociations salariales à l'ordre du jour.
- Démarches administratives auprès de l'URSSAF ou de la chambre de commerce concernant vos charges et votre comptabilité.
- Concours du barreau ou de la magistrature.
- Convocation des médias dans le cadre d'une annonce officielle.
- Signature liée à la mise en place d'un site Web.

Clin d'œil aux métiers suivants : *juge d'instruction, président d'une commission, rapporteur, avocat, notaire, magistrat, procureur, juge d'application des peines, bâtonnier.*

SENTIMENTALEMENT

- Divorce prononcé qui met fin à votre calvaire.
- Vous parlez à cœur ouvert : aveux et confessions sont à l'ordre du jour.
- Annonce légale d'une naissance, faire-part.
- Baptême.

MÉDICALEMENT

- Problème d'équilibre lié à une oreille (notamment 8 + 20 + 12).
- Troubles de l'audition. Vous passez un audiogramme.
- Bilan ou résultats d'analyses commentés.
- Régime alimentaire à l'étude.

DIVERS

- Entretien avec un avocat ou un juriste.
- Procès fortement médiatisé qui fait la une des journaux télévisés.
- Convocation à comparaître au tribunal.
- Vous êtes appelé à la barre en qualité de témoin dans un procès.
- Période de dénouement et de délibérations, la justice s'apprête à rendre son jugement.
- Confrontation organisée par la justice ou la police dans le cadre d'une enquête.
- Convocation par le fisc.
- Élections municipales, présidentielles (dépouillement officiel), résultat (notamment 8 + 20 + 15).

BINÔME VIII + XXI

+

Selon le contexte, ce binôme évoque les scénarios suivants :

PROFESSIONNELLEMENT

- Signature de contrats avec des pays étrangers.
- La discipline et la rigueur portent leurs fruits dans votre travail.
- Concours ou diplôme décroché avec succès.
- Démarches administratives couronnées de succès.
- Poste dans une administration internationale.
- Les recettes de votre société sont en constante augmentation.
- Activité de commerce international.
- Mutation ou poste proposé à l'étranger.

Clin d'œil aux métiers suivants : *avocat international, juge à l'international, salarié d'une banque mondiale, employé(e) à l'import-export, attaché(e) d'ambassade, employé(e) au ministère de la Justice (cf. 2 + 8).*

SENTIMENTALEMENT

- Mariage à l'étranger.
- Voyage et sorties participent à votre équilibre conjugal.

MÉDICALEMENT

- Bon équilibre général.

DIVERS

- Placements financiers à l'étranger.
- Tribunal international de La Haye.
- Procès gagné, verdict heureux.
- Vision parfois cartésienne et binaire du monde qui vous entoure.

BINÔME VIII + XXII

+

Selon le contexte, ce binôme évoque les scénarios suivants :

PROFESSIONNELLEMENT

- Emploi administratif que vous cherchez à quitter tant le cadre est trop rigide.
- Travail qui vous épuise moralement, votre santé psychique est à surveiller.
- Alternance entre contrat de travail et périodes d'inactivité.
- Immaturité dans la gestion d'un portefeuille.
- Mise à pied, sanction.
- Attitude irresponsable qui vous est reprochée avec véhémence.
- Tendance à donner le bâton pour se faire battre.
- Plus rarement, mission à l'étranger ou service délocalisé.
- En positif, on vous accorde votre mutation (notamment 8 + 22 + 10).

Clin d'œil aux métiers suivants *: convoyeur de fonds (cf. 10 + 22), assistante sociale, employé(e) au service de l'immigration.*

SENTIMENTALEMENT

- Engagement qui vous fait peur.
- Vous fuyez vos devoirs conjugaux.
- Mariage qui va de mal en pis.
- Dépression grandissante face à une union qui se dégrade de jour en jour.
- Rencontre d'une femme froide et critique que vous fuyez à tire-d'aile.
- Épouse exigeante qui vous reproche de ne pas être à la hauteur.

MÉDICALEMENT

- Déséquilibre psychologique.
- Nature mélancolique et bileuse.
- Déprime latente.
- Migraines, céphalées.

DIVERS

- Marginalité d'un point de vue administratif.
- Papiers égarés.
- Un imposteur fuit avec de l'argent dérobé (hold-up).
- Assistance juridique aux personnes sans ressources.
- Demande de visa ou de titre de séjour.
- Association au service des démunis, de l'exclusion sociale.
- Procès reconduit.
- Individu en liberté conditionnelle.
- Individu dépensier.
- Procès mal engagé ou renvoyé.

L'HERMITE

Moi l'Hermite, je t'invite à prendre du recul face aux événements
et à faire preuve de sagesse dans tes prises de décision.
Avec moi, sache que le temps joue toujours en ta faveur.

Au premier coup d'œil, l'Hermite incarne :

1. Le grand-père, la vieillesse
2. Un historien, un généalogiste
3. La solitude, le repli
4. Le célibat, la prêtrise
5. Les chercheurs, les savants
6. Le guide, la lumière
7. L'endurance, la lenteur
8. La médiation, la quête
9. La méticulosité
10. Les retards, la patience

L'Hermite, en se mariant aux 21 autres arcanes, nous évoque la **recherche**, la **découverte,** et la **philosophie du temps qui passe**.

BINÔME VIIII + I

+

Selon le contexte, ce binôme évoque les scénarios suivants :

PROFESSIONNELLEMENT

- Temps dédié à l'écriture d'un livre ou à la rédaction d'une thèse.
- Individu qui présente de sérieuses dispositions pour la recherche en laboratoire.
- Des lenteurs providentielles retardent vos entreprises.
- Période de récession suivie d'une reprise d'activité.
- Révision ou mise en place d'un nouvel outil informatique (logiciel).
- Retraite quasi monacale qui vous permet d'accoucher d'un nouveau projet.
- À force de persévérance, vous finissez par concrétiser un projet de longue date.

Clin d'œil aux métiers suivants : *laborantin, chercheur, savant, géomètre, sourcier, généalogiste, accoucheur, obstétricien, kinésithérapeute, psychologue scolaire, dépanneur en informatique, spéléologue.*

SENTIMENTALEMENT

- Relation naissante dans laquelle vous avancez à tâtons.
- Évitez de mettre la charrue avant les bœufs.
- Grossesse à ses débuts ou désir d'enfant dans un couple.
- Solitude qui ne sera bientôt plus qu'un lointain souvenir.
- Rencontre d'une personne taciturne ou renfermée sur elle-même.
- Jeune homme tourné vers le passé.

MÉDICALEMENT

- Rendez-vous dans un laboratoire d'analyses médicales.
- Rhumatismes articulaires.
- Opération de la cataracte chez une vieille personne (notamment 9 + 1 + 20).
- Problème de surdité chez un adolescent (plus rarement enfant autiste).
- Personne voûtée.
- Rendez-vous possible avec un obstétricien.
- Personne âgée à qui on a prescrit un vaccin ou des piqûres.

DIVERS

- Métrage d'un terrain.
- Étude de généalogie.
- Recherche d'un enfant (disparu).
- Enfant élevé par son grand-père.

BINÔME VIIII + II

Selon le contexte, ce binôme évoque les scénarios suivants :

PROFESSIONNELLEMENT

- Étude de 3e cycle (doctorat, etc.) qui vous demande un long travail de recherche.
- Lassitude et monotonie, impression de mise au placard.
- Constitution de votre dossier de retraite (notamment 9 + 2 + 8).
- Spécialisation, préparation à un examen.
- Isolement nécessaire à l'écriture d'un livre, d'une biographie.

Clin d'œil aux métiers suivants *: historien (cf. 9 + 13), archiviste, universitaire, théologien, psychologue, docteur en philosophie, radiologue (cf. 5 + 2), enquêteur, obstétricien, employé(e) en gérontologie, généalogiste.*

SENTIMENTALEMENT

- Couple de retraités qui s'aime comme au premier jour.
- Vieillesse solitaire.
- Solitude que vous rompez par la lecture, l'écriture.
- Recherche de son âme sœur par les petites annonces.
- Le poids du passé ralentit votre évolution affective.
- Des confidences vous sont faites, des secrets sont découverts.

MÉDICALEMENT

- Psychothérapie de longue haleine.
- Batterie d'examens et de radiographies (cf. 5 + 2).
- Vue en baisse, lunettes de lecture fortement conseillées.
- Problèmes liés au vieillissement du corps.
- Suivi obstétrique, grossesse.
- Aveugle ou malvoyant(e) qui utilise le braille.

DIVERS

- Les grands-parents, des parents âgés.
- Retraite studieuse.
- Monastère, couvent.
- Enquête, investigation.
- Psychanalyse qui met en lumière les raisons de vos échecs antérieurs.
- Mystères percés, secrets dévoilés.

BINÔME VIIII + III

+

Selon le contexte, ce binôme évoque les scénarios suivants :

PROFESSIONNELLEMENT

- Longue période de réflexion consacrée à l'élaboration d'un concept.
- Travaux rédactionnels qui vous prennent beaucoup de temps.
- Projets retardés ou idées qui peinent à se concrétiser.
- Lenteurs administratives, dossier traité en retard, courrier qui peine à vous parvenir.
- Avancement qui intervient parfois tardivement.

Clin d'œil aux métiers suivants : *psychologue, historien(ne), archiviste, enquêtrice, chercheur, laborantin(e), informaticienne.*

SENTIMENTALEMENT

- Vieille fille acariâtre ou repliée sur elle-même.
- Relation épistolaire qui s'essouffle.
- Personne dont on a de moins en moins de nouvelles.
- Femme que le manque de féminité isole.
- Liaison amoureuse qui semble vouée à l'échec.
- Individu qui intellectualise trop ses relations amoureuses.
- Recherche d'une femme rencontrée dans le passé.

MÉDICALEMENT

- Soucis oculaires liés au vieillissement.
- Examen du visage avant un lifting.
- Fond d'œil (notamment 9 + 3 + 6).
- Manque de tonus.
- Fatigue psychologique.

DIVERS

- Courrier ou document égaré.
- Recherche d'une amie, d'une ancienne connaissance, etc.

BINÔME VIIII + IIII

+

Selon le contexte, ce binôme évoque les scénarios suivants :

PROFESSIONNELLEMENT

- Grand fond d'érudition qui fait de vous une référence dans votre domaine de compétence.
- Parcours professionnel marqué par un grand sérieux dans l'exécution de vos fonctions.
- Persévérance qui vous permet d'assurer votre avenir et de bénéficier d'un emploi stable.
- Prévoyance qui vous incite à baliser le terrain avant d'asseoir un quelconque projet.
- Personne qui consacre son existence à la recherche.

Clin d'œil aux métiers suivants *: détective privé, chercheur, savant, laborantin, psychologue, ophtalmologue, opticien, inspecteur.*

SENTIMENTALEMENT

- Compagnon peu loquace ou peu démonstratif dans l'expression de ses sentiments.
- Union qui avance lentement mais sûrement.
- Solitude due à une grande pudeur, voire à une timidité maladive.
- Rencontre d'un célibataire endurci.
- Ex-petit ami(e) auquel vous êtes toujours attaché(e).

MÉDICALEMENT

- Arthrose cervicale.
- Fond d'œil, examens ophtalmiques.
- Problèmes de selles (cf. 9 + 13).
- Fragilité au niveau du bassin et des lombaires.

DIVERS

- Homme qui suit les traces de son père.
- Recherche d'un ami perdu de vue.

BINÔME VIIII + V

+

Selon le contexte, ce binôme évoque les scénarios suivants :

PROFESSIONNELLEMENT

- Thèse ou doctorat, études de 3e cycle (cf. 9 + 2).
- Longs travaux de recherche en préparation d'un séminaire ou d'un examen.
- Tests psychotechniques ou bilan de compétences.
- Connaissances quasi encyclopédiques dans le domaine scientifique ou médical.
- Stage de perfectionnement en informatique ou unité informatique reformée.
- Longue période d'attente qui aboutit à une formation.
- Explorateur ou chercheur aguerri qui fait part du fruit de ses recherches.
- À la recherche d'un emploi, vous faites le point avec votre conseiller Pôle Emploi/APEC.

***Clin d'œil aux métiers suivants** : scientifique, chercheur, médecin, laborantin, informaticien, directeur informatique, conférencier, psychothérapeute, kinésithérapeute, docteur en philosophie, obstétricien.*

SENTIMENTALEMENT

- Rencontre avec un grand solitaire.
- Individu qui préfère rester seul que d'être mal accompagné.
- Solitude consacrée à des travaux intellectuels.
- Rencontre amoureuse avec un savant, un professeur, un scientifique.
- Problèmes relationnels qui ont pour origine un père absent au sens propre comme au sens figuré.
- Recherche du père au travers de ses conquêtes amoureuses.
- Partenaire peu bavard à qui il faut tirer les vers du nez.

MÉDICALEMENT

- Tests en laboratoire commentés par votre généraliste.
- Suivi médical effectué par un chirurgien, un professeur.
- Bassin, coccyx à surveiller.
- Ostéoporose (notamment 9 + 5 + 13).
- Suivi psychologique (notamment 9 + 5 + 18).
- Problèmes héréditaires.

DIVERS

- Dialogue de sourds entre un père et son fils.
- Recherche de votre père.
- Résultats d'une enquête soumis à une commission.
- Vieillard qui attend la venue de ses petits-enfants.

BINÔME VIIII + VI

+

Selon le contexte, ce binôme évoque les scénarios suivants :

PROFESSIONNELLEMENT

- Vous tentez de faire la lumière sur un projet d'association douteux.
- Des hésitations viennent retarder votre évolution professionnelle.
- Collègues mal intentionné(e)s qui cherchent à s'immiscer dans votre vie privée.
- Réunion secrète où il est question de manœuvres frauduleuses, de société-écran, de prête-nom.
- Vous prenez le temps d'étudier un choix d'orientation professionnelle.
- Dans certains cas, recherche du candidat idéal.

Clin d'œil aux métiers suivants : *ophtalmologue, détective privé, infographiste (notamment 9 + 6 + 17).*

SENTIMENTALEMENT

- Vous passez votre vie affective sous silence.
- Rencontres amoureuses clandestines, adultères.
- Amour passé ou oublié qui se rappelle à votre bon souvenir.
- Interrogations possibles sur votre orientation sexuelle.
- Amour platonique, vous hésitez à vous engager davantage.
- Solitude de cœur.

MÉDICALEMENT

- Examen approfondi de la morphologie faciale (nez, oreille, etc.).
- Examens ophtalmologiques.
- Analyse sanguine, dépistage du VIH, etc.

DIVERS

- Découverte qui demande des éclaircissements.
- Groupe d'amis qui se voit en cachette.

BINÔME VIIII + VII

+

Selon le contexte, ce binôme évoque les scénarios suivants :

PROFESSIONNELLEMENT

- Après une période d'attente et de repli, vous remettez le pied à l'étrier.
- Travail dans l'informatique exigeant technicité et précision.
- Possible départ en retraite (cf. 9 + 13).
- Travail routinier et monotone qui va connaître un regain d'activité.
- À force de persévérance, vous parviendrez à atteindre vos objectifs.
- Recherche d'emploi.

Clin d'œil aux métiers suivants *: scientifique, informaticien, ingénieur automobile, agent du contrôle technique, employé(e) en maison de retraite, psychologue, inspecteur du travail (cf. 9 + 8).*

SENTIMENTALEMENT

- Après une longue période de questionnement, vous sortez de votre isolement.
- Relation en perte de vitesse qui retrouve un second souffle.
- Individu rattrapé par son passé affectif.

MÉDICALEMENT

- Problème de motricité chez un vieillard.
- Personne âgée en chaise roulante.
- Coccyx ou bassin fragilisé.
- Baisse d'audition ou port d'un appareil auditif.

DIVERS

- Problème d'éclairage sur un véhicule.
- Attention en traversant la rue ; aux piétons si vous êtes en voiture.
- Examen d'un véhicule que vous envisagez d'acheter.
- Voiture d'occasion, vieux tacot, vieille carlingue.
- Un vieil homme prend le train, le taxi.

BINÔME VIIII + VIII

+

Selon le contexte, ce binôme évoque les scénarios suivants :

PROFESSIONNELLEMENT

- Examen minutieux du niveau de rémunération à un nouveau poste.
- Budget prévisionnel à l'étude ou en cours d'estimation.
- Individu qui poursuit de longues études de droit.
- Attente d'une titularisation ou d'un contrat qui vous apportera davantage de stabilité.
- Constitution possible d'un dossier de retraite.
- Création d'entreprise contrariée par des délais administratifs (autorisations qui tardent à venir).
- Chiffre d'affaires en baisse.

Clin d'œil aux métiers suivants : *notaire, douanier, détective, agent du fisc, analyste financier, salarié à la caisse de retraite, inspecteur du travail, expert-comptable, chargé(e) d'études au ministère, en mairie.*

SENTIMENTALEMENT

- Selon le cas, vous réfléchissez longuement quant à un éventuel divorce/mariage.
- Solitude qui vous rend exigeant(e) dans vos choix sentimentaux.
- Parfois remariage tardif.
- Vous avancez prudemment pesant le pour et le contre dans une affaire de cœur.
- Vous hésitez à vous engager.

MÉDICALEMENT

- Problèmes de diabète ou de cholestérol chez une personne âgée (surtout 9 + 8 + 18).
- Déséquilibre fonctionnel au niveau du bassin, d'une hanche.
- Régime alimentaire carencé, pauvre en fer, etc.
- Baisse de tonus lié à un manque de magnésium, d'oligoéléments, etc.
- Dans certains cas, insuffisance rénale.

DIVERS

- Personne âgée qui passe devant le notaire (testament).
- Caisse de vieillesse.
- Report de paiement, échéancier.
- Lois archaïques, vétusté de la justice.
- Recherche d'état civil ou d'un quelconque papier administratif auprès de la mairie.
- Personne âgée sous curatelle ou démarches en ce sens.
- Retraite de la fonction publique.
- Enquête judiciaire, mise en examen.

BINÔME VIIII + X

+

Selon le contexte, ce binôme évoque les scénarios suivants :

PROFESSIONNELLEMENT

- Ouvrez l'œil ! Des opportunités vont se présenter au travail.
- Installation ou changement d'un logiciel informatique.
- Individu fasciné par la recherche technologique ou scientifique.
- Une nouvelle dynamique professionnelle va vous sortir de votre torpeur actuelle.
- Quête spirituelle qui vous fait évoluer vers un autre niveau de conscience.
- Période de repli suivi d'une période d'ascension professionnelle.

Clin d'œil aux métiers suivants : *informaticien-programmateur, ingénieur aéronautique, astrophysicien, chimiste, atomiste, chercheur, opticien, horloger, inventeur-concepteur, directeur en génie de matériaux, analyste crédit, auditeur.*

SENTIMENTALEMENT

- Relation amoureuse qui connaît des hauts et des bas.
- Sortie imminente d'un long cycle de solitude affective.
- Les choses vont bientôt s'accélérer dans votre vie sentimentale.
- Couple enfermé dans la monotonie de la routine quotidienne.
- Vous attendez le retour d'un(e) ex.

MÉDICALEMENT

- Arthrose.
- Polyarthrite, rhumatismes.
- Examen de la rotule.
- Disque usé ou fêlé.
- Vue en baisse.
- Vieil homme qui porte un appareil auditif.
- Retard de cycle.
- Grossesse qui arrive à terme (notamment 9 + 10 + 1).

DIVERS

- Déplacement retardé.
- Circuit de randonnée pédestre.
- Tendance à thésauriser, à faire sa pelote.
- Pension ou retraite peu élevée.
- Économies de bouts de chandelles.

BINÔME VIIII + XI

+

Selon le contexte, ce binôme évoque les scénarios suivants :

PROFESSIONNELLEMENT

- Las d'être mis(e) au placard, vous décidez de prendre le taureau par les cornes.
- Vous étudiez la meilleure stratégie pour accéder à un poste de responsable.
- Activité en déclin que vous parvenez à redresser à la seule force du poignet.
- Vos affaires avancent lentement mais sûrement.
- Telle la force tranquille, vous concrétisez vos projets, pas à pas, sans relâche.
- Vous passez à l'action après une longue période de méditation.

Clin d'œil aux métiers suivants *: obstétricien, ostéopathe, rebouteux, responsable informatique (cf. 5 + 9).*

SENTIMENTALEMENT

- Dame de cœur déterminée à vous sortir de votre isolement.
- Rencontre d'une personne taciturne ou renfermée qui livre difficilement ses émotions.
- Célibataire endurci qui reprend sa vie en main.

MÉDICALEMENT

- Examen intra-utérin (cf. 11 + 9).
- Aveugle ou malvoyant(e) assisté de son chien.
- Baisse de tonus musculaire, de vitalité.

DIVERS

- Psychanalyse ou méthode qui consiste à débloquer la parole.
- Campagne de vaccination antirabique.
- Quête spirituelle où vous découvrez l'art du self-control.
- On cherche à savoir ce que vous avez « dans le ventre ».
- Individu tantôt réservé tantôt coléreux.

BINÔME VIIII + XII

+

Selon le contexte, ce binôme évoque les scénarios suivants :

PROFESSIONNELLEMENT

- Projets fortement retardés, voire suspendus.
- Activité qui tourne au ralenti ou qui reste au point mort.
- Soyez prudent au travail, on cherche à vous tendre un piège.
- Emploi dans lequel on vous a définitivement mis au placard.
- Arrêt maladie, convalescence, hospitalisation.
- Vocation incontestable pour la recherche médicale.

Clin d'œil aux métiers suivants *: préparateur en pharmacie, chercheur, biologiste, herboriste, employé(e) en maison de retraite ou en milieu hospitalier, guérisseur, rebouteux, thérapeute, obstétricien (cf. 12 + 9).*

SENTIMENTALEMENT

- Vie sentimentale quasi monacale.
- Solitude vécue comme un chemin de croix, mal-être affectif.
- Manque de désir mettant votre couple en péril.
- Liaison amoureuse bancale dans laquelle vous êtes en très mauvaise posture.
- Timidité maladive qui vous inhibe.

MÉDICALEMENT

- Examens médicaux, on recherche les causes d'une maladie.
- Vieillard infirme, parfois grabataire.
- Individu alité, hospitalisé.
- Bas du dos en mauvais état (notamment 9 + 12 + 16).
- Stérilité possible.
- Déprime, tendance suicidaire.
- En positif, découverte d'un début de grossesse (fœtus).

DIVERS

- Études sur les énergies chinoises.
- Enquête sur les causes d'un suicide.
- Autopsie d'un corps.
- Quête spirituelle de haut niveau.

BINÔME VIIII + XIII

+

Selon le contexte, ce binôme évoque les scénarios suivants :

PROFESSIONNELLEMENT

- Dépôt de bilan, cessation d'activité.
- Vous partez en retraite, vous vous retirez de la vie active.
- Changement possible de logiciel informatique.
- Période d'essai qui touche à sa fin.
- Parcours professionnel semé d'embûches (chômage, conflits, etc.).

Clin d'œil aux métiers suivants : *démineur, géologue, parqueteur (cf. 5 + 13), archéologue, spéléologue, historien, généalogiste, médecin gérontologue, criminologue, employé(e) en maison de retraite, employé(e) aux pompes funèbres, médecin légiste, informaticien.*

SENTIMENTALEMENT

- Temps mort dans votre vie affective.
- Solitude qui vous rend irascible.
- Longue réflexion débouchant sur une rupture.
- Individu déterminé à tourner la page.
- Passé douloureux qui continue à vous hanter.

MÉDICALEMENT

- Décès d'un homme âgé (notamment 9 + 13 + 20).
- Vieillard à l'article de la mort.
- Unité de soins palliatifs.
- Décalcification osseuse, ostéoporose.
- Problèmes de dos (scoliose), bassin fragilisé.
- Coloscopie, examen des selles.
- Personne admise en long séjour.

DIVERS

- Ancien combattant, vétéran.
- Exhumation pour autopsie.
- Recherche des causes d'un incendie.
- Votre grand-père décède.
- Reconnaissance d'un terrain.
- Période de diète, de privation sur le plan matériel et pécuniaire.

BINÔME VIIII + XIIII

Selon le contexte, ce binôme évoque les scénarios suivants :

PROFESSIONNELLEMENT

- Recherche d'un travail à mi-temps, d'une vacation ou d'un emploi intérimaire.
- Personne qui officie dans le domaine des médecines douces (médecine chinoise, ayurvédique, acupuncture, etc.).
- Vous atteindrez vos objectifs de carrière grâce à votre constance et à votre sens inné de la mesure.
- Travaux d'exploration et de recherches intellectuelles qui impliquent des excursions à l'étranger.
- Vous cherchez à préserver un équilibre entre votre vie privée et votre vie professionnelle.

Clin d'œil aux métiers suivants : *maître reiki, mésothérapeute, sophrologue, praticien en médecine chinoise, guérisseur, énergéticien, guide touristique, électricien (cf. 1 + 14).*

SENTIMENTALEMENT

- Un(e) ex vous recontacte après un long silence.
- Individu de qui vous n'avez plus de nouvelles ou qui vous appelle de moins en moins.
- Votre solitude prend fin, vous retrouvez enfin la quiétude.
- Relation durable dominée par la douceur des échanges affectifs.

MÉDICALEMENT

- Fibroscopie (œsophage douloureux, reflux gastrique).
- Examen approfondi au niveau du nerf optique.
- Incontinence, problème de prostate chez un vieil homme.
- Vieillard qui présente des troubles respiratoires (bronches).
- Varices, problèmes circulatoires.
- Dans certains cas, cordes vocales fatiguées.
- Allergies (asthme...).

DIVERS

- Voyage aérien retardé.
- Examen d'un appareil électrique (luminaire, alternateur).
- Vous partez en pèlerinage à l'étranger.

BINÔME VIIII + XV

+

Selon le contexte, ce binôme évoque les scénarios suivants :

PROFESSIONNELLEMENT

- Soyez extrêmement prudent dans vos négociations d'argent car vous pourriez être victime d'un escroc. Ne signez rien à l'aveuglette, on cherche peut-être à vous arnaquer (vices cachés).
- Vous sortez de votre réserve habituelle, bien décidé à vous faire entendre auprès de vos collègues.
- Découverte d'éléments tenus secrets, ce qui vous met dans une colère noire.
- Climat professionnel malsain entretenu par des employés fourbes.

Clin d'œil aux métiers suivants : *sexologue, andrologue, psychologue, toxicologue, guérisseur-magnétiseur, employé(e) à la brigade des mœurs.*

SENTIMENTALEMENT

- Sexualité cachée vécue dans la plus grande discrétion.
- Rencontres dans des lieux de drague clandestins (bar échangiste, backroom).
- Individu amateur de voyeurisme ou d'exhibitionnisme.
- Frustration sexuelle ou sexualité vécue comme tabou.
- Thérapie conjugale auprès d'un sexologue.
- En positif, période d'abstinence qui prend fin.

MÉDICALEMENT

- Examen d'une infection vénérienne.
- Andropause, baisse de libido (parfois impuissance).
- Vieil homme qui porte une prothèse de hanche.
- Individu atteint de strabisme.
- Soucis de prostate chez un homme âgé (notamment 9 + 15 + 14).
- Plus rarement, analyse d'une tumeur cancéreuse.

DIVERS

- Rendez-vous des alcooliques anonymes.
- Découverte d'un réseau illégal de prostitution.
- Passeur de drogue ou de substances illicites.
- Attention aux coups de couteau dans le dos au sens propre comme au sens figuré.
- Regain d'énergie consécutif à une longue période d'isolement.
- Pot-de-vin, dessous de table.

BINÔME VIIII + XVI

+

Selon le contexte, ce binôme évoque les scénarios suivants :

PROFESSIONNELLEMENT

- Commission d'enquête chargée d'évaluer les risques d'accident et de faire respecter les normes de sécurité au travail.
- Restructuration professionnelle qui se passe dans la douleur.
- Changements complets des systèmes informatiques sur votre lieu de travail.
- Travaux de rénovation nécessités par la vétusté de vos locaux.
- Faute de temps, de moyens ou de soutien, vos projets s'écroulent en cours de route.
- Plan de départ à la retraite pas toujours bien vécu.
- Vous partez à la recherche d'un local professionnel.

Clin d'œil aux métiers suivants : *volcanologue, spéléologue, ascensoriste, guide de musée ou de monuments historiques, expert en sismographie, diagnostiqueur (notamment 16 + 9).*

SENTIMENTALEMENT

- En positif, recherche d'un logement plus grand pour votre foyer.
- Découverte qui fait exploser votre couple.
- Vous traversez une période de fortes turbulences dans votre foyer.
- Solitude ressentie comme une plaie béante.

MÉDICALEMENT

- Vieil homme qui fait une mauvaise chute.
- Problème de colonne vertébrale (scoliose).
- Risque d'attaque cérébrale ou de mort foudroyante (AVC).
- Vieillard dont la santé se dégrade.
- Absence, perte de mémoire.
- Arthrose, arthrite, rhumatismes.
- Parfois problème de peau (dépigmentation, dartre).

DIVERS

- Recherche de logement.
- Maison à l'abandon
- Visite guidée d'un château fort, d'une ruine, etc.
- Monastère, presbytère, couvent.
- Personne âgée qui vous cause beaucoup de soucis.
- Votre grand-père décède.

BINÔME VIIII + XVII

+

Selon le contexte, ce binôme évoque les scénarios suivants :

PROFESSIONNELLEMENT

- Chemin de vie marqué par une quête spirituelle de chaque instant.
- Projets de longue haleine (recherche, écriture), entrepris avec la sagesse propre aux grands mystiques.
- Routine professionnelle qui vous procure de la sérénité au quotidien.
- Voyant-médium qui met son don au service d'autrui.
- Période de flou artistique au cours de laquelle vous avez besoin d'éclaircissement.
- Vous patientez, assuré(e) que votre bonne étoile vous guide vers la réussite.

Clin d'œil aux métiers suivants : *voyant-médium, astronome, naturaliste, minéralogiste, botaniste, explorateur.*

SENTIMENTALEMENT

- La lumière est au bout du tunnel, signes avant-coureurs d'un mieux-être affectif.
- Bien-être intérieur, sensation d'être sur la bonne voie.
- Profondeur de sentiments vis-à-vis de l'être aimé.
- Célibataire qui fonde de sérieux espoirs en l'avenir.

MÉDICALEMENT

- Vue corrigée ou qui s'améliore.
- Examen dermatologique (grain de beauté, etc.).
- Rhumatismes soignés par un traitement naturel.
- Homme âgé qui part en thalasso ou en cure thermale.
- Examen gynécologique, suivi obstétrique, grossesse (notamment 9 + 17 + 19).

DIVERS

- Vieillard retiré à la campagne.
- Promenade champêtre.
- Vous serez bientôt éclairé.
- Don de clairvoyance latent ou avéré.

BINÔME VIIII + XVIII

+

Selon le contexte, ce binôme évoque les scénarios suivants :

PROFESSIONNELLEMENT

- Vous avez beau chercher, l'avenir vous semble bien sombre.
- Vous poursuivez votre petit bonhomme de chemin dans la grisaille du train-train quotidien.
- Il y a anguille sous roche au travail, on ne joue pas franc jeu avec vous.
- Certains parmi vous travaillent à domicile en indépendants.
- Psychanalyste ou individu passionné par la psychologie des rapports humains.
- Personne prostrée chez elle, angoissée par son avenir professionnel.
- Certains parmi vous sont lettrés ou possèdent la fibre littéraire.

Clin d'œil aux métiers suivants : *historien, veilleur de nuit, psychologue, clinicien, psychothérapeute, employé dans l'immobilier, navigateur.*

SENTIMENTALEMENT

- Individu solitaire cloîtré à son domicile.
- Passé lourd à porter qui vous rend craintif(-ive).
- Découverte de mensonges au sein de votre couple.
- Vie conjugale peu lumineuse.
- Dépression engendrée par une grande solitude affective.

MÉDICALEMENT

- Cyclothymie, dépression.
- Maladie cachée.
- Grossesse difficile.
- Échographie.
- Tendances paranoïaques ou schizophréniques.
- Insuffisance rénale ou incontinence chez une personne âgée.
- Vision floue (glaucome, cataracte).
- Suivi psychologique.

DIVERS

- Fin de la période hivernale (cf. 18 + 9).
- Visite d'un endroit sombre et lugubre.
- Vieille demeure.
- Vieil homme propriétaire d'un manoir, d'un château.
- Passé qui vous hante en permanence.
- Recherche d'un(e) locataire ou d'un bien immobilier.
- Examen des sous-sols.

BINÔME VIIII + XVIIII

+

Selon le contexte, ce binôme évoque les scénarios suivants :

PROFESSIONNELLEMENT

- Votre société entrevoit la possibilité d'une fusion à court et moyen terme.
- Projet mûrement réfléchi qui aboutit à un accord de partenariat.
- La lumière est au bout du chemin, de nouveaux espoirs se profilent.
- Longue période de lassitude suivie d'un regain d'intérêt pour votre activité.
- Individu qui se révèle être un véritable petit génie de la photographie (cf. 1 + 19).
- Spécialiste de la petite enfance, ou personne recherchant le contact des enfants.

Clin d'œil aux métiers suivants *: psychologue scolaire ou familial, pédiatre, pédo-psychiatre, photographe, paparazzi, guide touristique (de vacances).*

SENTIMENTALEMENT

- Rencontre de l'âme sœur après une longue période de solitude.
- Relation cachée entre deux amants.
- Thérapie conjugale qui porte ses fruits.
- Rencontre assurée à la fin de l'été.
- Pèlerinage au cours duquel vous tombez follement amoureux(-se).

MÉDICALEMENT

- Cœur fatigué, souffle au cœur possible.
- Arythmie cardiaque.
- Rendez-vous chez le cardiologue en vue d'examens.
- Individu qui porte un pacemaker.
- Amélioration de la vue (malvoyant).
- Sciatique possible.
- Beaucoup plus rarement, examen qui révèle une grossesse gémellaire.

DIVERS

- Fin de la période estivale (cf. 19 + 9).
- Quête holistique et spirituelle en parfait accord avec votre personnalité.
- Vieillard qui part en vacances au soleil.
- Vieil homme qui réside dans le Sud ou qui prend sa retraite dans un pays ensoleillé.

BINÔME VIIII + XX

+

Selon le contexte, ce binôme évoque les scénarios suivants :

PROFESSIONNELLEMENT

- Longues interrogations qui vous conduisent à explorer de nouvelles pistes, un nouvel axe de carrière.
- Consultation d'offres d'emploi sur le Net.
- Des éclaircissements vont enfin pouvoir faire avancer vos projets.
- Commission d'enquête qui cherche à moderniser les infrastructures de votre entreprise (outils informatiques).
- Comité restreint qui évalue votre parcours professionnel en vue d'une promotion.
- Dans certains cas, des nouvelles inattendues vous parviennent aux oreilles (simples bruits de couloir ou bulletin d'informations officiel).
- Annonce d'un départ à la retraite.
- Dans bien des cas, vos efforts antérieurs vont être récompensés à leur juste valeur.

Clin d'œil aux métiers suivants *: webmaster, programmateur, ingénieur informatique, détective, médecin ORL (cf. 5 + 20), pneumologue, chercheur au CNRS.*

SENTIMENTALEMENT

- Solitude émaillée de sorties imprévues.
- Recherche d'une histoire d'amour sur un site de rencontre (notamment 9 + 20 + 6).
- Un(e) ex reprend soudainement contact avec vous.
- Routine amoureuse qui bénéficie d'un second souffle.

MÉDICALEMENT

- Surdité, perte d'audition.
- Examens ORL (audiogramme, etc.).
- Parfois problèmes pulmonaires (bronchites).
- Radiographie des poumons (cf. 2 + 20 + 15).
- Opération de la cataracte au laser (notamment 9 + 20 + 6).

DIVERS

- Verdict différé.
- Auditions de témoins dans un procès.
- Mise en examen.
- Succession, indivision, acte notarié à l'ordre du jour.
- Procès en huis clos.
- Annonce d'un décès, enterrement (notamment 9 + 20 + 13).

BINÔME VIIII + XXI

+

Selon le contexte, ce binôme évoque les scénarios suivants :

PROFESSIONNELLEMENT

- Travail de recherche (informatique) dans une grande entreprise internationale.
- Poursuite d'études linguistiques de haut niveau (agrégation).
- Réussite professionnelle aussi tardive que spectaculaire.
- Savant (chercheur, médecin) qui parcourt le monde dans le cadre de recherches ciblées.
- Examen minutieux d'une proposition de travail liée à l'étranger.

Clin d'œil aux métiers suivants *: linguiste, sociologue, conférencier, agent secret, enquêteur, chercheur, épidémiologiste (médecin du monde).*

SENTIMENTALEMENT

- Relation amoureuse ou amitié amoureuse qui vous sort de votre bulle.
- Rencontre d'un homme mûr avec lequel vous connaîtrez d'intenses moments de bonheur.
- Difficultés relationnelles : vous avez tendance à vous fermer comme une huître.

MÉDICALEMENT

- Convalescence bénéfique.
- Vieil homme en pleine forme, longévité possible.
- Examens au centre des maladies tropicales.
- Plus rarement, agoraphobie.

DIVERS

- Individu qui a une grande connaissance des comportements humains.
- Avis de recherche international.
- Recherches ou fouilles entreprises à l'étranger.
- Retraite à l'étranger.

BINÔME VIIII + XXII

+

Selon le contexte, ce binôme évoque les scénarios suivants :

PROFESSIONNELLEMENT

- Marginalité socioprofessionnelle qui vous éloigne dangereusement des réalités quotidiennes.
- Routine professionnelle qui vous donne envie de tout plaquer.
- Tendance à laisser tomber vos projets à mi-chemin par manque de constance ou de motivation.
- Un service ou une partie de l'entreprise se délocalise.
- Personne qui a vocation à travailler auprès des minorités.
- Impression de faire du « sur place » qui vous mine le moral.

Clin d'œil aux métiers suivants *: employé(e) en gériatrie ou en gérontologie, professeur en neurologie, psychiatre (cf. 5 + 22), salarié de l'assistance publique, travailleur social, dépanneur informatique à domicile.*

SENTIMENTALEMENT

- Solitude qui vous déprime au plus haut point.
- Usure du couple qui vous incite à chercher le bonheur ailleurs.
- La peur du long terme vous fait prendre la fuite.
- Vie affective dissolue qui vous fait emprunter des chemins de traverse.
- Individu qui a perdu foi en l'amour ou qui s'est égaré momentanément.

MÉDICALEMENT

- Forte dépression.
- Sénilité, perte de mémoire.
- Vieillard touché par la maladie d'Alzheimer.
- Handicap moteur, boiterie.
- Douleurs dans une jambe.

DIVERS

- Études sur le comportement des délinquants.
- Individu solitaire et marginal.
- Moine qui part en pèlerinage.

LA ROUE DE FORTUNE

Moi, la Roue de Fortune, je t'invite à tenter ta chance, à saisir les opportunités de changement qui se présentent à toi. Avec moi, sache que la vie n'est que mouvement.

Au premier coup d'œil, la roue de Fortune incarne :

1. **Les cycles, les rotations**
2. **L'argent, la Bourse**
3. **Les gains aux jeux**
4. **Les dettes, les crédits**
5. **Les opportunités, le quotidien**
6. **L'évolution, la technologie**
7. **La chance, le hasard**
8. **Le déblocage, le renouveau**
9. **L'accélération, la vitesse**
10. **Les engrenages, le marasme**

La Roue de Fortune, en se mariant aux 21 autres arcanes majeurs, nous évoque les **aléas de la vie**, la **mobilité** et notre **adaptabilité aux changements**.

BINÔME X + I

+

Selon le contexte, ce binôme évoque les scénarios suivants :

PROFESSIONNELLEMENT

- Vous avez toutes les clés en main pour développer vos affaires ou pour évoluer dans votre profession.
- Conjoncture favorable vous permettant de monter votre propre entreprise.
- Apport financier qui vous aide à concrétiser vos projets.
- Vous saisissez une nouvelle opportunité professionnelle : stage de formation, création d'un nouveau service, promotion.
- Possibilité de devenir actionnaire d'un projet d'entreprise.
- Individu rompu aux transactions financières de tout ordre.
- Certains parmi vous ont une vocation pour la mécanique, les technologies complexes.

***Clin d'œil aux métiers suivants** : courtier, agent de Bourse, croupier, trader, étalagiste, inventeur, horloger, vendeur en électroménager, réparateur, mécanicien, technicien, acrobate, jongleur.*

SENTIMENTALEMENT

- Individu frivole qui pense avant tout à s'amuser.
- Rencontre imminente avec un jeune homme.
- Arrivée de nouvelles têtes dans votre paysage affectif.
- Avènement d'un nouveau cycle dans votre vie amoureuse.

MÉDICALEMENT

- Accouchement, naissance.
- Intervention sur un œil (notamment 10 + 1 + 13).
- Opération du ménisque ou de la rotule.
- Disque usé qui requiert des examens.
- Pose d'un corps étranger (stérilet, appareil auditif, etc.).
- Ovaire extrait ou analysé.
- Regain d'énergie.

DIVERS

- Gains aux jeux de hasard, dépendance possible.
- Problème de courroie, d'embrayage, de démarreur ou d'accélérateur sur votre véhicule.
- Changement de roue.
- Déplacement à une fête foraine.
- Placements financiers.
- Appareil ménager que vous faites réparer.

BINÔME X + II

+

Selon le contexte, ce binôme évoque les scénarios suivants :

PROFESSIONNELLEMENT

- Montage financier ou placement de capitaux qui s'avérera des plus fructueux.
- Avènement d'un nouveau cycle de formation.
- Évolution de carrière qui vous impose de remettre vos connaissances au goût du jour.
- Vous allez bientôt passer un examen ou des tests d'évaluation.
- Apprentissage d'un nouveau logiciel.
- Une femme influente va vous faire une proposition de travail.

Clin d'œil aux métiers suivants : *responsable crédit, analyste financier, agent de change, de Bourse.*

SENTIMENTALEMENT

- Une femme mature revient dans votre vie.
- Reprise d'une correspondance avec une femme d'âge mûr.

MÉDICALEMENT

- Lunettes de lecture indispensables.
- Examens ophtalmologiques (fond d'œil, etc.).
- Dérèglement hormonal, ménopause (notamment 10 + 2 + 15).
- Vous passez un scanner, un doppler, une I.R.M., etc. (cf. 10 + 22).

DIVERS

- Diagnostic ou révision d'un appareil.
- Personne qui suit de près les fluctuations boursières.

BINÔME X + III

+

Selon le contexte, ce binôme évoque les scénarios suivants :

PROFESSIONNELLEMENT

- Les circonstances vous permettent de faire valoir vos idées, de faire avancer vos projets.
- Période faste en opportunités diverses.
- Les avancements de carrière ou les promotions paraissent sous de bons auspices.
- Possibilité de se voir accorder une augmentation de salaire ou une prime.
- Business dont les rentrées d'argent ne cessent de croître.
- Accession à une poste de directrice au sein de votre unité.

Clin d'œil aux métiers suivants *: directrice financière, courtier, agent de Bourse, employée dans un casino, dans une société de jeux de hasard.*

SENTIMENTALEMENT

- Une femme ne tardera pas à faire irruption dans votre vie.
- Changement de comportement ou de milieu favorable à une nouvelle rencontre.
- Une envie soudaine de séduire vous rend irrésistible.

MÉDICALEMENT

- Un œil pose problème.
- Soucis médicaux d'ordre psychosomatique.
- Hyperactivité cérébrale.

DIVERS

- Vous bouclez vos fins de mois sans rencontrer de problèmes majeurs.
- Dépenses consacrées à votre garde-robe.
- Joueuse compulsive (jeux de hasard, casino).
- De nouvelles connaissances entrent dans votre cercle d'ami(e)s.

BINÔME X + IIII

+

Selon le contexte, ce binôme évoque les scénarios suivants :

PROFESSIONNELLEMENT

- Évolution socioprofessionnelle, vous êtes promu à un poste de dirigeant.
- Rencontre fortuite avec un homme bien placé, qui va pouvoir vous épauler.
- Individu qui profite des retombées financières générées par son activité.
- Opportunité de vous stabiliser dans votre emploi actuel.
- Appui d'un homme d'expérience qui évolue dans les hautes sphères de la finance.
- Période où tout va pour le mieux dans votre vie.

***Clin d'œil aux métiers suivants** : agent de Bourse, placier, directeur financier, analyste financier, directeur d'une société de jeux de hasard, commissaire aux comptes, oculiste.*

SENTIMENTALEMENT

- Rencontre d'un homme de qui émane un extraordinaire rayonnement.
- Vie affective qui évolue vers une plus grande stabilité.
- Arrivée imminente d'un homme dans la vie d'une consultante.

MÉDICALEMENT

- Examen ophtalmologique (globe oculaire).
- Sacrum, coccyx fragilisé.
- Disque usé.

DIVERS

- Gain possible à un jeu de hasard : vous actionnez la roue de la fortune, du millionnaire.
- Appartenance à un cercle fermé : club privé des dirigeants d'entreprises, etc.

BINÔME X + V

+

Selon le contexte, ce binôme évoque les scénarios suivants :

PROFESSIONNELLEMENT

- Évolution de carrière qui vous propulse à un poste de formateur ou de conseiller.
- Activité libérale ou indépendante vous procurant une belle assise financière.
- Entretien avec un homme considéré comme une sommité dans son domaine de compétence (P.-D.G, cadre).
- Guidance divine ou protection en haut lieu qui vous assure une grande réussite socioprofessionnelle.
- Des accords renégociés (revus à la hausse) vont vous apporter davantage de sécurité.
- Dans certains cas, vous entamez un nouveau cycle de formation.

Clin d'œil aux métiers suivants *: conseiller financier, économiste, consultant, directeur financier, neurologue, inventeur, ingénieur automobile.*

SENTIMENTALEMENT

- Union positive centrée sur l'éducation des enfants.
- Liaison amoureuse qui, malgré des hauts et des bas, évolue vers une relation sérieuse.
- Couple qui décide de renouveler ses vœux de fidélité.
- Union amoureuse qui tend à déboucher sur un mariage.
- Arrivée d'un homme de pouvoir qui vous sécurise tant émotionnellement que matériellement.

MÉDICALEMENT

- Réorientation vers un spécialiste.
- Examens neurologiques (scanner, I.R.M.).
- Problème oculaire nécessitant de consulter un ophtalmologiste.
- Pression artérielle à surveiller.
- Possibilité de pontage.

DIVERS

- Visite impromptue de votre père ou grand-père.
- Cercle d'initiés.
- Ordination d'un prêtre.
- Aura spirituelle qui attire les confidences de votre entourage.
- Vocation pour une carrière religieuse.

BINÔME X + VI

+

Selon le contexte, ce binôme évoque les scénarios suivants :

PROFESSIONNELLEMENT

- Développement d'un projet ou d'une société entre trois protagonistes.
- De nouvelles opportunités vous mettent face à des choix d'orientations multiples.
- Votre évolution de carrière arrive à un nouveau carrefour : il faut faire un choix.
- Le recrutement de nouveaux talents va redynamiser l'ambiance de travail.
- Rythme de travail qui évolue vers un mi-temps ou vers une double activité.
- Individu qui fait les trois-huit ou qui effectue plusieurs rotations.
- Dans certains cas, équipe de collaborateurs payés à la commission.
- Plus rarement, argent issu de la vente de vêtements, de prêt-à-porter.

Clin d'œil aux métiers suivants *: commercial, vendeur, trader, intermittent du spectacle, forain.*

SENTIMENTALEMENT

- Période de liberté, de frivolité ou de rencontres multiples.
- Imminence d'une nouvelle histoire de cœur.
- Choix amoureux imposé par les circonstances.

MÉDICALEMENT

- Examen d'un œil.
- Troubles de la pression artérielle.
- Circulation sanguine à surveiller.
- Plus rarement, risque d'hémorragie, de saignements.

DIVERS

- Dépenses liées à l'apparat.
- Théâtre itinérant.
- Groupe de jeunes gens s'amusant à la fête foraine.

BINÔME X + VII

+

Selon le contexte, ce binôme évoque les scénarios suivants :

PROFESSIONNELLEMENT

- Richesses matérielles liées à de nombreux déplacements professionnels.
- Activité professionnelle qui génère d'importantes marges de bénéfices.
- Source de revenus issue de transactions avec l'étranger.
- Emploi qui requiert une grande flexibilité professionnelle et pour lequel un véhicule de fonction est obligatoire.
- Votre carrière est lancée sur les chapeaux de roues.
- Individu passionné par les rouages, les engrenages, par la mécanique en général.
- Dans certains cas, votre mutation professionnelle est à l'ordre du jour (notamment 10 + 7 + 22).

Clin d'œil aux métiers suivants *: garagiste, mécanicien, carrossier, transporteur, commercial multicarte, VRP.*

SENTIMENTALEMENT

- Vous vous autorisez des aventures sans lendemain, des flirts plus ou moins poussés.
- Rencontre d'un jeune homme constamment par monts et par vaux.
- Relation amoureuse évolutive auprès d'un homme ambitieux, d'un jeune cadre dynamique.
- Liaison amoureuse dans votre giron professionnel.
- Jeune chevalier servant qui aurait tendance à vous faire tourner en rond.

MÉDICALEMENT

- Genoux abîmés (rotule, ménisque).
- Cheville bloquée, troubles moteurs.
- Parfois, port d'un appareil auditif (notamment 10 + 7 + 20).
- Problème possible d'étrier (oreille interne).

DIVERS

- Roue à changer (roue voilée).
- Courroie défectueuse.
- Individu passionné par les courses automobiles.
- Apprentissage équestre dans une salle de manège.
- Tour de manège ou d'autos-tamponneuses à la fête foraine.

BINÔME X + VIII

+

Selon le contexte, ce binôme évoque les scénarios suivants :

PROFESSIONNELLEMENT

- Augmentation de salaire grâce à une promotion, une prime d'intéressement, etc.
- Signatures officielles pour un poste de travail plus valorisant.
- Démarches multiples auprès d'organismes financiers visant à augmenter rapidement vos revenus (sicav, actions, comptes rémunérateurs).
- Placements financiers opportuns favorisés par les circonstances.
- Procédure prud'homale de laquelle découlent des dommages et intérêts.
- Allocations perçues par le biais d'une administration.
- En négatif, l'Administration vous demande des comptes.

Clin d'œil aux métiers suivants *: courtier, agent du fisc, contrôleur URSAFF, comptable, trésorier, agent de Bourse, employé(e) d'un organisme de crédit, contrôleur de gestion.*

SENTIMENTALEMENT

- Une personne mariée rentre dans votre vie.
- Relation amoureuse qui évolue vers un meilleur équilibre.
- Les circonstances vous poussent à officialiser votre union ou au contraire, à divorcer.

MÉDICALEMENT

- Vous allez entreprendre un régime alimentaire (notamment 10 + 8 + 17).
- Dysfonctionnement possible de l'activité rénale.
- Dans de rares cas, pose d'un anneau gastrique.
- Cycles de sommeil perturbés.

DIVERS

- Procès gagné.
- Accord de prêt, acceptation de crédit.
- Déblocage de fonds.

BINÔME X + VIIII

+

Selon le contexte, ce binôme évoque les scénarios suivants :

PROFESSIONNELLEMENT

- Promotion ou augmentation de salaire qui tarde à se concrétiser.
- Source de revenus issus du travail au noir.
- Baisse de revenus vous permettant à peine de joindre les deux bouts.
- Opportunité que vous prenez le temps d'analyser ou qui ne vous emballe pas.
- Activité professionnelle qui tourne au ralenti, recettes en baisse.
- Projet pour lequel vous faites un pas en avant, deux en arrière.

Clin d'œil aux métiers suivants : *chercheur moléculaire, astrophysicien, chimiste, neurologue, ingénieur.*

SENTIMENTALEMENT

- Élans amoureux freinés.
- Liaison amoureuse platonique, voire en train de s'essouffler.
- Relation sentimentale qui évolue trop rapidement, vous avez besoin de prendre du recul.
- Retour soudain d'un(e) ex.

MÉDICALEMENT

- Arthrose.
- Polyarthrite rhumatismale.
- Douleurs aux cervicales.
- Baisse de la vue.
- Disque usé.
- Scanner ou I.R.M.

DIVERS

- Placement en assurance vie, en épargne retraite.
- Ralentissement financier temporaire.
- Échéancier.
- Découverte technologique ou scientifique innovante.
- Activité clandestine révélée au grand jour.
- Découverte d'une planète, d'une galaxie (notamment 10 + 9 + 17).
- Appareil électrique ou électroménager vétuste.

BINÔME X + XI

+

Selon le contexte, ce binôme évoque les scénarios suivants :

PROFESSIONNELLEMENT

- Évolution vers un poste de maîtrise, ascension au rang de directeur(-trice).
- L'opportunité vous est donnée de démontrer ce dont vous êtes réellement capable.
- Succès vertigineux de vos affaires, que vous orchestrez de main de maître.
- Travail à la chaîne qui exige de la rapidité et de la résistance physique.

Clin d'œil aux métiers suivants : *ouvrier, manutentionnaire, éleveur, dompteur, responsable financier, directrice de crédit, haltérophile.*

SENTIMENTALEMENT

- Liaison passionnelle qui vous donne une énergie à déplacer des montagnes.
- Relation existante propice à renforcer les liens qui vous unissent.
- Le temps est venu d'agir, de démontrer la force de vos sentiments.
- Plus rarement, personne prise dans l'engrenage de la violence conjugale.
- Rencontre d'une femme plantureuse.

MÉDICALEMENT

- Exercices amincissants.
- Prise de poids, de masse musculaire.
- En règle générale, individu en pleine forme.

DIVERS

- Bras de fer avec un organisme financier, un créancier.
- Entraînement sportif intensif.
- Adepte de la musculation (exercices de cardiotraining).
- Individu qui fait preuve de beaucoup de sang-froid.

BINÔME X + XII

+

Selon le contexte, ce binôme évoque les scénarios suivants :

PROFESSIONNELLEMENT

- Promotion différée, report d'avancement.
- Soucis pécuniaires (fonds bloqués, perte d'argent) vous contraignant à suspendre vos projets en cours.
- Les circonstances vous obligent à attendre votre tour.
- Des obstacles viennent contrecarrer votre évolution de carrière.
- Argent qu'il vous est impossible de débloquer pour le moment.
- Sentiment d'avoir été trahi(e) sur vos chances d'évolution professionnelle.

Clin d'œil aux métiers suivants *: acrobate, funambule, cosmonaute.*

SENTIMENTALEMENT

- Relation sentimentale dans laquelle vous tournez en rond.
- Histoire d'amour dont les vicissitudes finissent par vous épuiser moralement.
- Vous vous retrouvez prisonnier(-ère) d'une relation qui vous empoisonne la vie.

MÉDICALEMENT

- Cheville endommagée voire immobilisée.
- Disque douloureux.
- Mauvaise répartition énergétique.
- I.R.M.
- Cycles menstruels parfois perturbés.

DIVERS

- Indemnités de maladie.
- Dettes dont vous êtes redevable.
- Mécanisme grippé.
- Cercle infernal duquel vous vous sentez prisonnier.
- Dépendance possible aux jeux de hasard.

BINÔME X + XIII

+

Selon le contexte, ce binôme évoque les scénarios suivants :

PROFESSIONNELLEMENT

- Changement radical d'orientation professionnelle.
- Descente aux enfers qui se solde par une mise à pied ou un licenciement (ferme et définitif).
- Attention au retour de manivelle : on n'hésitera pas à vous congédier !
- Situation matérielle et financière fortement dégradée.
- Société qui va droit au dépôt de bilan.
- Entreprise au sein de laquelle il existe un important turnover.
- Travail manuel ou industriel à forte pénibilité.
- Individu endetté qui survit grâce aux aides sociales (notamment 10 + 13 + 8).

Clin d'œil aux métiers suivants *: ouvrier spécialisé, agent de recouvrement, ferrailleur, employé de recyclage industriel, machiniste, carrossier.*

SENTIMENTALEMENT

- Vous allez droit à la rupture.
- Votre envie de couper les ponts va finalement l'emporter.
- Comportement cyclique qui produit une succession de rencontres éphémères.
- En positif, métamorphose qui augure d'une belle renaissance amoureuse.

MÉDICALEMENT

- Opération d'un genou ou d'un disque.
- Scoliose parfois fortement prononcée.
- Pose d'un appareil dentaire (couronne, etc.).
- Infection oculaire (très rarement, œil crevé).
- Vous passez une coloscopie (cf. 13 + 9).

DIVERS

- Machine agricole, moissonneuse-batteuse.
- Chaîne de montage industriel, automation.
- Risque de pneu crevé/éclaté.
- Accident souvent dû à une vitesse excessive.
- Appareil électroménager qui tombe en panne (machine à laver, etc.).
- Décharge publique. Fourrière.
- Vous coulez une dalle de béton.
- Dettes de jeux ou arriérés de paiement.
- Argent investi à perte.

BINÔME X + XIIII

+

Selon le contexte, ce binôme évoque les scénarios suivants :

PROFESSIONNELLEMENT

- Voyages éclair entrepris dans le cadre de vos obligations professionnelles.
- Évolution de carrière dans les secteurs du tourisme ou des médias (radio, cinéma).
- Individu qui tire des revenus de deux activités simultanées (deux mi-temps).
- Transactions financières avec des pays étrangers.
- Ascension professionnelle qui vous offre un cadre de travail agréable.

Clin d'œil aux métiers suivants : *employé(e) d'une centrale téléphonique, standardiste, employé(e) de radio ou dans les transmissions, aux télécoms, salarié EDF-GDF, hôtesse de l'air, agent de régulation (trafic aérien).*

SENTIMENTALEMENT

- Liaison amoureuse qui évolue vers l'harmonie et le respect mutuel.
- Échanges amoureux marqués par la tendresse et la joie de vivre.
- Individu qui reprend subitement contact avec vous.

MÉDICALEMENT

- Remontées acides, reflux gastriques (notamment 10 + 14 + 13).
- Problème pancréatique ou biliaire (notamment 10 + 14 + 12).
- Calculs rénaux, coliques néphrétiques (notamment 10 + 14 +8).
- Mauvaise irrigation du côlon (notamment 10 + 14 + 15).
- Problèmes circulatoires.
- Dans certains cas, épanchement de synovie (notamment 10 + 14 + 12).

DIVERS

- Satellite, système radar.
- Placement d'argent à l'étranger (cf. 10 + 21).
- Envoi d'un mandat à l'étranger.
- Appareil électrique.

BINÔME X + XV

+

Selon le contexte, ce binôme évoque les scénarios suivants :

PROFESSIONNELLEMENT

- Individu qui évolue dans les hautes sphères de la finance.
- Ascension professionnelle qui ne vous crée pas que des amis.
- Fortune colossale amassée par des moyens illicites.
- Un scandale, financier ou autre, est sur le point d'éclater sur votre lieu de travail (notamment 10 + 15 + 12).
- Actions, sicav, etc., vous rapportent un joli pactole.
- Rente régulière qui vous permet d'accéder à la tête d'un véritable empire financier.
- Dans certains cas, magot issu de la prostitution.

Clin d'œil aux métiers suivants : *fiscaliste, financier, trésorier, agent du fisc, des impôts, agent de Bourse, politicien.*

SENTIMENTALEMENT

- Personne qui multiplie les rencontres pour satisfaire de forts besoins sexuels.
- Relation fusionnelle dominée par des conflits récurrents.
- Individu habitué à fréquenter les prostituées.
- Relation amoureuse qui devient de plus en plus torride.

MÉDICALEMENT

- Problème possible aux testicules.
- Dérèglement thyroïdien.
- Tumeur, grosseur.
- Polypes intestinaux, diverticules.
- Effervescence, surexcitation.

DIVERS

- Vous empochez un gain à la loterie, aux jeux de hasard.
- Individu vénal qui ne voit que par le pouvoir de l'argent.
- Inventeur qui fait fortune.
- Des personnes malsaines gravitent autour de vous.
- Appels de fonds importants.

BINÔME X + XVI

+

Selon le contexte, ce binôme évoque les scénarios suivants :

PROFESSIONNELLEMENT

- Banqueroute financière qui conduit votre société à mettre la clé sous la porte ou à se restructurer.
- Une série de soucis remet vos acquis professionnels en question.
- Promotion qui s'envole en fumée.
- Projet qui tourne court.
- Placements dans l'actionnariat d'entreprise victimes d'un fâcheux concours de circonstances.
- Dans certains cas, travaux de réfection au sein de votre société.

Clin d'œil aux métiers suivants : *professionnel du bâtiment, carrossier, ascensoriste.*

SENTIMENTALEMENT

- Ennuis pécuniaires qui mettent votre foyer en péril.
- Cataclysme conjugal, votre couple court à sa perte.
- Retour impromptu et non désiré qui vous cause des désagréments.

MÉDICALEMENT

- Douleurs au niveau des cervicales.
- Disque fortement endommagé.
- Tassement de vertèbres.
- Entorse, foulure.
- Genoux abîmés lors d'une chute (ménisque, rotule cassée, etc.).

DIVERS

- Krach boursier, le cours des actions s'effondre.
- Débâcle financière.
- Travaux de maçonnerie (bétonnière).
- Risque d'accident de la circulation.
- Catastrophe naturelle provoquée par un séisme ou une tornade.
- Appareil qui tombe en panne.
- Relance des impayés, des arriérés.
- Plus rarement, somme d'argent imprévue qui semble tombée du ciel.

BINÔME X + XVII

+

Selon le contexte, ce binôme évoque les scénarios suivants :

PROFESSIONNELLEMENT

- Votre carrière évolue conformément à vos aspirations, sous de bons auspices.
- Réorientation professionnelle dans le domaine ésotérique, astrologique. Fascination pour l'univers de l'occulte.
- La faveur des circonstances vous porte à croire en votre bonne étoile.
- Développement favorable d'un projet lié à la création artistique (production d'un CD, etc.).
- Vos affaires progressent en toute sérénité.

***Clin d'œil aux métiers suivants** : astrologue, astronome, employé(e) à la société des eaux, propriétaire d'une laverie, spécialiste en accessoires de bains (douches, baignoires).*

SENTIMENTALEMENT

- Relation qui évolue dans la joie et la bonne humeur.
- Liaison existante qui augure d'une grossesse prochaine.
- Rencontre imminente d'une jolie jeune femme.

MÉDICALEMENT

- Guérison en cours ou à venir.
- Tendance à l'embonpoint.
- Cycles menstruels déréglés, règles abondantes.
- Problèmes de synovie. Épanchement possible.
- Période de fécondité.

DIVERS

- Moulin à eau, installation hydraulique, station d'épuration.
- Planétarium.
- Souci lié à un filtre à eau, à huile.
- Système de récupération des eaux usées.
- Vous partez vous ressourcer à la campagne.

BINÔME X + XVIII

+

Selon le contexte, ce binôme évoque les scénarios suivants :

PROFESSIONNELLEMENT

- Bureaux ou locaux professionnels qui déménagent (notamment 10 + 18 + 11).
- Reprise possible d'un fonds de commerce (bar, hôtel) ou transaction immobilière en ce sens.
- Évolution de carrière ou réorientation professionnelle qui vous angoisse.
- Individu rompu à la gestion immobilière ou travaillant pour le compte d'un cabinet d'audit.
- Gare aux personnes qui vous promettent la lune !
- Mutation dans une ville côtière ou dans un pays nordique (Suède, etc.).

Clin d'œil aux métiers suivants *: auditeur, agent de gestion immobilière, employé(e) au tri postal, salarié d'un casino, à la Française des jeux, navigateur.*

SENTIMENTALEMENT

- Vous envisagez de déménager ou d'acquérir un bien immobilier.
- Individu instable qui éprouve des difficultés à fonder un foyer.
- Déprime passagère.

MÉDICALEMENT

- Le diabète est à surveiller (notamment 10 + 18 + 8).
- Dépression chronique, cyclothymie.
- Période d'ovulation.
- Problème de vessie. Incontinence possible.
- Mythomanie.

DIVERS

- Voyage en mer (croisière).
- Puits, canalisations souterraines.
- Soucis liés à l'eau, inondation.
- Cycles lunaires.
- Machine à laver, essorage.
- Argent occulte.

BINÔME X + XVIIII

+

Selon le contexte, ce binôme évoque les scénarios suivants :

PROFESSIONNELLEMENT

- Une occasion en or vous permet d'augmenter vos revenus.
- Accord ou partenariat qui se révélera des plus lucratifs.
- Partage d'une affaire familiale entre deux actionnaires majoritaires.
- Construction d'un projet en rapport avec le sport, l'éducation physique.
- Fusion imminente entre deux entreprises, deux entités juridiques (notamment 10 + 19 + 8).
- Mutation professionnelle, opportunité de travailler dans un pays ensoleillé.

Clin d'œil aux métiers suivants : *entraîneur de football/handball, professeur de sport, de danse, acrobate, orfèvre, bijoutier, agent de change, banquier.*

SENTIMENTALEMENT

- Noblesse de cœur partagée par votre moitié.
- Rencontre « choc » pendant les vacances d'été.
- L'opportunité de faire ou de refaire votre vie se présente à vous.
- Une bague, symbole de votre union, vous est offerte.

MÉDICALEMENT

- Vitalité à toute épreuve.
- Attention aux risques d'insolation.
- Arythmie cardiaque à surveiller.
- Risque de mélanome.
- Grossesse gémellaire possible.

DIVERS

- Passion pour le basket, le football.
- Adepte des U.V., des centres de bronzage.
- Révolution solaire, énergie solaire.

BINÔME X + XX

+

Selon le contexte, ce binôme évoque les scénarios suivants :

PROFESSIONNELLEMENT

- Une nouvelle opportunité de travail se présente par le biais du Net ou de votre réseau relationnel.
- Vous multipliez les entretiens afin de trouver un emploi correspondant à votre profil.
- Réunion portant sur les bénéfices ou les dividendes de votre société.
- Société de communication ou de production dans laquelle il faut prendre les décisions au pied levé.
- Révélation d'éléments nouveaux vous obligeant à réagir promptement.
- Dans certains cas, on va bientôt vous annoncer une promotion professionnelle.
- Augmentation de salaire en pourparler.
- Dans de rares cas, vous obtenez des dommages et intérêts au terme d'une action prud'homale (cf. 10 + 8).

Clin d'œil aux métiers suivants *: musicien, producteur, agent de recouvrement, juriste contentieux.*

SENTIMENTALEMENT

- Rencontre surprenante dans un lieu fort animé.
- Participation à une séance de speed-dating (notamment 10 + 20 + 6).
- Le destin s'active, votre vie affective va être mouvementée.
- Vie sociale tellement riche en soirées et fêtes entre amis que vous en oubliez votre vie amoureuse.
- Évolution d'une relation au travers d'échanges sur Internet.

MÉDICALEMENT

- Vertiges possibles.
- Opération microchirurgicale laser sur un œil.
- Vous passez une I.R.M. ou un scanner.
- Problème de bronches.

DIVERS

- Allocation attribuée après étude d'un dossier par une commission.
- Déplacement en avion (notamment 10 + 20 + 14).
- Projet de déménagement dans l'air.
- Arrivée de bonnes nouvelles.
- Donation, legs, héritage inattendu.
- Travail sur l'élaboration d'un CD audio.
- Gain imprévu à la loterie.

BINÔME X + XXI

+

Selon le contexte, ce binôme évoque les scénarios suivants :

PROFESSIONNELLEMENT

- Dynamique professionnelle impliquant de nombreux déplacements journaliers.
- Ascension professionnelle vertigineuse récompensant tous vos efforts.
- Opportunité de travailler à l'étranger.
- Prime exceptionnelle, promotion, avancement venant rétribuer vos mérites.
- Réussite socioprofessionnelle éclatante, vous êtes au sommet de votre art.
- Individu opportuniste qui évolue dans les hautes sphères politico-financières (notamment 10 + 21 + 15).
- Vos projets se développent comme prévu et s'avèrent fructueux.

***Clin d'œil aux métiers suivants** : agent de Bourse, trader, fiscaliste international, tour-opérateur, employé(e) à la loterie, au ministère des Finances.*

SENTIMENTALEMENT

- Rencontre amoureuse lors d'un voyage à l'étranger.
- Une jeune femme ouverte d'esprit vous sort de votre cocon.
- Liaison amoureuse au travers de laquelle vous vous sentez de plus en plus épanoui(e).

MÉDICALEMENT

- Énergie débordante.
- Bon dynamisme en général.

DIVERS

- Spectacle itinérant.
- Chance insolente aux jeux ou dans la vie en général.
- Placement d'argent à l'étranger.
- Le Rotary Club, cercle d'initiés, etc.

BINÔME X + XXII

+

Selon le contexte, ce binôme évoque les scénarios suivants :

PROFESSIONNELLEMENT

- Mutation, changements de cap (notamment 10 + 22 + 1).
- Engrenage duquel vous cherchez à sortir.
- Changements rapides nécessités par les circonstances.
- Harcèlement moral, brimade ou simple déprime : vous avez envie de jeter l'éponge (notamment 10 + 22 + 12).
- Attitude brouillonne ne facilitant pas votre quotidien professionnel.
- Conjoncture défavorable, statu quo.
- Profession itinérante vous demandant de suivre un circuit prédéfini.

Clin d'œil aux métiers suivants *: convoyeur de fonds, dabiste, transporteur, facteur, commercial, neurologue, psychiatre, tour-opérateur.*

SENTIMENTALEMENT

- Amoureux(-se) craignant de s'enfermer dans une relation évolutive.
- Vicissitudes amoureuses qui influent sur le moral de votre couple.
- Malgré plusieurs opportunités, dont certaines sérieuses, vous ne parvenez pas à vous fixer dans une relation durable.

MÉDICALEMENT

- Vous devez passer une I.R.M., un scanner, voire un doppler.
- Troubles neurologiques avérés.
- Dépression chronique.
- Handicap moteur (cheville, jambe, etc.).
- Paralysie possible (notamment 10 + 22 +12).
- Sénilité, troubles de la mémoire.

DIVERS

- Argent mal investi, fuite de capitaux.
- Individu dépensant ses deniers à tort et à travers.
- Valeurs boursières dépréciées.

LA FORCE

Moi la Force, je t'invite à prendre ton courage à deux mains et à montrer ce dont tu es capable. Retrousse donc tes manches, mais sache te dominer, évite de tomber dans l'excès d'autoritarisme. Avec moi, « vouloir, c'est pouvoir ».

Au premier coup d'œil, la Force incarne :

1. Une femme corpulente
2. Un(e) leader
3. La force de caractère, l'indépendance
4. Le pouvoir, la maîtrise
5. La volonté, le courage
6. L'affirmation de soi
7. Les forces de l'ordre, un CRS
8. La force physique, un ouvrier
9. Les conflits, les bras de fer
10. Le despotisme

La Force, en se mariant aux 21 autres arcanes majeurs, nous évoque le **pouvoir de réalisation** et l'**affirmation de soi.**

BINÔME XI + I

+

Selon le contexte, ce binôme évoque les scénarios suivants :

PROFESSIONNELLEMENT

- Responsable qui entretient des rapports de force avec ses employés.
- Vous entreprenez un nouveau chantier, vous passez aux commandes d'une nouvelle unité.
- Individu qui a la lourde tâche de reformer un service, de reprendre en main un groupe de travail.
- Métier manuel éprouvant, mobilisant toutes vos ressources physiques.
- Artisan ou travailleur indépendant dont l'activité tourne à merveille.
- Force de travail peu commune qui vous permet de mettre un nouveau projet à exécution.

***Clin d'œil aux métiers suivants** : chef de chantier, chef d'atelier, maître d'œuvre, artisan, travailleur(-se) indépendant(e), ouvrier(-ère), manutentionnaire, éleveur canin, employé à la SPA ou dans un zoo, taxidermiste, équarrisseur (notamment 11 + 1 + 13), responsable d'unité, toiletteur(-se) pour chien.*

SENTIMENTALEMENT

- Femme de caractère déterminée à « mater » son petit ami.
- Femme plantureuse qui drague ouvertement un jeune homme.
- Couple dont les deux partenaires s'attirent et se repoussent tels des aimants.
- Rencontre d'une femme forte avec un enfant (en bas âge).

MÉDICALEMENT

- Intervention intra-utérine possible.
- Frottis vaginal, examens gynécologiques.
- Rééducation fonctionnelle (main, poignet, etc.).

DIVERS

- Personne faisant examiner son animal de compagnie chez le vétérinaire.
- Chien que vous vaccinez ou que vous faites euthanasier.
- Vous orchestrez des travaux à votre domicile (notamment 11 + 1 + 16).
- Rapport de force entre une mère et un fils rebelle.
- Individu qui aime avoir l'ascendant sur les autres.

BINÔME XI + II

+

Selon le contexte, ce binôme évoque les scénarios suivants :

PROFESSIONNELLEMENT

- Formation aux techniques de management.
- Femme de pouvoir décidée à vous prêter main-forte dans le cadre d'un projet professionnel.
- Volonté d'aller de l'avant nécessitant un enseignement complémentaire, un apport de connaissances supplémentaires.
- Énergie employée à la rédaction d'une thèse ou d'un livre.
- Dans certains cas, duel sans pitié entre une employée et sa supérieure hiérarchique.

***Clin d'œil aux métiers suivants** : éditorialiste, éditrice, directrice d'un journal, directrice de la rédaction, responsable des ressources humaines (notamment 11 + 2 + 21).*

SENTIMENTALEMENT

- Conflit ouvert entre deux femmes qui se disputent le même homme.
- Conflit mère-fille qui mine vos relations affectives, qui freine votre épanouissement personnel.
- Amour homosexuel entre deux femmes très différentes.
- Rencontre entre un(e) manuel(le) et un(e) intellectuel(le).

MÉDICALEMENT

- Résultat d'analyses gynécologiques, examens en cours.
- Surcharge pondérale.

DIVERS

- Bras de fer entre deux femmes.
- Conflit viscéral entre une mère et sa fille.
- Psychothérapie visant à canaliser votre violence.
- Cours de self-control.
- Personne fine psychologue qui saura vous tirer les vers du nez.

BINÔME XI + III

+

Selon le contexte, ce binôme évoque les scénarios suivants :

PROFESSIONNELLEMENT

- Bras de fer opposant deux femmes d'un même service.
- Seule votre force de conviction vous permettra de mener votre carrière comme vous l'entendez.
- Intelligence pétillante vous donnant un ascendant certain sur votre entourage professionnel.
- Rencontre d'une personne travaillant à la direction d'une unité administrative.
- Appui possible d'une responsable hiérarchique dans le cadre d'un projet d'entreprise.
- Jeune femme dynamique qui maîtrise l'art de la rhétorique et dont les talents d'oratrice ne sont plus à démontrer.
- Dans certains cas, vous vous heurtez à une administration sourde à vos suppliques.

Clin d'œil aux métiers suivants *: secrétaire de direction, responsable bureautique, cadre administrative, gérante d'une boutique de vêtements, directrice de mode ou d'un magazine féminin.*

SENTIMENTALEMENT

- Deux femmes sont aux prises pour conquérir le même homme (cf.11 + 2).
- Rencontre d'une femme dont le pouvoir de séduction est à son comble.
- Personne résolue à sortir le grand jeu pour vous faire craquer.
- Rencontre d'une maîtresse femme qui s'emploie à pimenter votre quotidien affectif.
- Couple de lesbiennes dont l'une a tendance à écraser l'autre.

MÉDICALEMENT

- Léger embonpoint qui tourne parfois à l'obsession.
- Cordes vocales fatiguées.

DIVERS

- Femme sportive qui entretient son look.
- Consultante qui a confiance en ses capacités tant physiques qu'intellectuelles.

BINÔME XI + IIII

+

Selon le contexte, ce binôme évoque les scénarios suivants :

PROFESSIONNELLEMENT

- Farouche volonté de réussir vous permettant de jouir d'une belle assise professionnelle.
- Accès à un grade supérieur ou à des fonctions encore plus importantes au sein de votre entreprise.
- Vous déployez une énergie débordante afin d'asseoir un projet des plus ambitieux.
- Collaboration avec un homme de pouvoir dont le rayonnement vous sera bénéfique.
- Tentatives d'intimidation ou d'insubordination vis-à-vis de l'autorité en place.
- Deux fortes têtes se disputent un poste à la direction de l'entreprise, au sein du conseil d'administration, etc.
- Femme de caractère qui ne se laisse pas impressionner par le machisme ou l'autorité ambiante.

Clin d'œil aux métiers suivants *: policière, militaire, assistante de direction, chef des armées, employé(e) à l'état-major, directrice de société, responsable de recrutement, chef du personnel.*

SENTIMENTALEMENT

- Maîtresse femme qui a tendance à marquer son territoire amoureux.
- Rencontre choc entre deux amants attirés tels des aimants.
- Échanges amoureux qui ne manquent pas de mordant.

MÉDICALEMENT

- Bonne forme physique en général.
- Excès de table qui accentuent les risques de cholestérol ou le stockage de mauvaises graisses.
- Femme qui consulte son gynécologue pour un test de routine.
- Rendez-vous possible avec un opticien (notamment 11 + 4 + 6).

DIVERS

- Femme aux allures de garçon manqué.
- Débat, conflit politique.
- Bras de fer entre deux personnes de pouvoir.

BINÔME XI + V

+

Selon le contexte, ce binôme évoque les scénarios suivants :

PROFESSIONNELLEMENT

- Motivation chevillée au corps vous permettant de décrocher un poste de conseiller ou de formateur.
- Professionnel qui prodigue des conseils éclairés et dont l'avis est très écouté.
- Efforts acharnés qui vous valent d'obtenir un entretien professionnel avec un patron.
- Poste à responsabilités exigeant que vous participiez régulièrement à des conférences ou à des stages de formation.
- Vous sollicitez l'avis d'un spécialiste, d'un coach.
- Votre soif de réussite vous permettra d'atteindre vos objectifs de carrière.
- La consultante est déterminée à s'attirer les bonnes grâces du patron.
- Individu décidé à consolider son bagage intellectuel en poursuivant un enseignement universitaire.
- Dans certains cas, poste qui implique que vous organisiez l'agenda et les rendez-vous d'un patron.

Clin d'œil aux métiers suivants *: assistante de direction, responsable de formation, formatrice, coach, assistant(e) d'université, maître de conférences, adjoint(e) au maire (notamment 11 + 5 + 8), responsable du recrutement (notamment 11 + 5 + 20), directrice ou proviseur d'école, conseiller, garde du corps d'un VIP.*

SENTIMENTALEMENT

- Couple dont l'un des partenaires a des enfants d'un précédent mariage.
- La consultante entretient une relation avec un homme mûr.
- Femme amoureuse de son patron.
- Individu qui ne prête plus le flanc aux remontrances de son épouse.

MÉDICALEMENT

- Rendez-vous possible chez un ostéopathe.
- Vous consultez pour des soucis musculaires.
- Dans certains cas, rééducation.
- Hypertension artérielle.

DIVERS

- Rapport conflictuel entre une fille et son père.
- Gestion de la colère en psychothérapie.

BINÔME XI + VI

+

Selon le contexte, ce binôme évoque les scénarios suivants :

PROFESSIONNELLEMENT

- Vous allez devoir prendre votre courage à deux mains et vous résoudre à faire un choix d'orientation professionnelle important.
- Volonté d'engager des pourparlers face à un choix de carrière.
- Individu qui se met à douter de ses capacités ou de ses prises de décision.
- Rapports de force au sein d'une équipe dans laquelle les associés sont en concurrence.
- Patronne déterminée à reformer son équipe de travail, de gré ou de force.
- Chef d'entreprise ou travailleur indépendant décidé à faire appel à son réseau d'influence, son cercle d'amis, etc., afin de tisser de nouveaux liens, de rencontrer de nouveaux collaborateurs.
- Dans certains cas, vos méthodes de management soulèvent des interrogations au sein même de votre service.
- Plus rarement, vous rencontrez une femme de pouvoir évoluant dans le domaine de la mode ou du spectacle.

Clin d'œil aux métiers suivants *: responsable de casting, organisatrice de spectacle, directrice de mode, coach en relooking.*

SENTIMENTALEMENT

- Relation amoureuse conflictuelle dans laquelle la force de vos sentiments est mise à rude épreuve.
- Les circonstances vous poussent à faire un choix affectif.
- Femme plantureuse désireuse de s'amuser, mais doutant de son pouvoir de séduction.
- Personne décidée à vivre plusieurs relations amoureuses en simultanée, avant de faire un choix.

MÉDICALEMENT

- Risque de saignements de nez.
- Possibilité d'hémorragie intra-utérine, d'écoulement de sang.
- Baisse de tonus qui vous inquiète.
- Femme corpulente décidée à entreprendre un relooking ou une chirurgie plastique.

DIVERS

- Différend entre amis, ou entre frères et sœurs.

BINÔME XI + VII

+

Selon le contexte, ce binôme évoque les scénarios suivants :

PROFESSIONNELLEMENT

- D'un tempérament battant, vous conduisez vos affaires d'une main de fer.
- Force de travail peu commune, vous ne ménagez pas vos efforts pour atteindre vos objectifs.
- Vous répondez présent(e) sur tous les fronts, si bien que vos projets avancent à pas de géant.
- Profession libérale ou indépendante exigeant de nombreux déplacements.
- Poste de responsable ou d'instructeur pour lequel vous devez montrer l'exemple.
- Rencontre d'un collaborateur avec lequel vous allez devoir faire équipe.
- Votre carrière progresse dans la direction souhaitée, un avancement ne devrait pas tarder.
- Dans certains cas, vous faites des pieds et des mains pour obtenir une mutation.

Clin d'œil aux métiers suivants : *responsable commercial, cadre Pôle Emploi, développeur (cf. 5 + 7), VRP, monitrice auto-école, déménageur, manutentionnaire, dresseur, contractuel(le).*

SENTIMENTALEMENT

- La consultante prend les devants dans une affaire de cœur.
- Personne ouverte ou disponible à une nouvelle conquête amoureuse.
- Rencontre amoureuse dans le cadre de votre profession.
- Solides liens affectifs entre deux partenaires désireux de poursuivre leur relation.

MÉDICALEMENT

- Problèmes musculaires au niveau des membres inférieurs.
- Main dont la mobilité vous pose problème.

DIVERS

- Personne passionnée par les courses de chevaux, de lévriers, etc.
- Une dame et son chien attendent un taxi, le train.
- Inspection d'un véhicule et de sa cargaison par un chien policier.

BINÔME XI + VIII

+

Selon le contexte, ce binôme évoque les scénarios suivants :

PROFESSIONNELLEMENT

- Conflit salarial ou prud'homal concernant un contrat ou un niveau de rémunération.
- Bras de fer avec une administration fiscale ou avec une juridiction quelconque.
- Vous dépensez beaucoup d'énergie à régler des dossiers administratifs parfois litigieux.
- En positif, votre détermination sans faille vous permettra de décrocher un contrat de travail ou un contrat d'affaires selon le cas.
- Volonté affichée de monter sa propre affaire.

Clin d'œil aux métiers suivants *: assistante de gestion, responsable administratif, responsable contentieux, responsable crédit, directrice de banque, chef des armées, de l'état-major, policier(-ère), employé(e) dans les forces de l'ordre, au ministère de la Justice, avocate (cf. 2 + 8).*

SENTIMENTALEMENT

- Tensions dans le foyer engendrées par des problèmes budgétaires.
- La consultante menace de divorcer.
- Autoritarisme qui menace l'équilibre de votre couple.
- Rencontre d'une personne mariée.

MÉDICALEMENT

- Femme qui souffre d'embonpoint.
- Prise de poids.
- Problème de diabète à considérer.

DIVERS

- Conflit qui implique la justice.
- Rendez-vous au commissariat.
- Bras de fer avec une autorité.
- Une femme saisit la justice.
- Bataille juridique qui oppose deux femmes.

BINÔME XI + VIIII

+

Selon le contexte, ce binôme évoque les scénarios suivants :

PROFESSIONNELLEMENT

- Travail de longue haleine, pour lequel il serait souhaitable d'économiser vos forces.
- Poste de travail dans lequel la monotonie du train-train quotidien s'est installée.
- Vos aptitudes à un poste de commandement seront observées de près.
- Des freins salutaires à la réalisation de vos projets mettront votre patience à rude épreuve.
- Individu qui entreprend un bilan de compétences ou qui analyse ses besoins professionnels.
- Responsable dont l'agressivité l'isole inéluctablement de ses employés.

Clin d'œil aux métiers suivants : *directrice d'un hospice, responsable informatique, directrice de recherche, rebouteux.*

SENTIMENTALEMENT

- Célibat dont vous ne voyez pas le bout.
- Femme plantureuse attirée par les hommes plus âgés.
- Votre caractère insoumis vous voue inexorablement à la solitude affective.

MÉDICALEMENT

- Examen gynécologique.
- Vitalité en déclin, tonus en baisse.

DIVERS

- Attitude despotique qui finit par vous isoler.
- Examen d'un animal.
- Personne prostrée avec laquelle il est difficile d'engager le dialogue.

BINÔME XI + X

+

Selon le contexte, ce binôme évoque les scénarios suivants :

PROFESSIONNELLEMENT

- Vous serez bientôt en position de force pour prétendre à une augmentation de salaire, une promotion.
- Une énergie débordante va vous permettre de donner un coup d'accélérateur à vos projets.
- Responsabilités vous propulsant au sommet de l'échelle salariale.
- Ascension professionnelle obtenue à la force du poignet.
- En négatif, bras de fer concernant un avancement.
- Opportunité d'élévation socioprofessionnelle qu'il va falloir impérativement saisir.
- Individu qui se donne les moyens de ses ambitions, aussi hautes soient-elles.

Clin d'œil aux métiers suivants *: dresseur, dompteur, responsable crédit, agent de la circulation, responsable technique, ouvrier spécialisé, entraîneur sportif.*

SENTIMENTALEMENT

- Union existante qui évolue favorablement.
- La consultante est prête à se lancer dans une nouvelle histoire d'amour.
- Confiance vous attirant les faveurs de nouvelles connaissances.

MÉDICALEMENT

- Cœur en bonne santé, vitalité de sportif.
- Articulation du poignet à surveiller.
- Dans certains cas, rééducation fonctionnelle.

DIVERS

- Femme adepte de culturisme (notamment 11 + 10 + 15).
- Centre de dressage canin.

BINÔME XI + XII

+

Selon le contexte, ce binôme évoque les scénarios suivants :

PROFESSIONNELLEMENT

- Chef de service, responsable, etc. avec lequel vos rapports sont extrêmement tendus.
- Projet dont vous devez suspendre temporairement la réalisation.
- Vous vous obstinez à vouloir forcer des portes définitivement closes, en vain.
- Tentative prématurée de débloquer une situation figée, le contexte vous est défavorable.
- Épuisement physique ou moral, vous tombez malade.
- Individu dont les abus de pouvoir risquent de lui être préjudiciables.

Clin d'œil aux métiers suivants *: aide soignante, auxiliaire de vie, kinésithérapeute, gardien(ne) de prison, vétérinaire.*

SENTIMENTALEMENT

- Femme amoureuse d'un homme engagé par ailleurs.
- Relation affective tendue, qui vous épuise moralement.
- Personne victime de violences conjugales.
- Désir sexuel inhibé.

MÉDICALEMENT

- Muscles atrophiés, fatigue musculaire.
- Épuisement physique, vous restez alité.
- Risque de tendinites.
- Blessures dues au sport, faux mouvements, foulures.
- Séances chez le kinésithérapeute ou l'ostéopathe.

DIVERS

- Bagarre qui vous laisse des traces.
- Individu victime d'une morsure.

BINÔME XI + XIII

+

Selon le contexte, ce binôme évoque les scénarios suivants :

PROFESSIONNELLEMENT

- Les circonstances vont vous aider à tourner la page.
- Volonté farouche de changer de travail, voire de se faire licencier.
- Vous travaillez dans une ambiance délétère digne d'un champ de bataille.
- Personne aux propos tranchants, peu appréciée de ses collaborateurs ou de ses employés.
- Travail besogneux dans lequel vous vous tuez à la tâche.
- Patron(ne) résolu(e) à fermer son entreprise.

***Clin d'œil aux métiers suivants** : agent de nettoyage industriel, technicien(ne) de surface, responsable agricole, fermier(-ère), manutentionnaire, ouvrier, directrice informatique, brigadier à la criminelle.*

SENTIMENTALEMENT

- Climat de vives tensions, vous ergotez pour un oui ou pour un non.
- Violences conjugales qui tournent parfois au drame.
- Vous êtes déterminée à mettre un terme à une relation nocive.

MÉDICALEMENT

- Perte de poids importante, liposuccion à l'ordre du jour.
- Déchirement musculaire.
- Problème de dos ou de côtes.
- Intervention gynécologique possible (IVG) (cf. 13 + 12).
- Soins dentaires (notamment 11 + 13 + 16).

DIVERS

- Entrée dans un lieu par effraction.
- Démêlé avec les forces de police.
- Rixe, bagarre violente : coup mortel.
- Vous entreprenez des travaux de sol (carrelage).
- Criminel.
- Vous devez faire piquer votre animal.

BINÔME XI + XIIII

+

Selon le contexte, ce binôme évoque les scénarios suivants :

PROFESSIONNELLEMENT

- Activité d'import-export en rapport avec l'étranger.
- Vous démarchez une agence d'intérim pour un travail temporaire (vacations, missions).
- Poste de responsable pour lequel vous exercez votre autorité avec tact et délicatesse.
- Individu (travailleur indépendant) tenu à passer beaucoup de temps au téléphone de par ses fonctions.
- Collaboratrice ou collègue femme avec laquelle vos rapports sont électriques.
- Vous prendrez beaucoup de plaisir à exercer votre métier.
- Environnement professionnel harmonieux au travers duquel vous vous révélez.

Clin d'œil aux métiers suivants *: responsable d'une agence intérim, gérant(e) d'un restaurant, chargé(e) d'accueil, chef de cabine, responsable d'un service import-export, énergéticien, kinésithérapeute, employé(e) dans une animalerie.*

SENTIMENTALEMENT

- Relation amoureuse avec une étrangère ou avec une femme souvent partie à l'étranger.
- Amour mutuel où les contacts téléphoniques et la distance géographique jouent un rôle majeur.
- Sous réserve de tempérer votre impulsivité, vous entretiendrez des rapports harmonieux avec l'être aimé.

MÉDICALEMENT

- Tension artérielle (hypo/hyper).
- Surproduction biliaire. Problème lié à la vésicule.
- Amygdales ou cordes vocales endommagées.
- Rendez-vous chez un kinésithérapeute.

DIVERS

- Votre animal de compagnie doit suivre un traitement.
- Gardez le sens de la mesure dans vos échanges !

BINÔME XI + XV

+

Selon le contexte, ce binôme évoque les scénarios suivants :

PROFESSIONNELLEMENT

- Sens inné des affaires vous garantissant une belle réussite matérielle.
- Vous mènerez vos activités tambour battant malgré une levée de boucliers !
- Individu dont le besoin de commander ou de mettre les autres aux pas ne lui vaut pas que des amis.
- Vous êtes en proie à des rivalités intestines sur votre lieu de travail.
- Tour de force qui déchaîne les passions au sein de votre milieu professionnel.
- Femme d'affaires dévorée d'ambition, pour qui la fin justifie les moyens.

Clin d'œil aux métiers suivants *: directrice financière, femme d'affaires, policière, proxénète, femme politique.*

SENTIMENTALEMENT

- Couple dont le quotidien est rythmé par des scènes de ménage (parfois violentes).
- Femme dont la jalousie maladive risque de condamner la relation amoureuse.
- Rencontre d'une personne qui présente un féroce appétit sexuel.
- Relation amoureuse vécue sur un mode passionnel.
- Individu pervers adepte des jeux érotiques sadomasochistes ou de l'échangisme.

MÉDICALEMENT

- Infection urogénitale.
- Possibilité de contracter une maladie sexuellement transmissible.
- Dans certains cas, hyperthyroïdie.

DIVERS

- Vous réglez vos comptes en utilisant la force.
- Bagarre.
- Individu qui entretient un rapport malsain à l'argent.
- Passionné de sport de combat (boxe, etc.).
- Personne qui aime faire plier ses détracteurs.

BINÔME XI + XVI

+

Selon le contexte, ce binôme évoque les scénarios suivants :

PROFESSIONNELLEMENT

- Des restructurations ou une délocalisation sont à prévoir.
- Locaux déménagés ou en passe de l'être.
- Climat professionnel exécrable, vous êtes une véritable cocotte-minute sous pression.
- « Coup de gueule » qui dégénère en foire d'empoigne sur le lieu de travail.
- Poste à responsabilités duquel vous êtes déchu.
- Parfois, individu expulsé ou licencié sans ménagement.

Clin d'œil aux métiers suivants : *promoteur immobilier, maître d'œuvre, maçon, déménageur, CRS, videur, chef de chantier, gardien(ne) d'immeuble.*

SENTIMENTALEMENT

- Violences conjugales, foyer au bord de l'explosion.
- Véritable foire d'empoigne qui met votre relation en péril.
- En positif, un projet de déménagement ou de construction se concrétise.

MÉDICALEMENT

- Anémie due au surmenage.
- Risque élevé de fractures, de foulures ou de courbatures.
- Muscles atrophiés.
- Plus rarement syncope, coma, choc à la tête.
- Chute ou coup de poing.
- Perte de poids préoccupante.

DIVERS

- Accident domestique causé par des travaux manuels.
- Agression physique traumatisante.
- Commissariat, passage à tabac (notamment 11 + 16 + 13).
- Conflit de copropriété.
- Femme corpulente qui fait une mauvaise chute.
- Cambriolage, maison forcée ou perquisition (notamment 11 + 16 + 13).
- Interpellation de voleurs par les forces de l'ordre.
- Vous entreprenez des travaux de maçonnerie, vous abattez une cloison.
- Action commando.
- Témérité qui vous fait courir à votre perte.

BINÔME XI + XVII

+

Selon le contexte, ce binôme évoque les scénarios suivants :

PROFESSIONNELLEMENT

- Confiance en vous retrouvée qui vous permet d'agir en toute sérénité.
- Poste à responsabilités dans lequel vous êtes en parfaite osmose avec votre entourage professionnel.
- Consultante qui officie dans le domaine de l'esthétisme, de la cosmétique, etc.
- Énergie débordante mise au service d'une création artistique.
- Individu déterminé à forcer le destin, afin de s'attirer la faveur des astres.
- Femme de pouvoir qui orchestre un projet artistique de main de maître.
- Efforts soutenus annonciateurs d'une belle réussite à venir.

***Clin d'œil aux métiers suivants** : directrice artistique, sculptrice, responsable d'un salon de coiffure, esthéticienne, toiletteur(-se) pour chien, gérante d'un institut de beauté.*

SENTIMENTALEMENT

- Relation amoureuse propice à votre épanouissement personnel.
- Femme dont la douceur de vivre a des vertus apaisantes sur son conjoint.
- Personne réceptive à de nouvelles histoires d'amour.
- Consultante qui a la ferme intention de tomber enceinte.
- Rencontre d'une femme bien dans sa peau.

MÉDICALEMENT

- Tendance à l'embonpoint chez une femme.
- Régime alimentaire alliant le sport et la diététique.
- Remise en forme (thalassothérapie, balnéothérapie).
- Personne qui prend grand soin de son corps.
- Fécondité.

DIVERS

- Conflit désamorcé avec douceur et sang-froid.
- Vous emmenez votre animal de compagnie chez le toiletteur.
- Victoire qui vous procure une grande sérénité.
- Charisme qui force l'admiration de vos partenaires.

BINÔME XI + XVIII

+

Selon le contexte, ce binôme évoque les scénarios suivants :

PROFESSIONNELLEMENT

- Déménagement imminent de vos bureaux ou de vos locaux (cf.18 + 16).
- Patron(ne) dont les excès d'autoritarisme ou l'attitude psychorigide contribuent à répandre toutes sortes de rumeurs à son encontre.
- À condition de tordre le cou à vos angoisses, vous disposerez de tous les moyens nécessaires pour booster vos affaires.
- Quotidien marqué par des rapports conflictuels au travail.
- Professionnel indépendant qui met tout en œuvre pour développer son activité à domicile.

Clin d'œil aux métiers suivants *: hôtelier, gérant(e) d'un magasin, d'une boutique, gérante d'une exploitation agricole, employé(e) à la SPA, dans un chenil, dresseur, déménageur, promoteur immobilier, responsable d'une agence immobilière, directrice d'une clinique ou d'un centre hospitalier.*

SENTIMENTALEMENT

- Volonté de fonder un foyer ou d'acquérir un logement plus grand.
- Des mensonges ou spéculations viennent envenimer vos rapports amoureux.
- Couple dans lequel la tension est palpable.

MÉDICALEMENT

- Anxiété, hypertension artérielle.
- Soucis d'ordre gynécologique (règles abondantes, douloureuses).
- Infection (mycose, fibrome).
- Problème de bas-ventre chez une femme.

DIVERS

- Dégâts des eaux, rupture de canalisation, cave inondée, etc.
- Vous devenez propriétaire d'un local ou d'un logement (notamment 11 + 18 + 8).
- Déménagement à l'ordre du jour (notamment 11 + 18 + 7).

BINÔME XI + XVIIII

+

Selon le contexte, ce binôme évoque les scénarios suivants :

PROFESSIONNELLEMENT

- Partenariat ou association qui s'avérera des plus bénéfiques à votre évolution de carrière.
- Votre pouvoir de rayonnement est au zénith, vous poursuivez une brillante ascension professionnelle.
- C'est avec l'étoffe d'un leader que vous vous efforcez à nouer des accords pour l'avenir de vos affaires.
- Efforts acharnés qui forcent l'admiration de vos proches collaborateurs.
- Grande confiance en vos capacités qui frise parfois la démesure.
- Les activités sportives au contact des enfants vous sont extrêmement favorables.

Clin d'œil aux métiers suivants *: éducateur sportif, culturiste, professeur d'arts martiaux, responsable d'une association caritative (protection de l'enfance), gardienne d'enfants, responsable d'un ballet, proviseur d'école, bijoutier, orfèvre.*

SENTIMENTALEMENT

- Plénitude amoureuse avec l'être aimé.
- Volonté affichée de se réconcilier après une prise de bec.
- Rencontre d'une femme pour laquelle vous avez le coup de foudre.
- En négatif, personne qui pense que tout ce qui brille est en or : attention aux mirages !

MÉDICALEMENT

- En règle générale, grande vitalité.
- Rétablissement.
- L'appareil cardio-vasculaire est à surveiller (graisse, cholestérol).
- Risque de claquage musculaire.
- Inflammation intra-utérine.

DIVERS

- Femme qui a deux enfants.
- Bras de fer entre une mère et ses enfants.
- Femme de bon niveau social qui adore les parures, les bijoux.
- Vous fréquentez une salle de sport ou un centre de remise en forme.

BINÔME XI + XX

+

Selon le contexte, ce binôme évoque les scénarios suivants :

PROFESSIONNELLEMENT

- Conflit d'intérêts, vous décidez de saisir les conseils prud'homaux ou les syndicats.
- Vous mettez tout en œuvre pou créer un site Internet (notamment 11 + 20 + 1).
- Un cas de force majeure vous incite à prendre la parole, vous êtes bien décidé(e) à vous faire entendre de vos collaborateurs.
- Prise de bec très animée entre vous et un(e) collègue ou un(e) supérieur(e) hiérarchique.
- Rencontre d'une personne d'autorité qui va appuyer votre cause lors de délibérations.

Clin d'œil aux métiers suivants *: assistant juridique, webmaster, assistant(e) Internet, directrice de la communication, de l'audiovisuel, assistante de production, chanteuse d'opéra.*

SENTIMENTALEMENT

- Mauvaise communication au sein d'un couple qui se déchire.
- Femme qui consulte une avocate dans le cadre d'un divorce.
- Personne rencontrée par le biais d'Internet.
- Rencontre inopinée.

MÉDICALEMENT

- Cordes vocales irritées.
- Extinction de voix.
- Visite ORL possible.
- Rééducation orthophonique.

DIVERS

- Action en justice.
- Appareil à commande vocale.
- On statue sur le sort d'un animal.

BINÔME XI + XXI

+

Selon le contexte, ce binôme évoque les scénarios suivants :

PROFESSIONNELLEMENT

- Vous parvenez à vous imposer comme leader au sein d'une grande structure.
- Poste à responsabilités qui vous conduit à l'étranger dans le cadre de vos affaires.
- Réussite socioprofessionnelle obtenue à la force du poignet par vos seuls mérites.
- Vous employez votre énergie à développer vos activités, à accroître votre clientèle, etc.
- Rencontre d'une femme de pouvoir qui évolue sur le devant de la scène internationale.
- Vos obligations professionnelles exigent que vous maîtrisiez une langue étrangère.

Clin d'œil aux métiers suivants *: politicienne, organisatrice d'un événement, responsable des ressources humaines, directrice marketing, employé(e) dans le commerce international, tour-opérateur, chef de cabine.*

SENTIMENTALEMENT

- Rencontre d'une femme du monde dans un milieu branché (réception, gala, cocktail dînatoire, spectacle, etc.).
- Période propice pour remplir votre carnet de rendez-vous.
- Couple d'amoureux très soudé.

MÉDICALEMENT

- Santé florissante.
- Guérison complète.
- Période d'ovulation, de fécondité.

DIVERS

- VIP, personnalité politique.
- Concours canin.
- Sportive accomplie.
- Force de dissuasion internationale.

BINÔME XI + XXII

+

Selon le contexte, ce binôme évoque les scénarios suivants :

PROFESSIONNELLEMENT

- Parcours professionnel semé d'embûches.
- Épuisement moral dû à des efforts répétés.
- Abus de pouvoir ou harcèlement moral vous déprimant, et pouvant vous conduire à démissionner.
- Individu despotique dont les sautes d'humeur et le manque de pédagogie finissent par faire fuir ses associés ou ses employés.
- Rapports conflictuels avec l'autorité qui vous poussent à partir chercher du travail ailleurs.

Clin d'œil aux métiers suivants : *dresseur, maître-chien, comportementaliste animalier, agent de sécurité.*

SENTIMENTALEMENT

- Femme de tête qui éconduit son amant ou son mari.
- Violences conjugales qui minent votre foyer un peu plus chaque jour.
- Vous prenez la poudre d'escampette, las de subir des brimades à répétition.
- Sensation d'étouffement, vous décidez de recouvrer votre liberté.
- Amour impossible vu le caractère indomptable de madame.

MÉDICALEMENT

- Tonus en déclin.
- Passage à vide.
- Morsure de chien.
- Blessure à la jambe.

DIVERS

- Individu qui lance son chien aux trousses de quelqu'un.
- À vouloir faire votre loi, vous allez finir par tomber sur plus fort que vous.
- Altercation de laquelle vous sortez diminué(e).
- Dans certains cas, agression physique.

LE PENDU

Moi le Pendu, je t'invite à admettre que la situation est dans l'impasse,
à accepter les mauvais concours de circonstances avec philosophie.
Avec moi, sache prendre ton mal en patience.

Au premier coup d'œil, le Pendu incarne :

1. **Une potence, un supplice**
2. **La maladie, la souffrance**
3. **Les blocages, l'inertie**
4. **Une situation stérile**
5. **Le sacrifice, la dévotion**
6. **La dépendance, le lien**
7. **L'asile, la prison**
8. **Le karma, la spiritualité**
9. **La liaison, l'adultère**
10. **Un piège, la trahison**

Le Pendu, en se mariant aux 21 autres arcanes majeurs, nous évoque **l'attente**, les **problèmes de santé** et notre **résignation** face aux épreuves de la destinée.

BINÔME XII + I

+

Selon le contexte, ce binôme évoque les scénarios suivants :

PROFESSIONNELLEMENT

- Travail que vous vous apprêtez à remettre sur l'enclume après une période d'interruption.
- Individu qui a développé une vocation pour le corps médical ou qui officie dans la vente de produits pharmaceutiques.
- Reprise d'activité momentanément suspendue pour des raisons de santé.
- Un collègue mal intentionné cherche à vous tendre un piège, restez vigilant.
- Association fragile avec un jeune homme dévoré d'ambitions.

Clin d'œil aux métiers suivants *: pharmacien, laborantin, infirmier, acrobate, professeur de yoga, réflexologue, acupuncteur (cf. 5 + 14), podologue.*

SENTIMENTALEMENT

- Vous vous êtes attaché(e) à un jeune homme.
- Adultère/relation adultérine avec un jeune célibataire.
- Nouvelle rencontre qui va vous libérer d'une liaison passée.
- Relation instable de laquelle vous vous dégagez.

MÉDICALEMENT

- Cheville immobilisée ou bloquée.
- Empoisonnement.
- Alitement, maladie qui exige des piqûres.
- Fœtus sous contrôle médical.
- Dépistage, analyse en laboratoire.
- Opération médicale d'appoint, petite intervention possible.
- Dans certains cas, séances d'acupuncture.

DIVERS

- Correspondance avec un prisonnier.
- Condamnation d'un mineur.
- Problème lié à un enfant.
- Commercial véreux qui cherche à vous piéger.
- Vol à l'étalage, pickpocket.
- Vous suivez des cours de yoga.

BINÔME XII + II

+

Selon le contexte, ce binôme évoque les scénarios suivants :

PROFESSIONNELLEMENT

- Inertie professionnelle, chômage... qui prendra fin grâce à la reprise d'études, l'arrivée d'une formation ou d'un stage de bilan de compétences.
- État végétatif ou semi-dépressif rendant votre quotidien particulièrement pesant.
- Collègue hypocrite qui cherche à se venger de vous en produisant des écrits diffamatoires, de faux témoignages.
- Un examen à la médecine du travail décidera ou non de votre aptitude à reprendre vos activités.
- Individu qui se consacre corps et âme à la rédaction d'un livre, d'une thèse.
- Une femme de pouvoir (cadre, directrice) va vous sortir du placard et se pencher sur votre cas.

***Clin d'œil aux métiers suivants** : psychologue, assistante sociale, médecin généraliste, infirmière, radiologue (cf.5 + 2), médecin légiste.*

SENTIMENTALEMENT

- Blocage, découverte d'une trahison, de choses tues, non dites.
- Liaison amoureuse avec une femme d'âge mûr.
- Inhibitions ou communications stériles dans un couple.
- Rivale qui cherche à vous tendre un piège, à démasquer une situation d'adultère, etc.
- Mère envahissante qui freine votre relation amoureuse.
- Femme qui fait vœux de chasteté ou qui a une vie monacale.
- Histoire d'amour tumultueuse avec une personne originaire du Maghreb.

MÉDICALEMENT

- État dépressif lié au passé.
- Recherche sur les causes d'une maladie.
- Échographie, examen d'un embryon (notamment 12 + 2 + 20).
- Sécheresse vaginale, stérilité ou frigidité chez une femme.

DIVERS

- Risque d'endoctrinement, rattachement possible à une secte (notamment 12 + 2 + 15).
- Blocages causés par votre appartenance religieuse.
- Trahison de votre propre mère.
- Votre mère est malade, reste alitée.

BINÔME XII + III

+

Selon le contexte, ce binôme évoque les scénarios suivants :

PROFESSIONNELLEMENT

- Dénouement imminent d'une situation professionnelle sclérosée.
- Collègue ou directrice mal intentionnée avec laquelle vous êtes en conflit.
- Assise professionnelle rétablie après avoir subi un blâme ou une mise à pied.
- Courriers administratifs égarés venant retarder vos projets.
- Ascension à un poste de directrice après une longue période d'attente.

Clin d'œil aux métiers suivants : *secrétaire médicale, pharmacienne, agent à la Sécurité sociale, employée dans une mutuelle de santé, responsable d'une clinique, jeune médecin, agent sanitaire, professeur de yoga, d'aérobie, professeur de sciences, de biologie.*

SENTIMENTALEMENT

- Liaison amoureuse avec une femme guindée.
- Individu attaché à une partenaire qui ne le regarde plus.
- Femme frigide inaccessible ou hermétique aux plaisirs sensuels.

MÉDICALEMENT

- Frigidité possible.
- Fatigue intellectuelle, moral à plat.
- Vertiges, impression de tanguer.
- Femme alitée ou souffrante.
- Hospitalisation possible pour des soins esthétiques (notamment 12 + 3 + 17).

DIVERS

- Votre sœur ou votre mère est malade, souffrante.
- Salle d'attente chez le médecin.
- Vous suivez des études médicales ou scientifiques.

BINÔME XII + IIII

+

Selon le contexte, ce binôme évoque les scénarios suivants :

PROFESSIONNELLEMENT

- Patron tortionnaire qui vous fait vivre un véritable calvaire au quotidien.
- Convalescence ou incapacité médicale due à des problèmes de dos.
- Les sacrifices consentis vont vous permettre de rétablir votre assise professionnelle.
- Vous repartirez du bon pied après une période d'attente salutaire.
- Revirement de situation en votre faveur dans une affaire où vous étiez en mauvaise posture.
- Projets en stand-by remis à l'ordre du jour sous l'influence d'un homme de pouvoir.
- Climat professionnel malsain, gare à la trahison d'un homme ayant la rancune tenace.
- Plus rarement, individu relevé de ses fonctions ou sanctionné par ses supérieurs.

***Clin d'œil aux métiers suivants** : surveillant d'un établissement pénitentiaire, directeur de prison, podologue, orthopédiste, interne à l'hôpital.*

SENTIMENTALEMENT

- Liaison amoureuse avec un homme de bon standing (médecin, avocat).
- Individu qui vit sous l'emprise (tyrannique) de son partenaire.
- Relation adultérine possible avec un patron ou un collègue de travail.
- Homme ou femme trompé(e) par sa moitié.

MÉDICALEMENT

- Troubles de la virilité.
- Problèmes de dos handicapants.
- Coccyx ou bassin fragilisé par une chute.
- Examen du pied ou d'une cheville (problème de talon d'Achille, etc.).

DIVERS

- Scandale impliquant un homme de pouvoir : maire, député, patron, etc.

BINÔME XII + V

+

Selon le contexte, ce binôme évoque les scénarios suivants :

PROFESSIONNELLEMENT

- Maladie nécessitant un rendez-vous avec la médecine du travail ou avec un généraliste.
- Individu voué à faire carrière dans le corps médical.
- Blocage (report d'avancement, etc.) qui vous conduit à consulter votre hiérarchie.
- En négatif, trahison pour laquelle vous demandez des comptes à votre encadrement.
- Personne prédestinée à suivre une voie spirituelle (prêtre, médium).
- Signes avant-coureurs (conseils, négociations, entretiens) qui augurent de la fin d'un calvaire.

Clin d'œil aux métiers suivants *: médecin (généraliste/spécialiste), prêtre, médium, évêque, psychologue, directeur d'un établissement pénitentiaire.*

SENTIMENTALEMENT

- Communiquez davantage si vous voulez sauver votre couple.
- Liaison adultérine avec un homme marié (notamment 12 + 5 + 8).
- Femme éprise d'un homme d'âge mûr.
- Vœux de chasteté chez un homme pieux.
- Relation affective incertaine qui se transforme en une union positive (notamment 12 + 5 + 19).

MÉDICALEMENT

- Consultation médicale.
- Compte-rendu médical commenté (résultats d'analyse, etc.).
- Votre père ou grand-père est alité, souffrant.

DIVERS

- Dévotion à l'Église, voie spirituelle.
- Salle d'attente d'un médecin (cf. 12 + 3).
- Charlatan qui se targue de guérir tous vos maux (notamment 12 + 5 + 15).
- Prisonnier dont la peine est réexaminée.

BINÔME XII + VI

Selon le contexte, ce binôme évoque les scénarios suivants :

PROFESSIONNELLEMENT

- Moral en berne, votre avenir vous semble très incertain.
- Vous êtes en proie à de sérieux doutes quant à votre orientation professionnelle.
- Sensation de vous être engagé dans une voie sans issue.
- Équipe de travail dans laquelle s'est installé un malaise.
- Association dans laquelle vous risquez d'être lésé, de devenir le dindon de la farce.
- Individu dépressif qui sollicite une mi-temps thérapeutique auprès de son employeur.

***Clin d'œil aux métiers suivants** : employé(e) de la santé, opticien, salarié(e) d'un centre de transfusion sanguine, délégué(e) médical(e), acrobate, funambule, comédien.*

SENTIMENTALEMENT

- Relation affective boiteuse qui ne mènera à rien.
- Tristesse de cœur, sentiments de mélancolie.
- Choix affectif qui vous peine, vous n'arrivez pas à choisir.
- Vous êtes attaché à deux personnes à la fois.
- Piège ou manipulation à votre encontre.
- Vous tombez amoureux(-se) d'une personne qui vous est présenté(e) par des ami(e)s.

MÉDICALEMENT

- Vertiges, malaises.
- Sang contaminé, HIV, etc. (notamment 12 + 6 + 13).
- Problème lié à un œil.
- Foie malade, hépatite.
- Leucémie possible.

DIVERS

- Vous vous liez d'amitié à une personne qui vous est présentée.
- Attention : on cherche à vous tendre un piège.
- Vous suivez des cours de yoga.

BINÔME XII + VII

+

Selon le contexte, ce binôme évoque les scénarios suivants :

PROFESSIONNELLEMENT

- Cul-de-sac professionnel, votre carrière est au point mort, vos avancements reportés à plus tard.
- Vos rapports se sont envenimés avec un collègue de travail.
- Regain d'activité qui va vous sortir de votre torpeur actuelle.
- Individu qui travaille en cheville avec un laboratoire pharmaceutique ou qui commercialise des produits médicaux auprès des professionnels de la santé.
- Inaptitude médicale ou maladie qui vous cloue au lit ou à domicile.

Clin d'œil aux métiers suivants : *ambulancier, travailleur(-se) au SAMU social, infirmier(-ère) libéral(e), délégué médical, travailleur social, les professionnels de la santé.*

SENTIMENTALEMENT

- Vous vous dégagez peu à peu d'une liaison amoureuse aliénante.
- Liaison avec un jeune homme dans le cadre du travail.
- Vous vous attacherez à un individu d'une trentaine d'années.
- Plutôt que de vous poser en victime, vous partez conquérir de nouveaux horizons.
- Attente qu'un ex revienne vers vous.

MÉDICALEMENT

- Fatigue, manque de tonus.
- Cheville bloquée.
- Problèmes de mobilité au niveau des membres inférieurs (hanche, bassin, coccyx).
- Parfois personne en chaise roulante ou assistée d'un déambulateur.
- Transport en ambulance.
- Vertiges liés à un problème d'oreille interne (notamment 12 + 7 + 20).

DIVERS

- Voiture immobilisée ou envoyée à la fourrière.
- Blessure liée à un accident de la circulation.
- Vous partez visiter une personne souffrante, voire alitée.
- Dans de rares cas, voiture volée ou forcée.
- Rendez-vous retardé ou reporté pour cause d'embouteillage.

BINÔME XII + VIII

+

Selon le contexte, ce binôme évoque les scénarios suivants :

PROFESSIONNELLEMENT

- Vice de forme, contrat caduc, attention aux arnaques, aux trahisons.
- Affaire qui souffre de problèmes de trésorerie, de retards de paiements.
- Avancement ou signature de contrat différé.
- Nouvel accord signé qui va vous libérer d'une attente devenue insupportable.
- Décision prud'homale ajournée, dossier incomplet.
- Vous vous heurtez à des soucis d'ordre administratifs ou juridiques.

Clin d'œil aux métiers suivants *: employé(e) à la Sécurité sociale, dans une mutuelle de santé, salarié d'une administration pénitentiaire.*

SENTIMENTALEMENT

- Liaison amoureuse peu épanouissante que vous entendez rompre tôt ou tard.
- Sacrifices que vous ne voulez plus consentir.
- Problèmes budgétaires qui enveniment vos relations affectives.
- Situation de divorce en statu quo.
- Dans certains cas, liaison impossible avec une personne mariée.

MÉDICALEMENT

- Personne diabétique (notamment 12 + 8 + 18).
- Maladie des reins, attente d'une greffe, etc.
- Perte d'équilibre, vertiges inquiétants (soucis auriculaires).
- Parfois sclérose en plaques.
- Embonpoint possible.
- Déséquilibre énergétique. Sommeil perturbé.

DIVERS

- Pension d'invalidité.
- Dossier de mise sous curatelle, sous tutelle.
- Accusé en attente d'un jugement, d'une peine.
- Condamné, administration pénitentiaire.
- Verdict négatif ou reporté à plus tard.

BINÔME XII + VIIII

+

Selon le contexte, ce binôme évoque les scénarios suivants :

PROFESSIONNELLEMENT

- Blocages importants : ou vos affaires marchent au ralenti ou elles sont au point mort.
- Impression de régresser, de faire marche arrière.
- Congé de maternité ou longue maladie qui vous force à mettre votre carrière entre parenthèses.
- Vocation chevillée au corps pour la recherche médicale, ou plus généralement pour les métiers de la santé.
- Individu mystique qui mène une vie monacale.
- Dans certains cas, suivi obstétrique.

Clin d'œil aux métiers suivants *: chercheur en laboratoire, employé(e) d'un centre d'analyses médicales, d'un hospice, gérontologue.*

SENTIMENTALEMENT

- Communication stérile ou quasi inexistante vouant votre relation à l'échec.
- Vous vous sentez condamné à la solitude affective.
- Individu qui par choix vit comme un ermite.
- Dans de rares cas, liaison avec un homme âgé.

MÉDICALEMENT

- Examen de santé (pied, etc.).
- Problèmes de dos (lumbago...) ou de bassin/hanche.
- Stérilité masculine, voire impuissance.
- Vous devez rester alitée par la force des choses.
- Octogénaire cloué au lit ou très malade.
- Dépression parfois sévère.

DIVERS

- Congé de maternité.
- Retraite monacale, spirituelle.
- Maléfice, sortilège dont vous vous sentez la victime.
- Condamnation à perpétuité.
- Recherche sur les vies antérieures, régression.

BINÔME XII + X

\+

Selon le contexte, ce binôme évoque les scénarios suivants :

PROFESSIONNELLEMENT

- Période d'instabilité professionnelle qui vous mine le moral, impression de déjà-vu.
- Alternance entre périodes de chômage et de petits boulots.
- Argent bloqué qui va bientôt vous échoir.
- Dépression liée à des soucis d'ordre professionnel.
- En positif, promotion que l'on a tardé à vous octroyer et que vous n'attendiez plus.

Clin d'œil aux métiers suivants : *orthopédiste (cf. 12 + 10 + 5), prothésiste, forain.*

SENTIMENTALEMENT

- Liaison amoureuse qui prend une tournure inespérée.
- Lien affectif qui prend de l'essor.
- Vous vous êtes fourvoyé(e) dans une histoire que vous saviez bancale dès le départ.

MÉDICALEMENT

- Douleurs dorsales : hernie discale, lombalgie...
- Problèmes ligamenteux (ligaments croisés).
- Épanchement de synovie.
- Rotule endommagée.
- Cheville bloquée.
- Syndrome Gilles de la Tourette (notamment 12 + 10 + 7).
- Individu qui doit passer un scanner, une I.R.M. (notamment 12 + 10 + 22).
- Cyclothymie, prise d'anxiolytiques, de psychotropes.

DIVERS

- Dépendance maladive aux jeux d'argent.
- Endettement.

BINÔME XII + XI

+

Selon le contexte, ce binôme évoque les scénarios suivants :

PROFESSIONNELLEMENT

- Vous vous dégagez avec force d'une situation professionnelle sclérosée.
- Vous êtes victime de brimades ou de harcèlement de la part d'un(e) responsable hiérarchique.
- Rapport de force qui vous épuise moralement.
- Blocage causé par le comportement agressif de l'un de vos supérieurs.
- Vous trouverez le courage de sortir de votre état léthargique, de votre immobilisme.

Clin d'œil aux métiers suivants *: assistante médicale, employé(e) d'une caisse d'assurance maladie, d'une mutuelle de santé.*

SENTIMENTALEMENT

- Liaison conflictuelle qui vous rend malade.
- Relation dominant/dominé.
- Violences conjugales.

MÉDICALEMENT

- Anomalie intra-utérine possible.
- Déchirure musculaire (risques accrus).
- Rééducation ou séances de kinésithérapie prescrites.
- Reprise de tonus après une grande fatigue ou une maladie.

DIVERS

- Arrestation par les forces de police.
- Camisole de force.
- Individu qui aime soumettre les autres.

BINÔME XII + XIII

+

Selon le contexte, ce binôme évoque les scénarios suivants :

PROFESSIONNELLEMENT

- Trahison ou coup bas qui a de graves répercussions sur votre carrière.
- Mise à pied, licenciement séance tenante.
- Acharnement dont vous faites les frais, il faut trouver le « coupable idéal ».
- Sacrifices consentis en vain, sensation de gâchis, de perte de temps.
- Dépression qui nécessite un arrêt de travail.
- Fil du rasoir sur lequel vous ne voulez plus être, vous quittez votre poste.

***Clin d'œil aux métiers suivants** : médecin, infirmier d'un service de réanimation (grands brûlés), employé en soins palliatifs, accompagnateur(-trice), salarié dans un hospice ou en gériatrie, auxiliaire de vie, podologue.*

SENTIMENTALEMENT

- Rencontre d'une personne déséquilibrée ou en proie à de sérieux problèmes existentiels.
- Relation amoureuse avec un individu autodestructeur ou avec une personne toxique.
- Liaison aliénante à laquelle vous mettez un terme.
- Dépression, solitude vécue comme une traversée du désert.

MÉDICALEMENT

- Acte chirurgical, opération (IVG par exemple), infiltration.
- Irritabilité, grande nervosité.
- Problème d'acidités digestives.
- Fractures, foulures, entorse.
- Grave dépression, traitement lourd (antidépresseurs).
- Risques accrus de faire une fausse-couche.
- Dans certains cas, personne anorexique.

DIVERS

- Suicide d'un proche, velléités suicidaires.
- Agression sauvage, violence gratuite.
- Condamné à mort.
- Prisonnier qui se donne la mort.
- Personne qui meurt par empoisonnement.

BINÔME XII + XIIII

+

Selon le contexte, ce binôme évoque les scénarios suivants :

PROFESSIONNELLEMENT

- Individu qui se destine à une carrière de thérapeute dans le domaine des médecines douces (médecine chinoise, Reiki, etc.).
- Épuisement, fatigue morale, vous n'êtes plus objectif(-ve), vous devez prendre du repos.
- Vous êtes survolté, ce qui envenime vos échanges avec vos collègues.
- Lâcher-prise qui va vous permettre de débloquer une situation de statu quo devenue oppressante.

Clin d'œil aux métiers suivants : *acupuncteur, homéopathe, réflexologue, sophrologue, masseur, énergéticien, kinésithérapeute, employé(e) dans les médecines douces ou parallèles, assistante sociale, standardiste ou chargé d'accueil dans un hôpital, un organisme de santé.*

SENTIMENTALEMENT

- Liaison principalement téléphonique avec une personne éloignée.
- Blocage lié à des difficultés relationnelles avec l'être aimé, personne sur la défensive.
- Vous devez vous « sacrifier » afin de rétablir le calme au sein de votre foyer.

MÉDICALEMENT

- Grande fatigue énergétique.
- Ligaments ou tendons endommagés.
- Hernie hiatale, reflux gastriques.
- Angine qui vous cloue au lit.
- Vertiges, problèmes d'équilibre.
- Séances chez l'acupuncteur.
- Problèmes associés au décalage horaire.
- Dans de rares cas, rapatriement sanitaire.
- Parfois, problème au niveau du talon d'Achille.

DIVERS

- Voyage retardé.
- Communications, liaisons téléphoniques bloquées, voire impossibles.
- Incidents causés par l'électricité (court-circuit) ou par la foudre (cf. 12 + 14 + 16).
- Fatigue liée à des déplacements, à des voyages répétés.
- Tristesse ou chagrin que vous noyez dans l'alcool.
- Dans certains cas, correspondance avec un prisonnier

BINÔME XII + XV

+

Selon le contexte, ce binôme évoque les scénarios suivants :

PROFESSIONNELLEMENT

- Rapports conflictuels, ambiance dégradée et malsaine sur le lieu de travail.
- Trahison financière, une personne jalouse ou un escroc cherche à vous tendre un piège.
- Report d'avancement ou tromperie qui vous met dans tous vos états.
- Augmentation bloquée, prime ou promotion suspendue, attentes vaines.
- Coup de poignard dans le dos par l'un de vos collègues envieux.

Clin d'œil aux métiers suivants : *magnétiseur, marabout.*

SENTIMENTALEMENT

- Blocage sexuel qui vous empêche d'être épanoui(e) dans votre vie amoureuse.
- Liaison orageuse qui vous fait vivre dans la tourmente.
- Rencontre d'un individu pervers qui aime soumettre ses partenaires.
- Personne qui pratique des jeux érotiques sadomasochistes.

MÉDICALEMENT

- Rendez-vous avec un urologue (problème de prostate).
- Impuissance masculine, problème d'érection.
- Traitement médicamenteux lourd et contraignant.
- Dérèglement thyroïdien possible (notamment 12 + 15 + 16).
- Parfois risque de MST.

DIVERS

- Subventions, indemnités bloquées.
- Problème avec les impôts (dénonciation, fraude, contrôle).
- Dans certains cas, individu victime d'envoûtement, de magie noire (sorcellerie).

BINÔME XII + XVI

+

Selon le contexte, ce binôme évoque les scénarios suivants :

PROFESSIONNELLEMENT

- Déluge professionnel, restructuration qui se passe avec perte et fracas. Problème attenant à des locaux, des bureaux, etc.
- Mise à pied, renvoi ou licenciement abusif.
- Arrêt maladie ou hospitalisation dû à un accident de travail.
- Climat professionnel orageux : situation de harcèlement moral ou de querelles intestines.
- Danger lié à un local ne respectant pas les normes élémentaires de sécurité (explosion, etc.).

Clin d'œil aux métiers suivants *: médecin, urgentiste, interne ou employé(e) en milieu hospitalier, agent de l'hygiène et des services sanitaires, salarié en milieu carcéral.*

SENTIMENTALEMENT

- Violences conjugales, personne en souffrance morale et physique.
- Liaison amoureuse qui vole en éclats, foyer qui s'écroule.
- Trahison ressentie d'une manière viscérale, impression que votre monde s'écroule.

MÉDICALEMENT

- Fracture au pied, entorse (ligaments rompus).
- Chute ou choc à la tête.
- Transports aux urgences médicales.
- Danger vital, santé dégradée.
- Maladies nosocomiales.
- Rage de dents épouvantable.
- Grave dépression.

DIVERS

- Individu incarcéré, en maison d'arrêt.
- Catastrophe inéluctable.
- Retour de manivelle.
- Conflit de voisinage.
- Blocage lié à une succession.

BINÔME XII + XVII

+

Selon le contexte, ce binôme évoque les scénarios suivants :

PROFESSIONNELLEMENT

- Après une longue période d'immobilisme, vous commencez à entrevoir une lueur d'espoir.
- Attente qui sera récompensée à la hauteur de vos espoirs fondés en l'avenir.
- Carrière artistique qui est suspendue, projets reportés à plus tard.
- Individu qui se destine aux médecines dites parallèles, aux thérapies corporelles et holistiques.
- Épanouissement professionnel dans l'univers pharmaceutique.
- Projet environnemental auquel vous êtes très attaché(e).

Clin d'œil aux métiers suivants *: pharmacien, parapharmacien, cosmétologue, naturopathe, homéopathe, écologiste, herboriste, phytothérapeute, gynécologue, médium, artiste peintre, acrobate.*

SENTIMENTALEMENT

- Liaison amoureuse qui vous apporte la sérénité tant attendue.
- Vous vous attachez corps et âme à une jeune femme bien dans sa peau.
- Attente ou sacrifices qui seront récompensés par la destinée.
- Couple au sein duquel les échanges amoureux sont mêlés de tendresse et de complicité.

MÉDICALEMENT

- Grossesse, femme enceinte.
- Examen gynécologique.
- Soucis hormonaux possibles.
- Des soins en thalasso sont prescrits par votre médecin.
- Sensibilité d'écorché(e) vif(-ve).

DIVERS

- Vous partez vous mettre au vert.
- Isolement, retraite à la campagne.
- Période de fin d'année (décembre).
- Yoga, méditation, illumination, éveil spirituel.

BINÔME XII + XVIII

+

Selon le contexte, ce binôme évoque les scénarios suivants :

PROFESSIONNELLEMENT

- Vous poursuivez des études universitaires en médecine ou pharmacie (notamment 12 + 18 + 21).
- Individu victime de trahison ou de propos calomnieux au sein d'un univers professionnel où l'hypocrisie règne en maître.
- Marginalité professionnelle provoquée par de dangereuses rêveries.
- Hospitalisation nécessitant un arrêt provisoire de votre activité.

Clin d'œil aux métiers suivants *: médecin, interne à l'hôpital, infirmier(-ère), agent sanitaire.*

SENTIMENTALEMENT

- Liaison adultérine ou relation cachée.
- Malaise conjugal qui altère vos rapports amoureux.
- Inceste que vous taisez.

MÉDICALEMENT

- Maladies nosocomiales.
- Rendez-vous pour une intervention en milieu hospitalier.
- Long séjour à l'hôpital.
- Ménopause.
- Dépendance médicamenteuse (notamment 12 + 18 + 15).
- Problème d'alcoolisme (notamment 12 + 18 + 14).
- Dans de rares cas, personne retrouvée morte noyée.

DIVERS

- Votre lieu d'habitation est devenu source de problèmes.
- Soucis liés à une succession, à un héritage.
- Personne morte par pendaison.

BINÔME XII + XVIIII

+

Selon le contexte, ce binôme évoque les scénarios suivants :

PROFESSIONNELLEMENT

- Un partenariat se tisse entre deux membres d'une même famille, deux amis, etc.
- Véritable délivrance qui intervient grâce à un accord ou à la solidarité d'un proche : vous voyez enfin la lumière au bout du tunnel.
- Un ami vous tend la main et vous propose une association.
- Individu qui fait carrière dans le milieu associatif (bénévolat, etc.) au profit des causes humanitaires.
- Métier au sein duquel l'enfant est roi.

Clin d'œil aux métiers suivants *: assistante maternelle, aide familiale, employé(e) au planning familial ou dans un centre socio-éducatif, infirmier scolaire, éducatrice pour enfants, puéricultrice.*

SENTIMENTALEMENT

- Passage sans transition d'un état de solitude à une vie de couple.
- Dégel des relations : réconciliation après dispute ou réchauffement des liens existants.
- Liaison amoureuse qui fait naître des sentiments partagés.
- Histoire d'amour avec une personne vivant au soleil.

MÉDICALEMENT

- Maladies cardio-vasculaires (artères bouchées).
- Arythmie cardiaque.
- Insolation possible.

DIVERS

- Grande spiritualité.
- Malaise au sein d'une fratrie.

BINÔME XII + XX

+

Selon le contexte, ce binôme évoque les scénarios suivants :

PROFESSIONNELLEMENT

- On statue sur votre sort : c'est souvent le signe d'un redressement de situation en votre faveur.
- Explications ou pourparlers salutaires : on met tout sur la table et on repart du bon pied.
- Attente d'une convocation ou d'un entretien qui risque fort de changer la donne.
- Recherche d'emploi qui vous porte à consulter les offres sur Internet.
- En négatif, communication qui ne passe pas au sein d'une équipe de travail.
- Dans certains cas, sanction révisée ou mise à pied remise en cause.
- Déblocage inattendu d'une situation désespérée.

***Clin d'œil aux métiers suivants** : audioprothésiste, médecin ORL.*

SENTIMENTALEMENT

- Imprévu qui vous libère de votre état végétatif ou de votre grande lassitude.
- Mauvaise communication au sein d'un couple. Vous n'êtes pas sur la même longueur d'onde.
- Vous êtes pendu(e) sur le Net dans l'espoir de rencontrer votre alter ego.

MÉDICALEMENT

- Problèmes d'audition, malentendant, surdité.
- Otites.
- Troubles de l'équilibre.
- Troubles respiratoires/ORL (bronchites).
- Réanimation, malade sous oxygène.
- Risque d'asphyxie.
- Dans certains cas, apnée du sommeil.

DIVERS

- Problème rencontré avec un fournisseur d'accès Internet.
- Libération provisoire sous conditions.
- Vous attendez un verdict, un jugement de justice.
- Appel ou report d'audience.

BINÔME XII + XXI

+

Selon le contexte, ce binôme évoque les scénarios suivants :

PROFESSIONNELLEMENT

- Remontée stupéfiante suite à une période d'isolement ou de mise au placard.
- Crise qui se dénoue grâce à un afflux important de clientèle.
- Il vous faudra sortir de votre léthargie et aller au-devant des autres pour réussir vos entreprises.
- Individu travaillant dans le corps médical, en contact direct avec les professionnels de la santé.
- Projet médical qui implique une spécialisation au sein d'un institut ou d'un laboratoire de recherche pharmaceutique.

Clin d'œil aux métiers suivants : *pharmacien, délégué médical, interne en hôpital (cf. 12 + 18 + 21), geôlier (cf. 4 + 12), laborantin, chercheur (notamment 12 + 21 + 9), épistémologiste, acrobate, funambule.*

SENTIMENTALEMENT

- Liaison amoureuse incertaine avec une personne vivant à l'étranger.
- Manque d'ouverture qui pourrait vous condamner à la solitude.
- Osez aller à la rencontre d'autrui !
- Vous vous attachez à un individu rencontré lors d'une soirée, d'un spectacle, etc.

MÉDICALEMENT

- Agoraphobie.
- Vous tombez malade à l'étranger.
- Maladie tropicale (paludisme, fièvre jaune).
- Vous ne tarderez pas à vous rétablir et à aller mieux.

DIVERS

- Le milieu médical.
- Faculté de médecine (notamment 12 + 21 + 18).

BINÔME XII + XXII

+

Selon le contexte, ce binôme évoque les scénarios suivants :

PROFESSIONNELLEMENT

- Impasse, voie sans issue : un obstacle vous empêche de poursuivre vos projets. Vous préférez renoncer.
- Votre côté « bohème » finit par vous faire perdre le sens des réalités.
- Individu qui erre entre périodes de chômage et petits boulots.
- Arrêt maladie à répétition, on finit par vous congédier.
- Dépression nerveuse pour harcèlement moral, vous laissant des traces indélébiles.
- Vocation chevillée au corps pour les métiers d'aide et de dévouement à caractère social.

***Clin d'œil aux métiers suivants** : assistant(e) social(e), éducateur spécialisé, employé dans un asile psychiatrique, médecin psychiatre, ambulancier.*

SENTIMENTALEMENT

- Liaison amoureuse que vous préférez fuir.
- Souffrance psychique qui vous empêche de vous épanouir sur le plan physique.
- Peur panique de vous attacher ou d'être dépendant émotionnellement.
- Sexualité marginale.
- Rencontre d'une personne profondément instable.

MÉDICALEMENT

- On vous prescrit un scanner, une I.R.M. (notamment 12 + 22 + 10).
- Individu sous antidépresseurs (cf. 13 + 22).
- Dépendances aux opiacés, aux drogues.
- Maladie mentale (perte de repères, schizophrénie, etc.).
- Individu qui boite.

DIVERS

- Un prisonnier s'évade.

L'ARCANE SANS NOM

Moi l'Arcane sans nom, je t'invite à faire le grand nettoyage dans ton existence, à tourner la page afin de renaître à une nouvelle réalité. Avec moi, sache que toutes choses, bonnes ou mauvaises, ont une fin.

Au premier coup d'œil, l'Arcane sans nom incarne :

1. **La mort, un squelette**
2. **La rupture, la renaissance**
3. **Les accidents, les fractures**
4. **Les incendies, les effractions**
5. **Le chômage, la démolition**
6. **Les huissiers, les notaires**
7. **L'agriculture, les sols**
8. **Le cancer, la charge virale**
9. **Le dentiste, les chirurgiens**
10. **La guerre, les assassins**

L'Arcane sans nom, en se mariant aux 21 autres arcanes, nous évoque la **résurrection** et les **métamorphoses** nécessaires à notre **évolution**.

BINÔME XIII + I

+

Selon le contexte, ce binôme évoque les scénarios suivants :

PROFESSIONNELLEMENT

- Perte d'emploi causée par la fermeture d'un site, la suppression d'un service.
- Des travaux de réfection ont lieu dans vos locaux professionnels.
- Individu dont la dextérité le destine aux métiers manuels et techniques.
- Accident de travail qui vous contraint à interrompre vos activités professionnelles.
- L'espoir renaît après une période de chômage plus ou moins longue.
- En positif, inactivité ou temps mort que vous mettez à profit pour créer votre société.

Clin d'œil aux métiers suivants *: carreleur, parqueteur, fossoyeur, agent d'entretien, agent de nettoyage industriel, démineur, archéologue, outilleur, ferrailleur, agriculteur, criminologue, dentiste, employé(e) aux pompes funèbres, agent de maintenance, d'entretien, artisan boulanger.*

SENTIMENTALEMENT

- Séparation que vous vivez comme une véritable résurrection.
- Rencontre amoureuse qui met fin à un long calvaire (notamment 13 + 1 + 6).
- Disputes conjugales liées à un enfant en bas âge.
- Rencontre d'un veuf.

MÉDICALEMENT

- Opération chirurgicale ordonnée (bloc opératoire).
- Risques accrus de coupures ou de fractures.
- Problèmes pulmonaires liés au tabagisme (notamment 13 + 1 + 20).
- Très rarement, décès d'un enfant en bas âge (mort subite du nourrisson).
- Soins dentaires possibles (notamment 13 + 1 + 16).

DIVERS

- Vous orchestrez des travaux de rénovation (parquet).
- Prélèvements et analyses sur le lieu d'un meurtre, d'un incendie.
- Période des moissons, récoltes agricoles.
- Campagne de dératisation.

BINÔME XIII + II

+

Selon le contexte, ce binôme évoque les scénarios suivants :

PROFESSIONNELLEMENT

- Notification de licenciement ou avis de dépôt de bilan.
- Femme de pouvoir avec laquelle vous êtes en conflit.
- Bilan de compétence ou formation proposée en période de chômage.
- Directrice ou employé(e) qui quitte un service, qui part en retraite.
- Stage informatique à l'ordre du jour.
- Spéculation sur la fermeture d'un site industriel, d'une entreprise.

Clin d'œil aux métiers suivants : *historienne, archiviste, généalogiste, criminologue, médecin, employé(e) aux pompes funèbres, psychanalyste (notamment 13 + 2 + 22).*

SENTIMENTALEMENT

- Vous avez du mal à faire le deuil d'une relation passée.
- Femme endeuillée incapable d'envisager son avenir.
- Rencontre d'une veuve ou divorcée.
- Vous recherchez les causes d'une rupture.
- Individu dont les échecs antérieurs le portent à vivre en permanence sur la défensive.
- Personne psychorigide dont les propos tranchants la vouent à la solitude.

MÉDICALEMENT

- Santé dégradée chez une femme d'âge mûr.
- Examens radiologiques prescrits pour des fractures (radios des vertèbres par exemple).
- Risque de rupture d'anévrisme (notamment 13 + 2 + 16).
- Individu emporté par un cancer, une tumeur.
- État dépressif, traumatisme psychologique.
- Autopsie d'un corps.

DIVERS

- Femme endeuillée.
- Décès de votre mère ou de votre grand-mère.
- Vous recevez un faire-part de décès.
- Femme irascible qui vous mène la vie dure.
- Vous faites des recherches généalogiques.

BINÔME XIII + III

+

Selon le contexte, ce binôme évoque les scénarios suivants :

PROFESSIONNELLEMENT

- Collaboratrice ou collègue de travail avec laquelle vous êtes en profond désaccord.
- Votre travail fait l'objet de critiques acerbes.
- Départ d'une femme au sein de votre société (licenciement, démission).
- Dirigeante remplacée à la tête de l'entreprise.
- Changement radical dans la conception d'un projet professionnel.
- Lettre d'huissier ou courrier d'un service contentieux concernant le recouvrement d'une créance.

Clin d'œil aux métiers suivants : *agricultrice, clerc d'huissier ou de notaire (notamment 13 + 3 + 8), électronicienne, employée aux pompes funèbres.*

SENTIMENTALEMENT

- Femme que vous effacez de votre vie amoureuse.
- Rencontre d'une veuve ou divorcée.
- Rencontre possible avec une femme de couleur (notamment 13 + 3 + 19).
- Période de solitude qui se solde par la rencontre d'une jolie jeune femme.
- Disparition momentanée d'une jeune femme sur laquelle vous avez jeté votre dévolu.

MÉDICALEMENT

- Chirurgie esthétique réparatrice (notamment 13 + 3 + 6).
- Problèmes de dents (caries).
- Femme sur les nerfs.
- Anorexie.
- Velléité suicidaire.

DIVERS

- Décès d'une sœur ou d'une amie.
- Amie dont vous n'avez plus de nouvelles.

BINÔME XIII + IIII

+

Selon le contexte, ce binôme évoque les scénarios suivants :

PROFESSIONNELLEMENT

- On vous a déclaré la guerre à votre travail (attaques personnelles, invectives).
- Rapports tendus avec l'autorité et la hiérarchie en général.
- Conflit avec un responsable ou avec un collègue borné.
- Risque de perdre votre position socioprofessionnelle : licenciement parfois abusif.
- Leader que l'on démet de ses fonctions ou à qui il est demandé de démissionner.
- Les chômeurs parmi vous devraient vite retrouver la sérénité d'un emploi stable.
- Un homme influent (directeur, cadre) vous tendra la main dans une période sombre.

Clin d'œil aux métiers suivants *: agriculteur, informaticien, criminologue, directeur d'une PME/PMI, employé d'une industrie, légionnaire, militaire (notamment 4 + 13 + 8).*

SENTIMENTALEMENT

- Vous rompez avec un homme nocif qui vous empêche d'avancer.
- Disputes qui tournent à l'affrontement, aux violences conjugales.
- Rencontre d'un veuf.

MÉDICALEMENT

- Coccyx fracturé.
- Fragilité au niveau du bassin.
- Problème de sciatique (notamment 13 + 4 + 19).
- Problème de selles (constipation, crises d'hémorroïdes).
- Plus rarement, abcès, névralgies dentaires.
- Parfois, opération de l'œil (rétine, glaucome).

DIVERS

- Homme assassiné.
- Régime politique contesté, autorité renversée.
- Mort d'un frère ou d'un ami.
- Émeutes sociales, bouleversement.
- Conflit avec un homme de votre entourage.

BINÔME XIII + V

+

Selon le contexte, ce binôme évoque les scénarios suivants :

PROFESSIONNELLEMENT

- Ambiance de travail nocive qui vous conduit à solliciter un entretien avec votre supérieur hiérarchique.
- Année sabbatique ou congé de formation vous permettant de bénéficier d'une formation financée par l'employeur.
- Période de chômage au cours de laquelle vous intégrez un cercle de recherche d'emploi.
- Un conseiller du Pôle Emploi ou un outplaceur vous aide à vous reclasser.
- Licenciement ou décès soudain d'un homme influent (dirigeant d'entreprise, P.-D.G).
- Reprise d'études après une période d'interruption plus ou moins longue.

Clin d'œil aux métiers suivants : *médecin légiste, notaire (cf. 13 + 5 + 8), chirurgien, ostéopathe, conseiller Pôle Emploi/APEC, spécialiste en revêtement de sol, directeur des pompes funèbres, ingénieur agricole, employé d'une coopérative agricole, rhumatologue.*

SENTIMENTALEMENT

- Tentative de réconciliation consécutive à une rupture, demande de pardon.
- Séparation ou divorce amiable : vous trouvez un arrangement entre adultes responsables.
- Rejet du père qui rend vos relations affectives difficiles avec les hommes.
- Dans de très rares cas, décès soudain de votre mari.
- Rencontre d'un homme veuf ou divorcé.

MÉDICALEMENT

- Rendez-vous avec un ostéopathe ou un rhumatologue selon le cas.
- Personne âgée atteinte d'un cancer (tumeur).
- Pourparlers avec un chirurgien au sujet d'une opération.
- Problème de décalcification osseuse, d'ostéoporose.

DIVERS

- Rejet paternel.
- Décès de votre père ou de votre grand-père.
- Conflit religieux, guerre de religion.
- Assassinat ou mort du pape, d'un souverain pontifical.
- Mésentente avec son père ou avec son beau-père.

BINÔME XIII + VI

+

Selon le contexte, ce binôme évoque les scénarios suivants :

PROFESSIONNELLEMENT

- Reprise d'activité à mi-temps après un arrêt de travail.
- Ambiance de travail épouvantable qui vous fait regretter votre choix d'orientation professionnelle.
- Vous assistez à la démission ou au licenciement d'un collègue de travail.
- Si vous êtes au chômage, des amis envisagent de vous inclure dans un projet ou de vous proposer un job d'appoint.
- Période chômée au cours de laquelle un choix d'orientation professionnelle se présente à vous.
- Arbitrage (syndical) ou recherche du juste milieu dans une dispute patronale/salariale.
- Situation traumatisante (licenciement, fermeture) vous obligeant à prendre une décision dans l'urgence

***Clin d'œil aux métiers suivants** : intermittent du spectacle, ouvrier du textile, salarié(e) dans une filature (cf.6 + 13), agent d'entretien, escrimeur.*

SENTIMENTALEMENT

- Chagrin d'amour consécutif à une rupture sentimentale.
- Vous êtes emberlificoté dans une histoire d'amour vouée à l'échec.
- Rupture amoureuse claire et nette.
- En positif, rencontre d'un(e) veuf(ve) ou d'un(e) divorcé(e).

MÉDICALEMENT

- Acte de chirurgie plastique (visage).
- Opération de microchirurgie laser de la vue.
- Hémorragie, saignements (lésions cutanées).
- Problème au foie (infection virale, microbienne, etc.).
- Parfois, sang contaminé (hépatite).
- Dans de rares cas, débouchage d'une artère.

DIVERS

- Fin d'une amitié.
- Conflit entre frères et sœurs.
- Mise en bière (cf. 13 + 17).
- Disparition d'un comédien, d'un acteur (cf. 6 + 13).

BINÔME XIII + VII

+

Selon le contexte, ce binôme évoque les scénarios suivants :

PROFESSIONNELLEMENT

- Interruption de travail pour congé sans solde.
- On vous met des bâtons dans les roues sur votre lieu de travail.
- Reprise imminente du travail après une période d'inactivité (chômage, congé, année sabbatique).
- Vous devez batailler ferme afin de conserver votre place, vous êtes sur un siège éjectable.
- Mutation ou départ soudain d'un de vos proches collaborateurs.
- Travail à forte pénibilité que vous souhaitez quitter.
- Dans certains cas, arrêt de travail causé par un accident.
- Dans de très rares cas, grave dépression entraînant le suicide d'un(e) collègue de travail.

Clin d'œil aux métiers suivants *: carrossier, ferrailleur, ouvrier (agricole), employé dans une entreprise de nettoyage industriel, dépanneur (électronique, informatique), agent de fourrière, employé dans un abattoir, équarrisseur.*

SENTIMENTALEMENT

- Vous quittez votre ami sans aucun ménagement.
- Rupture affective nécessaire afin de repartir du bon pied.
- Traversée du désert qui prend fin avec l'arrivée d'un jeune homme dans votre vie.
- Certain(e)s parmi vous feront une nouvelle rencontre au travail lors d'un déplacement professionnel.

MÉDICALEMENT

- Jambe cassée.
- Fracture du bassin, du coccyx, col du fémur.
- Foulure, entorse.
- Problème de mobilité lié à une hanche (opération possible).

DIVERS

- Risque d'accident de la circulation.
- Panne de voiture, changement de véhicule.
- Véhicule forcé, carjacking.
- Carrosserie rayée.
- Parfois, chute de cheval.

BINÔME XIII + VIII

+

Selon le contexte, ce binôme évoque les scénarios suivants :

PROFESSIONNELLEMENT

- Individu qui vit des allocations ASSEDIC ou du RSA (aides sociales).
- Rupture de contrat volontaire ou non selon le cas.
- Un liquidateur judiciaire vient sceller le destin de votre entreprise.
- Conflit salarial (indemnités de licenciement) qui se règle devant les prud'hommes.
- Société débitrice qui connaît des problèmes contentieux.
- Fermeture administrative d'une société (bar, café) suite à des actes de malveillance.
- Dans certains cas, vous profitez d'un congé sabbatique pour monter votre entreprise.

Clin d'œil aux métiers suivants *: liquidateur judiciaire, huissier de justice, notaire, agent de recouvrement, employé aux contentieux, avocat (notamment 13 + 8 + 5).*

SENTIMENTALEMENT

- Divorce qui donne lieu à une bataille juridique particulièrement pénible.
- Veuvage, perte d'un conjoint.
- Disputes conjugales causées par des soucis budgétaires.

MÉDICALEMENT

- Sommeil fort perturbé.
- Anorexie qui provoque des vertiges.
- Régime drastique, vous devez peser chaque aliment (individu diabétique).
- Arrêt des reins ou ablation d'un rein (notamment 13 + 8 + 14).
- Dans certains cas, prise de poids salutaire.

DIVERS

- Testament, legs.
- Acte notarié, papiers liés à une indivision, à un décès.
- Procès perdu, vous êtes débouté(e).
- Expulsion par voie d'huissier.
- Surendettement à la Banque de France.
- Attaque d'une banque, hold-up.

BINÔME XIII + VIIII

+

Selon le contexte, ce binôme évoque les scénarios suivants :

PROFESSIONNELLEMENT

- Arrêt de travail prolongé, chômage de longue durée.
- Retards ou blocages importants neutralisant vos projets professionnels.
- État dépressif, vous êtes au bout du rouleau.
- Plan de départ, mise à la retraite.
- Grand projet de restructuration de vos systèmes informatiques.
- Panne informatique ou remplacement des systèmes obsolètes.
- Vocation à travailler dans les métiers en rapport avec la mort.

Clin d'œil aux métiers suivants : *employé(e) en maison de retraite, gérontologue, généalogiste, historien, archiviste, criminologue, spécialiste de l'espionnage industriel, médecin légiste, ingénieur, programmeur informatique, psychanalyste, médium spirite.*

SENTIMENTALEMENT

- Mélancolie qui vous pousse à faire la lumière sur les causes d'une séparation.
- Rupture qui vous donne matière à réfléchir.
- Solitude pesante, traversée du désert qui vous semble interminable.
- Vous rompez avec un partenaire beaucoup plus âgé que vous.

MÉDICALEMENT

- Infections pulmonaires (sécrétions bronchiques).
- Arthrose rhumatismale.
- Scoliose (problème du bas du dos).
- Décès d'un homme d'un âge avancé.
- Perte de vitalité préoccupante.
- Dépression liée à un trauma passé.

DIVERS

- Disparition de votre grand-père.
- Vétéran de guerre.
- Homme âgé à l'article de la mort.
- Agression d'une personne âgée.
- Vous confondez vos agresseurs.
- Découverte de malversation, d'acte de vandalisme.
- Exhumation d'un corps, autopsie.
- Recherche d'une personne portée disparue, donnée comme morte.

BINÔME XIII + X

+

Selon le contexte, ce binôme évoque les scénarios suivants :

PROFESSIONNELLEMENT

- Dispute concernant un avancement, une prime ou une augmentation refusée.
- Démission, licenciement, transformation radicale annonciatrice d'un renouveau professionnel.
- Avènement d'un nouveau cycle qui marque la fin d'une période de chômage.
- Vous mettez fin à un engrenage qui vous tire inexorablement vers le bas de l'échelle.
- Changement possible de logiciel dans l'entreprise.
- Travail manuel ou industriel qui exige de solides connaissances techniques.

Clin d'œil aux métiers suivants : *ferrailleur, ouvrier spécialisé, agent de recouvrement, dépanneur, employé(e) en entreprise de recyclage, électronicien, informaticien, agent de la répression des fraudes.*

SENTIMENTALEMENT

- Solitude qui touche bientôt à sa fin.
- Fin d'un cycle, démarrage d'une nouvelle période.
- Transformation radicale qui va dans le sens d'un renouveau affectif.
- Renouvellement complet de votre cercle d'amis.
- Prise de conscience qui vous pousse à rompre avec la monotonie de votre quotidien amoureux.
- Rupture en cours.

MÉDICALEMENT

- Pose d'une bague, d'une couronne, d'un appareil dentaire, etc.
- Problème avec votre stérilet (rejet).
- Arthrose cervicale.
- Dysfonctionnements thyroïdiens possibles (notamment 13 + 10 + 15).
- Problèmes articulaires.
- Infiltration, disque usé, hernie discale.
- Rotule ou ménisque endommagé.
- Rarement, intervention oculaire (notamment 13 + 10 + 6).
- Vous devez changer de lunettes.

DIVERS

- Crevaison.
- Dettes de jeux.
- Legs, héritage.
- Changement d'un deux-roues.

BINÔME XIII + XI

Selon le contexte, ce binôme évoque les scénarios suivants :

PROFESSIONNELLEMENT

- Querelles intestines qui transforment votre lieu de travail en véritable champ de bataille.
- Démission d'une responsable ou licenciement d'une collègue de travail.
- Vous manifestez une farouche volonté de quitter votre poste actuel.
- Métier manuel qui exige de la force, une bonne condition physique.
- Individu qui se tue à la tâche.

Clin d'œil aux métiers suivants : *agricultrice, cultivateur, ostéopathe, agent de nettoyage, parqueteur, technicien(ne) de surface, manutentionnaire.*

SENTIMENTALEMENT

- Violences conjugales, disputes sans fin.
- Vous êtes bien déterminé(e) à rompre avec votre partenaire.
- Colère noire qui vous fait dire des horreurs.
- Plus rarement, relations sexuelles non consenties au sein du foyer.

MÉDICALEMENT

- Prise de poids importante.
- Liposuccion.
- Déchirure musculaire, tendinite, douleurs dorsales.
- Tour de rein.
- Rendez-vous chez un ostéopathe.

DIVERS

- Conflit avec les forces de l'ordre, la police.
- Bagarre, agression physique.
- Grande colère intérieure que vous essayez de contenir tant bien que mal.

BINÔME XIII + XII

+

Selon le contexte, ce binôme évoque les scénarios suivants :

PROFESSIONNELLEMENT

- Arrêt de travail consécutif à une hospitalisation ou une maladie (dépression).
- Accident de travail invalidant ou incapacité temporaire.
- Reprise de travail en mi-temps thérapeutique ou dans un poste aménagé.
- Conjoncture favorisant les pertes d'emploi, les licenciements économiques.
- Vous cherchez à rompre avec un climat de travail devenu trop pesant.
- Les circonstances vous obligent à suspendre vos projets.

Clin d'œil aux métiers suivants : *dentiste, gérontologue, podologue, chirurgien, employé(e) en milieu hospitalier (soins palliatifs), kinésithérapeute, médium spirite.*

SENTIMENTALEMENT

- Relation sentimentale très mal engagée.
- Liaison amoureuse avilissante à laquelle vous mettez un terme.
- Personne irascible avec laquelle il sera difficile de nouer un lien durable.
- Dépression liée au passé.

MÉDICALEMENT

- Importants soins dentaires.
- Vous avortez (enfant non désiré).
- Velléité suicidaire, dépression aiguë.
- Dépendance aux drogues et aux médicaments (notamment 13 + 12 + 15).
- Opération médicale obligatoire (pied, jambe, hanche, etc.).
- Personne alitée suite à un accident.
- Plus rarement, individu victime du feu, un grand brûlé.

DIVERS

- Exécution d'un condamné, d'un prisonnier.
- Prisonnier retrouvé mort (pendu).
- Personne blessée au cours d'un affrontement, d'une rixe.
- Blocage karmique.

BINÔME XIII + XIIII

+

Selon le contexte, ce binôme évoque les scénarios suivants :

PROFESSIONNELLEMENT

- Votre lieu de travail est le siège de tensions exacerbées (guerre des nerfs) qui vous minent le moral.
- Communication tendue voire rompue entre deux collaborateurs(-trices).
- Chômage émaillé de missions intérimaires (travail saisonnier, emploi de serveurs, etc.).
- Suppression de l'accueil téléphonique au sein de votre société.
- Licenciements ou suppression d'emplois dans une entreprise de téléphonie mobile ou de télécommunications.
- En positif, changement rapide et salutaire qui vous permet de repartir sur des bases plus saines.

Clin d'œil aux métiers suivants *: électronicien, réparateur (radio, TV, etc.), technicien aux télécoms, électricien (notamment 13 + 14 + 1), employé(e) d'une agence de travail temporaire.*

SENTIMENTALEMENT

- Rapports électriques entre vous et votre partenaire.
- Individu dont vous n'avez plus de nouvelles ou qui a interrompu toute forme de correspondance avec vous.
- Communication rompue entre deux amants.
- Rupture salutaire qui vous permet de retrouver votre libre arbitre.

MÉDICALEMENT

- Mauvaise hygiène de vie, fatigue.
- Remontées acides, gastriques (œsophage, bile).
- Possibilité de souffrir d'une hernie hiatale.
- Grande nervosité.
- Diarrhées, selles liquides.
- Problèmes veineux.
- Très rarement, électrocution, choc électrique.

DIVERS

- Travaux de canalisation (désengorgement).
- Câble sectionné, coupure de téléphone.
- Problème lié à l'électricité, à un système défectueux.
- Perte d'un portable.
- Télépathie, communication avec les défunts.

BINÔME XIII + XV

+

Selon le contexte, ce binôme évoque les scénarios suivants :

PROFESSIONNELLEMENT

- Vous ne supportez plus les pressions auxquelles vous êtes exposé à votre travail.
- Conflit avec un(e) collègue jaloux(-se) qui a ouvert les hostilités à votre encontre.
- Ambiance de travail épouvantable, proche de l'anarchie, les coups bas sont légion...
- Vous êtes dans le collimateur d'un supérieur qui vous fait vivre un enfer au quotidien.
- Démission, licenciement, ou mise à pied provoquant un véritable tôlé au sein de votre société.
- Société en difficulté qui doit faire face à ses créanciers.
- Individu aux prises avec un homme d'affaires véreux, un escroc notoire.
- Situation d'échec qui vous fait sortir de vos gonds.

Clin d'œil aux métiers suivants *: criminologue, proctologue, armurier, légionnaire, agent affecté à la répression des fraudes, au grand banditisme, employé à la brigade anticriminalité, police des mœurs, CRS.*

SENTIMENTALEMENT

- Rupture mal vécue qui donne lieu à des représailles.
- Relation amoureuse dominée par des crises de jalousie à répétition, enfer affectif.
- Individu nocif que vous balayez de votre vie illico presto.
- Personne sous l'emprise d'un individu destructeur et pervers tel un proxénète.
- En positif, rencontre d'un individu qui réveille vos sens après une longue traversée du désert.

MÉDICALEMENT

- Soucis urogénitaux, MST.
- Diverticules, polypes intestinaux.
- Problèmes liés au colon.
- Opération possible de la thyroïde.

DIVERS

- Violence, agression physique.
- Malversations financières, faussaire, faux-monnayeur.
- Rencontre avec un escroc sans scrupule.
- Conflit relatif à des problèmes financiers (reconnaissance de dettes, remboursement ou crédit refusé, allocations ou indemnités supprimées, argent réclamé).
- Personne néfaste adepte du vaudou, de la magie noire.
- Banditisme.

BINÔME XIII + XVI

+

Selon le contexte, ce binôme évoque les scénarios suivants :

PROFESSIONNELLEMENT

- Prise de décision irrévocable menant à un dépôt de bilan, des licenciements massifs.
- Chômage engendrant de sérieux problèmes matériels.
- Un incendie ou un cambriolage endommage vos locaux.
- Grave accident de travail ou dépression.
- Conflit, mise à la porte, chamboulement de structures existantes.
- Fermeture provisoire d'un établissement pour des travaux de réfection.
- Individu oeuvrant dans le bâtiment, les travaux publics.
- Projets ambitieux qui tournent court.

Clin d'œil aux métiers suivants : *entrepreneur, serrurier, chef de chantier, employé(e) du bâtiment, agent des Ponts et chaussées, chirurgien-dentiste (cf. 13 + 12), assureur, pompier.*

SENTIMENTALEMENT

- Il y a péril en la demeure : votre foyer est en perdition totale.
- Vous éjectez votre moitié avec pertes et fracas.
- Violences conjugales, coups et blessures.
- Personne violée par son concubin.

MÉDICALEMENT

- Fracture du bassin, du coccyx, de la hanche.
- Chute ou accident occasionnant une entorse, une fracture.
- Problème de vertèbres, de colonne vertébrale (tassement).
- Décalcification osseuse.
- Rage de dents épouvantable, abcès.
- Importante opération chirurgicale.
- Mort soudaine, violente (suicide).
- Cancer généralisé qui gagne du terrain.

DIVERS

- Vous êtes victime d'un cambriolage.
- Démolition d'un immeuble, d'une ruine (réhabilitation).
- Tremblement de terre.
- Sérieux conflits de copropriété.
- Projet immobilier nécessitant des travaux (sol, toiture).
- Évacuation d'un squat.
- Confrontation au commissariat de police.

BINÔME XIII + XVII

+

Selon le contexte, ce binôme évoque les scénarios suivants :

PROFESSIONNELLEMENT

- Congé maternité ou arrêt de travail lié à des problèmes d'ordre gynécologique.
- Projet professionnel interrompu dont la réalisation sera remise à plus tard.
- Calme retrouvé après une période particulièrement houleuse sur votre lieu de travail.
- Transformation ou changement d'état (démission, chômage, etc.) qui s'avérera être un mal pour un bien.
- Vocation pour les activités de plein air, pour les métiers de terrain.

Clin d'œil aux métiers suivants : *vendangeur, récoltant, jardinier, paysagiste, agriculteur, employé(e) aux espaces verts, spécialiste de l'agriculture biologique, mosaïste, plasticien, bûcheron, peintre sur fresque, viticulteur.*

SENTIMENTALEMENT

- Rupture qui s'avérera bénéfique pour votre épanouissement personnel.
- Vous perdez espoir de rencontrer l'âme sœur.
- Écorché vif qui reprendra goût à la vie grâce à la patience et à la douceur d'une nouvelle compagne.
- Solitude (célibat) qui ne sera bientôt plus qu'un mauvais souvenir.
- Très rarement, jeune femme victime d'une agression sexuelle.
- Individu homme ou femme rencontré(e) à la campagne.

MÉDICALEMENT

- Opération du sein (kyste, grosseur, etc.).
- Mammographie fortement conseillée.
- Acte de chirurgie plastique.
- Intervention gynécologique possible.
- Coliques néphrétiques, possible infection urinaire.
- Selles liquides, diarrhées profuses (turista).
- Dermite, maladie de la peau (eczéma, acné, etc.).
- Perte de cheveux, parfois calvitie.

DIVERS

- Reforestation d'un endroit en friche ou a contrario, désherbage.
- Vendanges tardives.
- Travaux d'irrigation des sols (nappes phréatiques).
- Dégradation d'une œuvre d'art, d'une peinture.
- Vous décidez de vous mettre au vert, de vous ressourcer à la campagne.
- Retour du printemps.

BINÔME XIII + XVIII

Selon le contexte, ce binôme évoque les scénarios suivants :

PROFESSIONNELLEMENT

- Chômage ou licenciement qui vous plonge dans la déprime.
- Ambiance de travail plombée par les commérages et les qu'en-dira-t-on.
- Angoisses et interrogations auxquelles vous n'avez pas de réponses.
- Alors que certains de vos projets sont tombés à l'eau, votre carrière est au point mort.
- Individu qui entreprend la rénovation d'un local afin de le convertir en lieu public (bar, boîte).
- Personne qui travaille parfois de nuit en horaires décalés.
- Activité professionnelle que vous pratiquez à domicile.
- Dans certains cas, vous fermez une boutique, un cabinet, faute de clientèle.
- Mise à pied ou démission dont les raisons restent obscures.
- Travail manuel éreintant au sein d'une grande surface.

Clin d'œil aux métiers suivants : *ouvrier en usine, dans le bâtiment, manutentionnaire, agriculteur, technicien(ne) de surface, videur de boîte de nuit, architecte d'intérieur.*

SENTIMENTALEMENT

- Dépression due à une rupture familiale ou sentimentale.
- Foyer en perdition, disputes qui augurent d'une fin brutale de la relation.
- Angoisses générées par une solitude mal vécue, personne cloîtrée chez elle.
- Rencontre possible d'un(e) veuf(-ve) ou d'un(e) divorcé(e).

MÉDICALEMENT

- Risques d'intoxication alimentaire (nourriture avariée).
- Maux de ventre parfois violents.
- Soucis néphrétiques ou incontinences (problème de vessie).
- Grossesse difficile, fausse-couche fort possible.
- Dépression consécutive à un deuil, une rupture.
- Opération chirurgicale en clinique.
- Dans certains cas, problèmes pulmonaires (tuberculose, pneumonie, etc.).
- Très rarement, mort par noyade (cf. 12 + 18).

DIVERS

- Travaux de réfection à votre domicile.
- Déménagement consécutif à un deuil, un divorce.
- Fuite d'eau, problème d'évacuation d'eau.
- Corps de ferme à rénover.
- Héritage ou acte notarié qui provoque bien des remous.

BINÔME XIII + XVIIII

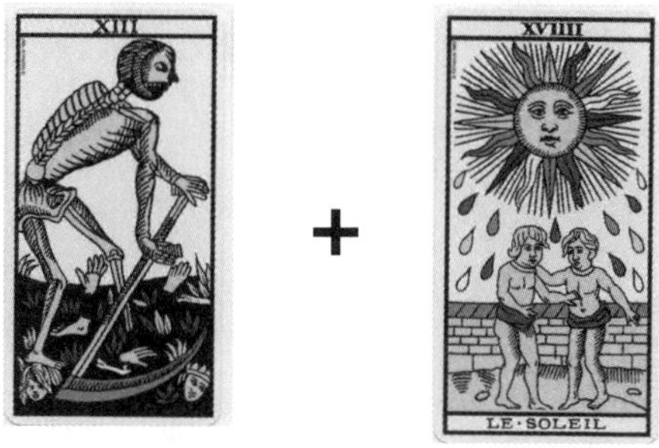

Selon le contexte, ce binôme évoque les scénarios suivants :

PROFESSIONNELLEMENT

- Vous refusez une association, vous rejetez une OPA, un rapprochement.
- A contrario, chômage qui prend fin grâce à un accord de partenariat, une promesse d'embauche.
- Malgré les vicissitudes passées, tel le phoenix, vous allez renaître de vos cendres.
- Nouveau départ qui va vous redonner du baume au cœur.
- Fin d'une proche collaboration entre deux collègues de travail.

Clin d'œil aux métiers suivants *: ferronnier d'art, salarié dans l'orfèvrerie, orpailleur, artisan, médium télépathe, employé dans l'industrie nucléaire, tapissier, poseur en revêtement de sol, parqueteur, designer, décorateur, architecte d'intérieur, escrimeur.*

SENTIMENTALEMENT

- Couple qui vole en éclats.
- Rupture décidée d'un commun accord.
- Réconciliation de deux amants après une rupture ou suite à une pénible mise au point.
- Rencontre sentimentale avec une personne originaire d'un pays chaud (africaine, antillaise).
- Dans certains cas, vous passez de la solitude à la vie de couple sans transition.
- Chagrin d'amour en période estivale ou en vacances.

MÉDICALEMENT

- Sciatique, lumbago.
- Brûlures superficielles ou profondes : attention !
- Risque accru d'insolation, de syncope.
- Acte de dermatologie (extraction d'un mélanome, d'un grain de beauté).
- Plus rarement, infarctus ou opération à cœur ouvert.
- Microchirurgie laser qui améliore la vue (cf. 13 + 6 + 19).
- Fausse-couche possible ou perte d'un des jumeaux.

DIVERS

- Fin d'une amitié de longue date.
- Enfant maltraité.
- Destruction par le feu, incendie meurtrier, pyromane.
- Sécheresse, désert, terrain aride.
- Travaux d'embellissement, de décoration.
- Retrouvailles heureuses après une longue période d'absence, d'éloignement.
- Legs qui renfloue votre compte en banque.

BINÔME XIII + XX

+

Selon le contexte, ce binôme évoque les scénarios suivants :

PROFESSIONNELLEMENT

- On vous annonce un plan de licenciement ou la fermeture de votre société.
- Démission ou licenciement masqué négocié avec votre employeur.
- Procédure prud'homale qui vous coûte beaucoup sur le plan nerveux.
- Convocation à un entretien d'embauche ou à un bilan de compétences si vous êtes au chômage.
- Cellule de crise qui tente de désamorcer une situation professionnelle inacceptable (conflit).
- En positif, une bonne nouvelle vient transformer votre quotidien professionnel.
- Modernisation de l'outil informatique et du site Web au sein de votre entreprise.
- Environnement professionnel délétère où de violentes disputes éclatent régulièrement.

Clin d'œil aux métiers suivants : *employé(e) des pompes funèbres, électronicien, technicien audiovisuel, informaticien, médium, réparateur TV, webmaster, employé(e) dans les métiers du son, huissier de justice.*

SENTIMENTALEMENT

- Rupture de communication dans un couple ou entre deux amants.
- Violente dispute qui se solde par l'annonce d'une rupture.
- Solitude qui fait place à une période de rencontres amoureuses inédites, d'invitations inattendues.

MÉDICALEMENT

- Microchirurgie laser.
- Problèmes respiratoires (cancer du poumon).
- Intervention ORL (oreille interne, cordes vocales).
- Dans de très rares cas, décès annoncé par un chirurgien.

DIVERS

- Faire-part de décès, funérailles, enterrement.
- Indivision, legs, succession.
- Travaux d'insonorisation de votre plancher.
- Destruction par le vent, ouragan.
- Communication avec l'au-delà, les défunts.
- Annonce d'une expulsion.
- Vous faites appel d'une décision de justice.

BINÔME XIII + XXI

+

Selon le contexte, ce binôme évoque les scénarios suivants :

PROFESSIONNELLEMENT

- Métamorphose socioprofessionnelle ressentie comme une grande libération.
- Renaissance complète après avoir traversé une période de grande précarité.
- Reclassement réussi, recherche d'emploi couronnée de succès.
- Combat de chaque instant qui vous mène vers la victoire totale.
- Décision de tourner la page et de vous exporter (mutation).
- Société qui refuse de s'ouvrir au marché international ou, a contrario, délocalisation imminente.
- En négatif, licenciements ou fermeture d'une succursale à l'étranger.

Clin d'œil aux métiers suivants *: démineur, archéologue (ethnologue), agent de sûreté aéroportuaire, policier aux frontières.*

SENTIMENTALEMENT

- Rencontre amoureuse qui vous aide à tourner la page sur un passé affectif douloureux.
- Relation amoureuse revitalisante avec une personne étrangère à votre culture.
- Renaissance affective : de chrysalide, vous devenez papillon.

MÉDICALEMENT

- Guérison complète après avoir été gravement malade (cancer).
- Opération qui se passe très bien.
- Anorexie ou état anémique combattu avec succès.
- Virus, épidémie ou maladie tropicale contracté à l'étranger.
- Individu souffrant d'agoraphobie.

DIVERS

- Annulation d'un séjour à l'étranger.
- Bataille gagnée.
- Agression à l'étranger.
- Parfois génocide ou suicide collectif.

BINÔME XIII + XXII

+

Selon le contexte, ce binôme évoque les scénarios suivants :

PROFESSIONNELLEMENT

- Renvoi, mise à pied... Vous êtes littéralement viré(e) de votre poste.
- Trop c'est trop : vous démissionnez du jour au lendemain, la mort dans l'âme.
- Individu qui alterne les périodes de chômage et les petits boulots peu rémunérateurs.
- Arrêt de travail pour mauvais traitements, harcèlement moral, dépression nerveuse.
- Marginal qui ne cherche pas à s'insérer dans la société actuelle.

Clin d'œil aux métiers suivants : *croque-mort, dépanneur à domicile (plombier par exemple), psychanalyste, neurologue, traumatologue, travailleur social.*

SENTIMENTALEMENT

- Vous chassez une personne désaxée de votre vie.
- Vous rompez sans prendre de gants.
- Vous fuyez, décidée à repartir à zéro.
- Solitude vécue comme un véritable fardeau, un chemin de croix.
- Chagrin d'amour auquel vous avez du mal à survivre.

MÉDICALEMENT

- Toxicomane en prise avec les drogues dures.
- Grave dépression, personne sous antidépresseurs.
- Sciatique, lumbago.
- Jambe blessée.
- Radiographie possible (colonne vertébrale).
- Traumatisme, séquelles psychologiques indélébiles.
- Très rarement, rupture d'anévrisme (notamment 13 + 22 + 16).

DIVERS

- Sans domicile fixe, personne qui fait la manche.
- Junkie adepte du LSD.
- Meurtrier, assassin en cavale.
- Expulsions sauvages.
- Agression physique qui vous laisse des traces psychologiques.
- Crise de nerfs.

LA TEMPÉRANCE

Moi la Tempérance, je t'invite à garder le sens de la mesure dans tes échanges avec autrui. Avec moi, sache profiter de la vie et des petits bonheurs entre amis.

Au premier coup d'œil, la Tempérance incarne :

1. **Une hôtesse (de l'air, d'accueil)**
2. **Les aviateurs, les aéroports**
3. **La restauration, la gastronomie**
4. **L'intérim, le temps partiel**
5. **La médiation, le juste milieu**
6. **Le tourisme, les loisirs**
7. **La radio, le cinéma**
8. **Le magnétisme, les massages**
9. **L'électricité, le téléphone**
10. **La nervosité, les tensions**

La Tempérance, en se mariant aux 21 autres arcanes, nous évoque la **conciliation**, **l'harmonie** et le **bien-être.**

BINÔME XIIII + I

Selon le contexte, ce binôme évoque les scénarios suivants :

PROFESSIONNELLEMENT

- Courant professionnel ascendant qui vous porte à démarrer un stage, à entreprendre de nouveaux projets.
- Thérapeute qui officie dans le domaine des médecines parallèles et dont le magnétisme permet de soulager de nombreux maux.
- Individu qui travaille dans la restauration et pour qui les métiers de bouche constituent une vraie vocation.
- Certains parmi vous manifestent un goût prononcé pour les voyages et s'orientent vers les carrières de tourisme.
- Plus rarement, lancement d'un concept novateur qui nécessite de passer sur les ondes (radio).

Clin d'œil aux métiers suivants : *hôtesse de l'air, steward, serveur(-se), commis de cuisine, sommelier, agent de catering, pizzaïolo, masseur-kinésithérapeute, énergéticien, réflexologue, acupuncteur, standardiste, réceptionniste, électricien(ne), plombier, employé(e) en téléphonie, oiseleur, animatrice radio.*

SENTIMENTALEMENT

- Synergie amoureuse, vous êtes sur la même longueur d'onde.
- Liaison téléphonique avec un jeune homme de plus en plus présent dans votre vie.
- Rencontre sentimentale en vacances ou dans un lieu de convivialité et de détente (restaurant, spa, etc.).
- Consultante dont les vibrations positives et la bonne humeur communicative lui attirent les faveurs d'un jeune bellâtre.
- Histoire d'amour avec un(e) épicurien(ne) qui aime la fête et les voyages.

MÉDICALEMENT

- Séances d'acupuncture ou de massage selon le cas.
- Reflux gastriques ou oesophagiens, acidités.
- Présence possible d'une hernie hiatale.
- Nerf optique parfois défaillant.
- Gêne respiratoire (laryngite, bronchite, etc.).

DIVERS

- Travaux d'électricité, de plomberie, de soudure, etc.
- Fréquentes sorties au restaurant.

BINÔME XIIII + II

+

Selon le contexte, ce binôme évoque les scénarios suivants :

PROFESSIONNELLEMENT

- Projet cinématographique ou émission radiophonique qui vous occasionne de nombreux déplacements.
- Contact avec le monde de la presse écrite et des médias (spots publicitaires, etc.).
- Stage de formation ou enseignement vous permettant d'assimiler et de transmettre de nouvelles connaissances.
- Rendez-vous téléphoniques avec un recruteur, entretien par téléphone.
- Échanges avec une femme influente qui va vous faire part d'une proposition de travail, d'un projet, etc.
- Formation aux techniques de relaxation (massage, soins reiki, etc.).

Clin d'œil aux métiers suivants *: journaliste, publiciste, traductrice, assistante cinématographique, sophrologue, chef de cabine, agent de voyages, animatrice radio, attachée de presse, reporter, vendeuse par correspondance.*

SENTIMENTALEMENT

- Une ex reprend contact avec vous, resurgit dans votre vie.
- Échanges harmonieux avec une femme mature, vivant parfois à l'étranger.
- Relation épistolaire ou communication par SMS.
- Rencontre d'une femme d'expérience au cours d'un voyage.
- Homme qui navigue entre une jeune femme et une femme plus âgée.

MÉDICALEMENT

- Incontinence chez une femme âgée.
- Analyse d'urine ordonnée par votre médecin.
- Spasmophilie, troubles respiratoires.
- Rééducation orthophonique possible.
- Problèmes d'irrigation nécessitant des examens plus poussés.

DIVERS

- Lien avec une éditrice, le milieu de l'édition.
- Voyage aérien visant à rendre visite à votre mère.
- Devis pour des travaux d'électricité, de plomberie (notamment 14 + 2 + 8).
- Commande sur catalogue, par correspondance.

BINÔME XIIII + III

+

Selon le contexte, ce binôme évoque les scénarios suivants :

PROFESSIONNELLEMENT

- Vous prenez plaisir à travailler dans un cadre agréable propice à votre épanouissement personnel.
- Véritables globe-trotters, certains parmi vous passent beaucoup de temps dans les aéroports.
- Échanges avec une femme intelligente, qui va dynamiser votre carrière ou vos projets.
- Individu évoluant dans un milieu professionnel à dominante féminine.
- Professionnel(le) de l'accueil et du service rendu, vous avez l'art et la manière de recevoir vos client(e)s, ce qui fait de vous un(e) hôte(sse) fort apprécié(e).
- Dans certains cas, il s'agit de deux collègues de travail entre lesquelles le courant ne passe pas ou qui ne sont pas sur la même longueur d'onde.

Clin d'œil aux métiers suivants : *hôtesse de l'air, d'accueil, de direction, secrétaire intérimaire ou volante, agent de voyages, masseuse, coiffeuse, serveuse, barmaid, présentatrice radio.*

SENTIMENTALEMENT

- Excellente communication au sein d'un couple qui vibre à l'unisson.
- Relation amoureuse qui fait l'objet de nombreux échanges téléphoniques.
- Rencontre d'une jeune femme qui vous séduit tant par sa douceur que par son intellect.
- Homme qui jongle entre deux ou plusieurs conquêtes féminines.

MÉDICALEMENT

- Extinction de voix, voix cassée.
- Cordes vocales fatiguées.
- Strabisme, problème de nerf optique.
- Toux.
- Gêne respiratoire, allergies (asthme).

DIVERS

- Voyage éclair pour rendre visite à une amie, une sœur.
- Vacances, détente, farniente.
- Échanges téléphoniques fréquents entre deux amis, deux sœurs.

BINÔME XIIII + IIII

+

Selon le contexte, ce binôme évoque les scénarios suivants :

PROFESSIONNELLEMENT

- Échanges téléphoniques avec un homme de pouvoir qui va intervenir en votre faveur.
- Dialogue constructif avec un supérieur hiérarchique qui saura défendre vos intérêts.
- Individu qui se construit un nom et une réputation au travers des arts culinaires.
- Projet orchestré par un mentor à qui rien n'échappe.
- Voyages aériens inhérents à votre activité professionnelle.

Clin d'œil aux métiers suivants : *restaurateur, chef cuisinier, propriétaire d'un débit de boissons, aviateur, chef de cabine, cadreur, cinéaste, directeur de radio, coiffeur-visagiste (cf. 18 + 14), électricien, opticien.*

SENTIMENTALEMENT

- Liaison amoureuse qui se stabilise.
- Relation amoureuse quasi télépathique entre vous et votre partenaire.
- Climat de détente et de bonne humeur, qui vous rend réceptive à l'intérêt que l'on vous porte.
- Rencontre d'un homme de quarante ans environ qui vous observe de près.
- Vous vous envolez rejoindre votre compagnon.

MÉDICALEMENT

- Souci de champ visuel, fond d'œil.
- Maux de gorge possibles (angine).
- Problèmes veineux (varices, phlébites, etc.).
- Homme parfois porté sur la boisson (alcoolisme possible).
- Excès de table.

DIVERS

- Voyage aérien visant à rendre visite à votre père, votre frère, un ami.
- Échanges téléphoniques réguliers entre deux amis.

BINÔME XIIII + V

+

Selon le contexte, ce binôme évoque les scénarios suivants :

PROFESSIONNELLEMENT

- Parcours professionnel exemplaire qui vous ouvre l'accès à un poste de formateur ou d'encadrement.
- Ambiance de travail agréable, vous entretenez d'excellents rapports avec vos supérieurs.
- Vous recevez une convocation téléphonique à un entretien professionnel ou à des sélections.
- Individu dont les talents de médiateur et la qualité d'écoute le prédisposent à conseiller autrui.
- Rompu(e) aux techniques de communication et aux subtilités des langues étrangères, vous excellez dans les métiers du tourisme.
- Personne passionnée par l'apprentissage et l'enseignement des médecines douces telles que la médecine chinoise, le Reiki, etc.

Clin d'œil aux métiers suivants *: guide touristique, interprète, traducteur, spécialiste de la médecine chinoise, homéopathe acupuncteur, réceptionniste, coordinateur aux opérations aériennes, aiguilleur du ciel, sophrologue (c. 14 + 2), kinésithérapeute.*

SENTIMENTALEMENT

- Relation amoureuse dans laquelle les échanges sont on ne peut plus harmonieux.
- Liaison qui débouche sur un engagement, un pacte de vie commune, etc.
- Vie de famille qui vous procure, à vous et à votre moitié, de grandes joies.
- Échanges affectifs avec un homme mûr et protecteur.

MÉDICALEMENT

- Traitement par l'acupuncture.
- Troubles urinaires ou incontinence chez un homme âgé.
- Séances de psycho-relaxation.
- Séances de massage chez un kinésithérapeute.

DIVERS

- Retrouvailles familiales qui vous enchantent.
- Voyage initiatique.
- Préparation d'un voyage scolaire (notamment 14 + 5 + 19).
- Stage à l'étranger (notamment 14 + 5 + 21).

BINÔME XIIII + VI

+

Selon le contexte, ce binôme évoque les scénarios suivants :

PROFESSIONNELLEMENT

- Hésitation entre deux choix d'orientation.
- Travail en alternance ou à mi-temps, qui vous laisse une grande liberté.
- Travail en équipe exigeant une grande capacité d'adaptation.
- Discussion entre associés, tentative de conciliation qui vise à rechercher le juste milieu dans un projet commun.
- Projet d'animation (télévisuel ou radiophonique) requérant un sens aigu du contact.
- Personne qui jongle entre deux jobs ou qui cumule deux mi-temps.
- Individu qui préfère les sorties entre amis au travail.

Clin d'œil aux métiers suivants *: animateur d'une émission TV réalité, animateur de club de loisirs, présentateur radio, comédien, guide touristique, agent aéroportuaire, serveur(-se), steward, agent de médiation, intermittent du spectacle.*

SENTIMENTALEMENT

- Vous faites une nouvelle conquête dans un lieu de convivialité (bar karaoké, restaurant).
- Rencontre amoureuse dans un lieu de villégiature, de vacances, de repos, etc.
- Amusements frivoles dictés par le besoin de séduire.
- Rencontres superficielles, on ne se soucie pas du lendemain.
- Personne infidèle qui joue sur deux tableaux à la fois.
- Relation dans laquelle les protagonistes s'amusent beaucoup.
- Jeune femme dont le cœur balance entre deux soupirants.

MÉDICALEMENT

- Saignement, souci de fluidité sanguine.
- Problèmes veineux.
- Problème oculaire.

DIVERS

- Vacances entre amis.
- Voyage d'agrément.
- Amusement, insouciance.

BINÔME XIIII + VII

+

Selon le contexte, ce binôme évoque les scénarios suivants :

PROFESSIONNELLEMENT

- Rythme de travail effréné qui vous contraint à passer beaucoup de temps sur les routes, dans les gares ou dans les aéroports.
- Correspondance avec un commercial susceptible de vous apporter de nouveaux marchés.
- Porté par votre dynamisme, vos projets sont sur la voie de la réussite, n'ayez aucun doute !
- Certains parmi vous entretiennent des échanges stimulants avec des pays étrangers.
- Individu qui fait régulièrement la navette entre deux villes, deux pays, deux continents dans le cadre de ses affaires.
- Si vous ne freinez pas votre cadence de travail, vous risquez le surmenage à moyen terme.

Clin d'œil aux métiers suivants : *hôtesse de l'air, aviateur, chauffeur de taxi, transporteur, agent de voyages, salarié(e) du tourisme, commercial, livreur, employé(e) aux télécoms ou dans une centrale téléphonique, dépanneur (électricité, plomberie), employé(e) aux transports maritimes, fluviaux.*

SENTIMENTALEMENT

- Échanges amoureux avec un jeune homme de trente ans environ.
- Fréquents allers-retours liés à une rencontre amoureuse lointaine.
- Ce qui n'était qu'une relation à distance prend une tournure beaucoup plus concrète.
- Liaison amoureuse avec un(e) collègue de travail.
- Couple dont les deux partenaires partagent un amour réciproque.
- Jeune homme qui prend la route pour rejoindre sa chère et tendre.

MÉDICALEMENT

- Mauvaise circulation énergétique au niveau des jambes.
- Problèmes ligamenteux possibles (talon d'Achille à surveiller).
- Fatigue due au surmenage.
- En général, bonne vitalité d'ensemble.
- Problème lié à la synovie (épanchement, etc.).

DIVERS

- Problèmes électriques sur un véhicule (contact, etc.).
- Fuite d'huile possible.
- Traversée maritime (notamment 14 + 7 + 18).
- Voyage aérien (notamment 7 + 14 + 21).

BINÔME XIIII + VIII

+

Selon le contexte, ce binôme évoque les scénarios suivants :

PROFESSIONNELLEMENT

- Voyages éclair rendus nécessaires par la signature de contrats d'affaires.
- Échange ou activité d'import-export avec des pays signataires d'accords bilatéraux, d'une charte commerciale.
- Correspondance avec l'appareil judiciaire ou avec les services fiscaux dans le cadre de tractations professionnelles.
- Recherche du juste milieu dans la rédaction d'un protocole d'accord ou d'un contrat.
- Individu qui travaille dans le domaine du commerce équitable.
- Personne dont l'attitude médiane et le sens de la mesure font des miracles dans l'art de la conciliation.

Clin d'œil aux métiers suivants *: caissière, hôtesse d'accueil dans une administration ou dans un palais de justice, médiatrice, conciliateur judiciaire, contrôleur aérien, police de l'air et des frontières, agent de sûreté en vol, agent consulaire, diplomate, agent de change, acheteuse.*

SENTIMENTALEMENT

- Relation sentimentale qui vous apporte l'équilibre dont vous avez besoin.
- Liaison amoureuse qui tend à s'officialiser.
- Relation amoureuse avec un professionnel de la justice.
- Échanges de SMS avec une personne mariée.
- Plus rarement, vous contactez une avocate dans le cadre d'une procédure de divorce.

MÉDICALEMENT

- Calculs rénaux, reins fragilisés.
- Troubles de l'équilibre, vertiges de Ménière.
- Régime alimentaire strict (diabète possible).
- Dans certains cas, calculs pancréatiques.

DIVERS

- Achat d'un billet d'avion.
- Recherche d'une solution amiable dans un procès.
- Vous contactez un professionnel de la justice.

BINÔME XIIII + VIIII

+

Selon le contexte, ce binôme évoque les scénarios suivants :

PROFESSIONNELLEMENT

- Repli sur soi ou besoin de recul nécessité par la conjoncture.
- Vous suivez votre petit bonhomme de chemin sans faire de vagues.
- Échanges professionnels qui manquent parfois d'ouverture et de spontanéité.
- Personne qui ralentit son rythme de travail.
- Attente d'un ou de plusieurs contacts téléphoniques (rendez-vous, etc.) qui tardent à venir.
- Plus rarement, individu qui utilise la radiesthésie ou le magnétisme dans le cadre de ses activités.
- Projet qui traîne en longueur ou pour lequel vous n'êtes pas très emballé.
- Activité d'import-export qui s'essouffle.

Clin d'œil aux métiers suivants : *sophrologue, sourcier, guérisseur, kinésithérapeute, radiesthésiste, énergéticien, réflexologue, urologue.*

SENTIMENTALEMENT

- Relation amoureuse qui s'essouffle, communication altérée, relation épisodique.
- Appel imprévu d'un(e) ex, d'une personne qui ressurgit dans votre vie.
- Femme de qui vous n'avez plus ou presque plus de nouvelles.
- Rencontre affective dans un lieu de pèlerinage.
- Personne dont le mutisme chronique la voue à la solitude.
- Liaison avec un homme âgé.

MÉDICALEMENT

- Souffle court, essoufflement.
- Problème de prostate, d'urètre, d'incontinence, etc.
- Extinction de voix.
- Homme âgé sondé (poche).
- Problème de conduit auditif.
- Fibroscopie à l'ordre du jour.
- Soucis possibles de canal carpien (notamment 14 + 9 + 1).
- Plus rarement, insuffisance rénale.

DIVERS

- Voyage motivé par une quête spirituelle, un pèlerinage, des recherches.
- Téléphone placé sur écoute.
- Voyage aérien retardé.

BINÔME XIIII + X

+

Selon le contexte, ce binôme évoque les scénarios suivants :

PROFESSIONNELLEMENT

- Évolution favorable de vos conditions de travail actuelles.
- Personne effectuant des voyages éclair dans le cadre de ses obligations professionnelles.
- Période d'ouverture vous apportant de nouvelles opportunités.
- Mutation possible à l'étranger ou démarches en ce sens.
- Vos affaires prennent de l'essor, votre fonds de commerce ou vos revenus augmentent.

Clin d'œil aux métiers suivants : *hôtesse de l'air, agent de voyages, aviateur, employé(e) à l'import-export, salarié(e) aux télécoms, agent de liaison, agent EDF, électronicien, électricien.*

SENTIMENTALEMENT

- Voyages ou déplacements précurseurs de changements heureux dans votre vie amoureuse.
- Période de sérénité où vous restez réceptive à de nouvelles propositions.
- Sentiments amoureux payés de réciprocité, retour affectif qui vous comble.

MÉDICALEMENT

- Soucis circulatoires.
- Parfois, ennuis rotuliens.
- Œil qui pose problème.

DIVERS

- Problème de batterie ou de générateur électrique.
- Parabole, câble, satellite.
- Vacances régénératrices (notamment 14 + 10 + 19).

BINÔME XIIII + XI

+

Selon le contexte, ce binôme évoque les scénarios suivants :

PROFESSIONNELLEMENT

- Réalisations qui dépassent vos espérances.
- Échanges constructifs qui aboutissent à la concrétisation d'un projet.
- Période particulièrement faste au cours de laquelle vos compétences sont reconnues.
- Correspondance avec une femme de pouvoir qui agit en votre nom, pour vos intérêts.
- Rapports électriques entre deux femmes que tout oppose.

***Clin d'œil aux métiers suivants** : masseur(-se), employé(e) d'une animalerie, réflexologue, guérisseur, rebouteux, restauratrice, hôtelière, chef de cabine.*

SENTIMENTALEMENT

- Relation synergique qui se consolide au fil du temps.
- Conflit entre deux femmes au sujet d'un homme.
- Homme qui vit deux histoires d'amour en simultanée.
- Plus rarement, relation intime entre deux femmes attirées l'une vers l'autre.
- Individu qui entretient une liaison téléphonique avec une femme plantureuse.

MÉDICALEMENT

- En général, bonne forme physique.
- Bonne hygiène de vie.
- Dans certains cas, tendinite (notamment 14 + 11 + 12).
- Séances de kinésithérapie ou d'ostéopathie.

DIVERS

- Vacances. Remise en forme.
- Apprenez à vous maîtriser.

BINÔME XIIII + XII

Selon le contexte, ce binôme évoque les scénarios suivants :

PROFESSIONNELLEMENT

- Vos rapports avec vos collègues restent tendus, vos échanges sont altérés. Le courant ne passe pas bien avec tout le monde.
- Surmenage qui se solde par une grande fatigue nerveuse, voire par une baisse de moral.
- Négociations dans l'impasse.
- Individu qui fait carrière dans les médecines douces.

Clin d'œil aux métiers suivants : *acupuncteur, kinésithérapeute, masseur(-se), réflexologue, sophrologue, hôtesse d'accueil, standardiste en milieu médical, délégué médical, bio-énergéticien(n)e.*

SENTIMENTALEMENT

- Malaise grandissant qui s'installe dans vos relations affectives.
- Liaison adultérine déstabilisante.
- Individu avec lequel vos rapports se sont altérés.
- Couple dans lequel les partenaires ne sont plus sur la même longueur d'onde.
- Les célibataires rencontrent des difficultés à trouver chaussure à leur pied.

MÉDICALEMENT

- Infection ORL.
- Troubles respiratoires (allergies, etc.).
- Hernie hiatale.
- Déséquilibre énergétique.
- Risque de choc électrique, d'électrocution.
- Grande fatigue générale. État grippal.
- Séances de kinésithérapie.

DIVERS

- Correspondance avec un prisonnier.
- Échanges avec le corps médical.
- Voyage différé ou annulé.

BINÔME XIIII + XIII

+

Selon le contexte, ce binôme évoque les scénarios suivants :

PROFESSIONNELLEMENT

- Ambiance de travail devenue nocive, vos rapports avec certains collègues ou supérieurs se sont dégradés.
- Échanges professionnels hostiles et affligeants, dialogue rompu, conversation qui tourne court, etc.
- Cadre de travail perturbé par l'annonce de transformations soudaines, l'arrivée de nouvelles stressantes et inattendues (licenciements, etc.).
- Voyage d'affaires ou déplacement professionnel annulé.
- Individu qui alterne les missions d'intérim et les périodes de chômage.

Clin d'œil aux métiers suivants *: électricien, électronicien, plombier, médium, agent d'entretien ou de nettoyage.*

SENTIMENTALEMENT

- Rupture sentimentale qui vous est annoncée par téléphone.
- Individu de qui vous n'avez plus de nouvelles.
- Liaison amoureuse avec un(e) veuf(-ve) ou avec un(e) divorcé(e).
- Relation nocive à laquelle vous mettez un terme.
- Couple qui bat de l'aile, dans lequel le dialogue est quasi inexistant.
- Foyer survolté, échanges de propos blessants.

MÉDICALEMENT

- Acidités, reflux oesophagiens.
- Nerfs à fleur de peau.
- Petite infection pulmonaire possible (bronchite).
- Crises d'hémorroïdes.

DIVERS

- Communication avec les défunts.
- Annone d'un décès par téléphone.
- Travaux d'électricité.
- Incendie dû à des problèmes électriques.
- Crise diplomatique.
- Plus rarement, crash aérien.

BINÔME XIIII + XV

+

Selon le contexte, ce binôme évoque les scénarios suivants :

PROFESSIONNELLEMENT

- Transactions financières par le biais desquelles vous drainez un flux constant de capitaux.
- Réussite professionnelle qui suscite la jalousie ou la convoitise de votre entourage.
- Employée qui entretient des relations intimes avec son patron (notamment 14 + 15 + 4).
- Individu dont le magnétisme et les capacités à canaliser les énergies le rendent apte à guérir autrui.

Clin d'œil aux métiers suivants *: guérisseur, magnétiseur, masseur(-se), chargé d'affaires, agent de change (cf. 14 + 8), employé(e) dans un bar échangiste.*

SENTIMENTALEMENT

- Relation sentimentale basée davantage sur le sexe que sur les sentiments.
- Liaison amoureuse ponctuée de scènes de ménage.
- Rencontre enflammée au cours d'un voyage.
- Individu ou couple adepte de l'échangisme, des jeux érotiques.

MÉDICALEMENT

- Irrigation du côlon à surveiller.
- Alcoolisme (notamment 14 + 15 + 18).
- Séances chez un magnétiseur.
- Strabisme possible.

DIVERS

- Massages érotiques.
- Un individu malhonnête tente de vous escroquer.

BINÔME XIIII + XVI

+

Selon le contexte, ce binôme évoque les scénarios suivants :

PROFESSIONNELLEMENT

- Qu'il s'agisse d'une crise diplomatique ou d'une rupture de communication avec vos interlocuteurs, vos affaires subissent de sérieux revers de fortune.
- Climat professionnel orageux (mésentente, conflits), qui altère les rapports entre la hiérarchie et ses employés.
- Une série de soucis remet en cause vos projets en cours. Bouleversement imprévu.
- Surprise désagréable qui tourne à la catastrophe.
- Dans certains cas, des travaux d'électricité ou de maçonnerie sont orchestrés sur le lieu de travail.

Clin d'œil aux métiers suivants : *électricien, plombier, technicien, hôtesse d'accueil dans un cabinet de gestion immobilière, apiculteur.*

SENTIMENTALEMENT

- Relation sentimentale survoltée, échanges électriques au sein du foyer.
- Communication rompue, la séparation est dans l'air.
- Mauvaise nouvelle qui vient bouleverser votre équilibre affectif.
- Dans certains cas, violences conjugales.

MÉDICALEMENT

- Tension artérielle à surveiller.
- Problèmes circulatoires, de vascularisation.
- Problèmes veineux.
- Système nerveux fragile, crise de nerfs.
- Plus rarement, rupture d'anévrisme (notamment 15 + 16 + 13).

DIVERS

- Problèmes électriques (court-circuit, câbles dénudés).
- Destruction par la foudre.
- Fuite d'eau, inondation possible.
- Ondes sismiques, secousses.
- Poste de télévision ou de radio qui tombe en panne.
- Copropriété en effervescence.

BINÔME XIIII + XVII

+

Selon le contexte, ce binôme évoque les scénarios suivants :

PROFESSIONNELLEMENT

- Cadre de travail idyllique, environnement professionnel épanouissant.
- Vocation ou talent exprimé avec éclats.
- Contacts prometteurs, sens inné du relationnel qui vous ouvre bien des portes.
- Individu spécialisé dans les soins du corps (drainage lymphatique, enveloppement de boue, etc.) et les massages relaxants (californien, shiatsu, ayurvédique, etc.).
- Activité artistique exercée en indépendant et en dilettante.
- Personne qui tient un lieu de détente et de convivialité tel un spa, un salon de thé zen, etc.

Clin d'œil aux métiers suivants : *employée de balnéothérapie, de thalassothérapie, masseuse, shampouineuse, hôtesse d'accueil, coiffeuse, réceptionniste, agent artistique, violoniste, plombier, viticulteur, acupuncteur, homéopathe.*

SENTIMENTALEMENT

- Couple épanoui, uni par un amour réciproque.
- Rencontre de votre âme sœur ou d'une personne avec qui votre amour coule de source.
- Rencontre possible dans une station balnéaire, dans une ville thermale (notamment 14 + 17 + 18).
- En règle générale, des vibrations positives circulent au sein de votre foyer.

MÉDICALEMENT

- Troubles circulatoires (jambes lourdes, varices, etc.).
- Soins par les médecines douces.
- Cure thermale, thalassothérapie.
- Rétention d'eau.
- Allergies (rhume des foins, asthme, etc.).

DIVERS

- Personne adepte de Feng Shui.
- Fuite d'eau, inondation.
- Énergie hydraulique.
- Voyage d'agrément à la campagne.
- Personne végétarienne ou favorable aux produits biologiques.

BINÔME XIIII + XVIII

+

Selon le contexte, ce binôme évoque les scénarios suivants :

PROFESSIONNELLEMENT

- Échanges professionnels qui manquent de sincérité : attention aux chausse-trappes, on essaie de vous piéger.
- Commérages récréatifs et sournois qui plombent l'ambiance de travail.
- Impression de naviguer en eaux troubles et de perdre pied. Votre avenir vous semble terne.
- Collaboration avec une personne menteuse et dissimulatrice, susceptible de tronquer ou de déformer vos propos dans son intérêt.
- Individu qui fréquente le monde de la nuit de par sa profession.
- Personne passionnée par les activités nautiques au point d'en faire son métier.
- En positif, emploi en milieu hôtelier, duquel vous retirez de grandes satisfactions.

Clin d'œil aux métiers suivants : *barmaid, serveuse, restauratrice, sommelier, hôtesse de bord, réceptionniste en hôtel, agent de liaison maritime, employé(e) aux transports fluviaux, toiletteuse, employé dans une animalerie.*

SENTIMENTALEMENT

- Correspondance avec une ex petite amie.
- Liaison dominée par les sous-entendus et les non-dits.
- Relation amoureuse avec une personne qui habite au bord de l'eau (ville côtière, etc.).

MÉDICALEMENT

- Risque de diabète, de cholestérol.
- Incontinence, problème de vessie, de prostate.
- Tension artérielle élevée.
- Alcoolisme féminin.
- Fragilité psychologique.

DIVERS

- Croisière, traversée.
- Ville côtière.
- Aéroglisseur, hydravion.
- Voyage de nuit.
- Vacances d'hiver, période hivernale.
- Adepte de la plongée sous-marine.
- Inondation, zone inondable. Plus rarement, raz-de-marée.
- Rêves prémonitoires.

BINÔME XIIII + XVIIII

+

Selon le contexte, ce binôme évoque les scénarios suivants :

PROFESSIONNELLEMENT

- Entente quasi fraternelle entre deux collaborateurs.
- Projet de partenariat ou collaboration fructueuse, qui vous amène à voyager en Afrique ou dans les pays du Maghreb.
- Pourparlers visant à faire fusionner deux services, à regrouper deux entités.
- Personne qui travaille dans les œuvres caritatives et qui effectue des missions humanitaires à l'étranger.
- Possibilité de travailler à l'élaboration d'un projet artistique (danse, etc.).
- Activité au contact des enfants qui vous procure de grandes joies au quotidien.
- Parfois, emploi à mi-temps ou en temps alterné qui vous laisse du temps libre pour vos loisirs.

Clin d'œil aux métiers suivants : *employé(e) d'un institut de bronzage, masseuse, assistante maternelle, salarié d'une entreprise familiale (restaurant), hôtesse d'accueil dans un village de vacances, employé aux énergies renouvelables (solaires).*

SENTIMENTALEMENT

- Voyage en amoureux dans un pays chaud.
- Vie affective comblée, couple qui vibre à l'unisson.
- Rencontre d'une femme qui a deux enfants.
- Amour de vacances.
- Liaison qui vous met du baume au cœur.
- Parfois, un ex rejaillit dans votre vie.
- Relation sentimentale possible avec une personne vivant dans un pays ensoleillé.

MÉDICALEMENT

- En général, bonne vitalité.
- Coup de soleil, déshydratation.
- Traitement aux rayons, radiothérapie.

DIVERS

- Vacances d'été, période estivale.
- Retrouvailles heureuses, réconciliation.
- Invitation à des fiançailles (notamment 14 + 19 + 8).
- Exposition aux rayons cosmiques, aux champs électromagnétiques, etc.
- Énergie solaire.
- Amitié amoureuse.
- Joies et bonheurs partagés en famille.

BINÔME XIIII + XX

+

Selon le contexte, ce binôme évoque les scénarios suivants :

PROFESSIONNELLEMENT

- Appel téléphonique ou e-mail annonciateur de bonnes nouvelles professionnelles.
- Allocution radiophonique ou spot publicitaire qui vous ouvre de belles perspectives d'avenir.
- Transmission d'informations capitales par le bouche à oreille.
- Individu qui sollicite le concours de médias dans le cadre d'un projet d'envergure.
- Recherche de consensus, d'une situation amiable à un problème interne.

Clin d'œil aux métiers suivants : *employé(e) dans l'audiovisuel (cf. 20 + 14), présentateur TV d'un talk-show, employé(e) dans une radio, agent des télécommunications, standardiste, réceptionniste, hôtesse d'accueil en aéroport, musicien, réalisateur.*

SENTIMENTALEMENT

- Rencontre affective sur le Net, échanges sur le « chat ».
- Vous faites part de vos sentiments à l'élu(e) de votre cœur.
- Rencontre imprévue lors d'une sortie, d'un événement officiel.
- Relation amoureuse évoluant vers une compréhension mutuelle.

MÉDICALEMENT

- Intervention ORL au niveau des amygdales, des végétations, des cordes vocales, etc.
- Voies aériennes supérieures fragilisées (toux, bronchite, etc.).
- Vous passez un audiogramme (notamment 14 + 20 + 9).
- Dans certains cas, troubles gastriques.
- Plus rarement, réanimation (administration d'oxygène).

DIVERS

- Recherche d'un consensus avant un procès.
- Art de la rhétorique.
- Nouvelle d'un baptême, d'une communion.
- Une femme passe sur les ondes.
- Voyage aérien.

BINÔME XIIII + XXI

+

Selon le contexte, ce binôme évoque les scénarios suivants :

PROFESSIONNELLEMENT

- Carrière professionnelle qui évolue sous les meilleurs auspices.
- Des échanges avec les pays étrangers vous occasionnent de nombreux voyages dans le monde entier.
- Business pour lequel vous faites appel à votre cercle relationnel.
- Projet cinématographique hautement médiatisé, effectué en coopération avec des intervenants extérieurs.
- Projet d'expatriation lié à une mutation professionnelle.
- Individu aisé qui côtoie les grands de ce monde de par ses fonctions diplomatiques.

***Clin d'œil aux métiers suivants** : hôtesse de l'air, steward, agent de voyages, employé(e) dans le tourisme, dans l'import-export, le commerce international, interprète, diplomate, transporteur.*

SENTIMENTALEMENT

- Échanges affectifs fructueux avec une personne basée à l'étranger.
- Communication de qualité au sein d'une relation existante.
- Rencontre possible au cours d'une soirée mondaine, d'un cocktail dînatoire, etc.
- Rencontre d'un globe-trotter ou personne rencontrée lors d'un voyage.

MÉDICALEMENT

- Bonne santé en général.
- Décalage horaire.

DIVERS

- Voyage en groupe.
- Vous devrez prendre l'avion.

BINÔME XIIII + XXII

+

Selon le contexte, ce binôme évoque les scénarios suivants :

PROFESSIONNELLEMENT

- Anxiété ou nervosité passagère générée par une insatisfaction professionnelle grandissante.
- Évolution lente et tranquille qui ne correspond pas à vos attentes.
- Attitude désordonnée qui va à contre-courant de celle de vos collègues de travail.
- Individu qui part exploiter d'autres horizons professionnels.
- Activité itinérante.
- Vacataire ou intérimaire appelé à répondre présent au pied levé.
- Aventurier qui trouve ses moyens de subsistance au gré de ses pérégrinations.

Clin d'œil aux métiers suivants *: coursier, bagagiste, agent d'escale, masseur à domicile.*

SENTIMENTALEMENT

- Relation sentimentale avec une personne atypique, qui sort des sentiers battus.
- Échanges téléphoniques avec une personne d'origine étrangère.
- Lien affectif duquel vous vous dégagez afin de retrouver votre libre arbitre.
- Vous partez rejoindre votre moitié.

MÉDICALEMENT

- Varices.
- Problème possible d'irrigation cérébrale.
- Parfois, douleurs au niveau du nerf sciatique.

DIVERS

- Correspondance avec un marginal.
- Grand voyageur devant l'Éternel.
- Individu qui préfère prendre la fuite plutôt que de s'expliquer.

LE DIABLE

Moi le Diable, je t'invite à la révolte, à goûter à la tentation,
à passer outre les tabous et les conventions sociales.
Avec moi, grand est le risque de succomber à l'ivresse du pouvoir et de ses artifices.

Au premier coup d'œil, le Diable incarne :

1. Les hommes d'affaires
2. Le goût du pouvoir, de l'argent
3. La virilité, le charisme
4. La dépendance, l'esclavagisme
5. La manipulation, l'escroquerie
6. La fourberie, la malhonnêteté
7. Les ennemis, les voyous
8. La sexualité, les pulsions
9. Les excès, la débauche
10. La révolte, l'orgueil mal placé

Le Diable, en se mariant aux 21 autres arcanes majeurs, nous évoque la dialectique **du maître et de l'esclave**, nos **bas instincts** et les **excès** que nous commettons pour les assouvir.

BINÔME XV + I

+

Selon le contexte, ce binôme évoque les scénarios suivants :

PROFESSIONNELLEMENT

- Magouilles financières (dessous-de-table, etc.) ou revenus issus du travail au noir.
- Individu qui s'affranchit de certaines règles afin de parvenir à ses fins.
- Prise de bec avec un jeune apprenti ou avec un jeune collègue.
- Agressivité latente, vous n'êtes pas en odeur de sainteté sur votre lieu de travail.
- Vous vous démenez comme un beau diable en vue de monter votre affaire.
- Jeune cadre dynamique spécialiste des investissements financiers, des placements rémunérateurs.

Clin d'œil aux métiers suivants *: trader, courtier en assurances, en produits financiers, banquier, vendeur dans un sex-shop, jeune acteur porno.*

SENTIMENTALEMENT

- Attirance quasi magnétique pour un jeune homme.
- Rencontre fusionnelle qui pimente votre vie.
- Jeune homme ou adolescent qui découvre la sexualité.
- Dans certains cas, liaison amoureuse avec un individu pervers.

MÉDICALEMENT

- Acte de chirurgie, opération (changement de sexe).
- Intervention au niveau de la prostate.
- Traitement hormonal. Hormonothérapie.
- Coloscopie (notamment 15 + 1 + 9).
- Présence possible de diverticules, de polypes intestinaux, etc.
- Dans certains cas, consultation d'un proctologue (notamment 15 + 1 + 5).

DIVERS

- Réseau de prostitution enfantine.

BINÔME XV + II

+

Selon le contexte, ce binôme évoque les scénarios suivants :

PROFESSIONNELLEMENT

- Ennemis masqués risquant de vous porter préjudice.
- Démêlés avec une femme de pouvoir (souvent une supérieure) qui n'a pas l'intention de s'en laisser conter.
- Plan machiavélique ou manœuvres sournoises commandités par une personne calculatrice.
- Découverte d'une supercherie montée de toutes pièces (caisse noire, argent occulte, vices cachés, etc.).
- Individu qui utilise sa supériorité intellectuelle afin de soumettre son entourage immédiat.

Clin d'œil aux métiers suivants *: sexologue, toxicologue, psychologue.*

SENTIMENTALEMENT

- Liaison sans tabous avec une femme plus âgée que vous.
- Sexualité cachée, relation adultérine passée sous silence.
- Colère engendrée par la découverte d'éléments dissimulés (rivale, etc.).
- Thérapie conjugale.

MÉDICALEMENT

- Maux de ventre chez une femme.
- Infection génitale possible.
- Dans certains cas, tumeur maligne (notamment 15 + 2 + 13).
- Troubles associés à la ménopause (notamment 15 + 2 + 18).

DIVERS

- Acte de sorcellerie (vaudou, etc.) pratiqué par une méchante femme.
- Legs ou donation à l'initiative de votre grand-mère.
- Thérapie comportementale sur la gestion de la colère.

BINÔME XV + III

+

Selon le contexte, ce binôme évoque les scénarios suivants :

PROFESSIONNELLEMENT

- Relation explosive avec une collègue de travail.
- Fureur générée par le caractère insoumis d'une collaboratrice ou d'une supérieure hiérarchique.
- Attirance physique pour un(e) de vos collègues de travail.
- Femme d'affaires ou de pouvoir dont le brio intellectuel séduit ses collaborateurs.

Clin d'œil aux métiers suivants *: banquier(-ère), inspectrice des impôts, chargée d'affaires, prostituée.*

SENTIMENTALEMENT

- Liaison sulfureuse avec une femme BCBG.
- Personne dont la jalousie maladive fait voler son couple en éclats.
- Individu adepte des rencontres coquines et du libertinage.
- Relation amoureuse destructrice au contact d'une femme manipulatrice et perfide.
- Consultante attirée par un individu peu recommandable, aux mœurs douteuses.

MÉDICALEMENT

- Strabisme.
- Nymphomanie.
- Problème de thyroïde chez une femme.

DIVERS

- Animosité entre un frère et une sœur.

BINÔME XV + IIII

+

Selon le contexte, ce binôme évoque les scénarios suivants :

PROFESSIONNELLEMENT

- Attitude tyrannique qui sème la zizanie sur votre lieu de travail.
- Individu qui abuse de son autorité, esclavagisme des temps modernes.
- Conflit avec un homme de pouvoir, un supérieur hiérarchique.
- Homme d'affaires retors lié aux milieux mafieux.
- Malversations financières portées par des motivations politico-affairistes (corruption, financement occulte, accession au pouvoir par des moyens illicites).
- Réussite professionnelle qui ne vous vaut pas que des amis.
- Dangereuse attirance pour votre patron.

Clin d'œil aux métiers suivants : *criminologue, profileur, banquier, financier, homme d'affaires, chef d'entreprise, industriel, percepteur des impôts, politicien, policier (cf. 15 + 8), proxénète.*

SENTIMENTALEMENT

- Jalousie maladive d'un homme qui vous tient à sa botte.
- Relation amoureuse qui ne manque pas de piment.
- Emprise de laquelle vous n'arrivez pas à vous dégager.
- Homme pervers adepte du voyeurisme, du sadomasochisme, etc.

MÉDICALEMENT

- Soucis liés au champ visuel.
- Rendez-vous avec un endocrinologue (notamment 15 + 4 + 5).
- Consultation de chirurgie plastique.

DIVERS

- Politicien retors.
- Individu coléreux, au caractère explosif.
- Personnage sans foi ni loi, craint de son entourage.
- Sorcellerie, magie noire possible.
- Rapport de force avec votre père, avec un frère.
- Personnalité vénale.

BINÔME XV + V

+

Selon le contexte, ce binôme évoque les scénarios suivants :

PROFESSIONNELLEMENT

- Réussite qui vous assure un confort matériel, des revenus substantiels.
- Individu battant qui se donne corps et âme à son travail.
- Rendez-vous avec un conseiller fiscal ou un agent des impôts.
- Méprise ou polémique levée au terme d'une médiation ou d'une confrontation.
- Entretien professionnel avec un formateur ou un homme d'affaires aguerri qui vous prodigue de sages conseils.
- Fortune mal acquise.

Clin d'œil aux métiers suivants : *sexologue, toxicologue, endocrinologue, conseiller fiscal, financier, banquier, cadre de l'administration fiscale, urologue.*

SENTIMENTALEMENT

- Individu subjugué par un homme mûr.
- Liaison purement sensuelle qui évolue sur une relation sérieuse.
- Conflits conjugaux apaisés par le discours.
- Personne qui tourne le dos aux rencontres éphémères.

MÉDICALEMENT

- Rendez-vous dans le cabinet d'un sexologue.
- Problème de prostate chez un sexagénaire.
- Aide médicale liée à une dépendance (drogue, alcool).
- Petits soucis de thyroïde fort probables.

DIVERS

- Conflit avec votre père.
- Emprise d'un homme maléfique.
- Vous tombez sous le joug d'un pseudo gourou.
- Rendez-vous avec un fiscaliste dans le cadre de placements financiers.

BINÔME XV + VI

+

Selon le contexte, ce binôme évoque les scénarios suivants :

PROFESSIONNELLEMENT

- Un choix vous permettra de vous dégager d'une situation devenue avilissante.
- Divergences de point de vue au sein d'une équipe de travail.
- Conflit embarrassant qui vous place en position d'arbitre.
- Discussion d'affaires entre plusieurs actionnaires.
- Rencontre affective sur le lieu de travail.

Clin d'œil aux métiers suivants *: comédien (cf. 15 + 17), transformiste, gogo danseur, vendeur(-se) dans une boutique érotique, escort.*

SENTIMENTALEMENT

- Rencontre amoureuse enflammée qui vous transporte de joie.
- Individu cavaleur qui a le diable au corps.
- Personne qui joue sur deux tableaux à la fois.
- Couple dans lequel les deux partenaires se vouent un amour réciproque.
- Couple adepte du libertinage, de l'échangisme, des jeux sexuels en tous genres.
- Aventure amoureuse.

MÉDICALEMENT

- Chirurgie esthétique, plastique.
- Strabisme ou problème de vue.
- Infection génitale ou MST.

DIVERS

- Spectacle, Marche des Fiertés.
- Sortie animée entre amis, bar d'ambiance.

BINÔME XV + VII

+

Selon le contexte, ce binôme évoque les scénarios suivants :

PROFESSIONNELLEMENT

- Cadre de travail ultracompétitif où l'agressivité et l'adrénaline font bon ménage.
- Différend qui vous oppose à un collègue de travail, un collaborateur.
- Individu odieux capable des pires turpitudes pour se placer en position de tête.
- Personne qui part à la conquête de nouveaux marchés financiers.
- Jeune cadre dynamique assoiffé de pouvoir et d'argent.
- Plus rarement, argent gagné par des procédés peu orthodoxes.

Clin d'œil aux métiers suivants *: trader, boursier (cf. 15 + 7 + 10), agent des impôts (cf. 15 + 7 + 8), jeune chef d'entreprise, financier, banquier, courtier en assurances, acteur porno.*

SENTIMENTALEMENT

- Rencontre choc avec un trentenaire.
- Jeune homme qui fréquente le milieu de la prostitution.
- Relation vécue sur un mode charnel.
- Déviances sexuelles, troubles du comportement sexuel.

MÉDICALEMENT

- Douleurs de hanche ou de genoux.
- Problème de transit intestinal.
- Énergie mal canalisée, violence.
- Plus rarement, risque d'occlusion intestinale, de douleurs abdominales.

DIVERS

- Personne à l'orgueil surdimensionné.
- Véhicule vandalisé, carjacking (notamment 15 + 9 +13).

BINÔME XV + VIII

+

Selon le contexte, ce binôme évoque les scénarios suivants :

PROFESSIONNELLEMENT

- Patron esclavagiste qui atterrit devant les conseils prud'homaux.
- Négociation salariale autour d'un poste fort convoité, discussion d'affaires autour d'un nouvel engagement.
- Accession à un poste à responsabilités après de nombreuses vicissitudes.
- Lutte acharnée qui finit par payer : réussite à un concours administratif, promotion interne, attribution d'un diplôme.
- Arrangement financier visant à bénéficier d'une défiscalisation, d'une exonération d'impôts (SCI).
- Contrôle fiscal : vous devez de l'argent à l'administration fiscale.

Clin d'œil aux métiers suivants *: militaire, policier, agent du fisc, fiscaliste, avocat d'affaires, juriste bancaire.*

SENTIMENTALEMENT

- Attirance amoureuse pour une personne travaillant dans le milieu juridico-financier.
- Rencontre d'une personne fortunée.
- Relation amoureuse avec un individu dont la droiture génère des conflits.
- En négatif, rivalités intestines liées à un divorce, une indivision.

MÉDICALEMENT

- Dysfonctionnement hormonal générant une prise de poids.
- Individu devant surveiller son poids.
- Taux de cholestérol ou de testostérone soumis à analyse.

DIVERS

- Différend avec une administration ou avec la justice.
- Agression, mauvais traitement qui débouche sur une plainte.
- Vandales, délinquants, voyous, etc. déférés au parquet, convoqués par les services de police.
- Placements financiers fructueux.
- Pratique du fleuret, de l'épée, de l'escrime.

BINÔME XV + VIIII

+

Selon le contexte, ce binôme évoque les scénarios suivants :

PROFESSIONNELLEMENT

- Affaire dont le ralentissement financier commence à vous inquiéter sérieusement.
- Projets retardés pour des raisons pécuniaires.
- Manœuvres sournoises : découverte de magouilles financières scabreuses, de vices cachés.
- Interrogations face à un pseudo-homme d'affaires qui pourrait bien se révéler être un escroc notoire.
- Découverte d'un atelier clandestin exploitant des petites mains.
- Scandale qui freine votre évolution professionnelle.

Clin d'œil aux métiers suivants *: laborantin, morphopsychologue, profileur, visagiste, sexologue.*

SENTIMENTALEMENT

- Rencontre purement sensuelle vécue dans la clandestinité la plus totale.
- Partenaire dont l'attitude despotique vous invite à la prudence.
- Rencontre d'un individu qui ne montre pas son vrai visage.
- Interrogations quant aux motivations de votre partenaire.

MÉDICALEMENT

- Libido en déclin.
- Baisse de tonus, fatigue passagère.
- Tumeur analysée en laboratoire.
- Plus rarement, thérapie auprès d'un sexologue.
- Coloscopie (notamment 15 + 9 + 20).

DIVERS

- Enquête sur les mœurs et les pratiques d'un individu suspect.
- Investigations financières de longue haleine.
- Parfois, tentative de démantèlement d'un réseau de prostitution.

BINÔME XV + X

+

Selon le contexte, ce binôme évoque les scénarios suivants :

PROFESSIONNELLEMENT

- Activité lucrative générant un fort chiffre d'affaires.
- Période faste et prospère qui vous assure des revenus confortables.
- Vos affaires passent à la vitesse supérieure, vous avez le vent en poupe.
- Opportunité d'accroître vos revenus : prime, avancement.
- Promotion canapé qui vous propulse à un échelon supérieur de la hiérarchie.
- En négatif, revers de fortune dû à des rivalités antérieures.
- Individu engrangeant des revenus issus de la spéculation boursière.
- Dans certains cas, argent émanant de la prostitution.

Clin d'œil aux métiers suivants *: fiscaliste, homme d'affaires, industriel, croupier, trader, boursier, courtier en assurances.*

SENTIMENTALEMENT

- Relation qui connaît des hauts et des bas.
- Sexualité débridée qui vous porte à rencontrer une multitude de partenaires.
- Cycle particulièrement favorable à un renouveau sentimental (notamment 15 + 10 + 6).

MÉDICALEMENT

- Grosseur, tumeur, kyste, nodules, etc., selon le cas.
- Attention à votre thyroïde.
- Problème de genoux (rotule endommagée...).
- Articulations douloureuses.
- Polypes intestinaux ou diverticules fort probables.

DIVERS

- Gain au loto.
- En négatif, amende pharaonique.
- Individu accroc aux jeux d'argent.
- Spéculations boursières.

BINÔME XV + XI

+

Selon le contexte, ce binôme évoque les scénarios suivants :

PROFESSIONNELLEMENT

- Collègue de travail avec lequel (laquelle) vous avez maille à partir.
- Climat de travail où la méchanceté gratuite, la bêtise humaine et la jalousie professionnelle font force de loi.
- Animé(e) par une farouche volonté de réussir, vous n'hésitez pas à « montrer les crocs » si les circonstances l'exigent.
- Personne qui cherche à se dégager de l'emprise d'un individu qui lui est devenu nocif.
- Femme de poigne, qui a la ferme intention de tordre le cou à ses détracteurs.
- Une énergie à déplacer les montagnes vous permettra de concrétiser tous vos projets.

***Clin d'œil aux métiers suivants** : fonctionnaire de police, îlotier(-ère), agent de sécurité, haltérophile, catcheur.*

SENTIMENTALEMENT

- Histoire d'amour ponctuée de fréquentes scènes de ménage.
- Individu pervers ou vicieux qui éprouve du plaisir à soumettre ses partenaires.
- Passion dévorante qui vous met dans tous vos états.
- Sex-appeal ou attirance physique que vous ne contrôlez pas.

MÉDICALEMENT

- Prise de poids ou obésité liées à un dysfonctionnement thyroïdien.
- En général, bonne vitalité.
- Risque de déchirure musculaire, de claquage.

DIVERS

- Agression physique, bagarre, pugilat.
- Incitation à la violence.
- Loi du Talion.

BINÔME XV + XII

+

Selon le contexte, ce binôme évoque les scénarios suivants :

PROFESSIONNELLEMENT

- Odieuse trahison visant à vous mettre sur la touche ou hors circuit.
- Individu envieux qui va tout mettre en œuvre pour nuire à votre réputation.
- Jalousie qui crée un malaise au sein de votre équipe ou de votre milieu professionnel.
- Coup bas porté par une personne hypocrite qui change son fusil d'épaule.
- Un escroc essaie de vous tendre un piège, à vous de rester vigilant.
- Dans certains cas, promotion reportée, prime suspendue à la défaveur des circonstances.

Clin d'œil aux métiers suivants : *laborantin, chimiste, marabout, mage (cf. 15 + 22).*

SENTIMENTALEMENT

- Liaison adultérine stérile de laquelle vous êtes néanmoins dépendant(e).
- Relation amoureuse devenue de plus en plus oppressante.
- Personne tombée sous l'emprise d'un homme malsain, frustré ou pervers.

MÉDICALEMENT

- Claquage, déchirure musculaire.
- Troubles de la virilité, impuissance possible.
- Dépendance médicamenteuse.
- Rendez-vous avec un anesthésiste.

DIVERS

- Basse vengeance.
- Personne faite prisonnière, victime d'une manigance.
- Individu victime de travaux occultes (cf. 18 + 15).

BINÔME XV + XIII

+

Selon le contexte, ce binôme évoque les scénarios suivants :

PROFESSIONNELLEMENT

- Votre lieu de travail est digne d'un champ de bataille, l'ambiance est devenue invivable.
- Conjoncture hostile qui met vos projets en péril.
- Crise qui débouche sur une démission ou sur un licenciement abusif.
- Des soucis pécuniaires menacent sérieusement vos affaires.
- Rencontre d'un individu toxique trempé dans de sales affaires de corruption.

Clin d'œil aux métiers suivants : *légionnaire, armurier, militaire (notamment 15 + 13 + 8), escrimeur.*

SENTIMENTALEMENT

- Individu nocif que vous balayez de votre paysage amoureux.
- Jalousie néfaste qui conduit parfois à des actions peu reluisantes.
- Scènes de ménage occasionnant des violences conjugales.

MÉDICALEMENT

- Cancer, souche cancéreuse, etc.
- Tumeur maligne, métastases possibles.
- Polypes intestinaux.
- Problème de thyroïde.
- Acte chirurgical (notamment 15 + 13 +1).
- Opération de la hanche.
- Constipation/diarrhées selon le cas.

DIVERS

- Acte de vandalisme (casse, effraction).
- Bagarre aux conséquences fâcheuses.
- Tueur à gage, individu évoluant dans le grand banditisme.
- Différend lié à une dette.
- Plus rarement, personne battue à mort.
- Malfrat, voyou.

BINÔME XV + XIIII

+

Selon le contexte, ce binôme évoque les scénarios suivants :

PROFESSIONNELLEMENT

- Voyage d'affaires ou transactions commerciales favorables à l'expansion de votre société.
- Personne qui tire profit d'une activité d'import-export.
- Quiétude retrouvée au terme d'âpres négociations.
- Conflit désamorcé (revendications satisfaites...) grâce à votre sens inné de la mesure.
- Dans de nombreux cas, individu versé dans le domaine des médecines douces.
- Énergie créatrice mise au service d'un projet bien aspecté.

Clin d'œil aux métiers suivants : *magnétiseur, guérisseur, énergéticien.*

SENTIMENTALEMENT

- Période de légèreté et de volupté sur le plan sentimental.
- Liaison intense qui vous envoie au septième ciel.
- Attirance charnelle au cours d'un voyage d'affaires ou d'agrément.
- Relation amoureuse saine et dépourvue de tabous.
- Couple équilibré dont les partenaires sont friands de jeux érotiques.

MÉDICALEMENT

- Infection urogénitale à surveiller (cystite, etc.).
- Problème prostatique possible.
- En général, belle énergie.
- En négatif, alcoolisme (notamment 15 + 14 + 18).

DIVERS

- Réconfort auprès d'une femme douce et compréhensive.
- Massages érotiques.

BINÔME XV + XVI

+

Selon le contexte, ce binôme évoque les scénarios suivants :

PROFESSIONNELLEMENT

- Machination diabolique, entorse au règlement qui risque de causer votre ruine.
- Ambiance apocalyptique au sein de votre société : des revendications et des conflits sont à l'ordre du jour.
- Vous laissez éclater votre colère tant vos conditions de travail se sont dégradées.
- Débâcle financière (scandale) participant à la faillite de votre entreprise.
- Individu qui subit les foudres d'un orgueil démesuré, de sa folie des grandeurs, etc.

Clin d'œil aux métiers suivants *: cascadeur, employé au GIGN, agent de sécurité, conseiller en patrimoine, entrepreneur.*

SENTIMENTALEMENT

- Passion démesurée : vous risquez fort de vous brûler les ailes.
- Individu vicieux qui fréquente les clubs sadomasochistes.
- Personne (mari ou femme) victime de coups et blessures.
- Foyer en perdition dominé par des violences conjugales quasi quotidiennes.
- Jalousie maladive qui voue votre relation à l'échec.
- Partenaire manipulateur ou tyrannique avec lequel vous êtes en conflit perpétuel.

MÉDICALEMENT

- Risque de MST, d'infection au niveau des testicules, etc.
- Problèmes liés à l'impuissance masculine.
- Blessures (entorse, foulure, etc.).
- Excès que vous payez.
- Hypothyroïdie, thyroïdite infectieuse, etc.

DIVERS

- Flambée de violences urbaines.
- Agression physique manifeste.
- Acte terroriste, explosion.
- Gangs organisés, vandales incitant à la haine, à la violence.
- Révolte des opprimés, « prise de la Bastille ».
- Individu violent.
- Guerre de voisinage.

BINÔME XV + XVII

+

Selon le contexte, ce binôme évoque les scénarios suivants :

PROFESSIONNELLEMENT

- Votre ardeur au travail laisse présager de belles perspectives d'avenir à moyen terme.
- Vos activités ou vos projets vont bénéficier d'une embellie propice à leur développement.
- Exaltation, effervescence mises au service d'une création artistique.
- Personnage clé d'une production artistique.
- Individu fasciné par le corps humain et la beauté plastique.

Clin d'œil aux métiers suivants : *comédien, organisateur de spectacles, acteur de films érotiques, plasticien, directeur artistique, directeur d'une maison de production.*

SENTIMENTALEMENT

- Liaison amoureuse torride dans laquelle les deux protagonistes partagent de rares moments de tendresse.
- Rencontre d'un coureur de jupons.
- Personne (essentiellement féminine) qui ne connaît aucun tabou en amour.
- Relation amoureuse qui vous comble de bonheur.

MÉDICALEMENT

- Nodule mammaire.
- Pose d'implants mammaires.
- Acte de chirurgie esthétique.

DIVERS

- Individu adepte du naturisme.
- Narcissisme chez un homme.

BINÔME XV + XVIII

+

Selon le contexte, ce binôme évoque les scénarios suivants :

PROFESSIONNELLEMENT

- Ambiance de travail nocive qui influe sur votre moral.
- Gare aux vices cachés et aux entourloupes en tous genres dans vos transactions : ne serait-on pas en train de noyer le poisson ?
- Homme d'affaires malhonnête de qui vous vous méfiez.
- Dans certains cas, travail de nuit, activité nocturne.

Clin d'œil aux métiers suivants : *salarié d'une boîte de nuit, d'un bar de nuit, tenancier ou gérant d'un club privé, stripteaseur, transformiste, prostituée.*

SENTIMENTALEMENT

- Rencontre d'un affabulateur ou d'un individu dissimulateur selon le cas.
- Couple dont l'un des partenaires souffre d'alcoolisme chronique.
- Personne qui fréquente les gens de la nuit, les boîtes de nuit.
- Sexualité débridée vécue dans la clandestinité (clubs sadomasochistes, échangistes, maisons closes).
- Votre partenaire vous trahit ou vous ment selon le cas.

MÉDICALEMENT

- Alcoolisme notoire (notamment 15 + 18 + 14).
- Douleurs abdominales et/ou intestinales.
- Consommation de narcotiques, usage de drogues ou de stupéfiants.
- Sommeil décousu ou perturbé.
- Tendances paranoïaques avérées.
- Risque de contamination par le plomb.

DIVERS

- Fortune illicite, argent occulte.
- Un objet vous est dérobé.
- Escroc, truand, voleur.
- Personne faisant usage de substances illicites.

BINÔME XV + XVIIII

+

Selon le contexte, ce binôme évoque les scénarios suivants :

PROFESSIONNELLEMENT

- Négociations d'affaires qui se soldent par un partenariat, une fusion, etc.
- Bénéfices, promotion, association ou transactions financières vous permettant de vivre dans l'opulence.
- Projets couronnés de succès, individu au sommet de son art.
- Personne qui a vocation à faire carrière dans le domaine de la finance.
- Riche industriel qui fait fortune dans le luxe, le pétrole, l'or selon le cas.
- Dans certains cas, personne qui embrasse une carrière sportive.
- Individu qui jouit d'appuis politiques dans le cadre de ses activités.

Clin d'œil aux métiers suivants *: banquier, industriel, homme d'affaires, politicien, gestionnaire de patrimoine, karatéka, judoka (notamment 15 + 19 + 11), employé sur une plateforme pétrolière.*

SENTIMENTALEMENT

- La consultante s'enflamme pour un homme charismatique.
- Liaison existante caractérisée par un amour payé de réciprocité.
- Attention à ne pas vous brûler les ailes en vous lançant corps et âme dans une relation passionnée.

MÉDICALEMENT

- En général, vitalité de sportif.
- Activité cardiaque à surveiller.
- Risque de syncope, d'évanouissement.
- Surmenage possible.

DIVERS

- Sportif qui se sent mal, qui fait un malaise.
- Activité ou manœuvres clandestines révélées au grand jour.
- Libération d'enfants maltraités, d'individus exploités.

BINÔME XV + XX

+

Selon le contexte, ce binôme évoque les scénarios suivants :

PROFESSIONNELLEMENT

- Vos débordements, vos excès ne vous seront pas pardonnés. Vous risquez un blâme ou des sanctions parfois plus sévères.
- Éclats de voix, règlements de comptes entre collaborateurs.
- Individu victime de délation ou de dénonciations calomnieuses.
- Réunion de travail fort animée annonçant des changements soudains.
- Dans certains cas, une commission d'enquête statue sur vos gains, vos revenus, votre fortune.
- En positif, entretien d'affaires porteur d'un renouveau tant espéré.

Clin d'œil aux métiers suivants *: chanteur(-se) de cabaret, musicien, disque-jockey (notamment 15 + 20 + 1), employé(e) d'une boîte de nuit, d'un bistrot, politologue, juriste, fonctionnaire de police.*

SENTIMENTALEMENT

- Rencontre affective dans un endroit fort bruyant (café, boîte).
- Mécontentement ou dispute qui vous oblige à remettre les pendules à l'heure.
- Changement de cap, soudaine prise de conscience dans une histoire d'amour.
- Confidences ou révélations obtenues dans l'intimité.

MÉDICALEMENT

- Problèmes dus au tabagisme.
- Mauvaise hygiène de vie.
- Œdème aïgu du poumon, problème de plèvre (notamment 15 + 20 + 18).
- Aérophagie, ballonnements.
- Analyse d'une tumeur, de métastases.
- Parfois, coloscopie (cf. 15 + 9).

DIVERS

- Convocation, audition de police.
- Mise en examen par les services de police, la justice.
- Procès pénible.
- Bataille électorale.
- Fuite de gaz, explosion, détonation.
- On vous demande le remboursement de sommes perçues à tort.

BINÔME XV + XXI

+

Selon le contexte, ce binôme évoque les scénarios suivants :

PROFESSIONNELLEMENT

- Votre punch et votre acharnement au travail vous assurent une réussite socio-professionnelle éclatante.
- Revenus importants issus d'une activité en pleine expansion (pétrole, commerce).
- Appui d'une personnalité politique dans le cadre d'un projet professionnel.
- Individu au sommet de son art dont le professionnalisme est reconnu de tous.
- Fonctions qui vous portent fréquemment sur le devant de la scène internationale.
- Vocations à travailler dans les milieux politico-affairistes.

Clin d'œil aux métiers suivants *: industriel, politologue, politicien, star du showbiz, du porno.*

SENTIMENTALEMENT

- Plénitude sexuelle, couple qui vibre à l'unisson.
- Homme charismatique qui sait se rendre irrésistible auprès de la gent féminine.
- Vous tombez sous le charme ensorcelant d'une personne étrangère ou d'un globe-trotter.

MÉDICALEMENT

- Santé de fer, vitalité à toute épreuve.
- Petite infection ovarienne possible.
- Guérison, rétablissement.
- Risque de contracter une maladie vénérienne.

DIVERS

- Étudiant en sciences politiques.
- Appétit vorace pour le pouvoir.
- Star de renom international.
- Groupe de rock en tournée.
- Boxeur vainqueur d'un tournoi.

BINÔME XV + XXII

+

Selon le contexte, ce binôme évoque les scénarios suivants :

PROFESSIONNELLEMENT

- Ambiance de travail dégradée vous incitant à démissionner ou à changer d'emploi.
- Individu qui cherche à fuir les brimades, les humiliations ou le harcèlement dont il a été victime.
- Des querelles intestines entament sérieusement votre moral.
- Projet professionnel mal cadré qui tourne mal.
- Agissements dans la précipitation vous faisant commettre des erreurs ou des extravagances que vous regretterez plus tard.
- Personne orgueilleuse qui tombe de son piédestal ou qui subit un revers de fortune (promotion refusée, etc.).

Clin d'œil aux métiers suivants : *oculiste, marabout, convoyeur de fonds.*

SENTIMENTALEMENT

- Passion destructrice de laquelle vous sortirez meurtri.
- Scènes de ménage ou tyrannie conjugale que vous ne supportez plus.
- Personne qui vous fuit ou à laquelle vous cherchez à échapper.
- Individu anticonformiste attiré par les histoires d'amour sortant des sentiers battus.

MÉDICALEMENT

- Prise de psychotropes.
- Hallucinations, tendances schizophréniques.
- Énergie gaspillée, dépensée à mauvais escient.

DIVERS

- Personne agissant sous l'emprise de la drogue.
- Dealer.
- Argent gaspillé, dépensé à tort et à travers.
- Fuite de capitaux, argent volé.
- Agression morale, verbale, propos affligeants.
- Blessures d'amour-propre.

LA MAISON DIEU

Moi la Maison Dieu, je t'invite à faire exploser ta colère, à reconstruire tes projets mal échafaudés. Avec moi, mieux vaut savoir se remettre en cause.

Au premier coup d'œil, la Maison Dieu incarne :

1. Un immeuble, une tour
2. Une vieille demeure, une ruine
3. Un chantier, une restructuration
4. Une chute, un échec
5. Un accident, une explosion
6. Un séisme, un bouleversement
7. Un déménagement, une expulsion
8. Une démolition, un attentat
9. Les pompiers, les urgentistes
10. Une agression, une dispute

La Maison Dieu, en se mariant aux 21 autres arcanes majeurs, nous évoque **l'échec**, les risques causés par **l'orgueil** et par la **folie des grandeurs**.

BINÔME XVI + I

Selon le contexte, ce binôme évoque les scénarios suivants :

PROFESSIONNELLEMENT

- Une chute salutaire va vous permettre de repartir sur des bases saines.
- Nouveau départ après une série d'embûches.
- Restructuration d'un ou plusieurs services, travaux de réfection de locaux en cours, etc.
- Projet qu'il vous faut reconstruire ou consolider, entreprise en ruine qu'il faut rebâtir.
- Risque d'accident de travail, notamment si vous exercez un métier manuel.
- Individu officiant très souvent dans le domaine de l'immobilier et du bâtiment.

Clin d'œil aux métiers suivants *: agent immobilier, employé du bâtiment, maçon, serrurier, artificier, pompier (cf. 16 + 7), apiculteur, sculpteur (céramique, mosaïque), jeune architecte, charpentier (cf.1 + 16).*

SENTIMENTALEMENT

- Les fondations sur lesquelles vous avez bâti votre foyer menacent de s'écrouler. Vous vous efforcez de colmater les brèches.
- Querelles amoureuses causées par un enfant.
- Nouvelle rencontre affective bouleversant vos habitudes.
- Mise au point nécessaire avant de repartir du bon pied.

MÉDICALEMENT

- Traumatisme crânien, choc à la tête (plus rarement, AVC).
- Problème de peau (plaques, dartres, etc.).
- Problèmes dentaires, rage de dents (extraction), détartrage.
- Risque élevé de fracture ou d'entorse.

DIVERS

- Travaux de réfection (vieille demeure, habitation).
- Entreprise en bâtiment.
- Rapport de force avec un enfant (votre fils).
- Crise d'adolescence.
- Poseur de bombe, attentat.
- Orgueil blessé.

BINÔME XVI + II

+

Selon le contexte, ce binôme évoque les scénarios suivants :

PROFESSIONNELLEMENT

- Une supérieure hiérarchique vous mène la vie dure au travail, elle s'emploie à saborder vos initiatives.
- Une série de soucis vient ébranler vos projets.
- Individu qui assiste impuissant à la faillite de sa société.
- Communiqué ou note de service vous informant d'un dépôt de bilan, d'une restructuration.
- Changement imprévu à la tête d'une société : parachutage ou renvoi d'une directrice selon le cas.
- Vous cherchez à comprendre les causes d'un échec (examen ou concours raté, etc.).
- Mauvaise appréciation des risques aboutissant à un échec cuisant.
- En positif, vocation à gérer un parc immobilier, une copropriété, etc.

***Clin d'œil aux métiers suivants** : gardienne d'immeuble, gestionnaire d'immeuble, d'une copropriété, employée en maison de retraite, conservatrice.*

SENTIMENTALEMENT

- Foyer en crise, climat orageux dans un couple.
- Une femme d'âge mûr vous met au pied du mur, dans une situation affective périlleuse.
- Personne dont la froideur extérieure décontenance ou refroidit ses soupirants.
- Votre mère ou belle-mère vient semer la pagaille au sein de votre foyer.

MÉDICALEMENT

- Personne qui souffre d'un cancer (tumeur).
- Délabrement physique.
- Problème de hanche, de bassin chez une femme âgée.
- Chute aux conséquences fâcheuses.
- Ostéoporose, décalcification osseuse.
- Radiographies (cervicales, cou, nuque, etc.).
- Parfois, dépression aiguë chez une consultante.

DIVERS

- Nouvelle fracassante.
- Femme âgée qui vit dans l'insalubrité.
- Rapports désastreux avec votre mère, votre belle-mère.
- Maison d'édition, librairie, bibliothèque.
- Devis avant travaux de réfection (notamment 16 + 2 + 8).
- Projet immobilier à l'étude.

BINÔME XVI + III

+

Selon le contexte, ce binôme évoque les scénarios suivants :

PROFESSIONNELLEMENT

- Une nouvelle fracassante vient ruiner vos projets professionnels.
- Personne abattue par un coup de théâtre auquel elle ne s'était pas préparée.
- Des rapports explosifs avec une collègue ou avec une responsable de service vous sapent le moral.
- Votre lieu de travail est devenu le siège de révoltes. Les esprits se sont échauffés.
- Le franc-parler ou le manque de tact d'une collaboratrice détériore l'ambiance de travail.
- Une directrice BCBG est parachutée à la tête d'un service en pleine restructuration.
- Un échec traumatisant vous fait prendre conscience de vos erreurs.
- Dans certains cas, bureaux restructurés ou déménagés (notamment 16 + 3 + 18).

Clin d'œil aux métiers suivants *: conseillère en immobilier, secrétaire dans une agence immobilière, employé(e) à l'OPAC, aux HLM, dans un syndic de copropriété.*

SENTIMENTALEMENT

- Péril en la demeure causé par une rivale, une maîtresse.
- Scènes de ménage qui vous mettent plus bas que terre, qui vous blessent dans votre féminité.
- Personne qui sort meurtrie d'une relation traumatisante, bien décidée à tourner la page.
- Rencontre imprévue avec une femme bon chic, bon genre.

MÉDICALEMENT

- Douleurs aux cervicales.
- Choc à la tête, traumatisme crânien.
- Troubles psychosomatiques avérés.
- Chirurgie réparatrice (œil, visage).
- Colonne vertébrale douloureuse.
- Dans certains cas, mauvaise chute.

DIVERS

- Conflit avec une sœur.
- Contestation de l'autorité maternelle (cf. 16 + 2).
- Courrier qui vous perturbe.

BINÔME XVI + IIII

Selon le contexte, ce binôme évoque les scénarios suivants :

PROFESSIONNELLEMENT

- Stress occasionné par des rapports conflictuels avec un supérieur hiérarchique entêté.
- Situation de crise que vous affrontez avec beaucoup de bravoure.
- Restructuration professionnelle de laquelle vous sortirez grandi.
- Arrivée d'un dirigeant qui fait l'effet d'une bombe au sein d'un service en pleine restructuration.
- Redressement in extremis d'une société en faillite.
- Individu qui doit son nom, son assise professionnelle aux métiers du bâtiment.

Clin d'œil aux métiers suivants *: promoteur immobilier, chef de chantier, maître d'œuvre, maçon, architecte, ascensoriste, serrurier, gardien d'immeuble.*

SENTIMENTALEMENT

- Vous restez de marbre face à l'écroulement de votre foyer.
- Scènes de ménage générées par le caractère tyrannique de votre mari, fiancé.
- En positif, projet de construction immobilière visant à renforcer les liens qui vous unissent.
- Stress occasionné par la rencontre inattendue d'un homme de bon standing.

MÉDICALEMENT

- Problème de cou, de cervicales.
- Bas du dos endommagé.
- Trouble de la virilité.
- Fracture possible du coccyx, du bassin.

DIVERS

- Vielle bâtisse, ferme que vous décidez de rénover.
- Conflit avec votre père, votre frère, etc.

BINÔME XVI + V

+

Selon le contexte, ce binôme évoque les scénarios suivants :

PROFESSIONNELLEMENT

- Situation chaotique pour laquelle vous recherchez les conseils d'un spécialiste (médiateur, etc.).
- Cellule de crise chargée de restaurer le dialogue, de trouver un arrangement amiable au sein de l'entreprise.
- Restructuration donnant lieu à des reclassements ou à des formations obligatoires.
- Crise de confiance ou remise en cause débouchant sur une réorientation professionnelle.
- Changement possible de directeur général à la tête de l'entreprise.
- Position de leadership ébranlée par un fâcheux concours de circonstances.
- Dispute pour laquelle vous décidez de vous adresser directement au sommet de la hiérarchie.

***Clin d'œil aux métiers suivants** : urgentiste, chirurgien, dentiste, conseiller immobilier, promoteur immobilier, maître d'œuvre.*

SENTIMENTALEMENT

- Crise de couple ou rupture causée par le comportement de votre mari.
- Union au bord du gouffre, il vous faut communiquer mieux afin de sauver votre mariage.
- Éclats de voix salutaires qui aboutissent à une réconciliation.
- Rencontre d'un homme marié qui vous met au pied du mur.

MÉDICALEMENT

- Soins dentaires (névralgies, caries, infections, etc.).
- Rendez-vous avec un chirurgien, un anesthésiste.
- Individu qui atterrit aux urgences médicales (chutes, accident...).

DIVERS

- Élaboration d'un plan de sauvetage.
- Individu qui se retrouve dos au mur.
- Religieux à la tête d'une église, d'une chapelle ou d'une paroisse.
- Vieux presbytère, monastère. Le Vatican (cf. 18 + 5).
- Remise des pendules à l'heure entre vous et votre père.
- Réunification, dialogue restauré après avoir percé l'abcès.

BINÔME XVI + VI

+

Selon le contexte, ce binôme évoque les scénarios suivants :

PROFESSIONNELLEMENT

- Un coup de théâtre vous contraint à faire un choix devant l'urgence de la situation.
- Réorientation professionnelle qui vous angoisse. Pris(e) au dépourvu, vous ne savez pas quelle direction prendre.
- Équipe de travail qui doit se restructurer aux vues de circonstances peu favorables.
- Palabres concernant une hypothétique acquisition ou reprise de locaux, de bureaux par un acheteur potentiel.
- Conflit pour lequel vous devez couper la poire en deux.
- Plus rarement, rencontre amoureuse inattendue sur votre lieu de travail.

Clin d'œil aux métiers suivants : *cascadeur, intermittent du spectacle (acrobate, comédien), agent immobilier, costumier, décorateur d'intérieur (cf. 16 + 19 + 6).*

SENTIMENTALEMENT

- Tragédie occasionnée par la présence d'une tierce personne, d'un intrus.
- Imbroglio qui vous contraint à faire un choix amoureux.
- Écart de conduite sanctionné par une rupture amoureuse irrévocable.
- En positif, coup de foudre bouleversant nombreux de vos a priori.

MÉDICALEMENT

- Dégénérescence oculaire.
- Chute liée à une mauvaise vue.
- Choc hémorragique, saignements.
- Accidenté transfusé.
- Chirurgie esthétique réparatrice.

DIVERS

- Atelier d'artistes.
- Représentation théâtrale, costumes d'époque.
- Maison de haute couture.
- Disputes entre frères et sœurs.

BINÔME XVI + VII

+

Selon le contexte, ce binôme évoque les scénarios suivants :

PROFESSIONNELLEMENT

- Situation de grand stress que vous voulez régler dans les meilleurs délais.
- Délocalisation de bureaux ou de locaux suite à une restructuration.
- Vous réussissez à maintenir le cap dans votre travail malgré l'agressivité ambiante.
- Entreprise en perdition que vous quittez pour votre plus grand bénéfice.
- Sortie d'embûches qui vous permet de relancer votre carrière.
- Risque majeur d'accident du travail.

Clin d'œil aux métiers suivants *: pompier, ambulancier, carrossier, cascadeur, professionnel de l'immobilier, assureur (cf. 16 + 8).*

SENTIMENTALEMENT

- Vous éjectez un cavaleur afin de repartir sur de nouvelles bases.
- Situation de stress conjugal qui menace d'ébranler votre foyer.
- Déménagement précipité par les circonstances.

MÉDICALEMENT

- Individu souffrant d'un handicap moteur.
- Blessure à la jambe.
- Problème de colonne vertébrale.
- Accidenté de la route.

DIVERS

- Explosion, feu moteur sur un véhicule.
- Tôles froissées, problème de carrosserie.
- Voiture d'occasion abîmée.
- Chute de cheval ou de moto, selon le cas.
- Pompiers à l'assaut d'un incendie (cf. 7 + 16).
- Individu qui aime prendre des risques, une « tête brûlée ».
- Lieu d'habitation que vous devez quitter (vétusté).

BINÔME XVI + VIII

+

Selon le contexte, ce binôme évoque les scénarios suivants :

PROFESSIONNELLEMENT

- Conflit avec une administration ou avec une instance juridique.
- Fermeture d'un service ou d'une antenne administrative.
- Situation de dépôt de bilan qui vous contraint à prendre des mesures draconiennes.
- Contrat de travail rompu sans préavis, licenciement abusif.
- Dans certains cas, vous saisissez les syndicats ou les délégués prud'homaux afin de faire valoir vos droits.
- Une série de problèmes vous astreint à surveiller vos dépenses budgétaires de très près.
- En positif, démarches relatives à l'achat de locaux.

***Clin d'œil aux métiers suivants** : assureur, liquidateur, mandataire judiciaire, employé(e) dans un syndicat de copropriété, huissier, employé(e) à la CAF, à l'OPAC.*

SENTIMENTALEMENT

- Divorce ou indivision vécu dans la douleur.
- Problèmes financiers qui altèrent les rapports amoureux en profondeur.
- Foyer à la dérive, scènes de ménage à répétition se soldant par une séparation.
- Individu crispé que les comportements agressifs rendent hermétique à l'amour.
- Plus rarement, projet d'achat en commun.

MÉDICALEMENT

- Perte d'équilibre, vertiges.
- Hypoglycémie, personne diabétique.
- Défaillance rénale possible.
- Sommeil perturbé.
- Perte de poids inquiétante.

DIVERS

- Avis d'expulsion par voie d'huissier.
- Procès au sein d'une copropriété.
- Immeuble décrété insalubre, sinistré.
- Demande de logement HLM, dossier pour un logement social.
- Dépenses imprévues.
- Problème d'indemnisation.
- Transaction immobilière risquée.
- En positif, personne qui perçoit des allocations de logement (cf. 8 + 16).

BINÔME XVI + VIIII

+

Selon le contexte, ce binôme évoque les scénarios suivants :

PROFESSIONNELLEMENT

- Avenir professionnel semé d'embûches et de retards.
- Événement traumatisant (faillite, accident, licenciement, etc.) vous contraignant à faire le point.
- Mise en préretraite ou en retraite anticipée qui vous stresse au plus haut point.
- Remise en cause personnelle consécutive à l'effondrement d'un projet, à une dispute affligeante, etc.
- Ambiance de travail dégradée vous incitant à prendre du recul.
- Entreprise en perdition amenée à disparaître (locaux vétustes voire dangereux).
- En positif, recherche de nouveaux locaux.

Clin d'œil aux métiers suivants *: gardien d'un phare, veilleur de nuit, apiculteur, employé de maison de retraite, diagnostiqueur.*

SENTIMENTALEMENT

- Individu qui s'efforce de faire la lumière sur les causes d'une rupture amoureuse.
- Repli sur soi ou détachement face à une situation de couple décadente.
- Personne dont les blessures du passé l'empêchent d'avancer dans sa vie affective.
- Violente dispute au terme de laquelle vous vous retrouvez seul(e).
- Célibat de longue haleine vécu dans la tourmente.

MÉDICALEMENT

- Ostéoporose.
- Risque élevé de chutes, d'accidents domestiques chez un homme âgé.
- Homme d'âge mûr dont la santé se détériore (danger vital possible).

DIVERS

- Maison ancienne ou retirée.
- Retraite monacale, monastère.
- Destitution, ruine, retraite de misère.
- Personne vivant sous le seuil de pauvreté.
- Grand-père grabataire.
- Admission en maison de retraite.
- Travaux de rénovation qui s'éternisent.
- Recherche de logement.

BINÔME XVI + X

+

Selon le contexte, ce binôme évoque les scénarios suivants :

PROFESSIONNELLEMENT

- Imprévu regrettable anéantissant vos projets, vos chances d'évolution.
- Dégradation d'une situation vous obligeant à réagir rapidement.
- Réorientation professionnelle précipitée par un malheureux concours de circonstances.
- Cycle de malchance qu'il vous sera difficile d'endiguer.
- Retour de manivelle auquel vous n'étiez pas préparé (effet boomerang).
- Entreprise réaménagée en profondeur : locaux déménagés, rénovés.
- Société qui subit de brusques revers de fortune (pertes matérielles, budget grevé).

Clin d'œil aux métiers suivants : *cascadeur, acrobate, comédien, courtier en assurances, professionnel du bâtiment.*

SENTIMENTALEMENT

- Rupture nécessaire à un renouveau affectif.
- Spirale de violence de laquelle vous ne parvenez pas à vous extraire.
- Individu qui cherche à rompre avec une routine conjugale oppressante.
- Personne qui a l'impression de réitérer perpétuellement les mêmes schémas amoureux.

MÉDICALEMENT

- Fracture d'une cheville, d'un poignet.
- Problème de cervicales.
- Rotule ou genou abîmé.
- Disque endommagé, douleurs dorsales.
- Mauvaise chute.

DIVERS

- Effondrement des valeurs en Bourse.
- Démêlés avec un organisme de crédit (notamment 16 + 10 + 8).
- Dépenses liées à un ascenseur (rénovation, etc.).
- Déménagement précipité par des évènements soudains (cf. 16 + 22).
- Bétonnière, travaux de maçonnerie.
- Dégâts causés par une tornade.
- En positif, argent inattendu tombé du ciel.

BINÔME XVI + XI

+

Selon le contexte, ce binôme évoque les scénarios suivants :

PROFESSIONNELLEMENT

- Situation de stress ou de désarroi provoquant de violentes altercations sur le lieu de travail.
- Prise de bec à répétition avec votre supérieur hiérarchique direct.
- Insurrection face au pouvoir en place.
- Vive contestation de vos aptitudes au commandement.
- Déménagement partiel ou total d'une société en pleine restructuration (bureaux délocalisés).
- En positif, vous sortirez vainqueur d'une situation alarmante.
- Vous vous reprenez en main après une période de fortes turbulences dans vos activités.

Clin d'œil aux métiers suivants *: conductrice de travaux, chef de chantier, déménageur, entrepreneur, vigile.*

SENTIMENTALEMENT

- Personne victime de coups et blessures au sein du foyer conjugal.
- Rapports de force agressifs qui augurent d'une fin inéluctable.
- Déménagement nécessité par les circonstances.

MÉDICALEMENT

- Claquage musculaire, déchirure.
- Chute ou blessure douloureuse.
- Infection vaginale (notamment 16 + 11 + 15).
- Perte de poids causée par le stress.

DIVERS

- Travaux d'Hercule, chantier colossal.
- Déménagement imminent.
- Explosion de colère, rixe.
- Personne agressée par un chien.

BINÔME XVI + XII

+

Selon le contexte, ce binôme évoque les scénarios suivants :

PROFESSIONNELLEMENT

- Situation oppressante qui vous rend malade au sens propre comme au figuré.
- Sensation d'être engagé dans une voie sans issue.
- Sentiment d'impuissance face aux événements qui bouleversent votre activité.
- Accident ou blessures sur votre lieu de travail.
- Arrêt de travail lié à une hospitalisation.
- Accusations fracassantes ou sanctions vous affectant en profondeur.
- Projet que vous devez suspendre ou arrêter, la conjoncture vous étant défavorable.

Clin d'œil aux métiers suivants *: chirurgien, urgentiste, employé(e) dans une maison d'arrêt.*

SENTIMENTALEMENT

- Conflits conjugaux créant un malaise dans le couple.
- Blessures d'amour-propre liées à une trahison.
- Résignation face à une situation qui vous échappe.
- Liaison orageuse qui vous épuise psychologiquement.

MÉDICALEMENT

- Hospitalisation, urgences médicales.
- Traumatisme laissant des séquelles physiques et psychiques.
- Blessures (foulures, etc.).
- Lombalgie.
- Impuissance chez un homme.
- Paralysie causée par une mauvaise chute, un accident.

DIVERS

- Maison d'arrêt, enfermement.
- Personne retrouvée pendue à son domicile.

BINÔME XVI + XIII

+

Selon le contexte, ce binôme évoque les scénarios suivants :

PROFESSIONNELLEMENT

- Tragédie (dépôt de bilan, faillite) engendrant une série de licenciements secs.
- Départ fracassant, mise à la porte, etc.
- Ambiance de travail nocive qu'il vous faut quitter au plus vite.
- Bureaux ou locaux ravagés par un incendie (explosion de gaz, etc.).
- Erreur ou faux-pas qui vous est fatal.
- Série d'embûches vous permettant de passer à autre chose.
- En positif, activité industrielle qui croule sous les chantiers.

Clin d'œil aux métiers suivants *: agent de nettoyage, employé(e) du bâtiment, des Ponts et chaussées, industriel, entrepreneur.*

SENTIMENTALEMENT

- Violentes scènes de ménage, drame conjugal.
- Rupture définitive avec perte et fracas.
- Rencontre possible avec une personne endeuillée.

MÉDICALEMENT

- Problèmes liés au squelette, à la colonne vertébrale.
- Vertèbres tassées ou fracturées.
- Traumats, fractures multiples.
- Dépression profonde, velléités suicidaires.
- Cancer. Présence de métastases.
- Danger vital, chute fatale, décès.
- Très rarement, individu tué par la foudre.
- Extraction d'une dent douloureuse, chirurgie dentaire.

DIVERS

- Règlement de compte, passage à tabac.
- Cambriolage. Effraction.
- Immeuble ravagé par un incendie.
- Évènement traumatisant qui vous laisse sur la paille.
- Démolition d'un immeuble.
- Chantier, travaux d'envergure.
- Travaux au sein d'une copropriété.
- Expulsion d'un(e) locataire (notamment 16 + 13 + 8).

BINÔME XVI + XIIII

+

Selon le contexte, ce binôme évoque les scénarios suivants :

PROFESSIONNELLEMENT

- Bouleversement ou réorganisation qui s'avérera être un mal pour un bien.
- Atmosphère de travail électrique qui joue sur votre équilibre nerveux.
- Climat professionnel orageux que vous parvenez à tempérer grâce à votre calme olympien.
- Vous avez tout intérêt à garder le sens de la mesure face à l'agressivité ambiante.
- Réfection de locaux destinés à la restauration.

Clin d'œil aux métiers suivants : *électricien, plombier.*

SENTIMENTALEMENT

- Vous devez mettre de l'eau dans votre vin afin de rétablir le dialogue dans votre couple.
- Foyer au bord de l'éclatement.
- Coup de téléphone affligeant, on frise la rupture amoureuse.
- Retour de l'harmonie conjugale après une crise passagère.
- Remise en question douloureuse vous permettant de retrouver votre libre arbitre.
- Rencontre inattendue avec une jeune femme qui va savoir panser vos plaies.

MÉDICALEMENT

- Malaises, vertiges.
- Palpitations.
- Équilibre nerveux fragile.
- Crise possible de spasmophilie.
- Dans certains cas, bronchite, angine, etc.
- Soucis respiratoires avérés (asthme...).

DIVERS

- Problème électrique (immeuble, domicile).
- Court-circuit.
- Fuite d'eau (plafond, toiture).

BINÔME XVI + XV

+

Selon le contexte, ce binôme évoque les scénarios suivants :

PROFESSIONNELLEMENT

- Situation anarchique sur le lieu de travail, les passions se déchaînent.
- Site saccagé, bureaux vandalisés par des salariés furieux.
- Despotisme mal vécu par vos collègues de travail.
- On vous accuse ouvertement de l'effondrement d'un projet.
- Par extension, échec qui vous occasionne des représailles.
- Cessation d'activité liée à une manœuvre financière.
- Ennemis déterminés à vous « déclarer la guerre ».

Clin d'œil aux métiers suivants : *geôlier, agent de sécurité, surveillant.*

SENTIMENTALEMENT

- Jalousie maladive à l'origine de nombreuses scènes de ménage.
- Attirance irrépressible pour un individu pervers et manipulateur.
- Foyer où la violence règne en maître.
- Individu fréquentant les clubs échangistes, les lieux de débauche et de luxure.
- Relation enflammée avec un vrai macho.

MÉDICALEMENT

- Risque de MST.
- Perte d'érection passagère, troubles de la virilité.
- Problèmes prostatiques.
- Toxicomanie (notamment 16 + 15 + 13).
- Dans certains cas, dérèglements thyroïdiens.

DIVERS

- Cité sous l'emprise d'un gang.
- Fréquentation de voyous, de toxicomanes.
- Acte de malveillance.
- Agression physique.
- Haine viscérale entre voisins.
- Conflit lié à une dette.
- Mutinerie.

BINÔME XVI + XVII

+

Selon le contexte, ce binôme évoque les scénarios suivants :

PROFESSIONNELLEMENT

- Climat relationnel orageux suivi d'une période d'accalmie bienfaisante.
- Poste de travail réaménagé vous permettant de travailler dans des conditions optimales.
- Après avoir été fortement perturbées, vos affaires vont pouvoir bénéficier d'une embellie.
- Sauvetage inespéré d'une société ou d'un projet en difficulté.
- Chute salutaire vous ouvrant de nouveaux horizons professionnels.
- « Après la pluie, le beau temps », inquiétudes dissipées, sérénité retrouvée.

Clin d'œil aux métiers suivants *: restaurateur d'art, tapissier, décorateur d'intérieur.*

SENTIMENTALEMENT

- Querelles d'amoureux vous permettant de dissiper un malentendu, de mieux vous retrouver ensuite.
- Espoirs déçus face à une personne que vous aviez injustement placée sur un piédestal.
- Plus rarement, coup de théâtre qui vous laisse entrevoir des jours meilleurs.

MÉDICALEMENT

- Chirurgie esthétique, réparatrice (greffes, implants).
- Problèmes dermatologiques : dermatoses, dermites, psoriasis, dartres, etc.
- Problèmes capillaires : calvitie possible, perte de cheveux, etc.
- Guérison suite à une convalescence.

DIVERS

- Ravalement de façade.
- Travaux d'embellissement.
- Maison à la campagne, résidence secondaire.
- Immeuble situé près d'un parc, d'un jardin ou d'un cours d'eau.

BINÔME XVI + XVIII

+

Selon le contexte, ce binôme évoque les scénarios suivants :

PROFESSIONNELLEMENT

- Entreprise qui s'apprête à déménager ses bureaux, ses locaux.
- Échec qui vous plonge dans la tourmente.
- Ambiance de travail dégradée qui vous angoisse terriblement.
- Situation de stress qui vous porte à noircir le tableau.
- Épreuve qui vous paraît insurmontable.
- Arrêt de travail momentané lié à une hospitalisation.

Clin d'œil aux métiers suivants *: agent immobilier, employé(e) dans un syndic de copropriété, dans un complexe hôtelier, personnel hospitalier.*

SENTIMENTALEMENT

- Chagrin provoqué par une rupture, par des non-dits, des mensonges : profonde remise en question.
- Emménagement ou déménagement en rapport avec votre vie amoureuse.
- Individu qui a tendance à se fourvoyer dans des situations vaseuses.
- Solitude affective, vous broyez du noir à votre domicile.
- Foyer en décrépitude sombrant dans l'immensité de ses problèmes.

MÉDICALEMENT

- Urgence médicale, hospitalisation.
- Dépression chronique.
- Soucis intra-utérins (fibrome, infection ovarienne).
- Maladie nosocomiale.

DIVERS

- Danger par l'eau. Inondation possible.
- Eaux usagées, impropres à la consommation.
- Déménagement ou emménagement, selon le cas.
- Acquisition immobilière comportant parfois des vices cachés.
- Chute en période hivernale, trottoir glissant, etc.

BINÔME XVI + XVIIII

Selon le contexte, ce binôme évoque les scénarios suivants :

PROFESSIONNELLEMENT

- Société restructurée en raison d'une fusion, d'une OPA, etc.
- Projet dans l'immobilier pour lequel vous cherchez à vous associer.
- Rupture d'une promesse ou d'un accord qui vous laisse momentanément abasourdi(e).
- Renaissance professionnelle suite à une série de bouleversements.
- Désaccords entre collaborateurs qui finissent par s'arranger.
- En négatif, échec cuisant pour lequel vous trouvez du réconfort auprès d'un(e) collègue.

Clin d'œil aux métiers suivants *: chauffagiste, gestionnaire en immobilier, architecte décorateur, employé(e) dans une crèche.*

SENTIMENTALEMENT

- Vous vous réconciliez après avoir dit ce que vous aviez sur le cœur.
- Désaccords liés essentiellement aux enfants.
- Coup de foudre inespéré illuminant votre quotidien amoureux.
- Imprévu affectif ou familial qui vous plonge dans l'abattement.

MÉDICALEMENT

- Insolation, malaise, évanouissement.
- Coup de soleil, brûlure.
- Défaillance possible au niveau cardiaque (arythmie, fatigue).
- Risque de syncope.

DIVERS

- Maison solaire.
- Vieille demeure située dans un lieu ensoleillé.
- Danger par la chaleur, le feu.
- Chute en période estivale.

BINÔME XVI + XX

+

Selon le contexte, ce binôme évoque les scénarios suivants :

PROFESSIONNELLEMENT

- Réunion extraordinaire face à une situation de crise (un dépôt de bilan ou des licenciements sont à l'ordre du jour...).
- Ultimes pourparlers visant à redresser une situation professionnelle catastrophique.
- Vives altercations au sein d'un service en effervescence.
- Folie des grandeurs dont vous subissez les conséquences.
- Erreur fatale qui vous est reprochée sans ménagement.
- Traumatisme lié à une soudaine prise de conscience.
- Panne informatique sur le lieu de travail (notamment 16 + 20 + 9).

Clin d'œil aux métiers suivants *: commissaire-priseur, mandataire judiciaire, huissier de justice, employé(e) dans un syndic de copropriété.*

SENTIMENTALEMENT

- Rupture salutaire vous ouvrant de nouveaux horizons amoureux.
- Violentes scènes de ménage qui viennent sceller le sort de votre relation actuelle.
- Échanges de propos cruels entre deux partenaires à cran.
- Révélations fracassantes qui ont l'effet d'une bombe au sein de votre couple.
- Déception amoureuse qui vous laisse un goût amer.

MÉDICALEMENT

- Chute, vertiges dus à des problèmes auditifs (notamment 16 + 20 + 12).
- Possible intervention microchirurgicale au laser (cataracte...).
- Bronchite.

DIVERS

- Catastrophe annoncée (décès, etc.).
- Conflit de voisinage, de copropriété.
- Immeuble soufflé, explosion au gaz.
- Procès perdu, verdict pénible.
- Évacuation, expulsion ordonnée.

BINÔME XVI + XXI

+

Selon le contexte, ce binôme évoque les scénarios suivants :

PROFESSIONNELLEMENT

- Redressement spectaculaire d'une société en difficulté.
- Entreprise suscitant l'intérêt d'une structure internationale.
- Proposition de travail inattendue en lien avec l'étranger.
- Projet immobilier à l'étranger.
- Succès inespéré qui vous prend par surprise.
- Sortie triomphale d'une période de chamboulements, de remise en cause, de crise, etc.
- Entreprise de bâtiment ou de travaux publics qui a de beaux jours devant elle.

Clin d'œil aux métiers suivants : *acrobate, gymnaste, équilibriste.*

SENTIMENTALEMENT

- Discussions houleuses permettant d'assainir vos relations de couple.
- Soucis de communication liés au choc des cultures.
- Prise de conscience que vous devez vous ouvrir davantage sur l'extérieur afin de faire une nouvelle rencontre.

MÉDICALEMENT

- Risque d'épidémie, de contagion.
- Problème d'origine virale.
- Sortie de dépression.
- Rétablissement, guérison suite à un accident.

DIVERS

- Déménagement soudain pour l'étranger.
- Immeuble situé dans une grande métropole.
- Catastrophe à l'échelle mondiale (attentats terroristes dans une capitale).

BINÔME XVI + XXII

+

Selon le contexte, ce binôme évoque les scénarios suivants :

PROFESSIONNELLEMENT

- Poste de travail que vous quittez à vos risques et périls (démission).
- Climat de pression et de harcèlement moral que vous êtes déterminé à fuir illico presto.
- Faux pas pour lequel vous recevez un blâme, une mise à pied voire un avis de licenciement.
- Échec cuisant qui vous met le moral à zéro.
- Bureaux délocalisés à la hâte.

***Clin d'œil aux métiers suivants** : employé dans un foyer d'hébergement pour SDF, dans un centre de rétention pour sans-papiers, employé(e) en hôpital psychiatrique, déménageur (cf. 11 + 18) brancardier, facteur.*

SENTIMENTALEMENT

- Individu qui se fait mettre à la porte avec pertes et fracas.
- Crise brutale, vous quittez votre foyer sur un coup de tête.
- Rencontre d'un marginal ou d'une personne meurtrie par la vie.

MÉDICALEMENT

- Maladie mentale, folie.
- Parfois maladie d'Alzheimer.
- Chute qui vous laisse des séquelles physiques (boitillement).
- Plus rarement, rupture d'anévrisme (notamment 16 + 22 + 13).
- Choc postopératoire.

DIVERS

- Évacuation d'un immeuble suite à une explosion, un incendie.
- Expulsion de squatteurs.
- Évasion d'un asile psychiatrique, d'une prison.
- Clochard, mendiant.
- Locaux, appartements mis à sac.
- Évènement traumatisant qui vous laisse sans un sou.
- Débâcle, exode.

L'ÉTOILE

Moi l'Étoile, je t'invite à vivre en paix avec tes semblables, à rechercher la sérénité et à garder foi en l'avenir. Avec moi, il faut croire en sa bonne étoile.

Au premier coup d'œil, l'Étoile incarne :

1. **Une femme gracieuse, généreuse**
2. **L'esthétisme, la beauté**
3. **Un(e) artiste, la peinture**
4. **La nature, la campagne**
5. **Le corps, la nudité**
6. **La féminité, la fécondité**
7. **La zénitude, la sérénité**
8. **Les vœux, les espoirs**
9. **La voyance, la destinée**
10. **Les retards, l'utopie**

L'Étoile, en se mariant aux 21 autres arcanes majeurs, nous évoque le **destin** et nos **espérances** dans la vie.

BINÔME XVII + I

+

Selon le contexte, ce binôme évoque les scénarios suivants :

PROFESSIONNELLEMENT

- Période on ne peut plus propice à la réalisation de vos profondes aspirations.
- Coup de chance vous permettant d'exaucer vos vœux, de mettre en œuvre un projet.
- Création artistique des plus prolifiques.
- Émergence d'une nouvelle star.
- Individu adepte des activités en plein air (espaces verts).
- Stage pratique lié au corps et à sa plastique.

***Clin d'œil aux métiers suivants** : artiste peintre, portraitiste, sculpteur, tatoueur, graphiste, lithographe, esthéticien(ne), jardinier, paysagiste, pépiniériste, magicien, illusionniste, vendeur en produits de bain, plombier, jeune plasticien, licière.*

SENTIMENTALEMENT

- Période idéale pour faire une rencontre amoureuse conforme à vos désirs.
- Rencontre d'une personne travaillant dans le domaine de la beauté.
- Un jeune homme tombe sous votre charme.
- Votre épouse attend un heureux événement (notamment 17 + 1 +10).
- Rencontre prochaine d'un individu avec lequel vous allez vivre de rares moments de bonheur.

MÉDICALEMENT

- Travaux de chirurgie plastique.
- Traitement par les plantes, dosages homéopathiques.
- Jeune femme enceinte ou désirant fortement le devenir.
- Prélèvement d'un grain de beauté pour analyse.

DIVERS

- Travaux de peinture, de ravalement.
- Atelier d'artiste.
- Jacuzzi.
- Traitement des eaux usées.

BINÔME XVII + II

Selon le contexte, ce binôme évoque les scénarios suivants :

PROFESSIONNELLEMENT

- Conception d'une œuvre littéraire.
- Création artistique qui va intéresser une éditrice.
- Audition menée par une directrice artistique, par une chercheuse de nouveaux talents.
- Personne prédestinée à la cartomancie, à la voyance.
- Formation possible aux métiers de l'esthétisme.
- Individu prenant des cours ou faisant carrière aux beaux-arts.
- Grossesse qui va vous éloigner momentanément du contexte professionnel.

Clin d'œil aux métiers suivants *: cartomancien(ne) (cf. 17 + 9), agent artistique, directrice de casting, gynécologue, graphiste.*

SENTIMENTALEMENT

- La consultante gagnerait à dévoiler davantage ses charmes.
- Votre épouse est enceinte ou ne va pas tarder à l'être (notamment 17 + 2 + 19).
- Timidité ou réserve naturelle qui risque de vous faire passer à côté d'une belle histoire d'amour.
- Rencontre prochaine d'une femme mature.
- Possibilité d'une rencontre au travers d'un projet artistique.

MÉDICALEMENT

- Grossesse, naissance prochaine.
- Écographie (notamment 17 + 2 + 18).
- Rendez-vous avec un gynécologue.
- Traitement dermatologique.

DIVERS

- Rêves prémonitoires, capacité à lire l'avenir.
- Femme d'âge mûr pour laquelle la nature humaine n'a plus de secrets.
- Femme prude ou pudique entretenant un mauvais rapport avec son corps.
- Vous consultez une cartomancienne.
- Rencontre auréolée de mystère.

BINÔME XVII + III

+

Selon le contexte, ce binôme évoque les scénarios suivants :

PROFESSIONNELLEMENT

- Vous avez plaisir à exercer votre profession dans les conditions actuelles.
- Rencontre d'une personne qui écrit pour des magazines féminins.
- Création artistique ou littéraire donnant lieu à des articles de presse.
- Jeune femme habituée des podiums et des défilés de mode.
- La consultante est prédisposée à faire carrière dans les métiers de l'esthétisme et de l'apparat.

Clin d'œil aux métiers suivants : *mannequin, esthéticienne, rédactrice d'un magazine de mode, agent artistique, écrivain (notamment 17 + 3 + 2), chanteuse (notamment 17 + 3 + 20), créatrice de mode, parapharmacienne.*

SENTIMENTALEMENT

- Période étoilée dans votre ciel amoureux, vous coulez des jours heureux.
- Séductrice qui aime plaire avant tout.
- Rencontre prochaine avec une femme toujours bien apprêtée.
- Séjour à la campagne au cours duquel vous faites une merveilleuse rencontre.

MÉDICALEMENT

- Soins du visage en institut.
- Chirurgie plastique possible.

DIVERS

- Narcissisme.
- Femme de lettres.

BINÔME XVII + IIII

+

Selon le contexte, ce binôme évoque les scénarios suivants :

PROFESSIONNELLEMENT

- Projet qui jouira de l'appui d'un homme de pouvoir.
- Conjoncture favorable à la réalisation de vos profondes aspirations.
- Rapports idylliques avec votre supérieur hiérarchique.
- Une grande harmonie règne sur votre lieu de travail.
- Artiste repéré(e) par un directeur de casting, un chasseur de nouveaux talents.
- Esthète destiné à travailler dans l'univers de la beauté plastique.
- Grande sérénité permettant de vous accomplir professionnellement.

Clin d'œil aux métiers suivants *: garde-côte, maître-nageur-sauveteur, chasseur de talents, directeur artistique, de casting, astronome, météorologiste, photographe de mode (notamment 17 + 4 + 19), plasticien.*

SENTIMENTALEMENT

- Construction affective saine et sécurisante pour l'avenir.
- Rencontre future avec un homme de bon standing.
- Épanouissement sensuel et personnel auprès d'un homme protecteur.
- Un individu tombé sous votre charme vous observe avec bienveillance.
- Jeune femme aux charmes ravageurs sous la coupe d'un mari paternaliste.

MÉDICALEMENT

- Rendez-vous avec un plasticien.
- Sensation de jambes lourdes (mauvaise circulation), port de bas de contention.

DIVERS

- Jeune femme sous l'emprise de son père.
- Individu né sous une bonne étoile.

BINÔME XVII + V

+

Selon le contexte, ce binôme évoque les scénarios suivants :

PROFESSIONNELLEMENT

- Cadre de travail idyllique au sein duquel vous évoluez dans la décontraction.
- Réalisation artistique bénéficiant du soutien et des conseils d'un spécialiste.
- Vos projets sont sous de bons auspices, ils seront approuvés par un grand professionnel.
- Formation (stage ou atelier) qui aura d'heureuses répercussions sur votre carrière.
- Influence positive d'un homme de bons conseils (un supérieur hiérarchique, votre père, etc.).

Clin d'œil aux métiers suivants *: naturopathe, gynécologue, plasticien, diététicien, nutritionniste, professeur d'art dramatique (notamment 17 + 5 + 6), conseiller en image, directeur artistique, pharmacien.*

SENTIMENTALEMENT

- Relation amoureuse qui évolue favorablement.
- Liaison avec un homme plus âgé que vous.
- Rencontre prochaine avec un homme d'âge mûr.

MÉDICALEMENT

- Examens gynécologiques classiques.
- Consultation médicale pour des raisons esthétiques.
- Rendez-vous avec un plasticien
- Rendez-vous avec un expert en diététique.

DIVERS

- Audition pour un casting.

BINÔME XVII + VI

+

Selon le contexte, ce binôme évoque les scénarios suivants :

PROFESSIONNELLEMENT

- Participation à un spectacle ou à un défilé à l'initiative d'un groupe de personnes.
- Pourparlers liés à une création artistique.
- Un intervenant extérieur vous est présenté.
- Équipe au sein de laquelle vous travaillez dans la joie et la bonne humeur.
- Individu évoluant dans le domaine de la mode (création d'une gamme de vêtements).

Clin d'œil aux métiers suivants *: intermittent du spectacle, comédien(ne), mannequin, styliste, designer, maquilleuse, esthéticienne, créatrice de mode, magicien, scénographe.*

SENTIMENTALEMENT

- Rencontre amoureuse à l'occasion d'un événement mondain (gala, vernissage, cocktail).
- Séductrice qui vous fait succomber à l'ivresse de l'amour.
- Période de volupté et d'euphorie qui vous rend réceptif(-ve) aux déclarations d'amour.
- Amour réciproque entre deux amants, deux partenaires.
- Donjuanisme qui vous met face à un dilemme.
- Rencontre d'un individu qui joue la carte de la séduction.

MÉDICALEMENT

- Soins du visage en institut.
- Complexes liés à l'esthétisme.
- Rougeurs possibles.
- Vision à surveiller.

DIVERS

- Troupe de théâtre.
- Vernissage.
- Sens artistique aigu.
- Garden-party.
- Sorties entre amis.

BINÔME XVII + VII

+

Selon le contexte, ce binôme évoque les scénarios suivants :

PROFESSIONNELLEMENT

- Conjoncture idéale pour faire avancer vos projets à grands pas.
- Parcours professionnel couronné de succès.
- Carrière d'artiste occasionnant des déplacements (tournées).
- Des vibrations positives circulent sur votre lieu de travail.
- Vos intuitions vous dictent la marche à suivre.
- Individu itinérant offrant des soins à domicile.

Clin d'œil aux métiers suivants *: artiste, peintre, décorateur, plombier (notamment 17 + 9 + 14), employé(e) aux espaces verts, coiffeur à domicile.*

SENTIMENTALEMENT

- Jeune homme se rendant chez une femme nouvellement rencontrée.
- Rencontre de votre chevalier servant, de l'homme de vos rêves.
- Individu attiré inexorablement par une de ses ex.
- Vous tombez amoureuse d'un artiste.

MÉDICALEMENT

- Sensation de jambes lourdes.
- Problèmes circulatoires, risque de phlébite.
- Problème de stase veineuse, mauvaise circulation sanguine.

DIVERS

- Voyage à la campagne, dans un lieu bucolique.
- Voiture repeinte à neuf.
- Fuite de carburant, d'huile sur un véhicule.
- Artiste en tournée.

BINÔME XVII + VIII

Selon le contexte, ce binôme évoque les scénarios suivants :

PROFESSIONNELLEMENT

- Performance artistique débouchant sur un contrat d'engagement.
- Cachet perçu à l'issue d'une prestation artistique.
- La signature d'un accord officiel vient combler vos espoirs.
- Aubaine financière (augmentation, prime, etc.) sur laquelle on ne comptait plus.
- Création littéraire ou artistique pour laquelle vous touchez des droits d'auteur.
- Rencontre d'un(e) professionnel(le) de la justice dans le cadre d'un projet de création.

***Clin d'œil aux métiers suivants** : marchand d'art, agent artistique, nutritionniste, diététicienne.*

SENTIMENTALEMENT

- Vous envisagez de vous unir solennellement (pacs, fiançailles), (notamment 17 + 8 +19).
- Foyer au sein duquel la paix règne entre les époux.
- Rencontre prochaine de votre future épouse.

MÉDICALEMENT

- Tendance à l'embonpoint chez une femme.
- Prise de poids liée à une grossesse.
- Régime alimentaire draconien.

DIVERS

- Achat d'une toile, d'une œuvre d'art.
- Invitation à un vernissage, à une exposition.
- Résolution d'une affaire juridique qui tourne à votre avantage.

BINÔME XVII + VIIII

+

Selon le contexte, ce binôme évoque les scénarios suivants :

PROFESSIONNELLEMENT

- Don de voyance exprimé avec éclats (cf. 9 + 17).
- Parcours initiatique lié à une quête spirituelle.
- Vœux que seuls la patience et le temps vont pouvoir combler.
- Création artistique de longue haleine.
- Recul salutaire permettant d'apporter un nouvel éclairage à vos projets.

Clin d'œil aux métiers suivants : *voyant/médium, astronome, géologue.*

SENTIMENTALEMENT

- Réserve naturelle vous empêchant de dévoiler vos sentiments.
- Rencontre probable à l'occasion d'une randonnée champêtre.
- Vie quasi monacale dominée par une grande solitude affective.
- Relation amoureuse avec un individu versé dans le mysticisme.
- Jeune femme que vous prenez le temps de découvrir.

MÉDICALEMENT

- Grossesse en cours.
- Suivi obstétrique (notamment 17 + 9 + 2).
- Rhumatismes possibles.

DIVERS

- Maître spirituel, esprit éclairé (dalaï-lama).
- Pèlerinage, randonnée pédestre.
- Retraite spirituelle.
- Observatoire.
- Découverte relative au corps humain.
- Sixième sens vous guidant vers la lumière.

BINÔME XVII + X

+

Selon le contexte, ce binôme évoque les scénarios suivants :

PROFESSIONNELLEMENT

- Heureux concours de circonstances relatif à votre évolution de carrière.
- Promesse selon laquelle vous serez augmenté(e) ou promu(e) très prochainement.
- Conjoncture qui vous est favorable, l'heure est venue de prendre le train en marche.
- Individu passionné par la rédaction de thèmes astraux.
- Création musicale donnant naissance à un disque (notamment 17 + 10 + 20).

Clin d'œil aux métiers suivants : *astrologue, astronome (cf. 17 + 9).*

SENTIMENTALEMENT

- Opportunité de rencontre que la destinée vous offre sur un plateau d'argent.
- Vous coulez des jours heureux avec votre moitié.
- Gardez espoir, la roue tourne à votre avantage.
- Histoire d'amour qui évolue à la faveur des circonstances.

MÉDICALEMENT

- Cycle d'ovulation.
- Naissance imminente (notamment 17 + 10 + 1).
- Règles abondantes.
- Épanchement de synovie (notamment 17 + 10 +12).

DIVERS

- Chance aux jeux de hasard.
- Moulin à eau.

BINÔME XVII + XI

+

Selon le contexte, ce binôme évoque les scénarios suivants :

PROFESSIONNELLEMENT

- Volonté mise au service d'un idéal.
- Foi en l'avenir et en vos capacités vous permettant d'atteindre vos objectifs.
- Rencontre avec une artiste de renom.
- Art dans lequel vous êtes passé maître.
- Individu travaillant au contact de la nature et des animaux.
- Période de travail bénéfique au cours de laquelle vous mettez tout votre cœur à l'ouvrage.

Clin d'œil aux métiers suivants : *toiletteuse, sculptrice, responsable d'un salon de beauté, employé(e) en animalerie, d'un parc zoologique, directrice de casting.*

SENTIMENTALEMENT

- Sensation de plénitude, vous croquez la vie à pleines dents.
- Rencontre d'une femme plantureuse.
- Épanouissement sensuel proche du nirvana.

MÉDICALEMENT

- Bien-être général.
- Rendez-vous gynécologique.
- Prise de poids.

DIVERS

- Rendez-vous chez le toiletteur.
- Concours de beauté canine.

BINÔME XVII + XII

+

Selon le contexte, ce binôme évoque les scénarios suivants :

PROFESSIONNELLEMENT

- Décalage entre vos aspirations et la réalité du moment.
- Passivité ou désinvolture qui passe souvent pour du laisser-aller.
- Personne évoluant dans un secteur médical ou paramédical.
- Individu idéaliste qui a tendance à se réfugier dans un monde utopique.
- Projets retardés : vous devrez prendre votre mal en patience.

Clin d'œil aux métiers suivants : *pharmacien(ne), herboriste, phytothérapeute, infirmier(-ère), médium, écologiste.*

SENTIMENTALEMENT

- Liaison amoureuse avec un professionnel de la santé.
- Jeune femme à qui vous vous êtes attaché, à vos risques et périls.
- Amour unilatéral vous causant du souci.
- Votre épouse pourrait se retrouver enceinte (notamment 17 + 12 + 19).

MÉDICALEMENT

- Problèmes circulatoires au niveau des jambes.
- Grossesse embryonnaire, à ses débuts.
- Soins par les plantes ou par l'eau.
- Douleurs dorsales possibles (lombalgie).
- Veillez à boire en quantité suffisante.

DIVERS

- Massages ayurvédiques.
- Développement spirituel avancé.
- Personne pratiquant le yoga.
- Dons de magnétisme ou de médiumnité selon le cas.
- Baignade dangereuse, risque de noyade.
- Eau impropre à la consommation.

BINÔME XVII + XIII

Selon le contexte, ce binôme évoque les scénarios suivants :

PROFESSIONNELLEMENT

- Fin salutaire face à laquelle vous ne pourrez rien.
- Quiétude troublée par des évènements impromptus (vague de licenciements, etc.).
- Une collègue de travail vous quitte subitement.
- Vous quittez un emploi qui ne vous satisfait plus (notamment 17 + 13 + 22).
- Désillusions qui vous laissent un goût amer.
- Personne qui se réalise pleinement dans les métiers du terroir.

Clin d'œil aux métiers suivants *: producteur viticole, vigneron, vendangeur, employé(e) aux espaces verts, sculpteur, peintre sur mosaïque.*

SENTIMENTALEMENT

- Personne que vous quittez ou dont vous vous séparez momentanément.
- Tristesse et larmes face à une rupture inéluctable.
- Climat amoureux idyllique qui tourne au cauchemar, espoirs déçus.

MÉDICALEMENT

- Intervention gynécologique (curetage).
- Extraction d'une grosseur, d'un kyste ou d'un nodule mammaire.
- L'appareil féminin est à surveiller de près.
- Cancer du sein possible.
- Dans certains cas, chirurgie esthétique.

DIVERS

- Problèmes environnementaux (déforestation).
- Récolte ravagée par un incendie.
- Rupture de digue.
- Une amie disparaît dans des conditions tragiques.

BINÔME XVII + XIIII

+

Selon le contexte, ce binôme évoque les scénarios suivants :

PROFESSIONNELLEMENT

- Climat de travail idyllique, le courant passe à merveille entre vous et vos collègues.
- Individu qui évolue dans l'univers du bien-être.
- Projet culturel pour lequel vous multipliez les contacts.
- Individu qui se trouve sur la même longueur d'onde que ses proches collaborateurs.
- Activité artistique pratiquée en dilettante.

Clin d'œil aux métiers suivants *: masseur(-se), employé(e) d'une balnéothérapie, d'une thalassothérapie, coiffeuse, employé(e) ou assistante de projet dans l'événementiel.*

SENTIMENTALEMENT

- Vous coulez des jours heureux avec l'élu(e) de votre cœur, relation amoureuse saine.
- La tendresse est au coeur de vos échanges amoureux.
- Rencontre fort agréable, porteuse d'espoir pour l'avenir.
- Rencontre d'une personne heureuse de vivre, bien dans sa peau.

MÉDICALEMENT

- Soins relaxants (massages).
- Séjour dans un centre de remise en forme (balnéothérapie, etc.).
- Recours aux médecines douces (homéopathie).
- Problèmes possibles de rétention d'eau.

DIVERS

- Vacances dans un lieu de villégiature.
- Salon du zen.
- Individu habitant près d'une rivière, d'un fleuve.
- Fuite d'eau possible.

BINÔME XVII + XV

+

Selon le contexte, ce binôme évoque les scénarios suivants :

PROFESSIONNELLEMENT

- Création artistique pour laquelle il vous faut trouver un financement.
- Projet dans l'événementiel qui bénéficiera de l'appui d'un homme de pouvoir, (notamment 17 +15 + 4).
- Farouche volonté de réussir vous permettant de triompher dans vos entreprises.
- Sérénité, décontraction qui agacent parfois votre entourage professionnel.
- Dans certains cas, activité professionnelle à la lisière de la prostitution (peep-show, massages érotiques).

Clin d'œil aux métiers suivants : *impresario, comédien(ne), directeur artistique, star du cinéma porno, activité dans le milieu de la lingerie féminine.*

SENTIMENTALEMENT

- Rencontre d'un homme fréquentant le milieu du showbiz.
- Couple épanoui pour lequel la vie érotique compte énormément.
- La consultante tombe sous l'emprise d'un homme pervers.
- Relation amoureuse passionnelle ponctuée de crises de jalousie.

MÉDICALEMENT

- Bonne vitalité.
- Soucis urogénitaux possibles (infections).
- Dans certains cas, présence de nodules ou de kystes.

DIVERS

- Massages érotiques.
- Groupe de rock (notamment 17 + 15 + 20).
- Peinture de nus.
- Groupe de babas cool.

BINÔME XVII + XVI

+

Selon le contexte, ce binôme évoque les scénarios suivants :

PROFESSIONNELLEMENT

- Projets qui tombent à l'eau ou qui partent en fumée.
- Incident de parcours ayant de fâcheuses répercussions sur votre état de santé.
- Climat professionnel orageux menaçant votre équilibre psychique.
- Évènements stressants (conflits, etc.) provoquant une montée d'adrénaline inhabituelle.
- Échec cuisant vous faisant redescendre de votre petit nuage.
- Vie d'artiste et de bohème vous causant des désagréments.

Clin d'œil aux métiers suivants *: peintre en bâtiment, artiste, acrobate, dermatologue.*

SENTIMENTALEMENT

- De violentes disputes éclatent au sein de votre couple.
- Une personne en laquelle vous aviez fondé des espoirs de vie commune vous déçoit amèrement.
- Blessure d'amour-propre qui vous fait perdre confiance en votre féminité.
- Idéal déçu.

MÉDICALEMENT

- Vertiges, étourdissements, malaises vagaux.
- Épuisement physique et psychique.
- Calvitie, perte de cheveux.
- Problèmes de peau : couperose, dépigmentation, dartres.
- Hygiène de vie à revoir.
- L'appareil féminin est à surveiller de près.

DIVERS

- Éclats de voix, la goutte d'eau qui fait déborder le vase.
- Tremblement de terre, cataclysme.
- Écosystème perturbé.
- Maison de campagne, château d'eau.
- Tableau abîmé ou saccagé.

BINÔME XVII + XVIII

+

Selon le contexte, ce binôme évoque les scénarios suivants :

PROFESSIONNELLEMENT

- Création artistique vous permettant d'étancher votre soif d'idéal.
- Projet ou activité en rapport avec l'ésotérisme et les arts divinatoires (salon de la voyance, etc.).
- Imagination délirante vous laissant espérer des jours meilleurs.
- Univers professionnel au sein duquel l'eau joue un rôle crucial (balnéothérapie).
- Individu pratiquant des soins en institut de beauté.
- En négatif, flou poétique vous empêchant de voir la réalité telle qu'elle est.

Clin d'œil aux métiers suivants : *voyante, employée d'une librairie ésotérique, astronome, écologiste, vigneron, esthéticienne, coiffeuse, (para)pharmacienne, employée en thalasso-thérapie, d'un sauna, poète, océanographe.*

SENTIMENTALEMENT

- Côté fleur bleue qui vous porte à idéaliser vos partenaires.
- Rencontre d'une femme attachée aux valeurs traditionnelles du foyer.
- Individu rencontré dans une ville côtière, portuaire.
- Refuge dans l'imaginaire vous permettant d'occulter la réalité.

MÉDICALEMENT

- Incontinence.
- Fort désir de grossesse.
- Écographie.
- Les reins sont à surveiller (notamment 17 + 18 + 8).

DIVERS

- Bain de minuit, nageur(-se).
- Séjour en thalasso, en balnéo.
- Hammam, sauna, piscine. Salle de bain.
- Galerie d'art.
- Station d'épuration des eaux usagées.
- Fuite d'eau, inondation, problème d'évacuation des eaux.
- Librairie ésotérique.
- Personne souvent dans la lune, doux rêveur, âme de poète.
- Sensibilité d'écorché(e) vif(-ve).

BINÔME XVII + XVIIII

+

Selon le contexte, ce binôme évoque les scénarios suivants :

PROFESSIONNELLEMENT

- Dons artistiques que vous exprimez avec éclats.
- Entente quasi fraternelle entre vous et vos collègues de travail.
- Évolution de carrière venant récompenser vos bons et loyaux services.
- Conditions optimales pour envisager une alliance.
- Une grâce vous sera accordée sans même avoir à la demander.
- Graine de star sous le feu des projecteurs.
- Individu propriétaire d'un centre de bronzage et de remise en forme.

***Clin d'œil aux métiers suivants** : artiste peintre, créatrice de mode, vernisseur, tapissier, décoratrice, esthéticienne, maquilleuse, actrice.*

SENTIMENTALEMENT

- Relation sentimentale qui vous transporte de joie.
- Couple épanoui évoluant dans le respect mutuel.
- Rencontre d'un(e) artiste.
- Rencontre d'une femme qui a deux enfants.
- En négatif, individu « strass et paillettes » qui manque d'authenticité.

MÉDICALEMENT

- Bonne vitalité.
- Grain de beauté à surveiller.
- Soins liés à l'esthétisme.

DIVERS

- Vacances à la mer.
- Période de farniente, période estivale.

BINÔME XVII + XX

Selon le contexte, ce binôme évoque les scénarios suivants :

PROFESSIONNELLEMENT

- Contact téléphonique ou e-mail porteur de nouveaux espoirs.
- Votre heure de gloire est arrivée, des révélations inattendues viennent relancer votre carrière.
- Pourparlers visant à assainir une situation pénible.
- Projet débattu en comité restreint.
- Création musicale sponsorisée par une boîte de production.
- Nomination de nouveaux talents au cours d'une émission à forte audience.
- Individu passionné par le chant lyrique, le gospel, la musique classique, etc.

Clin d'œil aux métiers suivants : *chanteur(-se), musicien (trompettiste, saxophoniste), employé(e) d'une société de production.*

SENTIMENTALEMENT

- Témoignages d'affection ou révélations amoureuses surprenantes.
- Relation saine au sein de laquelle la communication joue un rôle clé.
- Rencontre amoureuse au cours d'une soirée animée.
- Vous annoncez votre grossesse à votre partenaire.

MÉDICALEMENT

- Rendez-vous médicaux pour des raisons esthétiques.
- Problèmes de peau traités au laser.
- Allergies (asthme).
- Grossesse attendue avec ferveur.
- Dans de très rares cas, pleurésie ou pneumonie (notamment 17 + 20 + 13).

DIVERS

- Jugement que vous espérez clément.
- Annonce d'une grossesse ou d'une naissance.
- Fête de la musique, victoire de la musique.
- Orchestre symphonique.
- Concours de chant.
- Clairaudience.

BINÔME XVII + XXI

+

Selon le contexte, ce binôme évoque les scénarios suivants :

PROFESSIONNELLEMENT

- Individu prédestiné au succès.
- Astrologue de renom, star internationale.
- Réalisations artistiques vous apportant la renommée.
- Participation active à un projet de développement durable.
- Évènement ou initiative parrainée par le ministère de la Culture.
- Talents qui vous valent tous les honneurs de vos pairs.
- Expositions suscitant l'engouement d'un vaste public.

Clin d'œil aux métiers suivant : *artiste, comédien(ne), danseur étoile, petit rat de l'Opéra, employé(e) au ministère de la Culture, écologiste.*

SENTIMENTALEMENT

- Dégagement d'ondes positives favorisant de nouvelles conquêtes.
- Vous êtes en parfaite osmose avec votre partenaire.
- Rencontre idyllique avec une jeune femme étrangère.

MÉDICALEMENT

- Bonne condition physique.
- Bien-être général.

DIVERS

- Cercle d'initiés à la voyance, à l'astrologie.
- Karma positif.
- Vernissage, exposition d'art, mondanités, etc.

BINÔME XVII + XXII

+

Selon le contexte, ce binôme évoque les scénarios suivants :

PROFESSIONNELLEMENT

- Imagination vagabonde qui vous fait commettre des erreurs.
- Votre intuition vous incite à quitter une voie toute tracée.
- Parcours professionnel atypique au cours duquel vous rencontrez des personnes sortant de l'ordinaire.
- Vie de bohème et d'aventures qui sort des sentiers battus.
- Précurseur de nouvelles tendances un peu folles, jugées excentriques.
- Individu qui a ses lettres de noblesse dans l'univers du paranormal.
- En négatif, personne désœuvrée cherchant encore sa voie, sa vocation.

Clin d'œil aux métiers suivants *: médium, intermittent(e) du spectacle, coiffeur itinérant, artiste ambulant.*

SENTIMENTALEMENT

- Besoin de liberté risquant de vous faire passer à côté du bonheur.
- Fuite en avant, départ impromptu.
- Individu qui quitte un « nid douillet » contre toute attente.
- Personne qui refuse d'aller là où le destin la mène.

MÉDICALEMENT

- Migraines (notamment 17 + 22 + 20).
- Jambes ankylosées, problèmes veineux.

DIVERS

- Randonnée pédestre à la campagne.
- Individu que l'on considère à tort comme fou ou farfelu..

LA LUNE

Moi la Lune, je t'invite à sonder les mystères qui t'entourent et à faire preuve de psychologie dans tes rapports avec autrui. Avec moi, ne te fie jamais aux apparences.

Au premier coup d'œil, la Lune incarne :

1. Le foyer, l'habitat
2. Les lieux publics
3. La nuit, les rêves
4. Les psychologues, l'inconscient
5. Les angoisses, la dépression
6. L'eau, la mer
7. La créativité, la fécondité
8. Les mystères, l'intuition
9. L'utopie, les fantasmes
10. Les mensonges, la rumeur

La Lune, en se mariant aux 21 autres arcanes majeurs, nous évoque nos **émotions,** nos **peurs inconscientes** et les **remous** qui nous animent au quotidien.

BINÔME XVIII + I

+

Selon le contexte, ce binôme évoque les scénarios suivants :

PROFESSIONNELLEMENT

- Large public auprès duquel vous devez user de vos talents de vendeur.
- Imagination prolifique mise au service d'une nouvelle création (littéraire, artisanale, etc.).
- En affaires, gare aux margoulins, aux beaux parleurs qui recourent à la manipulation mentale.
- Reprise d'activité qui vous sort de votre état d'hibernation.
- Anxiété provoquée par la peur de ne pas être à la hauteur.
- Vous décrochez un petit boulot d'appoint purement alimentaire.
- Développement d'une société de services à domicile (dépannage).
- Individu exerçant une profession à domicile.

Clin d'œil aux métiers suivants *: commerçant, artisan, vendeur, employé(e) d'une grande surface, poissonnier, employé(e) dans l'hôtellerie, barman, négociant en vins, agent immobilier (cf.16+1), coiffeur, plombier (notamment 18 + 1 + 17), écrivain.*

SENTIMENTALEMENT

- Une nouvelle rencontre va vous sortir de votre déprime.
- Incertitudes face à un jeune homme rencontré récemment.

MÉDICALEMENT

- Enfant anxieux, troubles psychiques possibles.
- Analyses ou petite intervention en milieu hospitalier.
- Examens gynécologiques.
- Problèmes de bas-ventre (vessie).
- Dans certains cas, alcoolisme des mineurs (notamment 18 + 1 + 15).
- Risque de diabète.

DIVERS

- Crèche, garderie, pouponnière (notamment 18 + 1 + 19).
- Foyer pour jeunes.
- Domicile composé d'un seul enfant.
- Début de la période hivernale.
- Traitement de l'eau.
- Vous faites appel à un agent immobilier.
- Travaux d'intérieur, d'aménagement.

BINÔME XVIII + II

+

Selon le contexte, ce binôme évoque les scénarios suivants :

PROFESSIONNELLEMENT

- Climat de travail malsain, on essaie de vous mener en bateau.
- Rétention d'informations qui pourrait s'avérer préjudiciable à votre évolution de carrière.
- Manœuvres secrètes orchestrées par une femme sournoise (notamment 18 + 2 + 15).
- Situation alambiquée que vous cherchez à comprendre.
- Introspection nécessitée par des circonstances qui vous sont défavorables.
- Des angoisses vous poussent à vous interroger sur votre avenir professionnel.
- Professionnel qui a vocation à sonder les mystères de notre inconscient.

Clin d'œil aux métiers suivants *: psychologue, psychanalyste, éditrice (notamment 18 + 2 + 1), gardienne d'immeuble.*

SENTIMENTALEMENT

- Passé trouble qui remonte à la surface.
- Votre mari vous trompe (notamment 18 + 2 + 6).
- Personne casanière, angoissée par la solitude affective.

MÉDICALEMENT

- Psychothérapie.
- Mythomanie.
- Maladie non détectée.
- Fibromes (notamment 18 + 2 + 15).
- Maux de ventre.

DIVERS

- Maison d'édition.
- Période hivernale, février.
- Découverte d'un vice caché.
- Manque de clarté.

BINÔME XVIII + III

Selon le contexte, ce binôme évoque les scénarios suivants :

PROFESSIONNELLEMENT

- Une rivale vous fait de l'ombre.
- Une collègue de travail vous ment dans le but de vous nuire.
- Projet nébuleux pour lequel vous manquez de discernement.
- Activité commerciale au contact d'une clientèle essentiellement féminine.
- Votre avenir professionnel vous semble très incertain.

Clin d'œil aux métiers suivants : *employé(e) d'une boutique de mode (notamment 18 + 3 + 6), responsable d'un institut, agent immobilier, commerçante.*

SENTIMENTALEMENT

- Rencontre d'un individu qui cultive son jardin secret.
- Individu fantasmant sur une femme inaccessible.
- Vous suspectez ou découvrez l'existence d'une rivale.
- Vous faites la connaissance d'un homme précieux voire efféminé.

MÉDICALEMENT

- Fragilité psychologique.
- Maux de ventre d'origine psychosomatique.
- Vision floue (glaucome, début de cataracte, etc.).

DIVERS

- Rumeurs colportées par une amie, une sœur.
- Femme au foyer.

BINÔME XVIII + IIII

+

Selon le contexte, ce binôme évoque les scénarios suivants :

PROFESSIONNELLEMENT

- Rapports faussés entre vous et vos supérieurs hiérarchiques.
- Rumeurs dirigées à l'encontre du directeur ou de votre responsable direct.
- Période de flottement et de profonds remous, de laquelle vous sortirez grandi.
- Appui d'un homme influent qui vous sort d'une mauvaise passe.
- Le (la) consultant(e) vit dans un monde virtuel.
- Utopisme ou tendance à bâtir des châteaux en Espagne.

Clin d'œil aux métiers suivants *: maître-nageur-sauveteur (cf. 17 + 4), gardien d'immeuble, agent immobilier, directeur d'agence.*

SENTIMENTALEMENT

- Rencontre d'un individu qui vous laisse dans l'incertitude quant à ses réelles intentions.
- Foyer qui gagne en solidité au fil du temps.
- Rencontre d'un homme stable qui vous sortira de vos angoisses.

MÉDICALEMENT

- Mauvaise vue.
- Rendez-vous en clinique.

DIVERS

- Rapports ambigus avec votre père.
- Propriétaire terrien, riche héritier.
- Rêve de pouvoir.

BINÔME XVIII + V

+

Selon le contexte, ce binôme évoque les scénarios suivants :

PROFESSIONNELLEMENT

- Imbroglio pour lequel vous prenez conseil auprès de votre entourage.
- Stage ou formation permettant de combler des lacunes et de vous éclairer sur votre orientation.
- Individu dont les propos confus, voire fallacieux, vous induisent en erreur.
- Transactions immobilières liées à la recherche d'un local (professionnel).
- Carrière de psychologue.

Clin d'œil aux métiers suivants : *clinicien, psychologue, conseiller en immobilier, chef d'établissement, accoucheur (notamment 18 + 5 + 9).*

SENTIMENTALEMENT

- Malentendus dissipés, vos incartades vous seraient-elles pardonnées ?
- Foyer conjugal construit autour de valeurs judéo-chrétiennes.
- Relation amoureuse de plus en plus sérieuse.
- Recherche inconsciente de votre père au travers de votre partenaire.

MÉDICALEMENT

- Hypertension artérielle à surveiller.
- Consultation d'un professeur.
- Psychothérapie conjugale possible.

DIVERS

- Contact avec un agent immobilier.
- La maison de votre père, de votre grand-père.
- Lieux sacrés (Vatican, églises).

BINÔME XVIII + VI

+

Selon le contexte, ce binôme évoque les scénarios suivants :

PROFESSIONNELLEMENT

- Individu anxieux, soucieux de s'orienter dans la bonne voie.
- Vous hésitez à vous engager de peur de faire le mauvais choix.
- Rongé par l'incertitude, vous faites un pas en avant, deux pas en arrière.
- Équipe de travail au sein de laquelle vous vous attirez de fausses sympathies.
- Dans certains cas, des désordres affectifs viennent perturber votre équilibre professionnel.
- Projet entre amis dont les contours restent flous.

Clin d'œil aux métiers suivants *: vendeur en prêt-à-porter, employé(e) dans un théâtre, agent immobilier (cf. 16 + 1), décorateur d'intérieur.*

SENTIMENTALEMENT

- Tromperie, amour clandestin (notamment 18 + 6 + 2).
- Cas de conscience face à un dilemme amoureux.
- Rencontre possible par le biais d'une agence matrimoniale ou d'un(e) entremetteur(-se).
- Couple d'amoureux à la recherche d'un appartement commun.
- Rencontre amoureuse en période hivernale.

MÉDICALEMENT

- Problème de vue (myopie, presbytie).
- Voile oculaire.
- Anxiété, émotivité.

DIVERS

- Théâtre.
- Réunion entre frères et sœurs.
- Discussion liée à un bien familial, un héritage.
- Rumeurs liées à votre vie affective.

BINÔME XVIII + VII

+

Selon le contexte, ce binôme évoque les scénarios suivants :

PROFESSIONNELLEMENT

- Parcours semé d'embûches duquel vous sortez vainqueur.
- Boulimie de travail ou charge de travail gigantesque.
- Création artistique ou littéraire qui augmente votre cote de popularité.
- Locaux ou bureaux déménagés (notamment 18 + 7 + 16).
- Individu évoluant au sein d'une société de transport.

Clin d'œil aux métiers suivants : *pêcheur, navigateur, déménageur, transporteur, chauffeur, voiturier, livreur, négociant viticole, employé de PMU, agent immobilier.*

SENTIMENTALEMENT

- Changement de ville ou de foyer nécessité par les circonstances.
- Rendez-vous amoureux secrets avec un jeune homme fougueux.
- Rencontre d'un trentenaire avec lequel vous aimeriez faire un bout de chemin.

MÉDICALEMENT

- Centre de rééducation fonctionnelle.
- Sortie de dépression.

DIVERS

- Voyage de nuit.
- Visite d'une maison.
- Écurie.
- Chalutier, bateau.
- Traversée, croisière (notamment 18 + 7 + 14).
- Garage, concessionnaire automobile (notamment 18 + 7 + 10).

BINÔME XVIII + VIII

+

Selon le contexte, ce binôme évoque les scénarios suivants :

PROFESSIONNELLEMENT

- Assurez-vous de lire ou de faire lire toutes les clauses de vos contrats avant de les signer.
- Accords vous garantissant une meilleure base de revenus.
- Édition de statuts juridiques dans le cadre d'une création d'entreprise.
- Transactions immobilières relatives à la vente ou à l'achat d'un local professionnel.
- Soutien d'un(e) avocat(e) ou d'une organisation syndicale au sujet d'un litige.
- Dans de rares cas, banqueroute frauduleuse.

Clin d'œil aux métiers suivants : *gestionnaire en immobilier, juriste d'entreprise, assureur, comptable, trésorier, avocat(e), mandataire judiciaire.*

SENTIMENTALEMENT

- Équilibre conjugal.
- Achat d'un bien sous le régime de la communauté.
- Foyer que vous décidez de légitimer.
- A contrario, individu entamant une procédure de divorce (notamment 18 + 8 + 13).

MÉDICALEMENT

- Problèmes possibles liés au diabète.
- Sommeil réparateur.
- Tendance à l'embonpoint.

DIVERS

- Cabinet d'avocats, étude notariale.
- Héritage, succession.
- Achat/vente d'un bien.
- Rendez-vous au palais de justice.
- Mairie, institution républicaine.
- Individu touchant des allocations (APL).
- Gestion de problèmes liés à un passé trouble.

BINÔME XVIII + VIIII

+

Selon le contexte, ce binôme évoque les scénarios suivants :

PROFESSIONNELLEMENT

- Période de morosité ambiante, vos perspectives d'avenir vous semblent bien sombres.
- Pessimisme face à des projets qui marchent au ralenti, face à une évolution de carrière au point mort.
- Découverte de choses peu claires qui se trament dans l'ombre.
- Enseignement ésotérique ou philosophique participant à votre développement spirituel.
- Individu habilité à sonder les profondeurs de l'inconscient.

Clin d'œil aux métiers suivants : *psychologue, psychanalyste (cf. 18 + 2), métaphysicien, philosophe, maître spirituel, astrophysicien, voyant (notamment 18 + 9 + 17), veilleur de nuit.*

SENTIMENTALEMENT

- Individu déprimé par le poids de la solitude.
- Nostalgie vous empêchant de vivre pleinement le présent.
- Rencontre amoureuse avec un grand mystique.
- Personne casanière dont la vie amoureuse est quasi monacale.

MÉDICALEMENT

- Psychothérapie, dépression dont vous cherchez l'origine.
- Vue qui décline brutalement (cataracte), malvoyance.
- Sévère myopie ou a contrario hypermétropie.
- Grossesse (notamment 18 + 9 + 17).

DIVERS

- La période hivernale s'achève.
- Maison ancienne ou retirée.
- Visite d'un lieu ou d'une habitation.
- Monastère, presbytère.
- Lieu de pèlerinage.
- Attrait pour l'occultisme, l'ésotérisme.
- Flash-back sur un passé trouble.

BINÔME XVIII + X

+

Selon le contexte, ce binôme évoque les scénarios suivants :

PROFESSIONNELLEMENT

- Engrenage ou bourbier duquel vous avez peine à vous extraire.
- Individu promu pour des raisons obscures.
- Gain d'argent ou enrichissement dont l'origine reste suspecte.
- Situation instable et incertaine qui se débloque par le plus grand des hasards.
- Déprime chronique vous empêchant d'évoluer dans vos projets.
- En positif, un nouvel essor va vous permettre de sortir d'une mauvaise passe.
- Réaménagement de votre espace de travail.

Clin d'œil aux métiers suivants : *auditeur, employé(e) dans une grande surface, salarié(e) dans l'électroménager, agent d'une station d'épuration.*

SENTIMENTALEMENT

- Instabilité émotionnelle peu propice à votre épanouissement affectif.
- Relation amoureuse dont l'évolution reste incertaine.
- Sortie de déprime, de nouvelles amitiés viennent agrémenter votre quotidien.
- Sinistre passé amoureux qui se rappelle à votre bon souvenir.

MÉDICALEMENT

- Cyclothymie, troubles bipolaires.
- Glaucome, voile oculaire.
- Dans certains cas, rendez-vous en unité de neurologie (notamment 18 + 10 + 22).

DIVERS

- Placements boursiers des plus hasardeux.
- Individu fréquentant les casinos, les salles de jeu.
- Donation, legs (notamment 18 + 10 + 8).
- Individu pris dans l'engrenage du mensonge.

BINÔME XVIII + XI

+

Selon le contexte, ce binôme évoque les scénarios suivants :

PROFESSIONNELLEMENT

- Déménagement de vos bureaux dans le cadre d'une restructuration (agrandissement).
- Activité croissante vous obligeant à travailler d'arrache-pied.
- Vous reprenez votre carrière en main après un passage à vide.
- Accession à un poste clé pour lequel vous devez vous faire respecter.
- Travailleur indépendant orchestrant ses affaires de main de maître.

Clin d'œil aux métiers suivants *: responsable d'agence, de boutique, exploitant agricole, directrice d'un centre commercial, d'une grande surface, déménageur, agent de sécurité, employé(e) dans un centre de dressage pour chien.*

SENTIMENTALEMENT

- Déménagement ou emménagement à l'ordre du jour.
- Rencontre amoureuse avec une femme plantureuse.
- Foyer au sein duquel les rapports avec votre conjoint sont conflictuels.

MÉDICALEMENT

- Douleurs abdominales.
- Hypo/hypertension selon le cas.
- Embonpoint.
- Examens gynécologiques.

DIVERS

- Marâtre, mère de famille omnipotente.

BINÔME XVIII + XII

+

Selon le contexte, ce binôme évoque les scénarios suivants :

PROFESSIONNELLEMENT

- Climat de travail malsain, on cherche à vous tendre un piège.
- Victime du sort, vous traversez une période d'attente et de résignation.
- Société dans laquelle vous avez le sentiment d'être mis au placard.
- Arrêts de travail à répétition ou hospitalisation selon le cas.
- Étudiant(e) en médecine.

Clin d'œil aux métiers suivants *: personnel hospitalier, employé(e) d'une maison d'arrêt (cf.16 + 12).*

SENTIMENTALEMENT

- Personne écorchée vive, qui a le sentiment d'être mal aimée.
- Déprime liée à la vie conjugale.
- Relation adultère possible (notamment 18 + 12 + 6).
- Foyer dans lequel un malaise subsiste.

MÉDICALEMENT

- Malaise vagal, troubles de l'équilibre.
- État dépressif avéré, mal-être, fragilité psychologique.
- Rendez-vous en milieu hospitalier.
- Empoisonnement, eau impropre à la consommation.
- Infection intra-utérine (fibrome...), (notamment 18 + 12 + 15).

DIVERS

- Individu retrouvé mort noyé dans un lac, dans une piscine.
- Lieu (domicile) chargé en énergies négatives.
- Blocage lié à une dette karmique (notamment 18 + 12 + 9).
- Mensonges desquels vous êtes prisonnier.

BINÔME XVIII + XIII

+

Selon le contexte, ce binôme évoque les scénarios suivants :

PROFESSIONNELLEMENT

- Ambiance de travail nocive qui vous empoisonne l'existence.
- Des travaux de réfection sont orchestrés dans l'enceinte de vos locaux.
- Période propice aux licenciements, aux pertes d'emploi, aux fins de mission.
- Fermeture d'une entreprise ou d'une succursale (notamment 18 + 13 + 8).
- Dans de rares cas, locaux saccagés, bureaux vandalisés.
- Fort mécontentement lié à vos conditions de travail.
- Période de chômage qui vous fait sombrer dans la dépression.

Clin d'œil aux métiers suivants : *agent de nettoyage industriel, technicien(ne) de surface, employé(e) dans une agence de travail temporaire, agriculteur, employé(e) dans un corps de ferme, ouvrier.*

SENTIMENTALEMENT

- Nécessité de rompre avec le passé afin de renaître à une nouvelle réalité affective.
- Irascibilité qui vous voue à la solitude.
- Disputes conjugales aboutissant à une séparation brutale, personne que vous éjectez de votre domicile.
- Solitude qui vous tue à petit feu.

MÉDICALEMENT

- Pulsions de mort, velléités suicidaires.
- Grave dépression.
- Infection pulmonaire.
- Risque de pneumonie (notamment 18 + 13 + 20).
- Présence possible de polypes intestinaux (notamment 18 + 13 + 15).

DIVERS

- Exploitation agricole.
- Travaux de sols, de parquets, de fouilles, etc.
- Caveau, tombeau, cimetière.
- Période de la Toussaint.
- Fréquentation de personnes dangereuses.
- Cauchemars.

BINÔME XVIII + XIIII

+

Selon le contexte, ce binôme évoque les scénarios suivants :

PROFESSIONNELLEMENT

- Collègues de travail médisants, qui colportent toutes sortes de rumeurs.
- Dégâts des eaux sur votre lieu de travail.
- Traversée fluviale ou maritime liée à vos affaires (notamment 18 + 14 + 7).
- Évolution de carrière dans les métiers de la restauration.
- Affaire peu claire dans laquelle il convient d'agir avec tact et circonspection.

Clin d'œil aux métiers suivants : *hôtelier, restaurateur, barmaid, cuisinier(-ère), sommelier, employé(e) dans un bar-tabac, employé(e) à la compagnie des eaux, plombier.*

SENTIMENTALEMENT

- Rendez-vous au restaurant dans le cadre d'une nouvelle romance.
- Relation épistolaire ou téléphonique avec un individu qui vous fait fantasmer.
- Une personne que vous avez fréquentée reprend contact avec vous.
- Rencontre possible d'une personne vivant près de l'eau.
- En général, foyer chaleureux au sein duquel il fait bon vivre.

MÉDICALEMENT

- Problème de vésicule biliaire, de pancréas.
- Incontinence.
- Prostate à surveiller (notamment 18 + 14 + 15).
- Dans certains cas, individu diabétique.

DIVERS

- Ville côtière.
- Situation balnéaire, thermale.
- Soucis d'eau, de plomberie.
- Radiations atmosphériques, champs électromagnétiques.
- Déjeuner ou dîner bien arrosé.

BINÔME XVIII + XV

+

Selon le contexte, ce binôme évoque les scénarios suivants :

PROFESSIONNELLEMENT

- Cadre de travail nuisible, vous êtes tombé dans un véritable panier de crabes.
- Gare aux hypocrites et aux faux-semblants sur votre lieu de travail.
- Commérages dangereux, propos fallacieux, rapportés par jalousie.
- Escroc notoire (margoulin, charlatan) dans les griffes duquel vous risquez de tomber.
- Rencontre d'individus malfamés vous entraînant dans des affaires illicites.
- Argent occulte gagné par des moyens peu orthodoxes.

Clin d'œil aux métiers suivants : *plongeur, maître-nageur-sauveteur, employé dans une discothèque, un bar de nuit (notamment 18 + 15 + 20), sorcier, marabout, prostituée, employé(e) d'un sex-shop.*

SENTIMENTALEMENT

- Vie amoureuse dissolue, fréquentation de lieux de débauche (clubs libertins, échangistes).
- Vous tombez sous l'emprise diabolique d'un affabulateur.
- Foyer dominé par les crises de jalousie à répétition.
- Vie érotique imaginaire ou fantasmée.
- Ambiguïté sexuelle chez un homme (bisexualité, transsexualité).

MÉDICALEMENT

- Sommeil perturbé.
- Alcoolisme.
- Problèmes causés par le tabagisme (notamment 18 + 15 + 1).
- Troubles psychiques.
- Infection uro-génitale possible.

DIVERS

- Vous êtes victime d'un gourou, de magie noire, de rites vaudou.
- Personnage nocturne.
- Fréquentation de personnes qui vous sont nocives.
- Un groupe de personnes malveillantes se ligue contre vous.
- Corruption, manœuvres politiques.

BINÔME XVIII + XVI

+

Selon le contexte, ce binôme évoque les scénarios suivants :

PROFESSIONNELLEMENT

- Commerce au bord du gouffre, affaire en péril.
- Des circonstances imprévues viennent ruiner vos projets.
- Déménagement de vos bureaux suite à une restructuration (cf. 18 + 11).
- Locaux forcés ou vandalisés (notamment 18 + 16 + 13).
- Personnage évoluant dans la gestion immobilière.
- Individu travaillant dans les établissements hospitaliers (les hôtels-Dieu, les hospices).

Clin d'œil aux métiers suivants : *agent hospitalier, personnel médical, administrateur de biens, hôtelier.*

SENTIMENTALEMENT

- Scènes de ménage volcaniques provoquant de vifs remous au sein de votre foyer.
- Relation faussée s'écroulant tel un château de cartes.
- Emménagement dans une nouvelle demeure.

MÉDICALEMENT

- Grand stress, état dépressif.
- Crise d'hystérie, brusques sautes d'humeur.
- Hospitalisation, urgences médicales.
- Coma, syncope possible.
- Malaise hypoglycémique.

DIVERS

- Risque d'accidents domestiques.
- Colocation qui tourne mal.
- Déménagement.
- Cambriolage (notamment 18 + 16 + 13).

BINÔME XVIII + XVII

+

Selon le contexte, ce binôme évoque les scénarios suivants :

PROFESSIONNELLEMENT

- Lieu de travail agréable, ambiance décontractée à la limite du laxisme.
- Inspiration menant à la création d'œuvres d'art.
- Dons extrasensoriels vous prédestinant aux carrières ésotériques.
- Institut habilité à dispenser des soins esthétiques.
- Douces rêveries empêchant votre ancrage dans la réalité du quotidien.

***Clin d'œil aux métiers suivants** : coiffeuse, pharmacienne, herboriste, astrologue (cf. 17 + 10), voyante (cf. 9 + 17), astronome, employé(e) d'une piscine, d'un hammam, d'un institut de beauté, océanographe (cf. 17 + 18).*

SENTIMENTALEMENT

- Bonheur conjugal, ambiance familiale feutrée et chaleureuse.
- Vous avez une nette tendance à idéaliser vos partenaires.
- Rencontre d'une personne dont la sensibilité vous émeut.

MÉDICALEMENT

- Soins en thalassothérapie, cure thermale (cf. 18 + 17).
- État léthargique, narcolepsie.
- Grossesse (notamment 18 + 17 + 9).
- Boulimie.

DIVERS

- Période de fin d'année.
- Ville balnéaire.
- Maison à la campagne.
- Galerie d'art, vernissage.
- Rêves prémonitoires.
- Librairie ésotérique (cf. 17 + 18).

BINÔME XVIII + XVIIII

Selon le contexte, ce binôme évoque les scénarios suivants :

PROFESSIONNELLEMENT

- Heureux concours de circonstances vous permettant de réaliser l'un de vos rêves.
- Après une période de fortes turbulences, vos projets voient enfin le jour.
- Affaire dans laquelle vous vous associez pour votre plus grand plaisir (restaurant familial, etc.).
- Réussite professionnelle, on vous aidera à sortir de l'ombre.
- Main tendue qu'il vous faudra saisir promptement.

Clin d'œil aux métiers suivants : *employé(e) dans une école, salarié(e) d'un centre de bronzage, d'un institut de beauté, gestionnaire en immobilier.*

SENTIMENTALEMENT

- Vous coulez des jours heureux en famille, avec votre partenaire.
- Foyer conjugal qui évolue dans la joie et la bonne humeur.
- Partenaires complémentaires, rencontre fusionnelle.
- Nouveau bonheur qui vous met du baume au cœur.
- Éclaircissements aboutissant à une réconciliation.

MÉDICALEMENT

- Bouffées de chaleur et/ou sueurs froides.
- Sortie de déprime.
- État fébrile.
- Forte sudation.

DIVERS

- Chambres d'hôtes.
- Lieu de villégiature, bord de mer.
- Maison utilisant l'énergie solaire.
- Le printemps.
- École.

BINÔME XVIII + XX

+

Selon le contexte, ce binôme évoque les scénarios suivants :

PROFESSIONNELLEMENT

- Des éléments confidentiels vous parviennent aux oreilles.
- Une proposition inattendue vous sort de votre déprime.
- Morosité ambiante amplifiée par les bruits de couloirs, les rumeurs.
- Zones d'ombre que vous éclaircissez lors d'une réunion, tenue en catimini.
- Dans certains cas, saisine du conseil des prud'hommes.

Clin d'œil aux métiers suivants : *employé(e) dans une discothèque, un club privé, un bar de nuit, employé(e) d'une société de communication, d'une société de production.*

SENTIMENTALEMENT

- Vie nocturne et dissolue vous permettant de faire une multitude de connaissances.
- Votre foyer est un moulin ouvert à tous les vents.
- Échanges Internet qui alimentent vos fantasmes.
- Découverte d'éléments secrets concernant votre relation actuelle.

MÉDICALEMENT

- Echographie.
- Sommeil perturbé, nuits blanches.
- Reflux oesophagiens.
- Vomissements. Problèmes biliaires.
- Dans de rares cas, présence d'eau dans les poumons.

DIVERS

- Discussions à propos d'un bien immobilier.
- Legs ou héritage qui délie les langues.
- Verdict erroné.
- Faux témoignages, mensonges qui vous incriminent.
- Rendez-vous au tribunal.
- Pendaison de crémaillère, tapage nocturne possible.
- Secrets divulgués.

BINÔME XVIII + XXI

+

Selon le contexte, ce binôme évoque les scénarios suivants :

PROFESSIONNELLEMENT

- Individu poursuivant des études universitaires (fac de langues).
- Grand groupe international au sein duquel vous êtes promis à un brillant avenir.
- Commerce florissant, affaires couronnées de succès.
- Travail dans une chaîne de magasins ou d'hôtels implantée dans le monde entier.
- Imagination créative donnant naissance à des œuvres prisées par un large public.

Clin d'œil aux métiers suivants *: employé(e) d'une grande surface, d'un centre commercial, d'un hôtel international, commerçant, universitaire.*

SENTIMENTALEMENT

- Foyer conjugal duquel émanent des ondes positives.
- Rencontre d'une personne habitant une grande métropole (New York, Paris, etc.).
- Soirée mondaine (réception, cocktail) au cours de laquelle vous nouez de nouvelles amitiés.

MÉDICALEMENT

- Hospitalisation (notamment 18 + 21 + 12).
- Rendez-vous médicaux dans une clinique privée.

DIVERS

- Bain de foule, endroit noir de monde.
- Bâtiment, lieu mondialement connu.
- Citadin.
- Auberge de jeunesse.
- Résidence hôtelière.
- École, lycée (notamment 18 + 21 + 19).

BINÔME XVIII + XXII

+

Selon le contexte, ce binôme évoque les scénarios suivants :

PROFESSIONNELLEMENT

- Attitude désordonnée, agissements dans la précipitation.
- Départ précipité, vous vous arrachez à une situation devenue oppressante.
- Ambiance de travail malsaine vous minant le moral.
- Angoisses exacerbées vous poussant à commettre des actes irréfléchis.
- Instabilité professionnelle liée à un mal-être.
- Vos projets, certes créatifs, voire avant-gardistes, ne sont pas suffisamment structurés.

Clin d'œil aux métiers suivants *: employé(e) en psychiatrie, à l'assistance publique, dans le transport fluvial, maritime.*

SENTIMENTALEMENT

- Tristesse provoquée par le départ d'un être cher.
- Individu qui va de désillusions en désillusions dans sa vie amoureuse.
- Personne qui quitte le confort de son foyer sur un coup de tête.
- Remous émotionnels vous poussant à éconduire votre partenaire.
- Rencontre possible avec un individu vivant en marge de la société.

MÉDICALEMENT

- Rendez-vous en hôpital psychiatrique (notamment 18 + 22 + 16).
- Drogué, prise de méthadone.
- Psychose hallucinatoire.
- Forte déprime, personnalité schizophrénique.
- Morsure.

DIVERS

- Attaque sauvage par un chien (facteur mordu).
- Évacuation d'un lieu public, d'une habitation.
- Centre d'hébergement pour toxicomanes, pour SDF.

LE SOLEIL

Moi le Soleil, je t'invite à faire preuve d'humanisme et de philanthropie dans tes rapports avec autrui. Avec moi, aie confiance en la vie, mais n'oublie pas que tout ce qui brille n'est pas or.

Au premier coup d'œil, le Soleil incarne :

1. **L'amour, un couple**
2. **La famille, les enfants**
3. **Les vacances, le soleil**
4. **L'associé, un partenariat**
5. **Le standing, le prestige**
6. **Le luxe, l'or**
7. **Les talents, le charisme**
8. **L'humanitaire, l'entraide**
9. **Le cœur, la bonté**
10. **La vanité, l'arrogance**

Le Soleil, en se mariant aux 21 autres arcanes majeurs, nous évoque les **valeurs familiales**, la **confiance en soi** et notre besoin de **reconnaissance sociale**.

BINÔME XVIIII + I

+

Selon le contexte, ce binôme évoque les scénarios suivants :

PROFESSIONNELLEMENT

- Partenariat (alliance, OPA, etc.) menant à la création d'un nouveau service.
- Collaboration fructueuse mise au service d'une petite entreprise (affaire familiale).
- Des travaux d'embellissement sont orchestrés au sein de vos locaux (peinture, papier peint).
- Individu aimant travailler au contact des enfants.
- Projet humanitaire lié à l'éducation scolaire.
- Personne qui occupe une profession en rapport avec l'image (arts graphiques ou plastiques, etc.).
- Job d'été.

Clin d'œil aux métiers suivants : *assistante maternelle, éducateur pour jeunes enfants, architecte, décorateur, photographe, artiste peintre, acteur, employé(e) dans un centre de bronzage, graphiste, orpailleur, orfèvre, boulanger (cf. 19 + 13).*

SENTIMENTALEMENT

- Jeune homme dont vous êtes éperdument amoureuse.
- Bonheur conjugal : il est question de concevoir un enfant.
- Amour de vacances, rencontre estivale.
- Individu rencontré dans un pays ensoleillé.
- Extase amoureuse auprès d'une personne sportive.

MÉDICALEMENT

- En principe, bonne vitalité.
- Analyse voire extraction d'un mélanome.
- Dans certains cas, petit acte de chirurgie plastique.
- Injection de botox

DIVERS

- Les vacances d'été débutent.
- Crèche, pouponnière.
- Séances d'UV.
- Enfant(s) en bas âge.

BINÔME XVIIII + II

+

Selon le contexte, ce binôme évoque les scénarios suivants :

PROFESSIONNELLEMENT

- Collaboration fructueuse avec une femme d'expérience.
- Affaire familiale pilotée par une femme d'âge mûr.
- Projet de partenariat ou d'alliance que vous prenez le temps d'examiner.
- Rendez-vous avec votre banquier(-ère) dans le cadre d'un prêt (notamment 19 + 2 + 15).
- Travail dans l'humanitaire au sein d'une infirmerie, d'un dispensaire.
- Mère au foyer s'occupant de l'éducation de ses enfants.

Clin d'œil aux métiers suivants *: psychologue familiale, puéricultrice, infirmière scolaire, sage-femme, mère porteuse, sœur missionnaire, aide-maternelle, employée au planning familial, dans un centre d'action sociale, conteuse, infographiste, illustratrice.*

SENTIMENTALEMENT

- Bonheur conjugal auprès d'une femme mûre.
- Votre partenaire entretient une double liaison.
- Vous vous interrogez sur les sentiments que l'on vous porte.
- Histoire d'amour qui donne lieu à des écrits enflammés.
- Relation sentimentale avec une Maghrébine.

MÉDICALEMENT

- Test de grossesse.
- Mammographie, radiographie.
- Arythmie cardiaque chez une femme.
- Examen du cœur (notamment 19 + 2 + 20).

DIVERS

- Votre mère ou votre belle-mère garde vos enfants.
- Photos de famille, album photo.
- Devoirs de vacances.
- Mère au foyer.

BINÔME XVIIII + III

+

Selon le contexte, ce binôme évoque les scénarios suivants :

PROFESSIONNELLEMENT

- Belle réussite socioprofessionnelle. Vous pouvez avoir confiance en l'avenir.
- Rencontre d'une personne brillante.
- Vous travaillez en binôme avec une associée, une collègue.
- Activité associée au luxe, au prestige, à l'argent.
- La consultante exerce souvent une profession en rapport avec la séduction.
- Dans certains cas, réussite sociale indexée sur celle de votre mari.

Clin d'œil aux métiers suivants : *créatrice ou photographe de mode, bijoutière, décoratrice, employée d'un institut de beauté, de bronzage, chorégraphe, banquière, avocate (notamment 19 + 3 + 8).*

SENTIMENTALEMENT

- En général, vous partagez des moments de bonheur intense en famille.
- Épanouissement sensuel. Félicité conjugale.
- Rencontre d'une femme BCBG dont le pouvoir de séduction fait des ravages.
- Vous avez des vues sur la femme de votre meilleur ami.
- Femme mariée ou non qui a tendance à jouer les allumeuses.
- Vous tombez sous le charme d'une mère de famille.
- La consultante a l'impression d'être enfermée dans une cage dorée.
- Dans certains cas, coup de foudre non payé de réciprocité.

MÉDICALEMENT

- Soins esthétiques (visage).
- Soucis oculaires possibles.

DIVERS

- Une femme et deux enfants.
- Vacances en compagnie de vos enfants.
- Dépenses ostentatoires liées à l'apparat : vêtements de luxe, bijoux...

BINÔME XVIIII + IIII

+

Selon le contexte, ce binôme évoque les scénarios suivants :

PROFESSIONNELLEMENT

- Réussite socioprofessionnelle éclatante, vous avez le vent en poupe.
- À l'instar de vos affaires, vos projets sont au beau fixe.
- Association avec un homme de pouvoir qui a le bras long.
- Richesses matérielles héritées de vos parents ou de vos grands-parents.
- Prestige attenant à votre rang ou à vos responsabilités.
- Dans certains cas, rencontre d'un individu qui essaie de vous tromper.

***Clin d'œil aux métiers suivants** : banquier, magnat de la finance, industriel, bijoutier, joaillier, photographe, acteur, garde-côte (cf. 17 + 4), architecte (notamment 19 + 4 + 16), orfèvre, orpailleur.*

SENTIMENTALEMENT

- Amour sincère et réciproque. Couple heureux voire comblé.
- Coup de foudre pour un homme de bon standing.
- Famille soudée dirigée par un mari protecteur.
- Rencontre d'un homme marié ou d'un père de famille.
- Femme éblouie par un individu qui a tendance à enjoliver la réalité.
- Histoire d'amour avec un frimeur.

MÉDICALEMENT

- En général, bon tonus.
- Rendez-vous chez un plasticien (chirurgie faciale, réparatrice, etc.).
- Vue à surveiller.
- Sciatique (notamment 19 + 4 + 13).
- Problèmes cardio-vasculaires chez un homme (mauvais cholestérol).
- Test de paternité (cf. 1 + 4).

DIVERS

- Individu fréquentant les salles de sport, de musculation (notamment 19 + 4 + 15).
- Un père veille sur ses enfants.
- Éventuellement, vacances en famille à la plage.
- Bonne entente entre deux frères.

BINÔME XVIIII + V

+

Selon le contexte, ce binôme évoque les scénarios suivants :

PROFESSIONNELLEMENT

- Projets de partenariat ou de rapprochement pour lequel vous prenez conseil.
- Association positive avec un homme d'âge mûr.
- La consultante gère une affaire familiale avec son mari (restaurant, etc.).
- Individu qui consacre toute sa carrière à l'éducation des enfants.
- Entente quasi fraternelle avec votre chef de service.

***Clin d'œil aux métiers suivants** : enseignant, éducateur, pédiatre, pédopsychiatre, psychologue familial, chorégraphe, coach sportif, conseiller matrimonial, d'orientation.*

SENTIMENTALEMENT

- Amour bénit des dieux, félicité conjugale, couple à l'unisson.
- Relation amoureuse épanouissante auprès d'un homme mûr.
- La consultante a des vues sur un homme en couple.
- Individu qui vous propose une vie de couple sérieuse, de refaire votre vie.
- Vous envisagez de passer devant le maire, de renouveler vos vœux de fidélité (notamment 19 + 5 + 8).

MÉDICALEMENT

- Rendez-vous de cardiologie.
- Problèmes cardio-vasculaires.
- Taux de cholestérol à surveiller de près.

DIVERS

- Communion, bénédiction.
- Cours de catéchisme.
- Chorale religieuse, enfant de chœur.

BINÔME XVIIII + VI

Selon le contexte, ce binôme évoque les scénarios suivants :

PROFESSIONNELLEMENT

- Pourparlers entre deux ou plusieurs collaborateurs participant à un projet commun.
- Deux associés envisagent de faire équipe avec un troisième partenaire.
- Vous devez jongler entre deux mi-temps.
- Personne qui évolue dans le monde de la mode, du luxe et de ses artifices.
- Individu caméléon qui a le don de jouer ou d'interpréter d'autres personnages.
- Vous tombez amoureux(-se) d'un(e) collègue.

Clin d'œil aux métiers suivants : *acteur, comédien, intermittent du spectacle, forain, danseur, costumier(-ère), maquilleur(-se), décoratrice, designer.*

SENTIMENTALEMENT

- Choix cornélien entre votre mari et votre amant.
- Une tierce personne vous fait douter des sentiments que vous portez à votre partenaire.
- Coup de foudre qui vous place devant un dilemme.
- Amitié amoureuse. Vous ne savez pas bien où vous situer dans la relation.
- Couple adepte de l'échangisme et des jeux érotiques à plusieurs.
- Rencontre amoureuse en milieu d'été.

MÉDICALEMENT

- Examens ophtalmologiques.
- Soins esthétiques, coquetterie.
- Saignements de nez occasionnés par la chaleur.
- Problèmes vasculaires, notamment artériels ou veineux.
- Coup de soleil douloureux.
- Dans certains cas, visage couperosé.
- Plus rarement, acte de chirurgie plastique (rhinoplastie, etc.).

DIVERS

- Bal masqué, gala.
- Troupe de théâtre.
- Le milieu de la période estivale, le mois d'août.
- Réunion entre frères et sœurs.

BINÔME XVIIII + VII

+

Selon le contexte, ce binôme évoque les scénarios suivants :

PROFESSIONNELLEMENT

- Succès en affaires. Vous menez bien votre barque.
- Association bénéfique à votre évolution de carrière.
- Tandem de génies entre deux coéquipiers ou deux associés qui avancent dans la même direction.
- Accord concernant un éventuel rapprochement entre deux entités.
- Artiste ou acteur reconnu dont les talents font fureur.
- Individu qui évolue dans l'univers du sport et du bien-être.

Clin d'œil aux métiers suivants : *VRP, coach sportif, entraîneur, éducateur sportif, professeur d'éducation physique, acteur, banquier, artiste, photographe reporter.*

SENTIMENTALEMENT

- Voyage ou vacances en amoureux.
- Amour sincère et réciproque illuminant votre quotidien.
- Vous tombez sous le charme d'un individu enclin à faire de l'esbroufe.
- Relation sentimentale évolutive, grande complicité au cœur de vos échanges amoureux.
- Conquête amoureuse en période estivale.
- Rencontre d'un homme venant du soleil, d'un pays chaud.
- Trentenaire qui a un succès fou auprès de la gent féminine.

MÉDICALEMENT

- Bonne vitalité, excellente santé.
- Attention aux claquages musculaires.

DIVERS

- Voyage au soleil, l'autoroute du Sud.
- Colonie de vacances.
- Personne qui aime en mettre plein la vue.
- Individu adepte des salles de sport.
- Car de ramassage scolaire.
- Voiture flambant neuve ou récemment repeinte.

BINÔME XVIIII + VIII

+

Selon le contexte, ce binôme évoque les scénarios suivants :

PROFESSIONNELLEMENT

- Associés officialisant un partenariat.
- Signature d'un accord bilatéral qui s'avérera être une opération fructueuse.
- Offre publique de rachat ou prise de participation sur le point d'être entérinée.
- Achat commun à deux actionnaires.
- Grand standing, personne qui vit dans l'opulence.
- Brillante carrière juridique.

Clin d'œil aux métiers suivants : *banquier(-ère), bijoutier(-ère), magistrat, avocat(e), juge pour enfants, employé(e) à la CAF, agent administratif, fonctionnaire de mairie.*

SENTIMENTALEMENT

- Mariage, pacs, fiançailles.
- Équilibre conjugal, votre couple a de beaux jours devant lui.
- Rencontre d'une personne mariée.

MÉDICALEMENT

- En général, santé de fer.
- Arythmie cardiaque.
- Examens cardiaques, électrocardiogramme.
- Taux de cholestérol à surveiller.
- Fragilité rénale possible.

DIVERS

- Procès gagné haut la main.
- Obtention d'un prêt bancaire.
- Inscription à l'école.
- Garde alternée en cas de divorce.
- Justice des mineurs.
- Achats importants, dépenses ostentatoires.

BINÔME XVIIII + VIIII

+

Selon le contexte, ce binôme évoque les scénarios suivants :

PROFESSIONNELLEMENT

- Activité pérenne, affaire familiale héritée de père en fils, etc.
- Accord officieux que vous souhaitez garder secret pour l'instant.
- Belles promesses qui tardent à se concrétiser (avancement reporté, etc.).
- Collaboration au sujet de laquelle vous prenez vos distances.
- Ne vous engagez pas à la légère, prenez le temps de la réflexion.
- Grossesse, congé maternité (notamment 19 + 9 + 12).

Clin d'œil aux métiers suivants : *accoucheur, photographe, infographiste.*

SENTIMENTALEMENT

- Personne amoureuse d'un homme beaucoup plus âgé.
- Relation durable portée par des sentiments sincères.
- Rencontre affective en fin d'été.
- Amour caché.
- Vous décidez de concevoir un bébé.

MÉDICALEMENT

- Fatigue cardiaque, souffle au cœur.
- Vue en déclin, presbytie, hypermétropie.
- Grossesse arrivée à terme.

DIVERS

- Les vacances d'été s'achèvent, mois de septembre.
- Petits-enfants sous la surveillance de leur grand-père.

BINÔME XVIIII + X

+

Selon le contexte, ce binôme évoque les scénarios suivants :

PROFESSIONNELLEMENT

- Travail au sein d'une entreprise qui affiche une bonne santé financière.
- Partenariat fort bénéfique que vous pourrez développer davantage.
- Période éminemment favorable aux avancements de carrière.
- Opportunité d'évolution qui arrive à point nommé.
- Affaire partagée par deux actionnaires majoritaires.
- Une main tendue ou un contact privilégié va vous permettre de rebondir.
- Individu qui s'épanouit au travers de son activité professionnelle.

Clin d'œil aux métiers suivants *: coach sportif, entraîneur, handballeur, footballeur professionnel, tennisman, boursier, banquier, acrobate, acteur, athlète, gymnaste, accessoiriste.*

SENTIMENTALEMENT

- Amitié amoureuse qui se transforme en véritable histoire d'amour.
- Couple au sein duquel vos sentiments gagnent en intensité.
- Retour inespéré d'un être qui vous est cher.
- Relation amoureuse qui prend son envol.
- Rencontre d'un sportif avec lequel vous vous sentez en phase.

MÉDICALEMENT

- En règle générale, vitalité de sportif.
- Examens oculaires.
- Arythmie cardiaque.
- Soucis cardio-vasculaires.
- Très rarement, port d'un stimulateur cardiaque.

DIVERS

- Individu adepte des salles de sport (Powerplate, etc.).
- Vous suivez un entraînement sportif régulier.

BINÔME XVIIII + XI

+

Selon le contexte, ce binôme évoque les scénarios suivants :

PROFESSIONNELLEMENT

- Alliance ou partenariat des plus solides : « l'union fait la force ».
- Votre grande volonté de réussir vous permet d'atteindre vos objectifs de carrière.
- Personne au sommet de son art, jouissant d'une éclatante assise socioprofessionnelle.
- Votre charisme naturel vous porte à occuper des postes à responsabilités.
- Programme humanitaire ou éducatif pour lequel vous déployez une énergie considérable.
- Confiance aveugle, individu présomptueux de ses capacités.
- Vos projets seront couronnés de succès. Victoire assurée.

Clin d'œil aux métiers suivants *: nourrice agréée, aide-maternelle, coach sportif, employé(e) dans un centre de remise en forme.*

SENTIMENTALEMENT

- Noblesse de cœur, relation amoureuse solide comme un roc.
- Partenaires qui vibrent à l'unisson. Vie érotique épanouissante.
- Rencontre sentimentale déterminante qui vous apportera beaucoup de bonheur.

MÉDICALEMENT

- Vitalité optimale.
- Activité cardiaque à surveiller.
- Prise de poids liée à une grossesse.
- Claquage musculaire.

DIVERS

- Ami(e) sincère et dévoué(e).
- Personne débordante de vie.
- Individu adepte des sports de combat (karaté, taekwondo).
- Vous avez maille à découdre avec vos enfants.
- Personne bodybuildée.

BINÔME XVIIII + XII

+

Selon le contexte, ce binôme évoque les scénarios suivants :

PROFESSIONNELLEMENT

- Vous pourriez faire les frais d'un accord de partenariat mal ficelé.
- Un malaise insidieux vient empoisonner une collaboration pourtant saine.
- Travail en binôme au sein duquel vos rapports se sont dégradés.
- Trahison d'une personne que vous aviez portée aux nues.
- Personne qui est rattachée à la petite enfance de par sa profession.
- Engagement humanitaire qui requiert des connaissances médicales.

Clin d'œil aux métiers suivants : *auxiliaire puéricultrice, pédopsychiatre, sage-femme, employé dans une maternité, acrobate, funambule.*

SENTIMENTALEMENT

- Réconfort d'une personne pour laquelle votre cœur s'embrase.
- Relation adultère vécue sans aucun état d'âme.
- Ami(e) auquel (à laquelle) vous vous attachez de plus en plus.

MÉDICALEMENT

- Insolation, coup de chaleur.
- Enfant qui souffre de déshydratation.
- Problème ligamenteux ou tendineux.
- Vous vous tordez la cheville (entorse).
- Enfant handicapé.

DIVERS

- Personne adepte du yoga.
- Enfant maltraité.

BINÔME XVIIII + XIII

+

Selon le contexte, ce binôme évoque les scénarios suivants :

PROFESSIONNELLEMENT

- OPA entraînant une vague de licenciements dans son sillage.
- Transaction visant à négocier votre départ (licenciement).
- Partenariat qui prend fin, collaboration rompue, etc.
- Don pou travailler les matériaux nobles ou naturels.
- Individu capable de vous sacrifier pour sauver sa place.
- Risque accru d'incendie au sein de vos locaux professionnels.
- Dans de rares cas, disparition tragique d'un collègue, d'un bras droit, etc.

Clin d'œil aux métiers suivants *: parqueteur, architecte d'intérieur, orfèvre, ferronnier d'art, boulanger.*

SENTIMENTALEMENT

- Fin tragique d'une belle romance.
- Histoire d'amour avec une personne africaine ou antillaise.
- Incartade qui tourne au cauchemar.
- Vous faites un break dans l'espoir de sauver votre couple.

MÉDICALEMENT

- Infarctus, crise cardiaque.
- Sciatique douloureuse, inflammation.
- Intervention cardio-vasculaire, opération à cœur ouvert.
- Grave insolation, brûlures profondes.
- Reflux gastriques ou oesophagiens, ulcères à l'estomac possibles.
- Plus rarement, mort d'un enfant.

DIVERS

- Amitié rompue, nocive.
- Colocation devenue invivable.
- Rupture avec vos enfants.
- Nouvelle qui vous scie les jambes.
- Destruction par le feu, incendie.
- Individu qui vous incite à commettre l'irréparable.
- La période estivale prend fin (cf. 19 + 9).

BINÔME XVIIII + XIIII

+

Selon le contexte, ce binôme évoque les scénarios suivants :

PROFESSIONNELLEMENT

- Coopération optimale entre deux collaborateurs, deux partenaires.
- Bonne entente avec vos collègues.
- Arrangement amiable, compromis, accord de principe, solution médiane, etc.
- Individu travaillant dans un centre de remise en forme et de bien-être (notamment 19 + 14 + 17).
- Personne altruiste amenée à voyager dans le cadre de missions humanitaires.
- Certains parmi vous travaillent en temps alterné ou à mi-temps.

***Clin d'œil aux métiers suivants** : chauffagiste, employé(e) dans une agence de voyages, dans le tourisme, animatrice d'un club de vacances, aide-maternelle, employée dans une crèche, masseur(-se), magnétiseur(-se).*

SENTIMENTALEMENT

- Voyage au soleil en bonne compagnie.
- Couple d'amoureux épanouis.
- Impression de vous voir en l'autre, âme sœur.
- Rencontre d'une personne qui respire la joie de vivre.
- Amourette de vacances vécue dans l'insouciance.

MÉDICALEMENT

- Forme olympique.
- Tension artérielle possible.
- Radiothérapie.

DIVERS

- Départ en vacances, période d'oisiveté.
- Centre aéré, colonie de vacances.
- Télépathie avérée. Couple de jumeaux.
- Personne possédant des vertus relaxantes.

BINÔME XVIIII + XV

+

Selon le contexte, ce binôme évoque les scénarios suivants :

PROFESSIONNELLEMENT

- Rendez-vous professionnel avec votre banquier.
- Richesses issues de placements financiers sécurisés.
- Puissant rayonnement vous permettant d'assumer de fortes responsabilités au sein de votre société.
- Vous êtes au sommet de votre réussite professionnelle.
- Alliance grâce à laquelle vos revenus d'activité enregistreront une nette progression.
- Train de vie confortable, voire ostentatoire, que l'on vous reproche sans cesse.
- Vos projets vont se réaliser au-delà de vos espérances (notamment 19 + 15 + 21).
- Vous remportez un tournoi de sport.

Clin d'œil aux métiers suivants *: banquier, trader, industriel, magnat du pétrole, de la finance, coach sportif, haltérophile, acteur porno.*

SENTIMENTALEMENT

- La consultante brûle de désir pour un homme au charme magnétique.
- Rencontre torride entre deux partenaires irrésistiblement attirés l'un vers l'autre.
- Couple libertin qui pratique l'échangisme.
- Relation adultérine qui pimente vos échanges amoureux.
- Attirance aveugle pour un coureur de jupons, un séducteur invétéré.

MÉDICALEMENT

- Bonne vitalité.
- Attention aux claquages musculaires.
- Infection urogénitale, inflammation des muqueuses.
- Maladie vénérienne ou sexuellement transmissible (chancre syphilitique, etc.).
- Tachycardie.

DIVERS

- Bourreau d'enfants.
- Esclavagisme.

BINÔME XVIIII + XVI

+

Selon le contexte, ce binôme évoque les scénarios suivants :

PROFESSIONNELLEMENT

- Confiance ébranlée par des évènements aussi soudains qu'imprévus.
- OPA engendrant une restructuration à tous les niveaux de l'entreprise.
- Partenariat ou association qui tourne au cauchemar.
- Affaire familiale en chute libre.
- Personne qui gère un patrimoine immobilier (notamment 19 + 16 + 8).

Clin d'œil aux métiers suivants : *architecte, décorateur d'intérieur, chauffagiste, gestionnaire en immobilier, peintre en bâtiment.*

SENTIMENTALEMENT

- Votre couple est en péril, crise de confiance qui risque de vous être fatale.
- Coup de foudre qui, dans certains cas, s'avère être un feu de paille.
- On s'accorde à emménager chez l'un ou l'autre.

MÉDICALEMENT

- Insolation, déshydratation, coup de soleil.
- Brûlures parfois sévères (phlyctènes).
- Inflammation au niveau du rachis. Douleurs dorsales.
- Blessure liée à la pratique d'un sport.
- Problème de fibrillation.
- Risque de cancer de la peau (notamment 19 + 16 + 13).
- Dans certains cas, individu victime d'une crise cardiaque.

DIVERS

- Ami(e) en détresse.
- Effondrement d'une belle amitié (explosion de colère).
- Destruction par le feu (feu de cheminée).
- Ravalement de façade.
- Enfant accidenté, hôpital pour enfants.

BINÔME XVIIII + XVII

+

Selon le contexte, ce binôme évoque les scénarios suivants :

PROFESSIONNELLEMENT

- Ambiance de travail décontractée propice à votre épanouissement personnel.
- Alliance ou collaboration portant de nouveaux espoirs.
- Brillante carrière artistique. Dons exprimés avec éclat.
- Foi en l'avenir vous permettant de réaliser vos vœux les plus chers.
- Un ami sincère vous ouvrira d'autres horizons grâce à une offre de partenariat.
- Créateur(-trice) qui a développé un sens inné de l'esthétisme.

Clin d'œil aux métiers suivants : *artiste peintre, esthéticien(ne), créatrice de mode, plagiste, orpailleur, plasticien(ne), employé(e) dans une piscine, d'un hammam.*

SENTIMENTALEMENT

- Bonheur familial, votre couple respire la joie de vivre.
- Vous allez rencontrer votre alter ego, patientez encore un peu.
- Vous filez le parfait amour avec l'élu(e) de votre cœur.
- Un ami vous présente à une inconnue ou vous encourage à oser franchir le pas.
- Jeune homme intimidé ou subjugué par une jolie jeune femme.
- Rencontre amoureuse à la plage, dans un lieu de détente, etc.

MÉDICALEMENT

- Soins esthétiques.
- Rendez-vous avec un dermatologue.
- Problème lié à un grain de beauté, etc.

DIVERS

- Joies familiales en vacances, à la plage.
- Lieu de repos et de bien-être.
- Individu bien dans sa peau, heureux de vivre.
- Vos enfants vous procurent de grandes satisfactions.
- Personne née sous une bonne étoile.
- L'été prochain.
- Attrait pour la diététique et les produits biologiques.

BINÔME XVIIII + XVIII

+

Selon le contexte, ce binôme évoque les scénarios suivants :

PROFESSIONNELLEMENT

- Création d'une SCI (notamment 19 + 18 + 8).
- Partenariat entre deux associés versés dans la gestion immobilière (notamment 19 + 18 + 16).
- Affaire familiale (hôtel-restaurant) qui a de beaux jours devant elle.
- Activité épanouissante au contact d'une clientèle florissante.
- Association nébuleuse qu'il convient d'éclaircir dès que possible.
- Individu travaillant dans un centre de remise en forme ou dans un sauna.
- Certains parmi vous retournent sur les bancs de l'école.

Clin d'œil aux métiers suivants : *maître-nageur, restaurateur, architecte d'intérieur, décorateur, gestionnaire d'un parc immobilier, employé(e) dans une école, une crèche.*

SENTIMENTALEMENT

- En règle générale, bonheur familial, tout va pour le mieux.
- Vie conjugale agréable à l'origine de nombreuses satisfactions.
- Couple au sein duquel l'un des partenaires ment à son conjoint.
- Vous entretenez une relation avec un individu qui vous cache des pans entiers de sa vie.

MÉDICALEMENT

- Forte sudation ou sueurs froides.
- Vous vous sentez barbouillé(e).
- Sensation de chaud-froid, bouffées de chaleur.
- Traitement ou cure thermale.
- Vomissements possibles.
- Taux de cholestérol à surveiller.

DIVERS

- Individu passionné de plongée sous-marine.
- Personne fréquentant les hammams, les saunas.
- Auberge de jeunesse, école maternelle.
- Jeunes gens qui apprennent à nager.
- Vacances au bord de la mer.
- Ville côtière du Sud.
- La saison automnale, variations climatiques.
- Colocation.

BINÔME XVIIII + XX

+

Selon le contexte, ce binôme évoque les scénarios suivants :

PROFESSIONNELLEMENT

- Entretien professionnel couronné de succès.
- On vous annonce un avancement de carrière, votre nomination à un nouveau poste, etc.
- Vos mérites seront récompensés, vous recevrez une distinction, les félicitations d'un jury...
- Fusion en pourparlers voire en cours d'officialisation.
- Production de plusieurs artistes dans le cadre d'un gala de charité, d'un show télévisé.
- Concours de chant fortement médiatisé.
- Audition de jeunes talents.

Clin d'œil aux métiers suivants *: commissaires-priseurs, chanteur(-se), musicien(ne), employé(e) au planning familial, juges aux affaires familiales.*

SENTIMENTALEMENT

- Vous hurlez votre bonheur, votre amour sur tous les toits.
- Vous faites part de vos fiançailles, vous vous unissez officiellement...
- Organisation d'un baptême à l'ordre du jour.
- L'annonce d'une naissance vous ravit.
- Dans certains cas, vous vous tournez vers l'adoption.
- Rencontre amoureuse à l'occasion d'un événement officiel.

MÉDICALEMENT

- Vous faites un électrocardiogramme.
- Souffle au cœur.
- Activité cardiaque à surveiller.
- Échographie, on vous révèle le sexe du bébé.

DIVERS

- Rencontre d'une célébrité (star de la chanson).
- Un enfant trouve une famille d'accueil.
- Verdict heureux, accord trouvé.
- Vous êtes invité à un mariage, à un baptême.
- Annonce d'un finaliste à un concours, remise de prix (cf. 19 + 21).

BINÔME XVIIII + XXI

+

Selon le contexte, ce binôme évoque les scénarios suivants :

PROFESSIONNELLEMENT

- Accession à la célébrité. Personne qui flirte avec la gloire.
- Alliance ou fusion réussie avec une entité étrangère.
- On vous décerne un diplôme (cf. 19 + 20), une palme d'or, etc.
- Projet au sein d'une ONG ou d'une association humanitaire implantée dans le monde entier.
- Spectacle ou exposition artistique qui connaît un succès quasi planétaire.
- Vocation qui vous apportera la richesse matérielle.
- Individu qui poursuit de brillantes études universitaires.

Clin d'œil aux métiers suivants *: artiste de renom, magnat de la finance, banquier international, employé(e) dans une université ou au rectorat, danseur.*

SENTIMENTALEMENT

- Félicité conjugale. Vos cœurs battent à l'unisson.
- Soirées ou évènements mondains au cours desquels on s'arrache votre compagnie.
- Rencontre amoureuse épanouissante avec une personne de type méditerranéen/latin.

MÉDICALEMENT

- Excellente santé.
- Guérison complète.
- Attention aux maladies tropicales (fièvre jaune).
- Naissance possible de jumeaux.

DIVERS

- Université d'été.
- Cérémonie des césars, des oscars (cf. 19 + 20).
- Paradis fiscal offshore.
- L'Europe du Sud, l'Amérique latine.
- Ballet.

BINÔME XVIIII + XXII

+

Selon le contexte, ce binôme évoque les scénarios suivants :

PROFESSIONNELLEMENT

- Collaboration décevante. Accord duquel vous vous désengagez.
- Associé ou collègue qui vous délaisse dans un moment difficile.
- Belle initiative que vous peinez à mettre sur les rails.
- Projet humanitaire ou socio-éducatif vous occasionnant de nombreux déplacements.
- Individu précurseur de nouvelles tendances ou versé dans l'art abstrait.

***Clin d'œil aux métiers suivants** : artiste, comédien, créateur de mode, éducateur.*

SENTIMENTALEMENT

- En positif, voyage d'agrément en amoureux.
- Rencontre furtive lors d'une escale à l'étranger.
- Sentiment d'abandon au sein même de votre couple.
- Vie à deux qui vous déçoit amèrement, vous préférez lever le camp.
- Rencontre amoureuse avec un homme du soleil (maghrébin, antillais).
- Fidélité que vous n'êtes pas en mesure d'assumer.
- Engagement amoureux qui vous fait peur ou qui n'aura pas lieu.

MÉDICALEMENT

- Surmenage, organisme fatigué, vitalité en berne.
- Fièvre, température possible.
- Brûlure à la jambe.
- Coup de chaleur.
- Inflammation du nerf sciatique (notamment 19 + 22 + 13).

DIVERS

- Explorateur, baroudeur.
- Vacancier.
- Individu déçu par les relations humaines.

LE JUGEMENT

Moi le Jugement, je t'invite à écouter les messages que t'envoie la destinée. Avec moi, sache qu'il existe une justice divine, n'hésite pas à demander de l'aide à ton ange tutélaire.

Au premier coup d'œil, le Jugement incarne :

1. **Un musicien, une trompette**
2. **Une révélation, une annonce**
3. **Un entretien, des pourparlers**
4. **La communication, l'Internet**
5. **L'audiovisuel public**
6. **Un verdict, un jury**
7. **L'inattendu, une surprise**
8. **Une fête, une nomination**
9. **La prière, la providence**
10. **Le bruit, les cris**

Le Jugement, en se mariant aux 21 autres arcanes majeurs, nous évoque **l'actualité**, des **nouvelles** et les **moyens de communication contemporains**.

BINÔME XX + I

+

Selon le contexte, ce binôme évoque les scénarios suivants :

PROFESSIONNELLEMENT

- Création d'un site Internet.
- Entretiens ou pourparlers relatifs à un nouveau poste.
- Nomination à de nouvelles fonctions, avancement possible.
- L'heure a sonné de prendre de nouvelles initiatives.
- Une décision de commission donne le feu vert à l'élaboration d'un projet.
- Proposition de travail inespérée au travers de laquelle vous retrouvez un second souffle.
- Individu évoluant dans l'univers du multimédia, de la communication, du marketing.

Clin d'œil aux métiers suivants *: musicien, instrumentiste, disque-jockey, webmaster, employé(e) au service juridique, vendeur de matériel électronique.*

SENTIMENTALEMENT

- Rencontre amoureuse dans un lieu public animé (café, salle de concert).
- Échanges avec un jeune homme par le biais d'Internet.
- Dans certains cas, vous préparez un baptême ou l'arrivée d'un nouveau-né.

MÉDICALEMENT

- Rendez-vous ORL.
- Soucis liés à une oreille, un tympan.
- Tabagisme (notamment 20 + 1 + 15).
- Petite intervention microchirurgicale laser.

DIVERS

- Rendez-vous avec un juriste.
- Internaute.
- Jeune personne à l'oreille musicale.
- Annonce d'une naissance.
- Dans certains cas, décision de justice concernant un enfant.

BINÔME XX + II

+

Selon le contexte, ce binôme évoque les scénarios suivants :

PROFESSIONNELLEMENT

- Entretien professionnel avec une femme de pouvoir, une DRH, etc.
- Vous consultez les offres d'emploi sur Internet.
- Rencontre d'une femme qui occupe un poste clé dans l'audiovisuel, dans les médias.
- Un jury d'examinateurs ou une commission va statuer sur vos connaissances, sur votre dossier professionnel, etc.
- Examen composé d'un oral et d'un écrit.
- Nouvelles inattendues que vous prenez le temps d'analyser avec sagesse.
- Projet pour lequel vous avez recours à la publicité ou à la presse écrite.
- Dans certains cas, vous participez à un séminaire.

Clin d'œil aux métiers suivants : *compositeur(-trice), directrice de la communication, journaliste, éditorialiste, directrice de l'audiovisuel, chargée de programmes, présentatrice TV, présidente d'audience, avocate (notamment 20 + 2 + 8), psychologue (notamment 20 + 2 + 18).*

SENTIMENTALEMENT

- Relation épistolaire ou correspondance par le biais d'Internet.
- Reprise de contact avec une ancienne relation.
- Rencontre inattendue lors d'un stage, d'un séminaire.
- Vous répondez à une petite annonce.

MÉDICALEMENT

- Surdité chez une femme âgée (notamment 20 + 2 + 12).
- Rendez-vous d'orthophonie.
- Compte-rendu d'I.R.M., de scanner.

DIVERS

- Discussion autour d'un ouvrage, d'un manuscrit.
- Campagne publicitaire pour la sortie d'un livre (promotion, signature d'autographes).
- Réunion en catimini ou en huis clos.
- Compte-rendu d'audience, verdict.
- Communiqué de presse.
- Révélation de secrets.
- Organisation religieuse.

BINÔME XX + III

+

Selon le contexte, ce binôme évoque les scénarios suivants :

PROFESSIONNELLEMENT

- Démarches juridico-administratives de première importance.
- Personne nominée ou promue à la tête d'un service, d'un conseil d'administration.
- Conjoncture idyllique pour exposer vos idées et faire progresser vos projets.
- Réunion de travail présidée par une femme de pouvoir.
- Entretien qui sera à l'origine d'avancées notables.
- Personne fascinée par la chanson et la musique (notamment 20 + 3 + 17).

Clin d'œil aux métiers suivants : *musicien(ne), chanteuse, parolier(-ère), greffière, juriste, clerc de notaire (notamment 20 + 3 + 8), présentatrice TV, journaliste.*

SENTIMENTALEMENT

- Rencontre inédite ou inattendue avec une femme de bon niveau social.
- Un ami ou un admirateur vous fait des confidences.
- Déclarations amoureuses aussi soudaines que surprenantes.
- Correspondance avec une jeune femme par le biais d'Internet.

MÉDICALEMENT

- Extinction de voix.
- Cordes vocales à surveiller.
- Angines, laryngites, etc. (cf. 20 + 4).

DIVERS

- Nomination, élection d'une femme.
- Sortie karaoké.

BINÔME XX + IIII

+

Selon le contexte, ce binôme évoque les scénarios suivants :

PROFESSIONNELLEMENT

- Redressement de situation en votre faveur.
- Négociations pour lesquelles vous êtes aux premières loges.
- Entretien décisif avec un homme influent (responsable hiérarchique).
- Individu nommé à un poste clé de l'entreprise.
- Appui d'un homme bien placé qui apporte du crédit à vos projets.
- Personne de pouvoir élue à l'unanimité (au conseil d'administration par exemple).
- Consultation d'un juriste ou d'un avocat dans le cadre de votre travail.

***Clin d'œil aux métiers suivants** : responsable ou chargé de la communication, webmaster, employé dans l'audiovisuel, musicien, chanteur, avocat (cf. 8 + 5).*

SENTIMENTALEMENT

- Rencontre d'un homme charismatique à l'occasion d'une fête ou d'une soirée animée.
- Histoire d'amour avec un musicien.
- Échanges sur Internet avec un homme mûr.

MÉDICALEMENT

- Angine, bronchite (cf. 20 + 3).
- Rendez-vous ORL possible.
- Fragilité de la gorge.
- Tabagisme (cf. 20 + 1).

DIVERS

- Débat à l'Assemblée nationale (notamment 20 + 4 + 15).
- Porte-parole d'une assemblée.
- Accord collégial.
- Entretien avec un homme de loi.

BINÔME XX + V

+

Selon le contexte, ce binôme évoque les scénarios suivants :

PROFESSIONNELLEMENT

- Vos affaires sont sous de bons auspices, ayez confiance en l'avenir !
- Consultation d'un homme de bons conseils dont les avis vous sont précieux.
- Entretien qui aboutit à un accord de principe, un engagement.
- Projet pour lequel vous décidez de vous adresser au bon Dieu plutôt qu'à ses saints.
- Individu promu à un poste de formateur, de conseiller.
- Profession libérale dont le cabinet ne désemplit pas.

Clin d'œil aux métiers suivants *: président d'audience, avocat (cf. 8 + 5), séminariste, conférencier, webmaster, directeur de l'audiovisuel, de la communication, pneumologue.*

SENTIMENTALEMENT

- Démarches auprès d'un prêtre ou d'un maire dans le cadre d'un engagement solennel.
- Relation amoureuse basée sur la fidélité et le respect mutuel.
- Rencontre amoureuse au cours d'une conférence ou d'une formation.
- Échanges sur Internet avec un homme mûr (cf. 20 + 4).

MÉDICALEMENT

- Examen ORL.
- Rééducation orthophoniste.
- Service de pneumologie, consultation d'un professeur.
- Problème de souffle chez un homme âgé.

DIVERS

- Compte-rendu d'audience, verdict.
- Communion, baptême (notamment 20 + 5 + 19).
- Prières, confessionnal.
- Communiqué pontifical, annonce du Vatican.
- Communiqué de presse.

BINÔME XX + VI

+

Selon le contexte, ce binôme évoque les scénarios suivants :

PROFESSIONNELLEMENT

- Pourparlers relatifs à un choix d'orientation professionnelle, à un choix de carrière, etc.
- Jury chargé d'organiser des sélections, de faire passer des entretiens d'embauche.
- Audition pour un défilé de mode, un rôle au cinéma, etc.
- Participation à une émission de télévision, un jeu télévisé, un quiz...
- Réunion de travail débouchant sur la formation de nouvelles alliances.
- Discussions portant sur le remaniement de votre équipe de travail (nouvel intervenant, etc.).

Clin d'œil aux métiers suivants *: animateur, présentateur TV, employé dans le secteur du multimédia, chargé(e) de l'événementiel, avocat (notamment 20 + 8).*

SENTIMENTALEMENT

- Personne surfant sur un site de rencontre Internet.
- Participation possible à une séance de speed dating, à une émission de rencontre.
- Sorties entre ami(e)s au cours desquelles vous ferez une nouvelle connaissance.
- Rencontre imprévue qui vous pose un dilemme amoureux.

MÉDICALEMENT

- Microchirurgie laser (opération de la myopie).
- Examen ORL.

DIVERS

- Médiation, conciliation entre avocats.
- Jugement en deux temps.
- Discussion autour d'un verdict.
- Réunion intersyndicale.
- Élection, nomination.

BINÔME XX + VII

+

Selon le contexte, ce binôme évoque les scénarios suivants :

PROFESSIONNELLEMENT

- Entretien professionnel à l'ordre du jour.
- Pourparlers ou révélations à l'origine d'avancées considérables.
- Vos démarches seront couronnées de succès.
- Réunion ad hoc donnant le feu vert à vos projets.
- Profession en rapport avec le monde des médias et de la communication.
- Musiciens en tournée (notamment 20 + 7 + 21).

Clin d'œil aux métiers suivants : *musicien, employé(e) dans le multimédia, en téléphonie, dans l'audiovisuel, commentateur de courses hippiques, présentateur de courses automobiles.*

SENTIMENTALEMENT

- Rencontre amoureuse issue d'un site de rencontre sur Internet.
- Individu rencontré au cours d'une sortie, d'un évènement musical (concert).
- Dans certains cas, rencontre impromptue au cours d'un déplacement professionnel.

MÉDICALEMENT

- Rendez-vous ORL.
- Problème d'oreille interne (notamment 20 + 7 + 9).
- Vous appelez un médecin à domicile (notamment 20 + 7 + 12).
- Discussions concernant un fauteuil roulant.

DIVERS

- Contrôle technique de votre véhicule.
- Consignes, briefing avant un voyage.
- Annonce d'un départ, d'un voyage.
- Décision à l'origine d'un déplacement.

BINÔME XX + VIII

+

Selon le contexte, ce binôme évoque les scénarios suivants :

PROFESSIONNELLEMENT

- Entretien aboutissant à la signature d'un contrat en bonne et due forme.
- Immatriculation d'une entreprise au registre du commerce, à l'URSSAF.
- Rendez-vous avec votre comptable ou avec un agent de gestion (notamment 20 + 8 + 10).
- Décision de justice dans une affaire prud'homale.
- Concours de la magistrature ou du barreau.
- Titularisation à un poste de travail.

Clin d'œil aux métiers suivants : *avocat, juge, magistrat, notaire, procureur de la République.*

SENTIMENTALEMENT

- En général, vous décidez d'officialiser votre union (notamment 20 + 8 + 19).
- A contrario, décision de justice annulant votre mariage (notamment 20 + 8 + 13).
- Vous annoncez vos fiançailles.
- Relation amoureuse avec un(e) juriste.

MÉDICALEMENT

- Tests liés à l'audition (notamment 20 + 8 + 9).
- Discussion autour d'un régime, réunions d'entraide.

DIVERS

- Jugement de justice, verdict.
- Médiatisation d'un procès.
- Actes notariés.
- Vous faites appel d'une décision de justice, renvoi possible.
- Délibéré.

BINÔME XX + VIIII

+

Selon le contexte, ce binôme évoque les scénarios suivants :

PROFESSIONNELLEMENT

- Recherche d'emploi par Internet.
- Nomination ou promotion retardée.
- Réunion en catimini.
- Manœuvres machiavéliques dont vous découvrez l'existence.
- Annonce d'un plan de départ à la retraite (notamment 20 + 9 + 13).
- Bruits de couloir face auxquels il convient de rester prudent.

Clin d'œil aux métiers suivants : *ingénieur du son (cf. 5 + 20), chercheur au CNRS, médecin ORL, informaticien.*

SENTIMENTALEMENT

- Couple souffrant d'un manque de communication qui risque de lui être fatal.
- Personne de laquelle on n'a plus de nouvelles.
- Un ex reprend contact avec vous.

MÉDICALEMENT

- Surdité, problèmes auditifs.
- Souffle court.
- Décès (notamment 20 + 9 + 13).

DIVERS

- Jugement reporté.
- Procès qui traîne en longueur.
- Protection de l'au-delà (de votre défunt père, grand-père).
- Découverte d'éléments cachés.

BINÔME XX + X

+

Selon le contexte, ce binôme évoque les scénarios suivants :

PROFESSIONNELLEMENT

- Entretien à l'issue duquel vous devrez vous montrer réactif.
- Opportunité qu'il vous conviendra de saisir promptement.
- Imprévus face auxquels vous devez réagir dans l'urgence.
- Vous passez à l'échelon de rémunération supérieur.
- Commission permettant de débloquer rapidement une situation, des fonds, etc.
- Pourparlers afférents à un crédit, à une quote-part, à une quelconque participation financière.
- Décision prud'homale de laquelle découleront des dommages et intérêts.
- Individu évoluant au contact des technologies et des moyens de communication ultramodernes.

Clin d'œil aux métiers suivants : *inventeur, horloger, ingénieur automobile, électromécanicien, ingénieur aéronautique, électricien(ne), employé(e) dans un studio d'enregistrement, ingénieur électroacousticien.*

SENTIMENTALEMENT

- Fréquentation d'un individu évoluant dans l'univers musical.
- Rencontre imprévue qui bouleverse votre agenda, vos habitudes.
- Relation Internet qui prend de l'ampleur.
- Sorties entre ami(e)s au cours desquelles vous nouez de nouvelles connaissances.

MÉDICALEMENT

- I.R.M., scanner.
- Port d'un sonotone (notamment 20 + 10 + 9).
- Fond d'œil possible (notamment 20 + 10 + 6).
- Problèmes pulmonaires (notamment 20 + 10 + 13).

DIVERS

- Gain à la loterie, aux jeux de hasard.
- Verdict imminent.
- Musicien chanteur en tournée.
- Enregistrement d'une bande-son, électrophone.

BINÔME XX + XI

+

Selon le contexte, ce binôme évoque les scénarios suivants :

PROFESSIONNELLEMENT

- Nomination à un poste de responsable dans l'encadrement.
- Réunion de travail qui tourne à l'affrontement, au bras de fer.
- Ambiance de travail où celui qui crie le plus fort a forcément raison.
- Individu qui fait le forcing tentant de débloquer une situation épineuse.
- On vous fait payer au prix fort certaines de vos actions passées.
- Entretien au cours duquel vous réglez vos comptes.

Clin d'œil aux métiers suivants : *responsable marketing, webmaster, directrice de la communication.*

SENTIMENTALEMENT

- Des rapports de force enveniment vos échanges amoureux.
- Discussion franche, vous dites clairement ce que vous avez sur le cœur.
- Règlement de compte entre deux partenaires fâchés.
- Sortie entre ami(e)s au cours de laquelle vous faites la connaissance d'une femme corpulente (notamment 20 + 11 +3).

MÉDICALEMENT

- Rendez-vous ORL.
- Bonne capacité pulmonaire.
- Rééducation orthophonique.
- Dans certains cas, vomissements, hauts le cœur.

DIVERS

- Audition ou confrontation au commissariat (notamment 20 + 11 + 8).

BINÔME XX + XII

+

Selon le contexte, ce binôme évoque les scénarios suivants :

PROFESSIONNELLEMENT

- Équipe de travail au sein de laquelle s'est installé un malaise.
- Communication altérée, négociations suspendues ou au point mort.
- Groupe de personnes cherchant à vous nuire ou à vous tendre un piège.
- Site Internet rencontrant des problèmes temporaires (virus).

Clin d'œil aux métiers suivants : *médecin ORL, anatomopathologiste, employé(e) dans une officine, en laboratoire d'analyses médicales, audioprothésiste, acousticien(ne).*

SENTIMENTALEMENT

- Déclarations qui créent un malaise dans votre relation.
- Échanges Internet quasi stériles.
- Couple au sein duquel la communication est altérée.
- Personne qui ne souhaite plus vous parler.

MÉDICALEMENT

- Examens médicaux ordonnés (acoumétrie, audiogramme).
- Problèmes acoustiques (acouphènes, surdité).
- Infection virale ou respiratoire.
- Bronchite.

DIVERS

- Jugement différé.
- Individu débouté faute de preuves.

BINÔME XX + XIII

+

Selon le contexte, ce binôme évoque les scénarios suivants :

PROFESSIONNELLEMENT

- Annonce d'un plan de licenciements ou de la fermeture d'un site.
- Vous annoncez votre démission ou on vous signifie que vous êtes congédié(e).
- Vous apprenez le départ de l'un(e) de vos collègues.
- Climat de travail hostile au sein duquel on vous a littéralement déclaré la guerre.
- Méchanceté gratuite, des propos affligeants vous laissent sans voix.
- Violente dispute au cours de laquelle vous réglez vos comptes (cf. 20 + 16).

***Clin d'œil aux métiers suivants** : nécrologue, employé(e) aux pompes funèbres, huissier de justice, notaire, médecin légiste.*

SENTIMENTALEMENT

- Rupture sentimentale ferme et définitive.
- Annonce d'un divorce ou divorce prononcé.
- Éclats de voix marquant la fin d'une relation amoureuse.
- En positif, rencontre inespérée d'un veuf ou d'un divorcé.

MÉDICALEMENT

- Intervention chirurgicale inéluctable.
- Découverte de métastases, de l'existence d'un cancer.
- Personne atteinte d'un cancer du poumon ou d'un œdème.
- Charge virale.
- Graves problèmes respiratoires.
- Dans certains cas, analyse de polypes intestinaux (notamment 20 + 13 + 15).

DIVERS

- Annonce d'une fin.
- Enterrement, funérailles.
- Déclaration de guerre.
- Changement radical, métamorphose.
- Séances de spiritisme, nécromancie.
- Procédure d'expulsion.
- Procès perdu, vous êtes débouté.

BINÔME XX + XIIII

+

Selon le contexte, ce binôme évoque les scénarios suivants :

PROFESSIONNELLEMENT

- Réalisation professionnelle nécessitant des moyens de communication ultramodernes.
- Participation à une émission de radio.
- Publicité (site Internet, etc.) permettant de faire fructifier votre activité.
- Individu poursuivant une carrière dans l'audiovisuel.
- Projet cinématographique pour le grand écran.
- Équipe de collaborateurs avec lesquels vous êtes sur la même longueur d'onde.
- Entretien visant à rechercher une solution amiable à un différend.

Clin d'œil aux métiers suivants *: présentateur TV, animateur radio, chargé(e) de communication, employé(e) dans le multimédia, en téléphonie mobile, électricien(ne), agent d'accueil, employé(e) d'un centre d'appels.*

SENTIMENTALEMENT

- Relation épistolaire (correspondance Internet, etc.) à l'origine d'une histoire d'amour durable.
- Vie sociale intense vous portant à fréquenter des gens superficiels.
- Couple épanoui au sein duquel la communication est omniprésente.

MÉDICALEMENT

- Gêne respiratoire au niveau des voies aériennes supérieures, allergies (asthme).
- Rhume.
- Rendez-vous ORL (canal auditif, trompe d'Eustache).
- Problèmes de santé liés aux champs électromagnétiques.

DIVERS

- Assistance technique par voie téléphonique.
- Discussion concernant un téléviseur, un ordinateur portable.
- Antenne relais, parabole.
- Jugement équitable.

BINÔME XX + XV

+

Selon le contexte, ce binôme évoque les scénarios suivants :

PROFESSIONNELLEMENT

- Entretien qui tourne au règlement de compte.
- Révélations explosives provoquant la colère de votre entourage.
- Résultats d'un vote ou d'un référendum à l'origine d'un vaste mouvement de protestation.
- Rendez-vous avec l'administration fiscale (notamment 20 + 15 + 8).
- Transactions financières frauduleuses pour lesquelles vous risquez gros.
- Projet pour lequel vous êtes en contact avec une société de production.

Clin d'œil aux métiers suivants : *musicien, rockeur, chanteur, avocat pénaliste, policier(-ère).*

SENTIMENTALEMENT

- Fréquentation d'un site Internet à caractère pornographique.
- Aveux ou confessions intimes portant sur vos pratiques sexuelles.
- Individu pervers rencontré dans un lieu de débauche.
- Scènes de ménage provoquées par une jalousie maladive (notamment 20 + 15 + 16).
- Rencontre aussi torride qu'éphémère.

MÉDICALEMENT

- Analyse d'une tumeur.
- Examen de la thyroïde (notamment 20 + 15 + 4).
- Infection respiratoire : bronchite, broncho-pneumonie, etc.
- Plus rarement, œdème du poumon (notamment 20 + 15 + 13).

DIVERS

- Verdict qui déchaîne les passions.
- Audition de délinquants.
- Groupe de rock.
- Condamnation à payer une pénalité, une amende.
- Sorcellerie, rites vaudou, contact avec un marabout.
- Élection d'un homme politique.
- Préparation d'actes de malveillance.
- Malversations.

BINÔME XX + XVI

+

Selon le contexte, ce binôme évoque les scénarios suivants :

PROFESSIONNELLEMENT

- On vous informe d'une restructuration imminente, voire de la fermeture de vos locaux.
- Personne à qui on signifie sa mise à pied ou son renvoi.
- Une annonce fracassante vient anéantir vos projets.
- Entretien professionnel au cours duquel vos compétences sont remises en cause.
- Réunion qui vire au cauchemar (cf. 20 + 15).
- Procédure prud'homale éprouvante.

***Clin d'œil aux métiers suivants** : urbaniste, ingénieur du bâtiment, employé(e) dans un syndic de copropriété.*

SENTIMENTALEMENT

- Des révélations fracassantes vont avoir l'effet d'une bombe au sein de votre foyer.
- Rupture face à laquelle vous ne pourrez rien.
- Violentes disputes conjugales, scènes de ménage explosives.

MÉDICALEMENT

- Bronchite, laryngite, angine blanche.
- Risque d'AVC.
- Rendez-vous aux services des urgences médicales.

DIVERS

- Nuisances sonores.
- Explosion de gaz.
- Alerte, ordre d'évacuation.
- On vous annonce un accident.
- Conseil syndical ou assemblée générale en effervescence.
- Procès perdu, à rebondissements, jugement qui vous scie les jambes.
- Risque d'accidents domestiques, de la circulation.

BINÔME XX + XVII

+

Selon le contexte, ce binôme évoque les scénarios suivants :

PROFESSIONNELLEMENT

- Une petite voix intérieure vous guide vers la réussite, sachez l'écouter.
- Audition ou entretien qui se passe à merveille.
- Révélations qui vous enchantent.
- Projet artistique sponsorisé par une société de production, une chaîne de télévision, etc.
- Individu qui se destine à une carrière musicale.
- Affaire résolue comme par un coup de baguette magique.

Clin d'œil aux métiers suivants *: chanteur(-se), pianiste, musicien(ne), musicologue, disquaire, compositeur(-trice).*

SENTIMENTALEMENT

- Belle rencontre que vous n'attendiez plus.
- Correspondance internet qui vous met du baume au cœur.
- Vous faites la connaissance d'un individu avec lequel vous vous sentez à l'aise.
- Personne idéaliste rencontrée dans l'univers musical.
- Histoire d'amour qui invite au romantisme (dîner aux chandelles).

MÉDICALEMENT

- Guérison.
- Musicothérapie.
- Grossesse, vous apprenez que vous êtes enceinte.
- Dans certains cas, auriculothérapie.

DIVERS

- Élection d'une miss, d'une graine de star, etc.
- Sortie karaoké.
- Procès gagné.
- Philosophie zen, bouddhiste.
- Conservatoire.
- Vous allez à l'opéra.
- Concerto, music-hall, cabaret.

BINÔME XX + XVIII

+

Selon le contexte, ce binôme évoque les scénarios suivants :

PROFESSIONNELLEMENT

- Entretien qui manque de sincérité.
- Réunion en catimini qui vous apporte des révélations troublantes.
- L'un(e) de vos collègues vous tient des propos mensongers.
- Individu dont les talents musicaux conduisent à animer des soirées, des concerts.
- Travail en studio d'enregistrement pour le compte d'une société de production.

Clin d'œil aux métiers suivants *: disque-jockey, chanteur(-se) de cabaret, barman, employé(e) dans un bureau de tabac, vendeur en immobilier, employé(e) au sein d'un syndic de copropriété, professionnel de la justice.*

SENTIMENTALEMENT

- Personne rencontrée à un concert ou dans une boîte de nuit.
- Vie nocturne intense, profusion de sorties entre ami(e)s.
- Révélations relatives à votre foyer, à un bien immobilier.
- Rencontre d'un individu qui masque sa vraie personnalité.

MÉDICALEMENT

- Problèmes liés au tabagisme (radio des poumons).
- Problèmes aux bronches causés par l'humidité.
- Risque de saturnisme.
- Sommeil fortement perturbé.

DIVERS

- Déclarations mensongères.
- Verdict angoissant, déclarations ambiguës.
- Palais de justice.
- Négociations immobilières.
- Discussions relatives à un héritage.

BINÔME XX + XVIIII

+

Selon le contexte, ce binôme évoque les scénarios suivants :

PROFESSIONNELLEMENT

- Négociations relatives à une fusion, à une association.
- Proposition de rachat ou de partenariat permettant de sauver une société.
- Entretiens ou examens réussis haut la main (cf.20 + 21).
- Comédie musicale, projet mariant la mélodie à la danse.
- Audition pour un casting pour un tournage de film.
- Décision de justice qui vous sera éminemment favorable.
- On vous informe de nouvelles qui vous ravissent.

Clin d'œil aux métiers suivants *: juge aux affaires familiales, animateur de soirées, employé(e) dans l'audiovisuel, à la télévision.*

SENTIMENTALEMENT

- Fiançailles, pacs, mariage, etc. : vous officialisez votre union.
- Organisation d'un baptême ou d'une communion.
- Un heureux événement vient resserrer les liens qui vous unissent.
- Vous obtiendrez la garde de vos enfants par voie de justice.

MÉDICALEMENT

- Électrocardiogramme (cf. 19 + 20).
- Rendez-vous en cardiologie.
- Individu qui s'essouffle facilement.
- Rendez-vous de dermatologie.
- Échographie.

DIVERS

- Annonce d'une victoire (sportive).
- Chanteur sous les feux de la rampe.
- Séance photo.

BINÔME XX + XXI

+

Selon le contexte, ce binôme évoque les scénarios suivants :

PROFESSIONNELLEMENT

- Examens, entretiens couronnés de succès (cf. 20 + 19).
- Vous êtes nommé à un poste des plus en vue.
- Vous recevrez les félicitations d'un jury.
- Une commission accepte votre projet à l'unanimité.
- Appui d'une personnalité siégeant dans l'hémicycle (notamment 20 + 21 + 15).
- Entrepreneur ou profession indépendante dont la clientèle ne cesse de croître.
- Organisation d'un évènement nécessitant de nombreux déplacements.
- Individu siégeant dans une commission parlementaire, une assemblée, etc.

Clin d'œil aux métiers suivants *: employé(e) dans l'audiovisuel public, chargé(e) de communication, conférencier(-ère), attaché(e) d'ambassade.*

SENTIMENTALEMENT

- Relation sentimentale qui vous ouvre sur l'extérieur.
- Rencontre amoureuse à l'occasion d'une réception, d'une fête.
- Organisation de fiançailles.

MÉDICALEMENT

- Guérison, rémission.

DIVERS

- Concours de chant.
- Remise de prix.
- Évènement musical, concert.
- Baptême, fête, invitation à des fiançailles.
- Résultat d'une élection, campagne électorale.
- Tribunal international de La Haye.
- Navigateur, moteur de recherche sur Internet (notamment 20 + 21 + 9).

BINÔME XX + XXII

+

Selon le contexte, ce binôme évoque les scénarios suivants :

PROFESSIONNELLEMENT

- Vous annoncez votre démission (notamment 20 + 22 + 13).
- On vous informe de votre mutation prochaine (notamment 20 + 22 + 10).
- Entretien affligeant dont vous sortez diminué, épuisé moralement.
- Équipe de travail au sein de laquelle vous êtes victime de harcèlement moral (notamment 20 + 22 +12).
- Réunion de travail chargée d'organiser un déplacement, un voyage.
- Un(e) collègue vous annonce son départ prochain.

Clin d'œil aux métiers suivants : *musicien itinérant (troubadour).*

SENTIMENTALEMENT

- Révélations qui vous font fuir à tire d'ailes.
- Votre partenaire vous parle comme à un chien, ce qui vous déprime de plus en plus.
- Individu préférant la compagnie de ses amis à sa vie de couple.
- Personne que vous envoyez promener, à qui vous dites le fond de votre pensée.

MÉDICALEMENT

- Maux de tête, céphalées possibles.
- Rendez-vous en psychiatrie, en neurologie (notamment 20 + 22 + 10).
- Vous vous faites scléroser les varices.

DIVERS

- Jugement, verdict différé.
- Renvoi, report d'audience.
- Conversation affligeante.
- Musicien en tournée.
- Annonce d'un départ imminent.
- Déménagement imprévu.

LE MONDE

Moi le Monde, je t'invite à voyager et à visiter d'autres contrées.
Avec moi, n'hésite pas à t'ouvrir sur l'extérieur.

Au premier coup d'œil, le Monde incarne :

1. **Le globe, les voyages**
2. **L'étranger, les autres**
3. **La foule, la clientèle**
4. **Le succès, les lauriers**
5. **Les ressources humaines**
6. **Le commerce international**
7. **Les langues étrangères**
8. **Un cénacle, un club privé**
9. **Les mondanités, les fêtes**
10. **Un ego surdéveloppé**

Le Monde, en se mariant aux 21 autres arcanes majeurs, nous évoque la **victoire,** le **prestige** et nos moments de **gloire.**

BINÔME XXI + I

+

Selon le contexte, ce binôme évoque les scénarios suivants :

PROFESSIONNELLEMENT

- Décision d'implanter ou de développer une société à l'étranger.
- Individu participant à des salons professionnels ou exposant sur un stand.
- Activité artisanale ou commerciale au contact d'un vaste public.
- Apprentissage d'une langue par le biais d'un stage intensif.
- Participation active à l'organisation d'un festival, d'un spectacle (notamment 21 + 1 + 6).
- Étudiant(e) en commerce international.

Clin d'œil aux métiers suivants *: vendeur, commercial, artisan, guichetier, steward, serveur, employé(e) dans l'import-export, dans le commerce international (notamment 21 + 1 + 14).*

SENTIMENTALEMENT

- Rencontre amoureuse dans un lieu de forte affluence (grande surface, marché, etc.).
- Vous faites la connaissance d'un jeune homme au cours d'un séjour à l'étranger.
- Individu auprès duquel vous vous épanouissez pleinement.
- Dans certains cas, couple qui se prépare à l'arrivée d'un nouveau-né.

MÉDICALEMENT

- Vaccination contre les maladies tropicales (fièvre jaune, etc.).
- Campagne de dépistage ou de prévention.
- Dans certains cas, naissance imminente (notamment 21 + 1 + 10).
- Très rarement, enfant atteint de trisomie 21.

DIVERS

- Fête foraine, foire.
- Le monde de la petite enfance (notamment 21 + 1 + 19).
- Artiste en tournée.

BINÔME XXI + II

+

Selon le contexte, ce binôme évoque les scénarios suivants :

PROFESSIONNELLEMENT

- Études sur la psychologie des rapports humains.
- Société internationale pilotée par une femme de pouvoir.
- Entretien avec la directrice des ressources humaines d'un grand groupe.
- Formation en langues étrangères (cours privés, stages intensifs, etc.).
- Rendez-vous avec une éditrice ou avec une spécialiste de la presse écrite (notamment 21 + 2 + 1).
- Enseignement littéraire, écriture d'une thèse...
- Réussite professionnelle vis-à-vis de laquelle vous prenez du recul.

Clin d'œil aux métiers suivants *: DRH, sociologue, linguiste, traductrice, conférencière, éditorialiste, journaliste (notamment 21 + 2 + 20), enseignant(e) en langues étrangères, éditrice.*

SENTIMENTALEMENT

- Mondanités au cours desquelles vous faites la connaissance d'une femme mûre.
- Rencontre amoureuse avec une femme de bon niveau social.
- Rencontre d'une femme mature d'origine étrangère.

MÉDICALEMENT

- Examens médicaux, radios (notamment 21 + 2 + 5).
- Dépistage, recherches épidémiologiques.
- Suivi psychologique possible (notamment 21 + 2 + 18).

DIVERS

- Sondage, enquête.
- Salon du livre.
- Le monde de la presse.

BINÔME XXI + III

+

Selon le contexte, ce binôme évoque les scénarios suivants :

PROFESSIONNELLEMENT

- Aisance relationnelle hors pair vous permettant d'atteindre vos objectifs de carrière.
- Conjoncture favorisant l'émergence de nouvelles idées.
- Correspondance avec l'étranger dans le cadre d'un projet.
- Femme influente avec laquelle vous gardez contact.
- Personne dotée de grandes capacités linguistiques.
- Réalisations professionnelles vous procurant de nombreux avantages.

Clin d'œil aux métiers suivants : *secrétaire trilingue, agent consulaire, ambassadrice, fonctionnaire au sein d'un ministère, présentatrice TV (notamment 21 + 3 + 20).*

SENTIMENTALEMENT

- Rencontre d'une femme BCBG dans un lieu de forte affluence, au cours d'une fête, etc.
- Liaison amoureuse avec une personne étrangère ou vivant à l'étranger.
- Séductrice de laquelle vous tombez follement amoureux.
- Vie de couple épanouissante, vous avez envie de plaire à votre partenaire.

MÉDICALEMENT

- Bonne vitalité.
- Soins liés au visage.
- Gêne oculaire possible.

DIVERS

- Vous recevez du courrier de l'étranger.
- Goût du luxe chez une consultante.

BINÔME XXI + IIII

+

Selon le contexte, ce binôme évoque les scénarios suivants :

PROFESSIONNELLEMENT

- Assise professionnelle vous mettant à l'abri du besoin.
- Projet bénéficiant de l'appui d'un homme très influent (politicien).
- Rencontre d'un individu présidant une assemblée ou siégeant au conseil d'administration de sa société.
- Entreprise couronnée de succès.
- Homme de pouvoir traitant des affaires avec l'étranger.
- Chef d'entreprise à la tête d'une structure internationale.

Clin d'œil aux métiers suivants *: directeur des ressources humaines, consul, ambassadeur, maire, préfet, sénateur, parlementaire (notamment 21 + 4 + 8), homme d'affaires, transporteur, pilote, chef d'entreprise, P.-D.G.*

SENTIMENTALEMENT

- Extase amoureuse aux côtés d'un homme de pouvoir.
- Séjour à l'étranger au cours duquel vous tombez sous le charme d'un autochtone.
- Rencontre d'un individu voyageant fréquemment (notamment 21 + 4 + 22).
- Vie de couple établie sur des bases saines.
- Dans certains cas, soirée mondaine à l'origine d'une histoire d'amour durable.

MÉDICALEMENT

- Excellente santé.
- Vue à surveiller.

DIVERS

- Vous assistez à un évènement sportif.
- Club privé, club VIP.
- Personne étrangère ou vivant à l'étranger.

BINÔME XXI + V

+

Selon le contexte, ce binôme évoque les scénarios suivants :

PROFESSIONNELLEMENT

- Conjoncture idéale pour conclure de nouveaux accords.
- Notoriété publique vous permettant d'envisager l'avenir avec optimisme.
- Appui d'une personne jouissant d'une solide réputation et dont les conseils vous seront profitables.
- Participation à des séminaires ou à des colloques.
- Parcours universitaire exemplaire, individu bardé de diplômes.
- Organisation d'un voyage à l'étranger ou d'un stage de langue en immersion totale.

Clin d'œil aux métiers suivants : *coach, formateur, conférencier, maître de conférences, professeur, doyen d'université, agrégé en langues étrangères, guide touristique, prêtre, évêque.*

SENTIMENTALEMENT

- Personnage bienveillant auprès duquel vous reprenez confiance en vous.
- Union bénie des dieux, couple heureux de vivre.
- Rencontre amoureuse avec un homme d'âge mûr.
- Intellectuel de qui vous tombez amoureuse.

MÉDICALEMENT

- Consultation d'un éminent professeur.
- Rendez-vous possible au sein d'un service d'immunologie.

DIVERS

- Personne qui prêche la bonne parole.
- Lieu de pèlerinage.
- Conseil interministériel.

BINÔME XXI + VI

+

Selon le contexte, ce binôme évoque les scénarios suivants :

PROFESSIONNELLEMENT

- Participation à un spectacle ou à un défilé de mode.
- Personne manifestant un vif intérêt pour le monde de la mode.
- Carrière dans l'univers « strass et paillettes » du showbiz.
- Vous décrochez un rôle dans une pièce de théâtre.
- Succès à l'origine de nouvelles amitiés.

Clin d'œil aux métiers suivants *: comédien, acteur de théâtre, forain, vendeur de prêt-à-porter, de lingerie, couturier(-ère), costumier, maquilleuse.*

SENTIMENTALEMENT

- Rencontre amoureuse à l'occasion d'un cocktail, d'une sortie entre ami(e)s.
- Par extension, personne qui vous est présentée au cours d'une fête.
- Période faste sur le plan sentimental.
- Retour d'un individu appartenant à votre passé amoureux.

MÉDICALEMENT

- Soins du visage.
- Vue à surveiller, examens possibles.
- Centre de transfusion sanguine.

DIVERS

- Cocktail dînatoire, gala, cérémonie.

BINÔME XXI + VII

+

Selon le contexte, ce binôme évoque les scénarios suivants :

PROFESSIONNELLEMENT

- Déplacement professionnel, vous partez en mission ou en voyage d'affaires.
- Profession itinérante qui vous est éminemment favorable.
- Jeune cadre dynamique dont la carrière décolle.
- Opportunité de travail à l'étranger, vous envisagez une mutation.
- Individu ambitieux dont les projets sont en voie de réalisation.
- Investissement personnel vous permettant d'atteindre vos objectifs.

Clin d'œil aux métiers suivants : *transporteur, chauffeur, commercial, VRP, navigant, concessionnaire automobile (notamment 21 + 7 + 10).*

SENTIMENTALEMENT

- Rencontre imprévue au cours d'un déplacement professionnel.
- Aventure amoureuse auprès d'un jeune homme constamment par monts et par vaux.
- Relation sentimentale positive vous ouvrant davantage sur le monde extérieur.

MÉDICALEMENT

- Grande vitalité.
- Soucis de hanches, de mobilité.

DIVERS

- Voyage à l'étranger, globe-trotter.
- Salon de l'automobile.
- Déplacement terrestre (train, voiture, etc.).

BINÔME XXI + VIII

+

Selon le contexte, ce binôme évoque les scénarios suivants :

PROFESSIONNELLEMENT

- Réussite à un concours.
- Climat éminemment favorable à la signature de contrat d'affaires ou succès aux examens (notamment 21 + 8 + 19).
- Vos activités réalisent des profits pléthoriques.
- Titre honorifique, diplôme ou promotion récompensant vos efforts.
- Individu poursuivant des études de droit.
- Accords bénéfiques conclus avec un pays étranger (notamment 21 + 8 + 19).

Clin d'œil aux métiers suivants *: fonctionnaire d'État, avocat d'affaires, consul, ambassadeur, fonctionnaire international, employé(e) au ministère de la Justice, dans un rectorat, à la magistrature, etc.*

SENTIMENTALEMENT

- Équilibre conjugal propice à votre épanouissement personnel.
- Relation amoureuse avec une personne qui juge vos moindres faits et gestes.
- Vous décidez de publier les bans, de vous pacser, etc.

MÉDICALEMENT

- Bon équilibre général.
- Surpoids, régime envisagé.
- Personne soucieuse de son équilibre alimentaire.

DIVERS

- Tribunal international de La Haye.
- Vous saisissez la Cour européenne des droits de l'homme.
- Droit international des affaires.
- Demande d'extradition.
- Vous recevrez un prix fort prisé.
- Médaille, décoration reçue à l'occasion des Jeux olympiques, etc.

BINÔME XXI + VIIII

+

Selon le contexte, ce binôme évoque les scénarios suivants :

PROFESSIONNELLEMENT

- Projet ambitieux dont la réalisation subit du retard.
- Commerce ou affaire qui enregistre une chute de sa clientèle.
- Succès vis-à-vis duquel vous prenez du recul (cf. 21 + 2).
- Vous effectuez des recherches dans le cadre d'une thèse ou d'un mémoire.
- Individu poursuivant des études de longue haleine.

Clin d'œil aux métiers suivants *: sondeur, enquêteur, chercheur, savant, scientifique, sociologue, gérontologue.*

SENTIMENTALEMENT

- Relation qui s'essouffle, manque de communication au sein de votre couple.
- Rencontre amoureuse avec un(e) célibataire dans l'âme.
- Cercle d'amis auprès duquel vous cherchez à rompre votre solitude affective.

MÉDICALEMENT

- Examens médicaux ordonnés.
- Femme enceinte (notamment 21 + 9 + 12).
- Baisse d'acuité visuelle.

DIVERS

- Individu casanier.
- Bal des célibataires.
- Difficultés à se mêler aux autres.

BINÔME XXI + X

+

Selon le contexte, ce binôme évoque les scénarios suivants :

PROFESSIONNELLEMENT

- Rythme de travail frénétique, vous n’avez pas une minute à vous.
- Période faste, riche en nouvelles opportunités d’évolution professionnelle.
- Affaire ou commerce qui tourne à plein régime.
- Expansion internationale d’une société en plein essor.
- Privilèges dont vous profitez allègrement, vous surfez sur le haut de la vague.
- Réussite vous donnant accès à un niveau supérieur de rémunération.
- Dans certains cas, individu pratiquant le football à un niveau professionnel.

Clin d’œil aux métiers suivants : *personnel navigant commercial, VRP, employé(e) dans la grande distribution, d’un centre commercial, au ministère des Finances (notamment 21 + 10 + 15), forain, acrobate (notamment 21 + 10 + 16).*

SENTIMENTALEMENT

- Évolution positive d’une relation qui vous ouvre davantage sur l’extérieur.
- Sorties multiples à l'origine d'une nouvelle histoire d'amour.
- Retour rapide d’un être qui vous est cher.
- Rencontre amoureuse stimulant votre vie quotidienne.

MÉDICALEMENT

- Bonne santé.
- Dérèglement de l’horloge biologique.

DIVERS

- Gain à la loterie (notamment 21 + 10 + 8).
- Fête foraine (la grande roue).
- Club privé.
- Circuit, tournée, etc.

BINÔME XXI + XI

+

Selon le contexte, ce binôme évoque les scénarios suivants :

PROFESSIONNELLEMENT

- Vous réussirez à atteindre vos objectifs, vos entreprises seront couronnées de succès.
- Individu au sommet de sa gloire.
- Victoire motivée par une farouche volonté de réussir.
- Société qui demeure le leader n° 1 dans son secteur d'activité.
- Charisme vous permettant de briguer un poste à responsabilités.
- Vous devrez batailler ferme pour conserver votre leadership.
- Appui d'une personne évoluant sur le devant de la scène internationale.

Clin d'œil aux métiers suivants *: employé(e) au ministère de l'Intérieur, de la Défense, boxeur, dresseur, employée aux ressources humaines.*

SENTIMENTALEMENT

- Amour exclusif à l'origine de conflits parfois violents.
- Rencontre amoureuse avec une personne qui vous pousse sans cesse dans vos retranchements.
- Couple uni par de puissants liens affectifs.

MÉDICALEMENT

- Excellente vitalité, forme olympique.

DIVERS

- Titre que vous devrez défendre.
- Sentiment d'invincibilité.

BINÔME XXI + XII

+

Selon le contexte, ce binôme évoque les scénarios suivants :

PROFESSIONNELLEMENT

- Réussite semée d'embûches.
- Victime des circonstances, vous devez différer vos projets.
- Marge de manœuvre réduite, dépendance aux autres qui vous est nocive.
- Négociations bloquées ou suspendues.
- Des soucis médicaux vous contraignent à mettre votre carrière entre parenthèses.
- Individu évoluant dans le corps médical.

Clin d'œil aux métiers suivants *: employé(e) au ministère de la Santé, le personnel sanitaire et social, écologiste (notamment 21 + 12 + 17), le personnel médical.*

SENTIMENTALEMENT

- Attachement amoureux peu profond, liaison superficielle.
- Couple au sein duquel la communication s'est altérée.
- Rencontre d'un individu qui n'a pas été gâté sur le plan amoureux.

MÉDICALEMENT

- Examens médicaux à l'ordre du jour.
- Maladie tropicale attrapée à l'étranger.
- Malaise d'origine virale.

DIVERS

- L'univers carcéral (notamment 21 + 12 + 16).
- Services sanitaires, vétérinaires, de l'hygiène publique.
- Génie sanitaire.
- Pays sous embargo.
- Xénophobie possible.

BINÔME XXI + XIII

+

Selon le contexte, ce binôme évoque les scénarios suivants :

PROFESSIONNELLEMENT

- Ce que vous teniez pour acquis s'écroule tel un château de cartes.
- Brusque revirement de situation en votre défaveur.
- Revers de fortune, vos privilèges vous sont retirés.
- Plan de licenciement massif.
- Changement de statut vous obligeant à vous dépouiller du superflu.

Clin d'œil aux métiers suivants *: récoltant viticole, employé(e) dans l'agroalimentaire, exploitant agricole.*

SENTIMENTALEMENT

- Incident traumatisant qui remet votre vie amoureuse en cause.
- Votre vie s'écroule du jour au lendemain.
- Individu qui fait le grand ménage dans ses relations amicales et amoureuses.

MÉDICALEMENT

- Épidémie, pandémie (choléra, etc.).
- Contamination.
- Vitalité en déclin, en berne.
- Dans certains cas, accident.

DIVERS

- Le monde agricole, Salon de l'Agriculture.
- La fête des Morts, la Toussaint.
- Métamorphose.

BINÔME XXI + XIIII

+

Selon le contexte, ce binôme évoque les scénarios suivants :

PROFESSIONNELLEMENT

- Profession qui met à l'honneur les voyages aériens.
- Cadre de travail agréable, décontracté.
- Carrière à dimension internationale au travers de laquelle vous vous épanouissez.
- Individu qui excelle dans la pratique des langues étrangères.
- Participation à une conférence internationale.
- Aisance relationnelle qui est fort appréciée de votre entourage professionnel.

Clin d'œil aux métiers suivants *: hôtesse de l'air, pilote, employé(e) dans l'import-export, interprète, logisticien, conférencier, agent aéroportuaire, agent d'escale, diplomate, ambassadeur, agent consulaire.*

SENTIMENTALEMENT

- Union harmonieuse au sein de laquelle les échanges sont de grande qualité.
- Aventure amoureuse avec une personne étrangère.
- Voyage à l'origine d'une belle histoire d'amour.

MÉDICALEMENT

- Personne soucieuse de son hygiène de vie.
- Récupération par le repos.
- Guérison par les médecines douces.

DIVERS

- Vacances à l'étranger.
- Parc d'attractions.

BINÔME XXI + XV

+

Selon le contexte, ce binôme évoque les scénarios suivants :

PROFESSIONNELLEMENT

- Réussite qui attise les jalousies de votre entourage.
- Prospérité financière, succès dans les affaires.
- Activité dégageant des profits pléthoriques.
- Enthousiasme débordant vous permettant d'atteindre vos buts.
- Personne qui a ses entrées dans le monde de la politique.
- Un individu influent intervient en votre faveur.

Clin d'œil aux métiers suivants : *politologue, industriel, employé(e) au ministère des Finances, aux impôts, trader, organisateur de spectacles (notamment 21 + 15 + 17), impresario.*

SENTIMENTALEMENT

- Passion amoureuse dévorante ponctuée de scènes de jalousie à répétition.
- Rencontres érotiques qui vous euphorisent.
- Extase amoureuse proche du nirvana.
- Vie de couple épanouissante à tous niveaux.

MÉDICALEMENT

- Bonne vitalité.
- Énergie débordante.
- État de surexcitation, d'hyperactivité.

DIVERS

- Vie d'opulence, richesses matérielles.
- Voyage(s) en Asie (notamment 21 + 15 + 17).

BINÔME XXI + XVI

+

Selon le contexte, ce binôme évoque les scénarios suivants :

PROFESSIONNELLEMENT

- Folie des grandeurs pour laquelle vous payez un lourd tribut.
- Une série de soucis vient anéantir ce que vous avez bâti.
- Réveil brutal, vous tombez de votre piédestal.
- Restructuration à tous les niveaux de l'entreprise.
- Faillite due à une baisse vertigineuse de votre clientèle.
- Une vague de contestations met vos projets en péril.

Clin d'œil aux métiers suivants : *ouvrier du bâtiment, agent immobilier, employé(e) dans un syndic de copropriété.*

SENTIMENTALEMENT

- Rupture sentimentale aussi soudaine qu'imprévue.
- Évènements fâcheux face auxquels vous restez impuissant(e).
- Relation affective explosive, vous devez percer l'abcès pour avancer.

MÉDICALEMENT

- Épidémie de grippe.
- Maladie tropicale infectieuse.
- Cas de méningite.
- Baisse de vitalité préoccupante.
- Traumatisme crânien.

DIVERS

- Chef-d'œuvre en péril.
- Soulèvement populaire, mouvement libératoire.
- Ville à feu et à sang.
- Un empire s'écroule.

BINÔME XXI + XVII

+

Selon le contexte, ce binôme évoque les scénarios suivants :

PROFESSIONNELLEMENT

- Climat éminemment favorable à votre évolution professionnelle.
- Réussite chaperonnée par votre ange gardien.
- Réalisation personnelle qui va bien au-delà de vos espérances.
- Carrière artistique grâce à laquelle vous parvenez à la célébrité.
- Participation à un événement culturel sponsorisé par la ville organisatrice.
- Projet altermondialiste qui a trait au développement durable (notamment 21 + 17 + 12).

Clin d'œil aux métiers suivants *: artiste, peintre, chanteuse (notamment 21 + 17 + 20), paysagiste, écologiste, parapharmacien(ne), esthéticien(ne), astronome, voyant (notamment 21 + 17 + 9), employé(e) au ministère de la Culture.*

SENTIMENTALEMENT

- Foyer conjugal au sein duquel il fait bon vivre.
- Vie amoureuse évoluant vers la sérénité absolue.
- Échanges harmonieux entre deux personnes d'un même niveau culturel.
- Rencontre amoureuse agréable à l'occasion d'un vernissage ou d'un spectacle.

MÉDICALEMENT

- Bien-être général.
- Soins esthétiques, soins du corps.

DIVERS

- Individu côtoyant les célébrités du monde artistique.
- Spectacle de magie, etc.
- Vernissage.
- Société de cosmétique.
- Vous vous rendez au Salon de la Voyance (notamment 21 + 17 + 9).

BINÔME XXI + XVIII

+

Selon le contexte, ce binôme évoque les scénarios suivants :

PROFESSIONNELLEMENT

- Agence ou commerce victime de son succès.
- Succès qui vous plonge dans la peur de l'inconnu.
- Personne travaillant pour le compte d'une grande structure internationale.
- Individu poursuivant des études universitaires, un enseignement supérieur.
- Carrière dans l'hôtellerie.

Clin d'œil aux métiers suivants *: commerçant, négociant en vins, épicier, caviste, buraliste, agent immobilier, personnel hospitalier (notamment 21 + 18 + 12), employé(e) dans une université, au rectorat.*

SENTIMENTALEMENT

- En général, foyer au sein duquel des non-dits se sont répandus.
- Rencontre d'un individu mystérieux qu'il vous est difficile de cerner.
- Fréquentation de personnes superficielles évoluant dans le monde de la nuit.

MÉDICALEMENT

- Rendez-vous en milieu hospitalier (notamment 21 + 18 + 12).
- Problèmes d'ordre psychologique causés par l'anxiété (notamment 21 + 18 + 2).

DIVERS

- Lieux publics, grande surface, supermarché.
- Le monde de la nuit, de l'occulte.
- Ville côtière.
- Univers onirique prolifique.

BINÔME XXI + XVIIII

+

Selon le contexte, ce binôme évoque les scénarios suivants :

PROFESSIONNELLEMENT

- Fusion ou association des plus bénéfiques pour votre avenir.
- Réussite éclatante qui vous vaut les louanges de votre entourage.
- Vos compétences sont reconnues par vos pairs, par votre hiérarchie.
- Projet humanitaire centré sur la petite enfance.
- Épanouissement professionnel hors métropole, dans un pays ensoleillé.
- Carrière d'acteur à retentissement national, voire international.

Clin d'œil aux métiers suivants *: enseignant(e), éducateur, acteur, danseur, employé(e) dans un centre de remise en forme, dans un club de sport.*

SENTIMENTALEMENT

- Extase amoureuse avec une personne originaire d'un pays ensoleillé (notamment 21 + 19 + 13).
- Couple heureux, félicité conjugale.
- Rencontre d'un individu incarnant la joie de vivre.

MÉDICALEMENT

- Forme éblouissante.
- Vitalité à toute épreuve.

DIVERS

- Club de remise en forme, salle de sport.
- Dancing.
- Voyage vers un pays ensoleillé.

BINÔME XXI + XX

+

Selon le contexte, ce binôme évoque les scénarios suivants :

PROFESSIONNELLEMENT

- Parcours professionnel couronné de succès.
- Vocation à travailler dans l'univers de l'audiovisuel.
- Participation à une émission à heure de grande écoute.
- Afflux de clientèle, commerce florissant.
- Conférence de presse, campagne médiatique ou publicitaire.
- Cérémonie officielle au cours de laquelle un prix vous est décerné.
- Entretien professionnel pour un poste basé à l'étranger (notamment 21 + 20 + 22).

Clin d'œil aux métiers suivants *: journaliste, attaché de presse, employé dans l'audiovisuel, interprète, musicien.*

SENTIMENTALEMENT

- Correspondance Internet avec une personne vivant à l'étranger.
- Fête, cérémonie, animation... au cours de laquelle vous faites une rencontre atypique.
- Vous annoncez une bonne nouvelle à votre entourage (fiançailles, naissance, etc.).

MÉDICALEMENT

- Bonne nouvelle liée à des résultats d'examens.
- Guérison totale.
- On vous annonce que vous êtes enceinte.

DIVERS

- Fête de la musique, concert, orchestre.
- Campagne électorale.
- Attente de résultats imminents.
- Une foule retient son souffle.
- Organisation d'un baptême, d'une fête.
- Emballement médiatique.

BINÔME XXI + XXII

+

Selon le contexte, ce binôme évoque les scénarios suivants :

PROFESSIONNELLEMENT

- Vous larguez les amarres, vous décidez de partir vivre à l'étranger.
- Vous quittez un univers professionnel qui ne vous correspond plus (notamment 21 + 22 +13).
- Voyages éclair occasionnés par vos activités.
- Nécessité de maîtriser une ou plusieurs langues étrangères.
- Séjour linguistique financé par votre entreprise.

Clin d'œil aux métiers suivants *: personnel navigant, tour-opérateur, voyagiste, transporteur, commercial, agent aéroportuaire, employé dans l'import-export, facteur.*

SENTIMENTALEMENT

- Romance qui vous conduit au bout du monde.
- Rencontre amoureuse avec un globe-trotter.
- Voyage lointain en amoureux.
- Aventurier qui ne parvient pas à se fixer.

MÉDICALEMENT

- Rendez-vous au centre des maladies tropicales.
- Fièvre tropicale (notamment 21 + 22 + 16).
- Paludisme, dengue, etc.
- Dans de très rares cas, trisomie 21.

DIVERS

- Voyage long-courrier, voyage d'agrément.
- Tour du monde (cf. 22 + 21).
- Vague d'immigration, exode.
- Pèlerinage, randonnée.
- Marathon.

LE MAT

Moi le Mat, je t'invite à sortir des sentiers battus, à t'affranchir des préjugés et des conventions sociales. N'hésite pas à clamer haut et fort ta liberté de penser. Avec moi, passe ton chemin et va de l'avant, le destin t'y aidera.

Au premier coup d'œil, le Mat incarne :

1. **Un voyageur, un aventurier**
2. **Un nomade, un migrant**
3. **Le départ, l'expatriation**
4. **La mobilité, les déplacements**
5. **La bohème, l'originalité**
6. **La comédie, un bouffon**
7. **La folie, la psychiatrie**
8. **Le paranormal, l'irrationnel**
9. **Un mendiant, un clochard**
10. **La fuite, l'errance**

Le Mat, en se mariant aux 21 autres arcanes majeurs, nous évoque la **marginalité**, **l'excentricité**, la **déprime** et notre besoin d'**évasion** vis-à-vis des réalités matérielles.

BINÔME XXII + I

+

Selon le contexte, ce binôme évoque les scénarios suivants :

PROFESSIONNELLEMENT

- Vous vous aventurez dans un nouveau domaine professionnel.
- Stage de réinsertion sociale (notamment 22 + 1 + 2).
- Travail occasionnel ou saisonnier, assurant votre survie au quotidien.
- Individu muté dans un autre service (notamment 22 + 1 + 7).
- Vous amorcez un nouveau virage sur le plan professionnel.
- Activité itinérante à dominante commerciale.
- Démarches visant à monter votre propre affaire.

Clin d'œil aux métiers suivants *: vendeur ambulant, agent technico-commercial, artisan, technicien.*

SENTIMENTALEMENT

- Renouveau affectif qui met fin à votre errance amoureuse.
- Relation amoureuse qui peine à se stabiliser.
- Vous êtes sur le point de rencontrer un jeune homme (notamment 22 + 1 + 6).

MÉDICALEMENT

- Service de neurologie.
- État migraineux, céphalées (notamment 22 + 1 + 20).
- Pathologies liées à la tête.
- Rendez-vous pour un acte chirurgical (points de suture).
- Blessure à une jambe nécessitant une petite intervention.

DIVERS

- Vous vous rendez chez un artisan, un technicien.

BINÔME XXII + II

+

Selon le contexte, ce binôme évoque les scénarios suivants :

PROFESSIONNELLEMENT

- Harcèlement moral orchestré par votre patronne ou par une femme d'âge mûr.
- Obligation de suivre une formation ou d'assister à un stage.
- Entretien avec une éditrice ou une femme de lettres... (notamment 22 + 2 + 20).
- Une femme va vous faire une proposition de travail.
- Dans de nombreux cas, individu travaillant au contact de personnes âgées ou handicapées.
- Moral en dents de scie conditionné par une ambiance de travail pesante.

Clin d'œil aux métiers suivants *: employé(e) en psychiatrie, en neurologie, psychanalyste (notamment 22 + 2 + 13), auxiliaire de vie, aide à domicile, assistante sociale, attaché(e) de presse, pigiste, factrice.*

SENTIMENTALEMENT

- Vie affective peu épanouissante.
- Épouse dépressive à l'origine de vos déboires amoureux.
- Rencontre d'une femme d'âge mûr (jeune retraitée...).
- Des secrets de Polichinelle vont vous être dévoilés.
- Mère ou belle-mère envahissante, néfaste à votre équilibre conjugal.

MÉDICALEMENT

- Rendez-vous avec un psychiatre, suivi psychologique.
- Examens neurologiques (notamment 22 + 2 + 10).
- Sénilité, perte de mémoire inquiétante.
- Problème de hanche ou de bassin chez une personne âgée.
- Dans certains cas, dépression liée à votre passé.

DIVERS

- Vous vous rendez chez votre mère, votre grand-mère.
- Rendez-vous avec une assistante sociale.
- Personne malveillante qui vous en fait voir de toutes les couleurs.

BINÔME XXII + III

Selon le contexte, ce binôme évoque les scénarios suivants :

PROFESSIONNELLEMENT

- Un courrier vous est adressé, vous recevez une réponse, etc.
- Convocation à un entretien au cours duquel vous rencontrez une décisionnaire (la patronne par exemple).
- Soucis administratifs à l'origine de vos déboires.
- Désordre mental vous empêchant de structurer vos projets.
- Ambiance de travail qui vous mine le moral un peu plus chaque jour.

Clin d'œil aux métiers suivants : *secrétaire intérimaire, pigiste, attaché(e) de presse, représentant.*

SENTIMENTALEMENT

- Nouvelle idylle à l'origine d'un déplacement.
- Consultante dont la vie affective l'insatisfait profondément.
- Vie amoureuse décousue influant sur votre état psychique.
- Dans certains cas, rencontre imminente d'une femme BCBG.
- Vous partez rejoindre un partenaire nouvellement rencontré.

MÉDICALEMENT

- Troubles psychosomatiques.
- Fatigue psychique, angoisses exacerbées.
- Dans certains cas, maux de tête ou migraines (notamment 22 + 3 + 20).

DIVERS

- Vous rendez visite à une amie, une sœur...

BINÔME XXII + IIII

Selon le contexte, ce binôme évoque les scénarios suivants :

PROFESSIONNELLEMENT

- Rendez-vous avec un grand patron d'entreprise.
- Vous vous tournez vers un homme influent afin d'exposer vos projets.
- Votre responsable hiérarchique vous harcèle ou vous critique constamment.
- Par chance, votre chemin croise celui d'un bon samaritain.
- Redressement spectaculaire au terme d'un processus professionnel semé d'embûches.
- Départ ou démission d'un homme de pouvoir.

Clin d'œil aux métiers suivants *: neurologue, attaché de presse, VRP multicartes, commercial, navigant (notamment 22 + 4 + 14), aviateur.*

SENTIMENTALEMENT

- Histoire d'amour épisodique avec un individu peu investi dans votre relation.
- Votre envie d'avancer se heurte à l'immobilisme de votre concubin.
- Vous ne tarderez pas à rencontrer un homme qui saura vous sécuriser sur tous les plans.
- Vous stabilisez votre vie au terme d'un parcours amoureux chaotique.

MÉDICALEMENT

- Sciatique, cruralgie, etc. (notamment 22 + 4 + 13).
- Jambes douloureuses, claudication possible.
- Dépressif chronique.
- Vous avez rendez-vous chez l'ophtalmologiste (notamment 22 + 4 + 6).

DIVERS

- Vous vous rendez chez un ami, chez un frère.
- Vous sollicitez un homme politique (notamment 22 + 4 + 15).

BINÔME XXII + V

Selon le contexte, ce binôme évoque les scénarios suivants :

PROFESSIONNELLEMENT

- Vous êtes invité(e) à un séminaire, un colloque.
- Vous vous rendez chez un conseiller, un coach.
- Projet mal engagé pour lequel vous sollicitez l'aide de votre entourage.
- Formation ou stage de réinsertion sociale bénéfique.
- Éminent professeur travaillant sur les maladies neurologiques.
- Difficultés d'insertion sociale liées à des troubles de la personnalité.

Clin d'œil aux métiers suivants : *psychiatre, neurochirurgien (notamment 22 + 5 + 13), éducateur spécialisé.*

SENTIMENTALEMENT

- Longue errance solitaire au terme de laquelle vous finissez par vous engager.
- Dualité entre votre besoin de liberté et votre envie de vivre en couple.
- Rencontre d'un homme mûr auprès duquel vous vous sentez compris(e).

MÉDICALEMENT

- Troubles psychiques, suivi psychologique.
- Individu sous neuroleptiques (notamment 22 + 5 + 15).
- Rendez-vous avec un grand professeur.
- Consultation médicale au service de neurologie.

DIVERS

- Vous vous rendez chez votre père ou chez votre grand-père.

BINÔME XXII + VI

+

Selon le contexte, ce binôme évoque les scénarios suivants :

PROFESSIONNELLEMENT

- Projet entre ami(e)s qui n'est pas suffisamment structuré.
- Les circonstances vous poussent à faire un choix.
- Individu vaquant de missions intérimaires en emplois saisonniers.
- Équipe de jeunes gens au sein de laquelle il existe une importante rotation.
- Carrière d'acteur ou de comédien à l'origine de grandes satisfactions.
- Angoisses irrépressibles vous faisant douter de vos choix d'orientation.

Clin d'œil aux métiers suivants : *intermittent du spectacle, comédien, saltimbanque, diffuseur de mode en free-lance, agent commercial.*

SENTIMENTALEMENT

- Déplacements à l'origine d'une rencontre amoureuse.
- Entourage affectif frivole ou superficiel, amourette sans lendemain.
- Vous allez devoir faire un choix cornélien.
- Dans certains cas, une personne du passé revient vous hanter.

MÉDICALEMENT

- Migraines ophtalmiques (notamment 22 + 6 + 20).
- Blessure à une jambe.
- Mauvaise circulation sanguine au niveau des jambes.

DIVERS

- Vous êtes convié(e) à une sortie entre ami(e)s.
- Vous vous rendez chez vos frères, sœurs.

BINÔME XXII + VII

+

Selon le contexte, ce binôme évoque les scénarios suivants :

PROFESSIONNELLEMENT

- Mutation ou mobilité professionnelle sont à l'ordre du jour (notamment 22 + 7 + 10).
- Activité itinérante occasionnant de nombreux déplacements.
- Retour à l'emploi après une période d'errance professionnelle.
- Rencontre d'un jeune homme ambitieux qui essaie de vous tirer vers le haut.
- Projet par le biais duquel vous allez pouvoir remettre le pied à l'étrier.

Clin d'œil aux métiers suivants : *ambulancier, chauffeur, livreur, coursier, facteur, bagagiste, voyagiste, employé(e) au SAMU social, commercial.*

SENTIMENTALEMENT

- Rencontre amoureuse au cours d'un voyage ou d'un déplacement (notamment 22 + 7 + 6).
- Homme trentenaire avec lequel vous êtes en décalage.
- Nouvelle aventure à l'origine d'un voyage.

MÉDICALEMENT

- Problèmes psychomoteurs, de mobilité.
- Moral en dents de scie.

DIVERS

- Autostoppeur.

BINÔME XXII + VIII

+

Selon le contexte, ce binôme évoque les scénarios suivants :

PROFESSIONNELLEMENT

- Vous allez recevoir des nouvelles d'une administration.
- Vous allez au-devant d'ennuis sur le plan financier.
- Parcours du combattant au terme duquel vous décrochez un contrat intéressant.
- Vous peinez à obtenir un agrément ou une autorisation légale.
- Harcèlement pour lequel vous saisissez la justice.

Clin d'œil aux métiers suivants : *agent consulaire, douane volante.*

SENTIMENTALEMENT

- Vous avez l'intention de demander le divorce.
- Déséquilibre conjugal qui vous mine le moral.
- Plus rarement, vous décidez de vous pacser (notamment 22 + 8 + 19).
- Relation extraconjugale avec une personne mariée.

MÉDICALEMENT

- Déséquilibre psychique.
- Nervosité, fatigue psychologique.
- Vous faites un bilan de santé.
- Surpoids.

DIVERS

- Vous vous rendez à une convocation (tribunal, commissariat).
- Report d'une décision de justice.
- Contrôle d'identité.

BINÔME XXII + VIIII

+

Selon le contexte, ce binôme évoque les scénarios suivants :

PROFESSIONNELLEMENT

- La monotonie de la routine quotidienne vous devient insupportable.
- Vocation à travailler auprès des seniors.
- Mutation retardée, départ reporté (retraite).
- Des erreurs passées, dont on vous tient responsable, freinent votre évolution de carrière.
- Déprime latente vous empêchant d'avancer à votre guise.

***Clin d'œil aux métiers suivants** : auxiliaire de vie, aide à domicile, employé(e) en gériatrie, en maison de retraite, assistante sociale.*

SENTIMENTALEMENT

- Rencontre d'une personne rivée à sa solitude.
- Passé douloureux vers lequel vous êtes encore tourné.
- Troubles du comportement ou dépression vous confinant dans la solitude.

MÉDICALEMENT

- Troubles psychotiques.
- État dépressif, cyclothymie.
- Sénilité ou problème de mémoire chez une personne âgée.
- Individu se déplaçant à l'aide d'une canne, voire d'un déambulateur.
- Dans certains cas, maladie d'Alzheimer.

DIVERS

- Vous rendez visite à votre grand-père.
- Voyage ou déplacement différé.

BINÔME XXII + X

+

Selon le contexte, ce binôme évoque les scénarios suivants :

PROFESSIONNELLEMENT

- Profession qui exige que vous soyez véhiculé ou mobile.
- Votre mutation est quasi immédiate (notamment 22 + 10 + 7).
- Vous vous lancez tête baissée dans une nouvelle voie.
- Brusque changement de cap ou d'orientation, vous prenez un virage à 180 degrés.
- Dépression chronique à l'origine de vos problèmes de travail.

Clin d'œil aux métiers suivants *: forain, coursier, transporteur, convoyeur de fonds, employé(e) dans un service de neurologie.*

SENTIMENTALEMENT

- Rencontre d'une personne instable avec laquelle il vous sera difficile d'envisager l'avenir.
- Coup de tête aux conséquences désastreuses (notamment 22 + 10 + 13).
- De nouvelles opportunités de faire des rencontres vont se présenter très prochainement.

MÉDICALEMENT

- Tics nerveux.
- Vous passez un scanner (notamment 22 + 10 + 20).
- Service de neurologie.
- Dépression.
- Problème de genoux (notamment 22 + 10 + 12).

DIVERS

- Départ précipité par les évènements.
- Voyage ou circuit organisé.

BINÔME XXII + XI

+

Selon le contexte, ce binôme évoque les scénarios suivants :

PROFESSIONNELLEMENT

- Épreuve de force que vous ne pourrez éviter.
- Vous allez au-devant de sérieux problèmes avec votre hiérarchie.
- Injustice criante ou accusation menant à une explication musclée.
- Évolution fébrile vers un poste à responsabilités dans l'entreprise.
- Stress engendré par la pression que l'on exerce sur vous.

***Clin d'œil aux métiers suivants** : dresseur, agent de sécurité, maître-chien, employé(e) à la SPA, comportementaliste animalier.*

SENTIMENTALEMENT

- Individu tombé dans les griffes d'une maîtresse femme.
- Personne que vous tentez de retenir contre son gré.
- Couple au sein duquel les scènes de ménage se suivent et se ressemblent.
- Vous trouverez la force de dire « non », de vous rebeller.

MÉDICALEMENT

- Stress à l'origine d'une prise de poids.
- Blessure (morsure possible).

DIVERS

- Action(s) irréfléchie(s).
- Agression physique.

BINÔME XXII + XII

+

Selon le contexte, ce binôme évoque les scénarios suivants :

PROFESSIONNELLEMENT

- Traîtrise dont vous êtes la victime ou dont vous êtes à l'origine, selon le cas.
- Votre calvaire n'est pas terminé, un obstacle supplémentaire vient entraver votre parcours professionnel.
- Situation de harcèlement moral qui vous devient pénible.
- Individu dont l'attitude irraisonnée lui ferme bien des portes.
- Arrêts médicaux liés à votre état psychologique.

***Clin d'œil aux métiers suivants** : agent sanitaire, assistant(e) social(e), employé(e) des services de l'hygiène.*

SENTIMENTALEMENT

- Relation frustrante qui vous épuise moralement.
- Déprime latente, insatisfaction amoureuse grandissante.
- Rencontre d'un individu mal dans sa peau.

MÉDICALEMENT

- Déficience psychique, dépression.
- Convalescence, repos fortement conseillé.
- Vous allez devoir passer des examens médicaux.
- Douleurs dorsales handicapantes.
- Problème de jambe ou de pied.

DIVERS

- Individu en marge de la société.
- Personne qui n'a pas les pieds sur terre.

BINÔME XXII + XIII

+

Selon le contexte, ce binôme évoque les scénarios suivants :

PROFESSIONNELLEMENT

- Des licenciements sont à l'ordre du jour.
- Individu congédié avec pertes et fracas.
- Emploi ou poste duquel vous démissionnez.
- Climat professionnel hostile, on vous pousse vers la sortie.
- Vous alternez laborieusement les missions et les périodes chômées.

Clin d'œil aux métiers suivants : *croque-mort, marabout, oculiste, archéologue, démineur, légionnaire.*

SENTIMENTALEMENT

- Personne indésirable que vous chassez de votre existence.
- Vie affective vécue comme un chemin de croix.
- Agressivité à l'origine d'une rupture sentimentale définitive.
- Amoureux éconduit meurtri dans sa chair.

MÉDICALEMENT

- Traumatisme crânien, coma possible.
- Céphalées.
- Grave dépression.
- Sciatique douloureuse (notamment 22 + 13 + 19).
- Suivi orthopédique.
- Dans certains cas, perte de poids préoccupante.
- Vous devrez subir une intervention chirurgicale.

DIVERS

- Individu victime d'une agression sauvage, de violence gratuite.
- Départ précipité, vous larguez les amarres.
- Personne qui est envoyée au front (guerre des tranchées).

BINÔME XXII + XIIII

+

Selon le contexte, ce binôme évoque les scénarios suivants :

PROFESSIONNELLEMENT

- Mutation ou expatriation à l'origine de changements heureux.
- Vous partez en mission à l'étranger.
- Vie de globe-trotter en harmonie avec votre personnalité.
- Vacation, emploi saisonnier ou intérimaire.
- Emploi dans le secteur des loisirs et des voyages.

Clin d'œil aux métiers suivants *: voyagiste, employé(e) dans l'import-export, hôtesse de l'air, serveur(-se), masseur à domicile.*

SENTIMENTALEMENT

- Rencontre amoureuse avec un aventurier, un grand voyageur, etc.
- Retour possible d'une personne que vous aviez délaissée.
- Départ à l'étranger suite à une histoire d'amour.
- Vie de couple qui évolue vers une plus grande harmonie.

MÉDICALEMENT

- Varices.
- Consultation d'un phlébologue.
- Problèmes veineux.

DIVERS

- Voyage d'agrément.

BINÔME XXII + XV

Selon le contexte, ce binôme évoque les scénarios suivants :

PROFESSIONNELLEMENT

- Détresse psychologique causée par des conflits à répétition sur le lieu de travail.
- Individu à qui on ne cesse de reprocher ses écarts de conduite.
- Harcèlement moral ou despotisme contre lequel vous vous insurgez.
- Projet hautement immature à l'origine de sérieux désagréments.
- Dans certains cas, mégalomanie dont vous subissez les conséquences (notamment 22 + 15 + 6).
- Empressement vous faisant commettre des erreurs.
- Longue période d'errance au terme de laquelle vous retrouvez vos motivations.

Clin d'œil aux métiers suivants *: marabout, saltimbanque.*

SENTIMENTALEMENT

- Solitaire en quête d'aventures érotiques sans lendemain.
- Individu fréquentant les lieux de débauche ou le milieu libertin.
- Personne immature avec laquelle il vous sera difficile de construire votre avenir amoureux.
- Mari tyrannique qui vous fait vivre un enfer conjugal au quotidien (notamment 22 + 15 + 16).

MÉDICALEMENT

- Tumeur (notamment 22 + 15 + 13).
- État migraineux (notamment 22 + 15 + 20).
- Surexcitation

DIVERS

- Rencontre de personnes nocives.
- Vous risquez de tomber dans une secte (notamment 22 + 15 + 2).
- Individu sous l'emprise d'un escroc, d'un charlatan.
- Personnage orgueilleux ne supportant pas la critique.
- Personne lunatique qui s'emporte facilement.

BINÔME XXII + XVI

+

Selon le contexte, ce binôme évoque les scénarios suivants :

PROFESSIONNELLEMENT

- Projet qui s'effondre, vous allez droit dans le mur.
- Erreur de parcours, vous devez repartir à zéro.
- Situation de stress engendrée par un dépôt de bilan, une faillite personnelle.
- Coup de théâtre, revirement de situation en votre défaveur.
- Échec cuisant, déception.
- Restructuration soudaine face à laquelle vous n'étiez pas préparé.
- Conflit affligeant au cours duquel vous subissez les foudres de vos collègues.

Clin d'œil aux métiers suivants *: acrobate, comédien, interne en psychiatrie, employé(e) en neurochirurgie, architecte.*

SENTIMENTALEMENT

- Violentes scènes de ménage menant à la ruine de votre foyer.
- Personne qui à vos yeux est tombée de son piédestal.
- Instabilité amoureuse, difficulté à vous ancrer dans une relation durable.

MÉDICALEMENT

- État de santé critique ou alarmant.
- Violents maux de tête, céphalées, fièvre (notamment 22 + 16 + 20).
- Mal de dos, colonne vertébrale fortement endommagée (notamment 22 + 16 + 13).
- Rendez-vous dans un service de neurochirurgie (anévrisme, tumeur).
- Handicap moteur possible (problème de jambe).
- Séjour en hôpital de jour, asile psychiatrique.

DIVERS

- Foyer d'accueil pour sans-abri.
- Marginal à la recherche d'un toit.
- Attentat terroriste, kamikaze.
- Visite d'une ruine, d'une ferme à l'abandon.
- Individu déséquilibré.

BINÔME XXII + XVII

+

Selon le contexte, ce binôme évoque les scénarios suivants :

PROFESSIONNELLEMENT

- Vous courez après un idéal qui semble vous échapper.
- Personne égarée ou déboussolée, ne sachant plus à quel saint se vouer.
- Déplacement en rase campagne dans le cadre de vos activités.
- Patientez, votre avenir professionnel vous réserve de bonnes surprises (notamment 22 + 17 + 20).
- Individu rêveur qui éprouve des difficultés à s'ancrer dans la réalité matérielle.
- Vie de bohème ou d'artiste, au travers de laquelle vous trouvez votre inspiration.

Clin d'œil aux métiers suivants : *artiste, comédien(ne), coiffeur(-se) ou esthéticien(ne) à domicile.*

SENTIMENTALEMENT

- Rencontre amoureuse à l'occasion d'une randonnée champêtre.
- Doux rêveur en quête de bonheur absolu.
- Romantisme qui vous rend mélancolique.

MÉDICALEMENT

- Lente guérison.
- Vous partez en cure thermale (notamment 22 + 17 + 14).
- Besoin de repos.
- Problèmes veineux ou circulatoires (jambes).
- Hallucinations possibles.

DIVERS

- Séjour près de l'eau (notamment 22 + 17 + 18).
- Vous partez à la campagne.
- Individu adepte de la pêche à la ligne.

BINÔME XXII + XVIII

\+

Selon le contexte, ce binôme évoque les scénarios suivants :

PROFESSIONNELLEMENT

- Parcours semé d'embûches, on vous mène la vie dure.
- Persécution ou harcèlement qui atteint votre santé mentale.
- Tendance « tête en l'air » qui nuit à votre image.
- Vous allez au travail à reculons, la peur au ventre.
- Personnage original poursuivant ses objectifs contre vents et marées.

Clin d'œil aux métiers suivants *: employé(e) dans un foyer d'accueil, dans une auberge de jeunesse, marin pêcheur, employé(e) dans une compagnie maritime.*

SENTIMENTALEMENT

- Profonds bouleversements vous donnant l'envie de jeter l'éponge.
- Tromperie à l'origine de nombreux maux au sein de votre foyer.
- Rencontre troublante, vous entrez en terre inconnue.

MÉDICALEMENT

- Imagination déréglée, tendances paranoïaques.
- Angoisses incontrôlées.
- Déprime, vague à l'âme.
- Vous vous rendez dans une clinique.

DIVERS

- Voyage vers le Nord, déplacement hivernal.
- Vous partez au bord de l'eau, à la mer.
- Personne passionnée de pêche à la ligne.
- Explorateur de fonds marins.

BINÔME XXII + XVIIII

+

Selon le contexte, ce binôme évoque les scénarios suivants :

PROFESSIONNELLEMENT

- Vous devrez vous associer afin d'assurer la pérennité de vos affaires.
- Déplacements professionnels vers le Sud.
- Un accord va relancer votre carrière.
- Cause humanitaire pour laquelle vous vous investissez corps et âme.
- Réussite obtenue au terme d'efforts acharnés.
- Clairvoyance qui fait de vous un être exceptionnel.

Clin d'œil aux métiers suivants : *voyant, médium, éducateur, chercheur d'or.*

SENTIMENTALEMENT

- Histoire de cœur qui évolue vers une véritable vie à deux.
- Randonnée en amoureux, voyage en couple.
- Rencontre d'un homme issu d'un pays ensoleillé.
- Dangereux coup de foudre, vous pourriez vous brûler les ailes.
- Réconciliation ou retrouvailles après vous être perdus de vue.
- Idylle qui vous apportera le bonheur tant espéré.

MÉDICALEMENT

- Arythmie cardiaque (tachycardie).
- Sciatique (notamment 22 + 19 + 13).
- Risque de brûlure ou d'inflammation.

DIVERS

- Voyage dans le Sud, départ au soleil.
- Déplacement estival.
- Vous partez rejoindre des amis qui vous sont chers.

BINÔME XXII + XX

+

Selon le contexte, ce binôme évoque les scénarios suivants :

PROFESSIONNELLEMENT

- Réunion au cours de laquelle votre parcours professionnel est remis en cause.
- Vous vous rendez à un entretien professionnel qui va relancer votre carrière.
- Procès d'intention, on vous accable de tous les maux à votre travail.
- Individu qui méprise l'opinion de ses collaborateurs.
- Équipe au sein de laquelle tous les coups sont permis.
- Las d'être brimé, vous décidez de saisir les syndicats (notamment 22 + 20 + 8).
- Avant-gardisme ou originalité que l'on vous reproche.

***Clin d'œil aux métiers suivants** : troubadour, musicien.*

SENTIMENTALEMENT

- Rendez-vous amoureux sans suite, rencontre inattendue au cours d'une sortie imprévue.
- L'influence des amis est néfaste à l'équilibre de votre couple.
- Amour de la liberté peu compatible avec une vie à deux.
- Votre partenaire ne cesse de vous déprécier en présence d'autrui.

MÉDICALEMENT

- I.R.M., scanner (notamment 22 + 20 + 10).
- Essoufflement, souffle court.
- État migraineux.

DIVERS

- Rendez-vous à une audience dans le cadre d'un procès (report d'audience possible).
- Témoignage affligeant, accablant.
- Jugement à l'emporte-pièce, délation, etc.
- Commission chargée de la réinsertion sociale.

BINÔME XXII + XXI

+

Selon le contexte, ce binôme évoque les scénarios suivants :

PROFESSIONNELLEMENT

- Parcours semé d'embûches qui sera néanmoins couronné de succès.
- Départ pour l'étranger, expatriation.
- Pérégrinations nécessitées par vos affaires.
- Contacts enrichissants avec des pays étrangers.
- Commercial en charge d'une importante clientèle.
- Changement de situation qui s'avérera bénéfique à moyen terme.

Clin d'œil aux métiers suivants *: voyagiste, personnel navigant commercial (hôtesse, steward) aviateur, VRP, coursier.*

SENTIMENTALEMENT

- Voyage à l'étranger en amoureux.
- Vous partez vous installer à l'étranger par amour.
- Rencontre d'un(e) étranger(-ère) au cours d'un voyage.
- Globe-trotter ou aventurier plus attaché à sa liberté qu'à sa vie amoureuse.

MÉDICALEMENT

- Sortie de dépression.
- Amélioration de votre état de santé.
- Voyage à l'étranger nécessité par votre traitement.

DIVERS

- Voyage lointain décidé sur un coup de tête.
- Marathon, randonnée.
- Rendez-vous à un pèlerinage.
- Vous vous installez dans une grande ville.

TABLE DES MATIÈRES

REMERCIEMENTS

Je ne saurais clore cet ouvrage sans remercier chaleureusement madame Marie-Noëlle Parisse pour ses encouragements de la première heure, mademoiselle Nisha Appiah pour avoir saisi l'intégralité de mes écrits, mademoiselle Laurence Nadolny pour avoir accepté de relire le tapuscrit et monsieur Edmond Mozogo Mbéga pour m'avoir prodigué de sages conseils.

Impression & brochage sepec - septembre 2020 - France
Numéro d'impression : 04875200905 - Dépôt légal : septembre 2010

IMPRIM'VERT®

PEFC 10-31-1470 / Certifié PEFC / Ce produit est issu de forêts gérées durablement et de sources contrôlées. / pefc-france.org